Walter Gagel / Dieter Menne (Hrsg.)
Politikunterricht
Handbuch zu den Richtlinien NRW

Walter Gagel/Dieter Menne (Hrsg.)

Politikunterricht
Handbuch zu den Richtlinien NRW

*Rolf Schörken
zum 60. Geburtstag*

Springer Fachmedien Wiesbaden GmbH

© 1988 Springer Fachmedien Wiesbaden
Ursprünglich erschienen bei Leske + Budrich Opladen 1988

ISBN 978-3-663-07740-4   ISBN 978-3-663-07739-8 (eBook)
DOI 10.1007/978-3-663-07739-8

Inhaltsverzeichnis

Vorwort. Von *Walter Fehling* 9

0. Die neue Auflage der Richtlinien für den Politikunterricht. Von *Walter Gagel* und *Dieter Menne* 13

0.1 Zur gegenwärtigen Situation der politischen Bildung 13 — 0.2 Die neue Auflage: Fortbestehende Grundstruktur und Weiterentwicklung 16 — 0.2.1 Was seit 1973 geblieben ist 17 — 0.2.2 Was geändert wurde 20 — 0.3 Zu diesem Handbuch 22

I. *Zur Didaktik* 25

1. Qualifikationen und Lernziele. Ihre Bedeutung in den Richtlinien und ihre Verwendung im Unterricht. Von *Dieter Menne* 27

    1.1 Lernziele und curriculare Struktur 27 — 1.2 Die Qualifikationen als oberste Lernziele 27 — 1.3 Richtwert „Emanzipation" 29 — 1.4 Qualifikationsbeschreibungen als Verständnishilfe 30 — 1.5 Lernziele zur Sicherung des Lernzielzusammenhangs 31 — 1.6 Anmerkungen zur fachdidaktischen Diskussion 33 — 1.7 Hinweise zur Praxis der Unterrichtsplanung 34

2. Situations- und Problemorientierung: Gesichtspunkte der Auswahl und Strukturierung von Lerninhalten. Von *Walter Gagel* 39

    2.1 Situationsorientierung 39 — 2.2 Begriffliche Klärung 41 — 2.3 Problemorientierung 43 — 2.4 Das Verhältnis von Alltagserfahrung und wissenschaftlichem Wissen 45 — 2.5 Anwendung im Unterricht 47

3. Schülerinteressen als Auswahlkriterien von Inhalten. Von *Beate M. Steger* 53

    3.1 Aussagen zu Schülerinteressen in den Richtlinien 53 — 3.2 Schülerinteressen im Politikunterricht 54 — 3.2.1 Schülerinteressen als Einflußfaktor unter vielen 54 — 3.2.2 Schülertypen und Interessen 55 — 3.2.3 Subjektive und objektive Interessen 58 — 3.2.4 Lehrerrolle und Schülermitgestaltung 58 — 3.2.5 Schülerinteresse im Verhältnis zu Situations-, Problem- und Qualifikationsorientierung 60 — 3.2.6 Schülerinteresse und schulinterner Lehrplan 61 — 3.3 Schülerwünsche und Planungsentscheidungen 62

4. Kontroverses Denken, Überwältigungsverbot und Lehrerrolle. Von *Sibylle Reinhardt* 65

    4.1 Kontroverses Denken als Prinzip des Politikunterrichts 65 — 4.2 Die fachdidaktische Diskussion 66 — 4.3 Konsequenzen für die Lehrerrolle 69

5. Handlungsorientierung des Politikunterrichts: Möglichkeiten und Grenzen. Von *Herbert Knepper* 75
5.1 Handlungsorientierung als leitendes Prinzip der politischen Bildung 75 — 5.2 Zielwidrige Rahmenbedingungen der Schule und die Unmöglichkeit des radikalen Ausstiegs 76 — 5.3 Faktoren einer auf demokratische Handlungskompetenz zielenden Unterrichtsgestaltung: ein Aufbaumodell 79 — 5.3.1 Offenes Curriculum 79 — 5.3.2 Neubestimmung von Schüler- und Lehrerrolle 80 — 5.3.3 Methodisch-handwerkliche Kompetenz und Selbstbewußtsein 81 — 5.3.4 Schülerarbeit in ausgeprägten Handlungsmustern 83 — 5.3.5 Unreglementierte Handlungsspielräume 84 — 5.3.6 Bewertung von Wissen, nicht von Nichtwissen 85

6. Ideologiekritik im Politikunterricht. Gedanken zu einem ersten Zugriff unterrichtlicher Umsetzung. Von *Heinrich Fisch* 87
6.1 Was verstehen die Richtlinien unter Ideologiekritik? 87 — 6.2 Der Zusammenhang zwischen Ideologie und Ideologiekritik 88 — 6.3 Möglichkeiten der Ideologiekritik im Politikunterricht der Sekundarstufe I 88 — 6.3.1 Selektive Wahrnehmung 89 — 6.3.2 Kognitive Dissonanz 89 — 6.3.3 Vorurteil 90 — 6.4 Ursachen ideologischen Denkens 91 — 6.5 Ideologie und Ideologiekritik im Unterricht 94 — 6.5.1 Unterrichtliche Umsetzung I: Überprüfung 94 — 6.5.2 Unterrichtliche Umsetzung II: Haltungen 95

7. Thematische Offenheit der Richtlinien — gezeigt am Beispiel von ökologischen Themen und Zukunftsproblemen. Von *Peter Weinbrenner* 99
7.1 Zum Verhältnis von Offenheit und Geschlossenheit in Richtlinien 99 — 7.2 Wie offen sind die Politik-Richtlinien? 101 — 7.3 Hinweise und Beispiele für die Behandlung futuristischer, insbesondere ökologischer Themen und Probleme 103 — 7.3.1 Erster Ausgangspunkt: Probleme der Schüler und Schülerinnen 103 — 7.3.2 Zweiter Ausgangspunkt: Aktuelle gesellschaftliche Probleme 104 — 7.3.3 Dritter Ausgangspunkt: Erklärungsmuster aus den Bezugswissenschaften 105 — 7.3.4 Vierter Ausgangspunkt: Option für bestimmte Qualifikationen und Lernziele 106 — 7.3.5 Fünfter Ausgangspunkt: Vorhandene Curriculummaterialien, Lehrbücher, Handreichungen 109 — 7.3.6 Sechster Ausgangspunkt: Die Themen des Themenkatalogs der Richtlinien 109

8. Sozialisationsbedingungen als Faktoren für politisches Lernen in allgemeinbildenden Schulen. Von *Sibylle Reinhardt*. 113
8.1 Der didaktische Zusammenhang 113 — 8.2 Ziele und Begriffe 113 — 8.3 Ergebnisse der Sozialisationsforschung 115 — 8.4 Bedeutung für den Unterricht 118 — 8.4.1 Anwendungsbeispiele 118 — 8.4.2 Verfahren im Unterricht 120

9. Sozialisationsbedingungen als Faktoren für politisches Lernen in berufsbildenden Schulen. Von *Hans-Joachim von Olberg* 123
9.1 Die Bedingungsanalyse in den Richtlinien 123 — 9.2 Berufliche und politische Sozialisation 126 — 9.2.1 Individuelle Arbeitsorientierungen 127 — 9.2.2 Betriebliche Arbeitsbedingungen 130 — 9.2.3 Volkswirtschaftliche Arbeitsmarktverhältnisse 132 — 9.3 Ansätze zu einer berufs- und arbeitsorientierten Politikdidaktik 134

II. Zur Methodik 139

10. Zur Gestaltung der Unterrichtskommunikation. Von *Walter Gagel* 141
    10.1 Unterrichtskommunikation: das vergessene Thema 141 — 10.2 Begriffsklärungen: Interaktion und Kommunikation 142 — 10.3 Das „Aushandeln von Situationsdefinitionen" im Unterricht 144 — 10.4 Das Erfassen der „Botschaft" 147 — 10.5 Anwendung I: Methodenentscheidung als Chance zur Verbesserung der Unterrichtskommunikation 149 — 10.6 Anwendung II: Gesprächserziehung 150

11. Entdeckendes Lernen: Methodenlernen und Aufgabenlösen. Von *Michael Dorn.* 155
    11.1 Ein Beispiel für „lebendige Handlungen" 155 — 11.2 Entdeckendes Lernen 157 — 11.3 Selbständiges entdeckendes Lernen: Methodenlernen 158 — 11.4 Gelenkt entdeckendes Lernen: Aufgabenstellungen für Übungen 161 — 11.5 Das Dilemma: der Zeitfaktor 163

12. Planung von Lehrgängen im Politikunterricht. Von *Peter J. Kurtenbach* 165
    12.1 Lehrgang — ein didaktisches Fossil von großer Lebendigkeit? 165 — 12.2 Merkmale des Lehrgangs 166 — 12.3 Stellenwert im Politikunterricht 168 — 12.4 Realisierung von Lehrgängen 170 — 12.4.1 Verwendungszusammenhänge 170 — 12.4.2 Planungsanforderungen der Richtlinien 171 — 12.4.3 Methodische Anforderungen 173

13. Fallprinzip und Fallmethode. Von *Ingrid Glass* und *Walter Gagel* 175
    13.1 Bezug zu den Richtlinien 175 — 13.2 Das Fallprinzip: Urteilsbildung als Ziel 176 — 13.3 Abgrenzung zur Fallmethode 177 — 13.4 Die Fallmethode: Aktives Lernen in authentischen Situationen 180 — 13.5 Fallkonstruktion 182 — 13.6 Anwendungsbeispiel 184

14. Methoden der politischen Entscheidungsanalyse und der politisch-moralischen Urteilsbildung. Von *Wolfgang Sander* 189
    14.1 Urteilsbildung und Entscheidungsfähigkeit als Aufgabe des Politikunterrichts 189 — 14.2 Was ist politische Urteilsbildung? 190 — 14.3 Methode der politischen Entscheidungsanalyse und -beurteilung 192 — 14.4 Methode der politisch-moralischen Urteilsbildung 195 — 14.4.1 Moralisches Urteilen und Handeln 195 — 14.4.2 Phasen der politisch-moralischen Urteilsbildung 196

15. Öffnung von Schule und projektorientiertes Arbeiten. Von *Heinz Schirp* 201
    15.1 Öffnung von Schule als innovatives Konzept 201 — 15.2 Politikunterricht und Öffnung von Schule 204 — 15.2.1 Zielvorstellungen 204 — 15.2.2 Unterrichtspraktische Bedeutung 204 — 15.2.3 Beitrag zur politischen Alltagskultur 206 — 15.3 Projektorientiertes Arbeiten im Politikunterricht 207 — 15.3.1 Projektkriterien aus politikdidaktischer Sicht 207 — 15.3.2 Die Ergebnisse des Projektansatzes und ihre Bedeutung für eine Öffnung der Schule und der Gestaltung des Schullebens 209

III. Zur Unterrichtspraxis 213

16. Der Beitrag der Bedingungsanalyse zur Unterrichtsplanung. Von *Heinz Schirp* 215
   16.1 Probleme einer Bedingungsanalyse 215 — 16.2 Beobachtungsrichtungen 216 — 16.2.1 Kenntnisse und Wissensbestände 216 — 16.2.2 Einstellungs- und Deutungsmuster 218 — 16.2.3 Urteilsbegründungen und Wertorientierungen 220 — 16.2.4 Instrumentelle Fertigkeiten 222 — 16.3 Beobachtungssituationen 222

17. Hilfen zur Bestimmung von Unterrichtsthemen. Von *Dieter Menne* 227
   17.1 Die Bedeutung des Verfahrens in den Richtlinien 227 — 17.2 Die Unterscheidung zwischen Inhalten und Themen 228 — 17.3 Instrumente der Richtlinien zur Gewinnung von Themen 231 — 17.4 Gesichtspunkte der Auswahl 232 — 17.5 Die Anwendung bei der Unterrichtsplanung 234

18. Die alltägliche Unterrichtsvorbereitung. Von *Edwin Stiller* 239
   18.1 Bedingungen der Alltagsplanung 239 — 18.2 Die Richtlinien als Planungshilfe 241 — 18.3 Ansatzpunkte für eine verbesserte Alltagsplanung 242 — 18.3.1 Zur Jahresplanung 243 — 18.3.2 Zur Reihenplanung 244 — 18.3.3 Zur Stundenplanung 246 — 18.3.4 Die Möglichkeiten der Fachkonferenz 247

19. Probleme der Leistungsbeurteilung im Politikunterricht. Von *Peter Ost* 251
   19.1 Die Geltung der Politik-Note 251 — 19.2 Der Rechtsanspruch des Schülers 252 — 19.3 Die Fragwürdigkeit der Zensurengebung 253 — 19.4 Die Vorgaben der Richtlinien 254 — 19.5 Die Beschwerde als neuer Anlaß der Besinnung 255 — 19.6 Untersuchung eines Falles 259 — 19.7 Der politische Aspekt 261

IV. Anhang 265

20. Chronik der Richtlinien für den Politikunterricht. Von *Winand Breuer* 266
   20.1 Die Entwicklung des Richtlinienkonzeptes 1970 - 1972 266 — 20.2 Die Einführung des Faches Politik 1972 - 1973 267 — 20.3 Die politische Auseinandersetzung um die Richtlinien und die zweite Auflage 1973 - 1974 268 — 20.4 Die Konsolidierung des Faches Politik und die Vorbereitung der dritten Auflage 1975 — 1983 269

21. Literatur zu den Richtlinien 271

22. Verzeichnis der Planungsmaterialien für den Politikunterricht 273

23. Veröffentlichungen von *Rolf Schörken* 275

Autorenverzeichnis 279

Vorwort

Als die Richtlinien für den Politikunterricht in Nordrhein-Westfalen 1973 und 1974 in 1. und 2. Auflage erschienen, fanden sie in didaktischen Fachkreisen eine interessierte und anerkennende Aufnahme, wohl nicht zuletzt, weil sie sich erheblich von den traditionellen Lehrplänen mit allgemeinen pädagogischen Zieldeklarationen und Stoffkatalogen durch ihre curriculare Ausrichtung unterschieden. Die Ziele, Inhalte, Unterrichtsbedingungen und mit Ausblicken auch die Methoden des politischen Lernens waren in ihrem interdependenten Zusammenhang dargelegt worden. Der Schwerpunkt lag allerdings bei den Zielen: Den Qualifikationen, die die Lernenden für eine rationale Auseinandersetzung mit dem Politischen befähigen sollen.

Parallel zu den Richtlinien veröffentlichten die Mitglieder der Kommission, die die Richtlinien erarbeitet hatten, einen Theorie-Band — ,,Curriculum Politik. Von der Curriculum Theorie zur Unterrichtspraxis" —, in dem sie die Grundlagen, die Elemente und das Verfahren der Kommissionsarbeit darlegten.

Die politische Öffentlichkeit reagierte auf die Richtlinien ganz anders als die Fachdidaktik. Sie war durch den hitzigen Streit um die Hessischen Rahmenrichtlinien für Sozialkunde befangen. Von links und von rechts, mehr aber von rechts, setzte eine heftige Kritik ein, die sich allerdings weniger durch Sachkunde als vielmehr durch Ängste, Vorurteile, Unterstellungen und Verdächtigungen auszeichnete, auch wenn ihr bisweilen ein didaktisches Mäntelchen umgehängt wurde. In diesem Streit suchten wiederum Mitglieder der Richtlinienkommission zur rationalen Klärung beizutragen. Sie veröffentlichten 1975 einen sogenannten Kritik-Band — ,,Zwischen Politik und Wissenschaft. Politikunterricht in der öffentlichen Diskussion".

Da in den Richtlinien die Lernziele stark im Vordergrund standen, die Inhalte, Themen und Methoden dagegen weniger umfangreich und detailliert dargelegt waren, da sich das neue curriculare Denken noch nicht eingebürgert hatte und die emotional geladene öffentliche Diskussion mehr Verwirrung als Klärung mit sich gebracht hatte, war zu befürchten, daß die Lehrer erhebliche Schwierigkeiten haben würden, den Politikunterricht richtlinienadäquat vorzubereiten und durchzuführen. Um in dieser Situation der Schulpraxis zu helfen, arbeitete die Richtlinienkommission 14 Handreichungen zu einzelnen Unterrichtsthemen aus, die vom Kultusminister des Landes Nordrhein-Westfalen als Planungsmaterialien zwischen 1973 und 1983 veröffentlicht wurden.

Die 2. Auflage der Richtlinien hatte der Minister mit dem Vorbehalt erlassen, daß im täglichen Unterricht Erfahrungen gesammelt werden sollten, die nach einer angemessenen Zeit zusammen mit der fachlichen und politischen Kritik auszuwerten und für eine Überarbeitung der Richtlinien zu nutzen waren. Es handelte sich hierbei um eine curriculumadäquate Festlegung, denn die Revision ist ein konstitutives Element der Curriculumtheorie.

An der Sammlung der Erfahrungen und deren Auswertung war wiederum die Richtlinienkommission stark beteiligt, die dann auch vom Kultusminister den Auftrag erhielt, eine 3., überarbeitete Auflage der Richtlinien zu entwerfen.

Diese 3. Auflage erschien 1987 und wurde vom Schuljahr 1987/88 an in Kraft gesetzt. Sie baut auf dem Curriculumkonzept der 1. und 2. Auflage auf, erweitert es aber durch eine Ergänzung des Qualifikationenkatalogs, durch eine breitere Berücksichtigung der Lerninhalte, durch praktische Hinweise zur Unterrichtsplanung und durch die Einbeziehung der beruflichen Schulen in den Geltungsbereich. Eine verstärkte Ausrichtung auf die Schulpraxis ist unverkennbar.

Dennoch wird auch diese Fassung der Richtlinien nicht alle Verständnisfragen beantworten und schon gar nicht alle Wünsche befriedigen können, die bei der Umsetzung der Richtliniennormen in die Unterrichtspraxis entstehen. Deshalb haben sich noch einmal Mitglieder der Richtlinienkommission und ihnen nahestehende Kolleginnen und Kollegen entschlossen, ein Buch zu veröffentlichen, das als Handbuch Interpretationen zu didaktischen Aspekten des Unterrichts anbietet (Qualifikations-, Situations- und Handlungsorientierung; kontroverses Denken; Sozialisationsbedingungen), methodische Fragen erörtert (Unterrichtskommunikation; Lehrgang; Fallanalyse; Methodenlernen; Projektarbeit; politische Urteilsbildung; Erfahrungsfeld Schulumwelt) und Hilfen für die Unterrichtsplanung anbietet (Bedingungsanalyse; Bestimmung von Unterrichtsthemen; alltägliche Unterrichtsvorbereitung; Leistungsbeurteilung).

1970 wurde die Richtlinienkommission vom Kultusminister berufen. Bis 1987 war sie — zwar in wechselnder Zusammensetzung, aber mit einer kontinuierlichen Kerngruppe — an den und für die Richtlinien tätig. Mit dem Handbuch zu den Richtlinien ziehen die Herausgeber und Autoren quasi auch ein informelles Resumé der Kommissionsarbeit, indem sie sie unterrichtsbezogen weiterdenken und konkretisieren.

17 Jahre lang arbeitete die Richtlinienkommission unter dem Vorsitz von Rolf Schörken. Er ist von Hause aus Gymnasiallehrer für Geschichte und Deutsch. Als ihn der Kultusminister zum Vorsitzenden ernannte, war er Abteilungsleiter für politische Bildung im damaligen Landesinstitut für schul-

pädagogische Bildung, dem Vorläufer des heutigen Landesinstituts für Schule und Weiterbildung. Seit 1974 ist er Professor für Geschichte und ihre Didaktik an der Universität/Gesamthochschule Duisburg. Seine Herkunft von der Geschichte und seine Profession für die Geschichte ist für die Richtlinien sehr wichtig, da dem Politikunterricht von interessierter Seite hartnäckig unterstellt wurde und wird, seine Verfechter wollten die Geschichte in der Schule an den Rand drängen. Rolf Schörken, der auch für die Geschichtsdidaktik gewichtige Beiträge lieferte, hat stets dagegen gehalten, daß die Fächer Geschichte und Politik klar von einander abgrenzbare, sich allerdings auch gegenseitig ergänzende Bildungsziele haben, die aber eine produktive Zusammenarbeit möglich machen.

Dazu veröffentlichte er im Jahre 1978 das Buch ,,Zur Zusammenarbeit von Geschichts- und Politikunterricht". Auch mit einem anderen Werk, das scheinbar nur für die Geschichte aufschlußreich ist — ,,Geschichte in der Alltagswelt. Wie uns Geschichte begegnet und was wir mit ihr machen" (1981) — trug er zur Klärung der Voraussetzungen politischen Lernens bei, denn Geschichtsbilder und Geschichtsbewußtsein der Alltagswelt prägen erheblich die Einstellungen und Orientierungen zur gesellschaftlich-politischen Gegenwart.

Die Richtlinienkommission war in den Etappen ihrer Geschichte nie eine homogene, gar ideologisch verschworene Gruppe. Ihre Mitglieder hatten sehr unterschiedliche Vorbildungen und Berufe. Zwar waren die meisten Mitglieder Lehrer bzw. Fachleiter aus dem Bereich der Lehrerausbildung. Sie kamen aus allen Schulformen und waren anfangs überwiegend in der politischen Bildung engagierte Historiker, z.T. auch Sozialwissenschaftler. Schließlich gehörten der Kommission auch Hochschullehrer und Elternvertreter an. Ganz pluralistisch gingen quer durch die Kommission die Partei- und Verbandspräferenzen.

Diese heterogene Kommission mußte zu gemeinsamer Arbeit an der Sache zusammengeführt und motiviert werden, sie mußte auf den Gebieten der Sozialwissenschaften und der curricularen Didaktik in mancher Hinsicht Neuland betreten, und schließlich mußten ihre Mitglieder auch zu ihren jeweiligen politischen und Verbandsinteressen Abstand gewinnen oder manchem Druck von außen standhalten: die Kommission befand sich also in einem ständigen Prozeß ihrer Integration. Daß ihr das gelang, daß produktive Arbeit möglich und in den Richtlinienfassungen und in den Büchern realisiert wurde, ist vor allem dem Vorsitzenden Rolf Schörken zu verdanken.

Er verstand es, sachkundig, tolerant, anregend und vermittelnd die Kommission mit Diplomatie und Tatkraft zielgerichtet und praxisorientiert zu leiten. Seine Prägekraft war so stark, daß außerhalb der Kommission — sowohl in Nordrhein-Westfalen als auch bundesweit — von der Schörken-Kommission gesprochen wurden und in der Umgangsverständigung sogar von den Schörken-Richtlinien die Rede war.

In diesem Jahr wird Rolf Schörken 60 Jahre alt. Freunde aus der Richtlinienkommission und ihr nahestehende Personen haben überlegt, wie sie ihn zu diesem Jubiläumsgeburtstag angemessen würdigen können. Sie vereinbarten, keine traditionelle Festschrift, sondern ein Handbuch zu den Richtlinien und für den Politikunterricht zu schreiben und ihm zu widmen. Mit diesem Buch stellen sie sich noch einmal in die Tradition des Lebenswerkes von Rolf Schörken: durch einen soliden, einfallsreichen und dynamischen Politikunterricht jungen Menschen zu helfen, Politik zu verstehen und sie zu ihrer eigenen Sache zu machen, damit Demokratie in Deutschland dauerhaft Bestand hat.

Walter Fehling
Landeszentrale für politische Bildung
Nordrhein-Westfalen

O. Die neue Auflage der Richtlinien für den Politikunterricht

Walter Gagel, Dieter Menne

0.1 Zur gegenwärtigen Situation der politischen Bildung

„Meine lieben Kolleginnen und Kollegen, unsere Demokratie kann nicht gedeihen, wenn sich die Bürger von der Politik abwenden, weil sie meinen, sie sei ein schmutziges Geschäft. Wer diese unsere Demokratie weiterentwickeln will, muß mit dazu beitragen, daß sich immer mehr Menschen mit Engagement informiert und auf der Grundlage eines profunden Wissens mit den Zusammenhängen in der Politik befassen und damit den Auswahlprozeß in den Parteien und unter den Parteien möglicherweise dann doch auch qualitativ entscheidend verbessern." (Das Parlament vom 5. 2. 1988, S. 5)

Diese Worte des Abgeordneten Krey (CDU/CSU) in der Debatte des Deutschen Bundestages zur Lage der politischen Bildung am 21. Januar 1988 kennzeichnen eine Zielvorstellung für die politische Bildung in der Bundesrepublik, auf die sich die unterschiedlichen politischen Kräfte seit jeher haben einigen können: der engagierte, sachkundige Staatsbürger, der sich den die repräsentative Demokratie tragenden Parteien nicht verweigert, sondern in ihnen mitarbeitet und im Rekrutierungsprozeß für politische Funktionen und Ämter zu Verfügung steht.

Angesichts der Krisen- und Problemlagen in vielen Politikbereichen und angesichts der Aufgabenfülle, welche der Politik zugewachsen ist, hat dieses Bild vom engagierten, sachkundigen und verantwortungsbereiten Bürger an Bedeutung gewonnen. Aber die Frage liegt nahe, ob dieses Bild angesichts der Komplexität der Probleme, die durch den technisch-ökonomischen Wandel verursacht wurde, als Ziel politischer Bildung noch realistisch ist. Es liegt auch nahe zu fragen — und dem Abgeordneten Krey scheint dies vorzuschweben —, ob nicht die politischen Skandale der letzten Jahre — der Fall Kießling, die Parteispendenaffäre, die Skandale um die Transporte nuklearen Abfalls, die Verwicklung von Amtsträgern in Affären — das Vertrauen in die Integrität politischer Amtsträger und staatlicher Institutionen so stark untergraben, daß politische Beteiligung und politisches Engagement erstickt werden.

Diese Problematik wird auch von Politikern gesehen. In der erwähnten Debatte des Deutschen Bundestages vom 21. Januar 1988 formulierte der Abgeordnete Weisskirchen (SPD) seine Skepsis mit den Worten:

„Politische Bildung kann nicht zusammenfügen, was Politik zerbrochen hat. Politische Bildung kann nicht Feuer löschen, die politische Brandstifter gelegt haben. Der Glaube an die Redlichkeit der handelnden Personen auf der Bühne der Politik kann wohl kaum nachhaltiger erschüttert werden als durch einen Ministerpräsidenten, der bereit war, Regeln des Anstands und der Würde und, mehr als das, Recht und Gesetz in der Hoffnung beiseite zu schieben, auf diese Weise die Macht doch noch retten zu können.

Wenn die Drehbühne der Skandale — das haben wir ja heute mit der Einsetzung des Untersuchungsausschusses wieder miterlebt — dem Publikum ob ihrer wachsenden Geschwindigkeit den Atem nimmt, während zugleich die Lösung drängender Probleme in den Stau gerät, braucht sich niemand zu wundern, daß Pädagogik und politische Bildung nicht zähmen kann, was Politik in der Bevölkerung an Ablehnung, an Resignation und an Abkehr losbricht." (ebda. S. 1)

Unterstützt wurde der Redner von der Abgeordneten Hillerich (Die Grünen), die das Dilemma des Lehrers beschrieb:

„Andererseits: Im Hamburger Kessel oder in Wackersdorf — das sind etwas zurückliegende Ereignisse —, in Rheinhausen und in Hanau, in Lübeck und in Kreuzberg, da wurde und wird politisch gelernt. Ich frage Sie: Was soll eine Politiklehrerin oder ihr männlicher Kollege morgens im Klassenzimmer noch Schülerinnen und Schülern erzählen, die direkt als Beteiligte oder durch die Medien solche Art Erfahrungen gemacht haben?" (ebda. S. 3)

Ob durch die Skandale tasächlich „Ablehnung", „Resignation" und „Abkehr" bewirkt werden, kann hier nicht geprüft werden. Aber sicherlich verstärken sie vorhandene Tendenzen unpolitischen Verhaltens. Die Beispiele für eine gewaltsame Austragung von Konflikten, welche die Abgeordnete der Grünen aufzählte, erscheinen durchaus geeignet, ein der Demokratie abträgliches Staatsverständnis zu fördern, in welchem der politische Streit keinen Platz mehr hat.

Am Ende der Debatte zeigt sich im Wechselspiel von Regierung und Opposition der Gegensatz von Beharrung und Veränderung. Die Oppositionsparteien stellten Forderungen nach Reformen und knüpften dabei an die letzte Debatte über die politische Bildung an, die vor 20 Jahren (!) in der Zeit der Großen Koalition 1968 im Deutschen Bundestag stattfand. Die Regierung verwies auf die Existenz der Bundesrepublik als freiestem Staat auf deutschem Boden und betonte die Einhaltung der Spielregeln in der politischen Auseinandersetzung.

Die politische Bildung kann diese Fragen nicht stellvertretend klären, weil sie nicht die Aufgaben der Politik zu übernehmen vermag. Auch wäre es keine Lösung, an die Stelle von politischer Bildung gegen die Zeitläufte eine Erziehung zur unkritischen Identifikation mit dem Staat mit Hilfe von Symbolen und Ritualen zu setzen. Denn das Ritual „schafft nicht Denkende, sondern Gleichgestimmte" (Schörken 1987, S. 296). Politische Bildung kann jedoch die Folgen gesellschaftlicher Probleme für die politischen Einstellungen der

Heranwachsenden analysieren, ihren Blick auf die zentralen Fragen unserer Gegenwart lenken und zu ihrem Verständnis beitragen (vgl. Schiele 1987, S. 6).

In dieser Lage muß eine neue Diskussion darüber geführt werden, welche Inhalte für die politische Bildung bedeutsam sind, weil sie dringliche und unabweisbare Herausforderungen unserer Gesellschaft darstellen. Das Ergebnis wären problembezogene Themen, die in der Schule und in außerschulischen Bildungsveranstaltungen behandelt werden, um die Lernenden zu befähigen, sich in einer Gesellschaft zurechtzufinden, die wegen ihrer Komplexität und wegen des Präsentationsstils von Politik (vgl. Tietgens 1987, S. 438) nur sehr schwer zu durchschauen ist und die dadurch politische Beteiligung eher hemmt. In der gegenwärtigen „Risikogesellschaft" (Beck 1987, S. 159 ff.) ist diese Bildungsaufgabe mehr als zuvor erschwert, weil beispielsweise für die Information über die Neuen Technologien und ihre Folgen die bisherigen fachwissenschaftlichen Grundlagen nicht mehr ausreichen. Um den Streit um die Kernenergie bearbeiten zu können, müssen die Ergebnisse vieler Wissenschaften berücksichtigt werden. Das führt zu Unsicherheiten und verlangt von Lehrenden und Lernenden große Anstrengungen.

Ferner muß der Stellenwert der politischen Skandale und Affären in der politischen Bildung überdacht werden. Sie eignen sich nicht als „Fälle" in dem Sinne, daß sie als Demonstrationsobjekte für die Offenlegung von politischen Strukturen verwendet werden. Vielmehr ist wichtig, daß bei den Lernenden ein angemessenes Verständnis für die Bedeutung von Skandalen in einer Demokratie geweckt wird. Denn Demokratie ist nicht Ursache, sondern eher Heilmittel für derartige Skandale. „In der Demokratie fördern Öffentlichkeit und Freiheit zutage, was unter anderen Systemen verborgen bleibt," — so der Bundespräsident Richard von Weizsäcker in seiner Ansprache zur Verleihung des Romano-Guardini-Preises (Das Parlament vom 5. 12. 1987, S. 11). Aufdecken und öffentliche Diskussion von Handlungen politischer Akteure bewirkt die Bändigung der Macht. Dies zu erkennen, ist ein Beitrag zur Aufklärung, welche den Staatsbürger kompetent und selbstverantwortlich macht. Daher sind Skandale für die politische Bildung nicht eine Gefahr, sondern geradezu eine Chance.

Beide Problembereiche, der technisch-ökonomische Wandel und der Mißbrauch von Macht, machen strukturelle Gefährdungen, aber auch die Bewältigungskraft unserer Demokratie sichtbar. Deswegen ist Politikunterricht wichtig: Durch ihn erhalten die Lernenden grundlegendes Wissen und Maßstäbe der Beurteilung; durch ihn können sie Handlungskompetenz erwerben. In den Richtlinien heißt es dazu:

„Politisches Lernen zielt demnach auf folgende Fähigkeiten:
— sich in politisch-gesellschaftlichen Problemfeldern sachkundig machen,
— soziale Wahrnehmungsfähigkeit verbessern,
— soziale Erfahrungen verarbeiten,

— begründet urteilen,
— Folgen und Nebenfolgen von Handlungen abschätzen,
— verantwortlich entscheiden und handeln." (RiLi S. 8)

Erkennen, Urteilen und Handeln sind die Grundqualifikationen des Bürgers in der Demokratie. Diese Qualifikationen erwerben Heranwachsende heute allerdings unter erschwerten Bedingungen. Ereignisse der Politik sind meist nicht mehr durch die Alltagserfahrunge zugänglich; sie sind „mediale" Wirklichkeit. Das verlangt medienkritisches Vorstellungsvermögen. Die hochgradige Komplexität mit ihren Auswirkungen wie Pluralität, Interdependenzen und Vernetztheit erschwert Erkennen und Urteilen zusätzlich. Trotzdem kann auf die Fähigkeit zur Urteilsbildung nicht verzichtet werden.

Politikunterricht ist heute und in Zukunft unentbehrlich wie je her. Die Neuauflage der Richtlinien sollte daher ein Impuls sein, Lehrerinnen und Lehrern erneut Interesse an dieser Unterrichtsaufgabe zu vermitteln, praktizierende Lehrer in ihrer Arbeit zu bestärken und Tendenzen, die den Politikunterricht in den Schulen dieses Landes einzuschränken geeignet sind, Einhalt zu gebieten.

Den Anteil des Politikunterrichts in den Stundentafeln für die Schulen Nordrhein-Westfalens veranschaulicht folgende Übersicht. In der Sekundarstufe I sind vorgesehen:

	Klassen					
	5	6	7	8	9	10
Realschule	1	1	1	1	1	2
Gymnasium	1	2	—	2	—	2
Gesamtschule	2	—	2	—	2	—

Für die Hauptschule ist der Lernbereich Gesellschaftslehre (Geschichte/Politik, Erdkunde) nicht aufgegliedert. Es folgen daher die Stunden für den ganzen Lernbereich:

Hauptschule	3	4	3	3	4	3

Die Situation im berufsbildenden Schulwesen, für welche die Richtlinien ebenfalls gelten, ist sehr differenziert, jedoch kann man im allgemeinen von einer Wochenstunde Politik ausgehen.

0.2 Die neue Auflage:
Fortbestehende Grundstruktur und Weiterentwicklung

Ein erster Blick in die Richtlinien läßt erkennen, daß seit der ersten Auflage von 1973 ihre Grundstruktur erhalten geblieben ist, daß sie aber auch veränderten Bedingungen unserer politischen und sozialen Welt Rechnung getragen haben. Um einen ersten Überblick zu vermitteln, soll im Folgenden Erhaltenes und Verändertes zusammengestellt werden.

0.2.1 Was seit 1973 geblieben ist

Die Qualifikationen
Nach wie vor enthalten die Richtlinien einen Katalog von Qualifikationen, von denen die 10 ersten fast unverändert geblieben sind; es hat nur eine Erweiterung auf 12 stattgefunden. Es sind Qualifikationen und keine Lernziele, und dieser Unterschied hat eine weitreichende Bedeutung, die man kennen muß, um mit ihnen richtig umgehen zu können. Die Qualifikationen stammen aus der Grundidee der Richtlinien: Erziehung leistet einen Beitrag zur Bewältigung von Lebenssituationen. (RiLi S. 16) Die Qualifikationen benennen dementsprechend Fähigkeiten und Bereitschaften, welche die Lernenden jetzt oder als Erwachsene benötigen, um ihre Lebenssituationen in ihrem eigenen Interesse kompetent zu bewältigen, in ihnen bestehen zu können, ohne sich selbst zu verlieren.

Gewiß ist dieser Katalog von Qualifikationen in der herkömmlichen Terminologie ein Katalog von Lernzielen. Jedoch ist der terminologische Unterschied keineswegs nebensächlich. In den Richtlinien wird versucht, die leidige Trennung zwischen Lernzielen und Lerninhalten zu vermeiden, — eine Trennung, die in der Regel dazu führt, daß Lernziele häufig als etwas Aufgesetztes, als die Pflichtübung der schriftlichen Unterrichtsvorbereitung verwendet werden, dadurch jedoch folgenlos bleiben. Demgegenüber beschreiben die Qualifikationen die Art und Weise, wie Menschen mit der sozialen und politischen Wirklichkeit umgehen sollten.

Als Beispiel diene die Qualifikation 4: „Fähigkeit und Bereitschaft, in politischen Alternativen zu denken, Partei zu ergreifen und gegebenenfalls auch angesichts von Widerständen und persönlichen Nachteilen zu versuchen, Entscheidungen nach demokratischen Regeln zu verwirklichen." Damit ist gemeint, daß es nicht allein genügt, Partei zu ergreifen, also sich auf eine Seite zu schlagen. Wichtig ist vor allem die Fähigkeit, zu erkennen und anzuerkennen, daß es überhaupt alternative Möglichkeiten des politischen Urteilens und Handelns gibt, die jeweils ihre Berechtigung haben, mindestens aber argumentativ vertreten werden können. Jemand, der dies in sich aufgenommen hat, wird nicht in die Schwarz-Weiß-Malerei verfallen, nach der die Welt geteilt ist in Gute und Böse. Er wird sicherlich eine Position einnehmen, aber anderen Positionen ihre Berechtigung nicht absprechen, vielleicht auch das Positive an diesen wahrnehmen und insgesamt zu einem abwägenden Urteil gelangen.

Das klingt fast wie aus einem Schülergutachten. Aber das ist kein Zufall. Qualifikationen beschreiben keine spezifisch kognitiven Leistungen, sondern die Persönlichkeitsmerkmale, die den Umgang des einzelnen mit der sozialen und politischen Wirklichkeit bestimmen. Eine Verdeutlichung liefert hierfür die Theorie der kognitiven Strukturiertheit (Gagel 1983, S. 120 ff.). Kognitive

Strukturiertheit bezeichnet nicht das *Was* von Wahrnehmungen oder Gegenständen, sondern das *Wie,* die Art und Weise, wie Personen Probleme bewältigen, sich mit ihrer Umwelt auseinandersetzen. Also die Frage: Besitzen sie ein gewisses Maß an Selbstsicherheit angesichts von Schwierigkeiten oder lösen diese Fluchtreaktionen in ihnen aus?

Damit wird auch der Zusammenhang mit den Lebenssituationen verständlich, genauer: die Koppelung von Lernzielen mit den Inhalten. Qualifikationen beschreiben, wie Menschen die Lebenssituationen, in die sie gestellt sind, kompetent und selbstbestimmt bewältigen können. Infolgedessen wird man auch im Unterricht nicht an den Situationsfeldern arbeiten können, ohne die Qualifikationen zu beachten.

Die Leitidee

Geblieben ist auch die Leitidee „Emanzipation". Der neue Text zeichnet sich jedoch durch eine die Konturen des Begriffs verdeutlichende Formulierung aus, ohne daß die Substanz verändert worden wäre. Zu dem Begriff Emanzipation heißt es:

„In der politischen Bildung verstehen wir heute darunter einen Lernprozeß, in dem Schülerinnen und Schüler die komplexer und schwerer durchschaubar werdende Welt besser begreifen, sich nicht blind in die Gegebenheiten fügen und aufgrund von Sachkenntnis und Urteilsfähigkeit bereit und fähig werden, Selbst- und Mitbestimmung in Politik und Gesellschaft zu praktizieren. Der Begriff Emanzipation wird in den Qualifikationen und Lernzielen entfaltet."(RiLi S. 7)

Durch Schärfung des Bewußtseins zur Eigenständigkeit zu gelangen, — auf diese Kurzformel könnte man die Beschreibung des Begriffs bringen. Dabei ist kein isoliertes Individuum anvisiert; nachfolgend wird von den „solidarischen Akten" und vom „Prinzip sozialer Verantwortung" gesprochen. (RiLi S. 8) Und außerdem: Die Leitidee schwebt nicht in der Luft, sondern wird im Katalog der Qualifikationen und Lernziele konkretisiert.

Es ist hilfreich, diese Leitidee mit denjenigen anderer Richtlinien zu vergleichen. Wir haben es mit zwei Grundtypen (vgl. Müller, Schlausch 1987, S. 48) zu tun, die sich in den Richtlinien der verschiedenen Bundesländern ausprägen: (1) In dem einen Typ wird der *Systemaspekt* betont; Lernziel ist die verantwortliche Teilhabe am öffentlichen Leben, politischer Hintergrund ist die Erhaltung der politischen Ordnung. (2) In dem anderen Typ liegt das Schwergewicht auf dem *personalen Aspekt;* gelernt werden soll, Selbst- und Mitbestimmung zu praktizieren. Im Hintergrund steht die Absicht, den Lernenden zu ermöglichen, in der Auseinandersetzung mit dem Politischen ihre personale Identität zu gewinnen oder zu festigen.

Diese Typisierung darf nicht so verstanden werden, als sei der Gedanke an Selbst- und Mitbestimmung mit der Erhaltung der politischen Ordnung unvereinbar. Nicht einander ausschließende Gegensätze sind gemeint, sondern *Akzentuierungen.* Daß die Richtlinien von Nordrhein-Westfalen zum zweiten

Typ gehören, wird man leicht erkennen. Es ist, wenn auch kein fundamentaler, so doch ein gewichtiger Unterschied, ob die Idee der staatlichen Souveränität oder die Idee der Selbstregierung in den Vordergrund gestellt wird, also die Idee einer Regierung des Volkes durch das Volk. Ob Skandale möglichst zugedeckt werden sollen, weil sie dem Ansehen des Staates schaden, oder ob der einzelne das Recht hat, sich über Skandale aufzuregen und mit Konsequenzen, nämlich dem Vertrauensentzug zu drohen, — und ob Schülerinnen und Schüler lernen, daß der Zustand der Demokratie von der Summe der Bürgervoten und der Bürgeraktivitäten abhängt.

Das Bezugssystem der Inhaltsfindung
Die dritte Säule der Richtlinien besteht nach wie vor in dem Bezugssystem der Inhaltsfindung, auch ,,Matrix zur Auffindung von Inhalten" genannt. (RiLi S. 40) Vielleicht wird die Bedeutung dieses zunächst so schematisch wirkenden Instruments nicht immer richtig gewürdigt.

Es verhilft nämlich zur Lösung eines Problems: Unterrichtsthemen sollen aus lebensnahen Erfahrungsbereichen der Jugendlichen, aber auch der Erwachsenen gewählt werden. Denn es geht ja um die Vorbereitung auf gegenwärtige und zukünftige Lebenssituationen. Diese Lebenssituationen haben immer eine Nähe zu der alltäglichen Erfahrung, durch welche sich der einzelne das für seine Alltagspraxis geeignete und dort auch wirksame Wissen sammelt. So würde es eigentlich genügen, mit den Schülern ihre Alltagserfahrungen aufzuarbeiten und über sie miteinander ins Gespräch zu kommen.

Jedoch wenn wir in unserer komplexer werdenden Welt uns unserer Alltagswelt plötzlich nicht mehr so sicher sind, merken wir, daß Alltagserfahrung nur eine begrenzte Reichweite hat. Wir werden inne, daß es eine ,,Welt hinter der Welt" (Beck 1987, S. 160) gibt, die, auch wenn wir sie nicht ,,sehen", wirksam oder sogar drohend in unsere Lebenswelt hineinragt. Sie ist aber nur gedanklich-begrifflich zu erfassen. Daher müssen die Lebenssituationen mit dem wissenschaftlichen Wissen in Verbindung gebracht werden.

Man findet das wissenschaftliche Wissen in der senkrechten Spalte der Matrix (RiLi S. 40; s. auch 7.3.2, unten s. 107). Dieses Wissen wird immer dann benötigt, wenn Handelnde an die Grenzen ihrer alltäglichen Routinen gelangen und auf Probleme stoßen. Ihre Intentionen müssen sie dann mit Hilfe von problemlösendem Wissen verfolgen. In den Richtlinien ist dieses Wissen in dem Begriff ,,Handlungstypen" zusammengefaßt. Sie enthalten das handlungsbezogene wissenschaftliche Wissen, weil die versagenden Routinen nur durch ,,Theorie", also durch Aufdeckung der ,,Welt hinter der Welt", kompensiert werden können. Wenn der einzelne merkt, daß er etwas nicht mehr so selbstverständlich wie bisher tun kann.

Über die problemlösenden Handlungstypen wird also wissenschaftliches Wissen, hier der drei sozialwissenschaftlichen Disziplinen Soziologie, Ökonomie und Politikwissenschaft, in den erfahrungsgesättigten Alltag eingeschleust. Dadurch wird ein Zusammenhang hergestellt, der von den einen derjenige zwischen ,,Mikrowelt" und ,,Makrowelt" (Berger/Berger) oder von anderen derjenige zwischen ,,Lebenswelt" und ,,System" (Habermas) genannt wird. Wir haben es hier mit einem zentralen Problem einer Didaktik zu tun, welche den Erfahrungsbezug berücksichtigen will, aber zugleich die Wissenschaftsorientierung aus Gründen der Lebensbewältigung nicht aufgeben kann.

Dieses Verständnis der Inhaltsmatrix ist wichtig, um sie benutzen zu können. Allenthalben ragen ja die Wirkungen des wissenschaftlichen Wissens in unsere Lebenswelt hinein. Wenn wir den Computer nur wie eine bessere Schreibmaschine benutzen, dann merken wir nicht, daß wir uns damit der binären Logik, mindestens aber den Algorithmen der Software unterordnen und dadurch auch unser Denken bestimmen lassen. Mit wissenschaftlichem Wissen die Gefahren bewältigen, die von dem Eindringen neuer Technologien in unsere Lebenswelt ausgehen können, — das wäre in Kürze der Leitgedanke für die Inhaltsmatrix.

0.2.2 Was geändert wurde

Zwei neue Qualifikationen

Dreizehn Jahre liegen zwischen der 2. und der 3. Auflage der Richtlinien. In dieser Zeit hat sich ein tiefgehender Wandel vollzogen: der technisch-ökonomische Wandel. Zwar war die ökologische Bewegung schon seit Beginn der 70er Jahre für die Bedrohung der Umwelt sensibilisiert. Aber erst mit dem Durchbruch der Hochtechnologien, der in der Bundesrepublik seit dem Beginn der 80er Jahre bewußt wurde, begann die dramatische Phase dieses Wandels. Seitdem sind Kernreaktortechnik, Informatik und Gentechnologie sowohl erfolgreich wie problematisch geworden. Mit dem Schwinden des Fortschrittskonsenses, also dem Glauben an die Selbstläufigkeit einer Entwicklung zu immer Besserem, wird die Frage nach der Zukunft gestellt: Kann man sie gestalten oder führt sie unaufhaltsam in den Abgrund?

Dieser Problemwandel führte zu einer Erweiterung der Qualifikationen. Es ist einmal die Qualifikation 11:

,,Fähigkeit und Bereitschaft, sowohl durch das eigene Verhalten als auch durch Beteiligung an gesellschaftlichen Initiativen Verantwortung für die Sicherung der Lebensbedingungen in der Zukunft mitzuübernehmen." (S. 31)

Nicht zufällig verweist diese Qualifikation auf das ,,Prinzip Verantwortung" des Philosophen Hans Jonas (1984). In der langen Geschichte der Überarbeitung dieser Richtlinien wurde die Aufnahme dieser neuen Qualifikation in der Richtlinienkommission schon Ende der 70er Jahre diskutiert und beschlossen.

Außerdem ist die Qualifikation 12 hinzugekommen:

,,Fähigkeit zu erkennen, inwieweit Arbeit zur Existenzsicherung von Individuum und Gesellschaft notwendig ist und Grundlage für Selbstverwirklichung und politische Beteiligung sein kann, sowie Bereitschaft, sich für die Gestaltung menschenwürdiger Bedingungen von Arbeit einzusetzen." (RiLi S. 33)

Die Aufnahme dieser Qualifikation stand im Zusammenhang mit der Erweiterung des Geltungsbereichs dieser Richtlinien auf das berufsbildende Schulwesen. Aber Bedeutung hat sie auch für die Schülerinnen und Schüler der allgemeinbildenden Schulen, und zwar nicht nur deshalb, weil jeder der Bildungswege irgendwann einmal in einen Beruf führt. Sondern auch wegen des eben genannten technisch-ökonomischen Wandels. Dort wo der Arbeitsgesellschaft die Arbeit auszugehen droht und wo durch Neue Technologien die Arbeit nachhaltig verändert wird, gewinnen Arbeit und Beruf eine ganz neue Qualität von Aufmerksamkeit, werden sie zu Problemfeldern, denen nicht früh genug Aufmerksamkeit gewidmet werden kann.

Die Betonung des Inhaltsbereichs

Die zweite Veränderung der Richtlinien geht auf das Bemühen zurück, den Bereich der Inhalte stärker hervorzuheben. In den vorhergehenden Auflagen umfaßte der Lernzielkatalog (Qualifikationen und Lernziele 1. und 2. Ordnung) etwa ein Drittel des Richtlinientextes, in der dritten Auflage nimmt er, vermindert um die Lernziele 2. Ordnung, nur noch etwa ein Sechstel ein. Dafür ist der Inhaltskatalog nicht nur erweitert worden, sondern er hat auch eine Systematik bekommen, welche die Planung eines Spiralcurriculums über mehrere Schuljahre hinweg exemplarisch vorführt.

Gewiß enthält diese Änderung auch ein Dilemma. Die Inhaltsmatrix ist das Planungsinstrument eines offenen Curriculums: Nur das Bezugssystem ist festgelegt, und innerhalb dieses Systems kann frei variiert werden. Ein Themenkatalog wirkt aber — ob gewollt oder nicht — doch immer als eine Form der Festschreibung.

Jedoch ist einiges zu bedenken. Zunächst ist das früher einmal in der politischen Didaktik erhobene Postulat von der ,,Austauschbarkeit" der Inhalte (Fischer 1973, S. 99) so nicht mehr haltbar. Die Probleme unserer Gegenwart lassen sich nicht durch Austausch beseitigen. ,,Offenheit" darf also nicht mit Beliebigkeit verwechselt werden. Und zum anderen können Richtlinien nicht mehr die Vorstellung von einem Primat der Lernziele vermitteln, auch wenn dies — wie in den vorhergehenden Auflagen — nur durch die ,,Optik" geschieht.

Die Unterscheidung von Lernzielen und Lerninhalten sollte nicht überzogen werden. Für die Unterrichtspraxis ist es viel wichtiger, zu erkennen, daß die ,,Inhalte" immer auch schon ,,Intentionen" enthalten, weil ihnen ja irgendeine ,,Bedeutung" zu eigen ist, die mit der Vermittlung transportiert wird. Klafki spricht von der „wertungsmäßigen Vorweg-Bestimmtheit vieler Inhalte". (Klafki 1985, S. 204) Für den Lehrer ist es daher wichtig, diese Vorweg-Bestimmtheit zu entdecken und den Inhalten die von ihm gewählte „didaktische Perspektive" hinzuzufügen, um dadurch das „Thema" zu bilden. Aus diesem Grunde ist neben der Inhaltswahl die Themaformulierung so überaus bedeutsam, weil hierbei bewußt die Zusammenführung des Inhalts mit der Intention erfolgt, die andernfalls sich in den Unterricht unterschwellig einschleicht.

Diese Überlegungen sind auch deshalb wichtig, weil der Themenkatalog nur als Empfehlung gilt (S. 41); man kann ihn eigentlich nur dann übernehmen, wenn man angesichts der Kenntnis von anderen Möglichkeiten von ihm „überzeugt" ist. Wichtig ist daher, die Konstruktions- und Bauprinzipien zu kennen, und zwar für die Bildung von Themen als auch für den Aufbau von Jahresplänen. Dies ist ein Beispiel für das instrumentelle Verständnis dieser Richtlinien als eines Werkzeuges in der Hand des Lehrers.

0.3 Zu diesem Handbuch

1974 erschien, von Rolf Schörken herausgegeben, das erste Buch zu den Richtlinien: „Curriculum 'Politik'". Es ist heute noch lesenswert, weil es in einer vergleichsweise andernorts nicht wiederholten Weise den Erarbeitungsprozeß dieser Richtlinien „Von der Curriculumtheorie zur Unterrichtspraxis" darstellt. Nachlesen kann man hier z.B., wie der Situationsansatz von Anfang an die Arbeit der Richtlinienkommission geleitet hat, wie dieser also nicht aufgesetztes Versprechen, sondern tragendes Element geblieben ist.

Das hier vorliegende neue Buch zu den Richtlinien ist im Unterschied dazu ein „Handbuch". Es hat den Zweck, Lehrerinnen und Lehrern, die mit den Richtlinien arbeiten, bei der Vorbereitung ihres Unterrichts zu helfen. Die Autoren haben sich bemüht, zum einen die Richtlinien zu erläutern und ihre Handhabung zu beschreiben. Zum anderen haben sie durch praxisnahe Beispiele Hinweise für ihre Realisierung gegeben. Einzelne Beiträge gehen über die von den Richtlinien angesprochenen Inhalte hinaus, vor allem diejenigen im Methodenteil.

Die Herausgeber danken den Autorinnen und Autoren für ihre geduldige und engagierte Mitarbeit. Sie danken der Landeszentrale für politische Bildung in NRW dafür, daß sie dieses Werk überhaupt ermöglicht hat. Und nicht zuletzt danken sie dem Verlag Leske + Budrich für das intensive Bemühen um die verlegerische Realisierung, ohne die ein solches Werk nur Idee, aber nicht Wirklichkeit wird.

Literatur

Beck, Ulrich: Leben in der Risikogesellschaft. In: Gegenwartskunde Jg. 36 (1987), H 2, S. 159 - 170.

Der Kultusminister des Landes Nordrhein-Westfalen (Hg.): Richtlinien für den Politischen Unterricht, Düsseldorf: Hagemann 1973.

ders. (Hg.): Richtlinien für den Politik-Unterricht, 2. Aufl., Düsseldorf: Hagemann 1974.

ders. (Hg.): Richtlinien für den Politikunterricht, 3. Aufl., Frechen: Verlagsgesellschaft Ritterbach 1987 (Rudolf-Diesel-Str. 10 - 12, 5020 Frechen 1).

Fischer, Kurt Gerhard: Einführung in die Politische Bildung, 3. Aufl., Stuttgart: Metzler 1973.

Gagel, Walter: Einführung in die Didaktik des politischen Unterrichts. Studienbuch politische Didaktik I, Opladen: Leske + Budrich 1983.

Jonas, Hans: Das Prinzip Verantwortung. Versuch einer Ethik für die technische Zivilisation, Frankfurt: Suhrkamp 1984.

Klafki, Wolfgang: Neue Studien zur Bildungstheorie und Didaktik, Weinheim: Beltz 1985.

Müller, Peter, Horst Schlausch: Inhalts- und Lernzielbereiche der Rahmenpläne des Faches Sozialkunde in den Bundesländern — ein Vergleich. In Volker Nitzschke, Fritz Sandmann (Hg.): Metzler Handbuch für den politischen Unterricht, Stuttgart: Metzler 1987, S. 42 - 50.

Schiele, Siegfried: Zehn Jahre ,,Beutelsbacher Konsens". In Siegfried Schiele, Herbert Schneider (Hg.): Konsens und Dissens in der politischen Bildung, Stuttgart: Metzler 1987, S. 1 - 8.

Schörken, Rolf: Symbol und Ritual statt politischer Bildung? In: Gegenwartskunde Jg. 36 (1987), H. 3, S. 289 - 297.

Tietgens, Hans: Zur Lage der außerschulischen Politischen Bildung. In: Gegenwartskunde Jg. 36 (1987), H. 4, S. 433 - 442.

I. Zur Didaktik

1. Qualifikationen und Lernziele. Ihre Bedeutung in den Richtlinien und ihre Verwendung im Unterricht

Dieter Menne

1.1 Lernziele und curriculare Struktur

„Der Katalog der Qualifikationen und Lernziele stellt die Lernzielorientierung der Richtlinien als leitendes Prinzip heraus und ist daher ein für das Verständnis der Richtlinienkonzeption entscheidendes Element; er ist in Qualifikationen, Qualifikationsbeschreibungen und Lernziele gegliedert, um die pädagogische Grundorientierung, ihre leitenden Gedanken und Begründungen sowie die Funktion des Katalogs bei der Unterrichtsplanung sichtbar zu machen." (RiLi S. 16).

Diese Aussagen der Richtlinien über die Qualifikationsorientierung verdeutlichen, daß der Katalog der Qualifikationen und Lernziele das Verbindungsglied zwischen der „pädagogischen Grundorientierung" und der „Unterrichtsplanung" darstellt. Ein fachspezifisches Curriculum erhebt den Anspruch, von den allgemeinsten Zielvorstellungen für den Politikunterricht bis zur aktuellen Lernsituation einen einsichtigen Zusammenhang herstellen zu können. Die Herstellung dieses Zusammenhangs durch präzise formulierte Ziele für den Unterricht war eine Forderung der Curriculumtheorie, entstanden aus der Kritik an traditionellen Lehrplänen, deren Inhaltskataloge bis dahin in keinem erkennbaren Bezug zu den in den Präambeln aufgeführten Zielen und Leitideen für Unterricht und Erziehung standen. Für die Beurteilung der Lernzielorientierung als Prinzip der Richtlinien ist es daher erforderlich, die Qualifikationen, die Qualifikationsbeschreibungen und die Lernziele auf ihre Strukturmerkmale hin zu prüfen und darzustellen, in welcher Weise sie ihre Brückenfunktion zwischen der pädagogischen Grundidee einerseits und der Unterrichtspraxis andererseits erfüllen.

1.2 Die Qualifikationen als oberste Lernziele

Ein konstitutiver Bestandteil der Richtlinien sind die 12 Qualifikationen für den Politikunterricht in Nordrhein-Westfalen (RiLi S. 17f). Als oberste Lernziele bilden sie den Bezugspunkt für den Unterricht des Faches in der Schule:

Von ihnen aus lassen sich gedankliche Beziehungen zu den konkreteren Lernzielen für Stunden oder Tests herstellen; andererseits können Teilziele den Qualifikationen zugeordnet werden, damit bei den Planungsentscheidungen über Inhalte, Medien und Methoden die geplante Richtung des Unterrichts nicht aus dem Blickfeld gerät. Darin liegt der Vorteil derartiger Lernzielpyramiden (Schörken 1977, S. 338).

Wie die damit verbundene Gefahr der Engführung bei dem Qualifikationenkatalog der Richtlinien vermieden werden konnte, läßt sich an der Formulierung der Qualifikationen zeigen: Die Qualifikation 2 z.B. (RiLi S. 17) umgreift den gesamten Bereich der in der Gesellschaft möglichen Partizipation und enthält damit einen auf hoher Allgemeinheitsebene formulierten, aber hinreichend genau formulierten Inhaltsaspekt. Sie fordert dazu auf, diesen Partizipationsbereich ,,zu erkennen, zu nutzen und zu erweitern" und stellt damit neben den Inhaltsaspekt einen Verhaltensaspekt (vgl. Gagel 1983, S. 148f), der auf die Erkenntnis der politischen Realität, den sinnvollen Umgang mit ihr und ihre Veränderung im Sinne eines dynamischen Demokratiebegriffs gerichtet ist. Ob dieses Ziel aber immer und überall verwirklicht werden muß, ist abhängig von der Entscheidungssituation. Insofern ist die Qualifikation offen; sie enthält keine Verhaltensvorschrift, sondern nennt nur die Fähigkeit und Bereitschaft, also die Verhaltensdisposition, die zum Handeln veranlaßt, wenn es nach den in einer speziellen Situation auftretenden Umständen erforderlich erscheint. Diese Kombination von allgemein formulierten Inhaltsaspekten mit offen formulierten Verhaltensaspekten kennzeichnet den gesamten Katalog:

Die *Inhaltsaspekte* umgreifen die gesamtgesellschaftliche Ordnung (Qual. 1), gesamtgesellschaftliche ,,Strukturen, Herrschaftsverhältnisse und Entscheidungsprozesse" (2, RiLi S. 17), die Kommunikation in der Gesellschaft (3), politische Alternativen und Durchsetzungschancen (4), Rechte und Interessen in der Gesellschaft (5), gesellschaftliche Konflikte, Glücksvorstellungen, Probleme und Gruppen (6 - 9), andere Gesellschaften (10), zukünftige Lebensbedingungen (11) und die moderne Arbeitswelt (12). Die *Verhaltensaspekte* umfassen Orientierungs- und Kritikleistungen (1), politische Beteiligung (2), Ideologiekritik (3), soziale Phantasie und Parteinahme (4), Interessenreflexion und Prioritätensetzung (5), Konfliktfähigkeit und politische Beteiligung (6), tolerantes Handeln (7), eigenverantwortliches Handeln (8), Selbstverwirklichung in sozialer Verantwortung in sozialen Gruppen (9), altruistische Parteinahme (10), die Übernahme von Verantwortung und Interessenabwägung (11), Engagement in Spannungsverhältnissen zwischen individuellen und gesellschaftlichen Ansprüchen (12).

Der Verhaltensaspekt der Qualifikationen ist relativ abstrakt beschrieben, weil die einzelne Qualifikation nicht auf jeweils eine Situation bezogen ist. Nach Saul B. Robinsohn leistet Erziehung die ,,Ausstattung zur Bewältigung von Lebenssituationen", und dies geschieht, ,,indem gewisse Qualifikationen und eine gewisse ‚Disponibilität' durch Aneignung von Kenntnissen, Einsichten, Haltungen und Fertigkeiten" vermittelt wird (Robinsohn 1975, S. 45). Diese Definition von Erziehung ist auch der Grundgedanke der Richtlinien. In diesem Sinne enthalten die Qualifikationen weder Kenntnisse noch bestimmte Fertigkeiten. Sondern sie beschreiben, was durch Aneignung von Kenntnissen und durch Vermittlung von Fertigkeiten erworben wird: Prägung der Persönlichkeit, die zu variablem, Spielraum nutzenden, nämlich situations- und intentionsadäquatem Handeln befähigt (,,Disponibilität"). Die Qualifikationen beschreiben also Persönlichkeitsmerkmale (0.2.1; oben S. 17f.), durch die Menschen in sozialen und politischen Situationen kompetent und selbstsicher zu handeln in der Lage sind. Sie enthalten nicht das *Was* von Lerninhalten, Kenntnissen, Erkenntnissen und Fähigkeiten, sondern das *Wie*, nämlich die Art und Weise, wie Menschen unserer Gesellschaft Probleme bewältigen und sich mit ihrer Umwelt auseinandersetzen, wenn sie zu Selbst- und Mitbestimmung fähig sind. ,,Konfliktfähigkeit" z.B. beschreibt ja nicht, welche Lösung eines Konflikts angestrebt werden soll, sondern meint die personale Eigenschaft, Konflikte überhaupt ertragen zu können, ihnen nicht auszuweichen, sich nicht zu vorschnellen Reaktionen (Resignation, Aggression, Unterwerfung) hinreißen zu lassen und Kompromisse schließen zu können. Dazu sind psychische Eigenschaften erforderlich: z.B. Ambiguitätstoleranz (Widersprüchliches ertragen zu können), Frustrationstoleranz (ertragen zu können, daß man nicht alles Gewünschte erreichen kann).

1.3 Richtwert ,,Emanzipation"

Die Qualifikationen stehen in einem bestimmten Verhältnis zu der pädagogischen Grundorientierung der Richtlinien; bei der Anfertigung des Curriculums wurde sie als eine Art Prüfungsinstanz und Leitidee verwendet, zu der die entworfenen Qualifikationen zumindest nicht in Widerspruch stehen durften.

,,Ziel politischen Lernens ist es, daß die jungen Menschen die Werte und Institutionen ihrer Gesellschaft verstehen und die Bereitschaft entwickeln, sie frei und selbstverantwortlich anzuerkennen, sich für sie einzusetzen oder aber Veränderungen anzustreben. Heranwachsende müssen die Fähigkeit entwickeln, sowohl tradierte Vorstellungen und Wertorientierungen für das eigene Verhalten verbindlich zu machen als sich auch gegebenenfalls bewußt davon zu lösen. Sie sollen in die Lage versetzt werden, am Prozeß der politischen Willensbildung und der Vertretung und Durchsetzung von Interessen teilzunehmen" (RiLi S. 7).

Diese pädagogische Grundorientierung ,,Emanzipation" ist ,,Richtwert des politischen Lernens" (RiLi S. 7). Der Begriff weist die bereits bei den Qualifikationsformulierungen beobachtete Offenheit für konkrete Situationen und für das Urteil des Subjekts im Lernprozeß auf. Es handelt sich hier um einen weiten Emanzipationsbegriff in der Tradition der Aufklärung, der Anpassungsleistungen nicht diskriminiert, sondern nur die unreflektierte Anpassung einerseits und die Flucht aus der Verantwortung durch gewalttätigen Radikalismus andererseits als nicht angestrebte Reaktionen ausschließt, im übrigen aber nicht versucht, die politische Entscheidung des zukünftigen Erwachsenen in der einen oder anderen Richtung politisch-inhaltlich festzulegen. Ein so verstandener Emanzipationsbegriff erscheint konsensfähig, und das bedeutet: Der Emanzipationsbegriff ist eine unterhalb der Verfassungsebene anzusiedelnde pädagogische Interpretation der Wertvorstellungen des Grundgesetzes. Als Richtwert stellt er eine pädagogische Norm für die Beurteilung fachdidaktischer Grundentscheidungen über Qualifikationen dar, sie werden durch ihn legitimiert, ohne daß verfassungsrechtliche Normen direkt herangezogen werden müßten. Die Qualifikationen sind diesem Emanzipationsbegriff zugeordnete Entfaltungen unter Betonung fachlicher und fachdidaktischer Aspekte; sie haben über ihre technische Funktion als oberste Lernziele hinaus die Qualität anzustrebender Verhaltensdispositionen. Sie formulieren eine aus Kenntnissen und Erkenntnissen gebildete demokratische *Überzeugung*, eine aus Fähigkeiten und Fertigkeiten entstandene *Gewohnheit* des politischen Interesses und eine aus Erfahrungen und Erlebnissen geprägte *Gesinnung* der Bereitschaft zum politischen Handeln für 12 politische Kompetenzbereiche; sie beschreiben gewünschte Persönlichkeitsmerkmale des Bürgers in der Demokratie.

1.4 Qualifikationsbeschreibungen als Verständnishilfe

Bei der Erarbeitung der Qualifikationsbeschreibungen stand der Gedanke Pate, daß es angemessen sei, den Benutzern der Richtlinien einen interpretierenden Kommentar als eine Art Aufgabenbeschreibung anzubieten, als Verständnishilfe und zur Steigerung der Transparenz der Richtlinien (vgl. RiLi S. 16). Die Beschreibung der Qualifikation 4 macht das beispielhaft deutlich: Das Thema der Beschreibung ist das Problem des Umgangs mit politischen Alternativen in einer demokratischen Gesellschaft. Im Aufbau folgt die Beschreibung der Qualifikationsformulierung mit den drei Aspekten ,,in politischen Alternativen denken", ,,Partei ergreifen", ,,Entscheidungen nach demokratischen Regeln verwirklichen" (RiLi S. 17, die Beschreibung S. 22).

Der erste Aspekt wird dabei verstanden als Fähigkeit und Bereitschaft zur Empathie, d.h. zur Einfühlung in ein anderes Bewußtsein, als Fähigkeit und Bereitschaft zum Verständnis für den politisch Andersdenkenden und als soziale Phantasie. Der Grundgedanke ist, die eigenen Wahrnehmungen, Wünsche, Interessen und Positionen nicht absolut zu setzen, sondern politische Vorgänge, vor allem Streitfragen, auch mit den Augen der anderen Betroffenen und Beteiligten zu sehen, sich in deren Bewußtsein einzufühlen, sie zu verstehen und gegebenenfalls als Gegner zu achten, auch wenn man ihre Positionen keinesfalls übernehmen kann. Das Verständnis der anderen Position kann zur Differenzierung des eigenen Standortes beitragen; die Macht des faktisch Wirklichen wird ein wenig relativiert, wenn man sich auf Alternativen besinnt; insbesondere das Nachdenken über politische Probleme gewinnt durch den Entwurf von Lösungsmöglichkeiten.

Der zweite Hauptgedanke — ,,Partei ergreifen" — steht dazu in einem gegenläufigen Verhältnis: Soziale Phantasie darf kein Selbstzweck sein; das Geltenlassen der politischen Meinung des Andersdenkenden darf nicht zur Relativierung von Standpunkten führen; die Einfühlung in Situation und Position der anderen Beteiligten darf nicht in eine uferlose Differenzierung einmünden, sondern der Erkenntnis- und Einfühlungsprozeß muß auf eine Positionsbestimmung zulaufen, auf eine begründete Parteinahme i.S. einer Festlegung auf eine nach den in den Richtlinien genannten Kriterien begründete Position.

Der dritte Aspekt — ,,Entscheidungen nach demokratischen Regeln zu verwirklichen" — akzentuiert den unpopulären, aber wichtigen Gedanken, daß politisches Engagement für als richtig erkannte Problemlösungen ,,Kosten" verursacht: finanzielle, zeitliche, materielle Aufwendungen, Spannungen vielerlei Art in den sozialen Beziehungen, ggf. auch gravierende persönliche Nachteile, die der Handelnde einkalkulieren sollte, was entsprechende realitätsbezogene Kenntnisse voraussetzt (RiLi S. 23, letzter Absatz der Qualifikationsbeschreibung).

Die Absicht der Qualifikationsbeschreibung ist die Klärung der in der Qualifikation verwendeten Begriffe; sie erfüllt damit fachwissenschaftliche und fachdidaktische Ansprüche. Dies dient auch der Aufklärung der Öffentlichkeit über das Verständnis der Richtlinien und soll damit den Richtlinientext als ,,‚politischen Text' möglichst verstehbar für *alle* Bürger" (Giesecke 1974, S. 2) formulieren. Stärker als die Qualifikationen dies überhaupt leisten können, dienen die Beschreibungen den verschiedenen Adressaten in Schule, Hochschule und Öffentlichkeit — Lehrern, Fachdidaktikern, Eltern und Politikern — als Lesehilfe, Kommentar und Interpretation zugleich.

1.5 Lernziele zur Sicherung des Lernzielzusammenhangs

Die knappe und allgemeine Kennzeichnung der Funktion der Lernziele in den Richtlinien (RiLi S. 17) verdeckt ein wenig die Bedeutung dieses Instruments für die Unterrichtsplanung. Die in diesen Richtlinien enthaltenen Lernziele sind auf der Abstraktionshöhe von Grobzielen formuliert, liegen also zwischen Richtlinien und den konkreten Lernzielen des Unterrichts (Feinzielen); sie können daher nicht unmittelbar unterrichtswirksam werden, aber den Prozeß der Formulierung unterrichtswirksamer Lernziele als ,,Beschreibung des Verhaltens, das am Ende eines erfolgreichen Lernprozesses erreicht sein soll" (Miller 1972, S. 14), in Gang setzen; sie stehen also zwischen den Qualifikationen und konkreten Unterrichtszielen. Die Qualifikation 4 z.B. ist von ihrer Reichweite her (vgl. Gagel 1983, S. 156ff.) eine allgemeine Zielvorstellung, ein „Richtziel" (vgl. Möller 1969, S. 49f.) für die gesamte Schullaufbahn und drückt die Erwartung aus, daß der Lernende bis zum Ende seiner Schullaufbahn an vielen Beispielen die damit beschriebene Verhaltensweise unter Anleitung des Lehrers kennengelernt, angestrebt und trainiert hat. Die Zielvorstellung ist so allgemein, daß sie „in keinem Handlungszusammenhang" (Gagel 1983, S. 158) als endgültig erreicht angesehen werden kann, sie hat die Qualität einer „regulativen Idee" (ebda, S. 157f.) und dient als Richtungsgeber zur Erarbeitung beobachtbarer oder zumindest präzise formulierter Lernerwartungen. Der Weg von dieser allgemeinen Verhaltensdisposition zu einem konkreten Unterrichtsziel erfordert eine inhaltliche Konkretisierung an einem Fall, z.B. der Auseinandersetzung zwischen Gegnern und Befürwortern der Kernkraft über die Deckung des Energiebedarfs in der Zukunft. Mit Hilfe der Qualifikation 4 allein gelänge das nur auf dem hohen Abstraktionsniveau allgemeiner Problemfragen: Windenergie, Sonnenenergie — Alternativen zur Kernkraft?

Die Lernziele helfen dem Lehrer bei der Annäherung an die Unterrichtsplanung, indem sie ihm die Möglichkeit eröffnen, die mit der Qualifikation angestrebte und in der Beschreibung erläuterte Verhaltensdisposition an einem Gegenstand zu entfalten und auf an ihm zu lernende Verhaltensmöglichkeiten hin zu prüfen.

Angewendet auf das erwähnte Beispiel ergibt die Prüfung z.B. mit Hilfe des Lernziels 4.1 das folgende Ziel: Fähigkeit, die Auseinandersetzung über die Kernkraft nicht nur als Diskussion zwischen Experten über Sicherheitsprognosen zu sehen, sondern auch als einen politischen Streit zwischen Politikern, Parteien, Verbänden über gesellschaftspolitische Ziele, wirtschaftliche Entwicklungschancen, Ressourcenverwendung, Arbeitsplätze und politische Macht zu deuten.

Die Prüfung des Sachverhalts mit Hilfe des Lernziels 4.2 führt zu folgender Zielvorstellung: Fähigkeit und Bereitschaft, die Lage der Bundesrepublik Deutschland auf dem Energiesektor unter den Gesichtspunkten der Versorgungssicherheit und der Umweltverträglichkeit zu prüfen, die aus der Lageanalyse resultierenden Problembereiche zu identifizieren und auf die Probleme hin entworfene Lösungsmöglichkeiten zu prüfen.

Es ist deutlich, daß auch diese — anspruchsvollen — Ziele auf der Ebene von Grobzielen liegen, aber sie enthalten einen vom Unterrichtsgegenstand herrührenden Inhaltsaspekt, der zu dem Verhaltensaspekt und dem Inhaltsaspekt des übergeordneten Lernziels hinzutritt und mit ihnen verbunden wird. Dieses mit einem Unterrichtsinhalt „aufgeladene" inhaltsgebundene Lernziel kann nun im Hinblick auf konkrete Fragestellungen, Methoden, Ziele weiterverarbeitet werden. Aus einem einzigen solchen Lernziel kann eine ganze Unterrichtsreihe entstehen, deren Perspektive in diesem Lernziel auf ziemlich konkreter Ebene zu fassen ist.

Die Lernziele stellen also im Sinne der curricularen Systematik das Verbindungsglied zwischen den Qualifikationen und der konkreten Unterrichtsplanung dar, das den Zusammenhang zwischen den beiden Ebenen herstellen soll. Für den Lehrer sind sie ein Instrument, das ihm hilft, komplexe Unterrichtsgegenstände in Teilaspekte zu zerlegen und fachdidaktisch auszurichten, um dann konkrete Unterrichtsaufgaben und konkretisierte Lernziele zu entwickeln. Für den Praktiker ist diese Arbeitsweise zunächst aufwendig, aber sie sichert seiner Arbeit eine curriculare Legitimation.

Die in den Richtlinien enthaltenen Lernziele sind nicht aus den Qualifikationen abgeleitet, sondern teils durch Interpretation ihrer Hauptgedanken, teils durch Zuordnung entstanden. Die noch in der zweiten Auflage der Richtlinien enthaltenen Lernziele 2. Ordnung setzten den Prozeß der Annäherung an die Praxis noch weiter fort, aber sie trugen durch ihre Vielfalt zur Unübersichtlichkeit des Katalogs und auch zu seiner Überbetonung bei und waren trotzdem bei weitem nicht vollständig. Sie wurden daher in der 3. Auflage weggelassen.

Die Qualifikationen und Lernziele der Richtlinien entziehen sich auf Grund ihres Allgemeinheitsgrades einer Lernzielkontrolle. Sie kann erst auf der Ebene der Konkretisierung einsetzen, streng genommen erst nach der Formulierung von exakten Feinzielen. Die Zahl der konkretisierten Lernziele zu den oben zur Demonstration formulierten Lernzielen wäre schon verhältnismäßig groß; die Zahl der Feinziele wäre unübersehbar. Richtlinien können und dürfen dies nicht mehr leisten, denn jede weitere Lernzielebene in den Richtlinien würde Planungsspielräume eingrenzen; diese Richtlinien sollen aber ganz im Gegenteil Planungsspielräume eröffnen.

1.6 Anmerkungen zur fachdidaktischen Diskussion

Ein früherer Kritiker der Richtlinien, der Politikwissenschaftler Dieter Grosser, formulierte neuerdings in einem Aufsatz zur Lage der politischen Bildung, daß die Fachdidaktik in den 70er Jahren von den Fachwissenschaftlern allein gelassen worden sei, aber keineswegs versagt habe, bei dem „Versuch, begründete und konsensfähige Ziele, Inhalte und Methoden des Unterrichts zu entwickeln. Die Verfahren bei der Bestimmung von Zielen und der Auswahl von Inhalten, wie sie etwa bei Sutor oder Hilligen oder auch in den nordrhein-westfälischen Richtlinien angewendet werden, sind dem komplexen Gegenstand ‚Politik' angemessen und leistungsfähig..." (Grosser 1985, S. 140). Nach den scharfen Kontroversen der 70er Jahre wird die eigentliche Qualität der Richtlinien wieder gesehen; ihre Bedeutung für die Unterrichtsplanung als Hilfe für die Auswahl von Zielen und Inhalten.

Diese Bedeutung verkennt Klaus Rothe, wenn er an einem Beispiel an den Richtlinien nachzuweisen glaubt, daß konkrete Lernziele nicht aus den Qualifikationen abgeleitet werden können; nach seiner Auffassung „folgen sie unmittelbar aus der Realitätsanalyse" (1981, S. 42). Jedoch kann eine Realitätsanalyse unter sehr verschiedenartigen Intentionen erfolgen, nicht nur unter didaktischen. Und selbst an didaktischen sind eine Vielzahl denkbar. Der Bezug auf eine der Qualifikationen bedeutet die Nennung der gewählten Intention, unter welcher der Unterrichtsgegenstand von den Schülern bearbeitet werden soll. Folglich handelt es sich gar nicht um eine Ableitung von Lernzielen, sondern um die Herstellung eines gedanklichen *Zusammenhangs* zwischen allgemeineren Zielen (hier: Qualifikationen) und konkreten Unterrichtsaufgaben. Dadurch kann der Lehrer die didaktische Intention seines Unterrichts sich und anderen bewußt machen, und sein Unterricht verfällt nicht der Gefahr, von einem „heimlichen Lehrplan" gesteuert zu werden.

In der derzeitigen Lage der politischen Bildung in der Bundesrepublik Deutschland, die durch gegenläufige Tendenzen gekennzeichnet ist — offensichtliche Rückschritte in der Lehrplanentwicklung z.B. Berlins (vgl. Geiger 1986, S. 6), eine z.T. ganz unübersichtliche Situation (Grosser 1985; Hartwich 1987), problematische subjektivistische Erscheinungen (Gagel 1985) — stellen daher die Qualifikationen und Lernziele der Politikrichtlinien von Nordrhein-Westfalen eine theoretisch fundierte, in der Praxis handhabbare und politisch konsensfähige Lösung für das Problem dar, das die Fachwissenschaft nicht lösen kann: die Formulierung von Antworten auf die „Frage nach dem Mitteilungsnotwendigen" (Hilligen 1986, S. 14).

1.7 Hinweise zur Praxis der Unterrichtsplanung

Das Angebot der Richtlinien auf der Zielebene besteht in dem Vorschlag, Unterrichtsreihen, Unterrichtseinheiten und Unterrichtsstunden mit Hilfe der Qualifikationen und Lernziele fachdidaktisch zu akzentuieren, d.h. z.B. mit ihrer Hilfe aus Unterrichtsgegenständen Unterrichtsthemen zu machen. Ein Beispiel möge dies verdeutlichen: Niemand wird bestreiten, daß „politische Wahlen" Gegenstand des Politikunterrichts sein müssen und Jugendliche Kenntnisse über das Wahlsystem benötigen, aber unter welcher Intention welche Aspekte auf welche Weise in einer bestimmten Klasse 10 behandelt werden sollen angesichts einer unübersehbaren Fülle von wissenschaftlichen Erkenntnissen gerade über diesen Gegenstand, darüber können sehr unterschiedliche Meinungen bestehen. Die Qualifikationen und Lernziele vermögen hier zu helfen, indem sie benutzt werden können, um für eine begründete Auswahl zunächst eine genügend große Zahl an fachdidaktisch legitimierten Themen zu entwerfen; als Gesamtsystem können die Qualifikationen auch bei der Auswahl angemessener Themen genutzt werden.

Die Qualifikation 1 z.B. (RiLi S. 18) fordert den Schüler dazu auf, sich in dem System der politischen Wahl sachkundig zu machen, es aber nicht einfach als gegeben hinzunehmen, sondern nach den in diesem System vorhandenen Strukturen zu fragen, ideologiekritische Fragen zu stellen und in diesem System vorhandene Begrenzungen, mit dem System verbundene Zwänge kritisch zu betrachten und sich zu fragen, ob diese Begrenzungen und Zwänge als sachlich unabweisbar akzeptiert werden müssen oder gegebenenfalls verändert werden könnten. Die leitende Frage, die sich daraus ergibt, ist die Frage nach der Überzeugungskraft der das Wahlsystem tragenden Sinnbegründungen des Repräsentationssystems. Es entsteht damit aus dem Inhalt ,,Politische Wahlen" das Thema ,,Wird das Wahlsystem den Ansprüchen der parlamentarischen Demokratie gerecht?" — eine, wie der Kundige merkt, fachlich anspruchsvolle, interessante und wichtige Fragestellung.

Die Qualifikation 4 akzentuiert die Frage nach den in einer Wahl zum Ausdruck kommenden Alternativen für bestimmte Problemlösungen (,,Welche Wahl hat der Wähler?") und fordert zu einem angemessenen Stil der Auseinandersetzung und zur Positionsbestimmung auf (,,Müssen Politiker streiten?").

Mit jeder Qualifikation kann für theoretisch jeden Gegenstand des politischen Unterrichts eine didaktische Akzentuierung gefunden werden. Welche Akzentuierung dann ausgewählt und unterrichtet wird, ergibt sich aus den Gesichtspunkten der Bedingungsanalyse, aus dem Schülerinteresse, aus Gründen der Aktualität oder der Zukunftsbedeutsamkeit. Neben der Funktion der Qualifikation als Träger der Normentscheidung des Unterrichts im Fach Politik und der Sicherung des Lernzielzusammenhangs ist die Problematisierung von Inhalten mit Hilfe der Qualifikationen die für den Lehrer wichtigste Funktion (zu Details des Verfahrens vgl. Kap. 17). Die Lernziele der Richtlinien werden als Instrumente verwendet, um dem Inhalt eine didaktische Akzentuierung zu geben: er wird zum Thema.

Danach dienen die Lernziele der jeweiligen Qualifikation, die für die Bestimmung des Themas verwendet werden, zur Erschließung von Teilzielen bzw. Teilthemen. Wenn z.B. bei der Auswahl von Themen aufgrund der Bedingungsanalyse oder anderer Faktoren für den Unterrichtsinhalt ,,Politische Wahlen" die mit Hilfe der Qualifikation 4 gewonnene Thematik ,,Welche Wahl hat der Wähler?" für den Unterricht ausgewählt wurde, bieten die sechs Lernziele dieser Qualifikation auch die weitere Hilfestellung (RiLi S. 23).

Mit ihrer Hilfe kann der Gegenstandsbereich der politischen Wahl auf fachdidaktische Teilakzente hin ausdifferenziert werden:

Die Kontroverse in der politischen Wahl im Repräsentativsystem der Bundesrepublik Deutschland liegt in der Regel in dem Machtkampf konkurrierender Parteien und Parteiengruppierungen; der Streit über die Vorschläge zur Lösung politischer Probleme wird vom Wahlkampf so stark überformt und u.U. auch durch die propagandistischen Aktionen so stark verzerrt, daß eine starke Personalisierung politischer Probleme, Block- und Lagerbildung auf der Parteienebene, hochgradige Vereinfachungen und Reduktionen auf der Problemebene zu beobachten sind. In dieser Gemengelage von Faktoren und Aspekten die alternativen politischen Konzepte, Interessen und Wertvorstellung in differenzierter Form zu ermitteln, das ist die Aufgabe (4.1). Die politische Lage verändert sich durch das Wahlkampfgetöse nicht grundsätzlich, aber die Spannweite der Lösungsvorschläge für politische Probleme wird für den Bürger deutlicher durch den Vergleich zwischen den ,,Anbietern" und kann durch eine Erkundung im Wahlkampf unmittelbarer erfahren werden (4.2).

Diese beiden Beispiele zeigen, wie die Anwendung der Lernziele auf den Inhaltsbereich zu Aspekten des Inhaltsbereiches führt; aus einem solchen Ideenkatalog entstehen im nächsten Arbeitsgang konkretisierte Lernziele (Fähigkeit, die im Wahlkampf von Personen, Parteien, Programmen, Propagandamitteln aufgeworfenen politischen Probleme und auf sie hin entwickelten Lösungsvorschläge auf die ihnen zugrundeliegenden Interessen und Ordnungsvorstellungen hin zu prüfen und durch einen Vergleich die unterschiedlichen Optionen für Lösungen festzustellen — 4.1), Themen für Unterrichtseinheiten (Wofür soll sich der Bürger entscheiden? Die Auswertung einer Synopse der Programme der politischen Parteien — 4.1) und Unterrichtsstunden (Wie legt man eine Synopse der Programme der politischen Parteien an? Welche Aussagen kann man aus einer Synopse ableiten? Worin bestehen in den Hauptthemen des Wahlkampfes die Unterschiede zwischen den politischen Parteien? Welche Konfliktlinien ergeben sich aus den Unterschieden?) sowie daraus folgende Gesichtspunke für die Anlage des Unterrichts. Bei wiederholter Reihenplanung und Einsatz dieser Hilfsmittel der Richtlinien kommt es schnell zu einer Routinisierung der Planung und dann zu einer erheblichen Erleichterung der alltäglichen Unterrichtsplanung.

Literatur

Fischer, Kurt G.: Warum Reformkonzepte zwischen Legitimationssucht und Machtpolitik nicht praktisch werden, in: Volker Briese u.a. (Hrsg.): Enpolitisierung der Politikdidaktik? Weinheim u. Basel: Beltz Verlag 1981, S. 51 - 63.
Gagel, Walter: Sicherung vor Anpassungsdidaktik? Curriculare Alternativen des Politischen Unterrichts: Robinson oder Blankertz, in: Rolf Schörken (Hrsg.): Curriculum ,,Politik". Von der Curriculumtheorie zur Unterrichtspraxis, Opladen: Leske Verlag 1974, S. 15 - 36.
Gagel, Walter: Einführung in die Didaktik des politischen Unterrichts. Studienbuch politische Didaktik I, Opladen: Leske Verlag + Budrich GmbH 1983.
Gagel, Walter: Betroffenheitspädagogik oder politischer Unterricht? In: Gegenwartskunde 1985, 4, S. 403 - 414.
Geiger, Wolfgang: Sozialkunde auf dem Wege in die Irrelevanz? Am Beispiel des neuen Berliner Rahmenplans.In: Gegenwartskunde 1986, 1, S. 5 - 15.
Giesecke, Hermann: Stellungnahme zu den Richtlinien für den Politischen Unterricht v. 19. 9. 1974, Landtag NRW, Protokolle des Kulturausschusses 7/3003.
Grosser, Dieter: Politische Bildung heute: Chance für einen Neubeginn? In: Gegenwartskunde 1985, 2, S. 137 - 145.

Hartwich, Hans Hermann: Politische Bildung und Politikwissenschaft im Jahre 1987. In: Gegenwartskunde 1987, 1, S. 5 - 15.

Hilligen, Wolfgang: Politische Bildung — im cultural lag, in: Der Politikunterricht der achtziger Jahre — Kritik und Impulse. Festschrift für Walter Gagel zu seinem 60. Geburtstag, hrsg. von Rolf Schörken, Politische Bildung 19, 1986, H. 3, S. 9 - 18.

Menne, Dieter: Das Verfahren zur Gewinnung von Qualifikationen und Lernzielen, in: Schörken, Rolf (Hrsg.): Curriculum ,,Politik". Von der Curriculumtheorie zur Unterrichtspraxis, Opladen: Leske Verlag 1974, S. 197 - 201.

Miller, Gabriele, u.a.: Glossar der Curriculum-Terminologie, in LaBi-Info 5, 1972, hrsg. von der Landesbildstelle Westfalen, S. 10 - 17.

Möller, Christine: Technik der Lernplanung — Methoden und Probleme der Lernzielerstellung, Weinheim: Beltz Verlag 1969.

Robinsohn, Saul B.: Bildungsreform als Revision des Curriculum, 5. Aufl. Neuwied und Berlin: Luchterhand 1975.

Rothe, Klaus: Didaktik der politischen Bildung, hrsg. von der Niedersächsischen Landeszentrale für politische Bildung, Hannover 1981.

Schörken, Rolf: Der lange Weg zum Geschichtscurriculum. Curriculumverfahren unter der Lupe (Teil 2); in: Geschichtsdidaktik 2, 1977, S. 335 - 353.

2. Situations- und Problemorientierung als Gesichtspunkte der Auswahl und Strukturierung von Lerninhalten

Walter Gagel

2.1 Situationsorientierung

„Im Politikunterricht sollen Qualifikationen für die Bewältigung von Lebenssituationen erworben werden." (RiLi S. 35) Der Begriff „Lebenssituation" faßt die inhaltliche Seite dieses allgemeinen Lernziels. Der Begriff „Situation" wird in den folgenden Sätzen erklärt. Ein im Unterricht verwendbarer Text soll helfen, diesen Begriff zu veranschaulichen.

> *Aus einer Betriebsratssitzung.* „Der Jugendvertreter liest vor: Die Jugendvertretung fordert, daß alle ausbildungsfremden Arbeiten abzuschaffen sind. Aufhören muß das ständige Laufen in die Kantine und zu den Automaten... Die Jugendvertretung erinnert an das Betriebsverfassungsgesetz... Der Betriebsratsvorsitzende dankte dem Jugendvertreter und sagt: „Ihr tragt aber dick auf und tut so, als ob bei uns die Lehrlinge nur ausgebeutet werden. Haben wir nicht eine gute Ausbildung? Schneiden unsere Lehrlinge bei den Prüfungen nicht immer am besten ab? Ihr müßt euch mal in die Lage der Kollegen am Arbeitsplatz versetzen. Die können nicht wegen jeder Kleinigkeit die Maschine abstellen und zum Automaten laufen. Schließlich arbeiten sie im Akkord. Ihr müßt uns auch verstehen. Wir haben die Interessen der Belegschaft zu vertreten und nicht nur die der Lehrlinge. Wenn wir euch zustimmen, bekommen wir mit den Arbeitern Ärger." (Gagel u.a. 1984, S. 102)

Was mit Situationsorientierung gemeint ist, wird in den RiLi S. 35 erläutert: Inhalte des Unterrichts werden vorzugsweise aus lebensnahen Erfahrungsbereichen ausgewählt. Die geschilderte Situation ist zwar nicht Erlebnis der Schüler, aber durch Identifikation mit dem Jugendvertreter vorstellbar. Die an dieser Situation beteiligten Personen stehen in sozialen Beziehungen miteinander; ihr Miteinanderhandeln vollzieht sich hier in einem Konflikt. Betrieb und rechtlicher Rahmen (Betriebsverfassungsgesetz) sind die objektiven Bedingungen dieses Handelns. Der Jugendvertreter bringt ein Vorverständnis von der Lehrlingsrolle und den daraus resultierenden Rechten und Pflichten in die Situation ein; entsprechend auch der Betriebsratsvorsitzende. Aktualisiert wird die Situation über eine Streitfrage; ihr gegenüber „definieren" die Beteiligten die Situation gegensätzlich: der Lehrlingsvertreter als „Mißbrauch der Schwächeren" oder „Rechtsverstoß", der Betriebsratsvorsitzende als „Rücksichtnahme auf die Interessen der Akkordarbeiter". Im Verlauf der Betriebsratssitzung wird über diese unterschiedlichen Situationsdeutungen verhandelt; das Ergebnis kann sein, daß eine gemeinsame Situationsdeutung ausgehandelt wird oder der Jugendvertreter sich der Situationsdefinition der Stärkeren unterwerfen muß. Situation ist in diesem Verständnis keine Momentaufnahme, sondern der Verlauf des Miteinanderhandelns von Personen in einer gegebenen Umwelt.

Situation wird hier also handlungstheoretisch definiert. In der Regel stimmen die an einer Situation Beteiligten bezüglich der Situationsdefinition nicht überein; dann besteht ein wesentlicher Teil ihres Miteinanderhandelns in der Auseinandersetzung über diese Situationsdeutung. Die Beteiligten „verhandeln" dann über diese Definition, sie schließen Kompromisse, einigen sich also oder unterwerfen sich einem Mächtigen. Beim situationsorientierten Ansatz geht es also primär um das Handeln in Situationen; daher heißt es auch: „Bewältigung" von Lebenssituationen.

Situationsorientierung sagt etwas über die *Beschaffenheit* (Inhaltsstruktur) und die *Auswahl* von Lerngegenständen aus. Die Schüler sollen sich mit Lerngegenständen beschäftigen, die Ausschnitte aus dem alltäglichen Leben in dieser Gesellschaft darstellen: des Lebens der Schüler wie auch desjenigen anderer Jugendlicher sowie allgemein von Menschen der eigenen Gesellschaft, aber auch anderer Gesellschaften. Die Gegenstände stammen aus Bereichen, in denen die Schüler Erfahrungen haben oder jetzt bzw. später machen können; sie haben einen Bezug zu Alltag und Lebenswelt, aber keineswegs ausschließlich zu ihrer eigenen Lebenswelt. Situationsorientierung schließt ein „situatives Lernen", in welchem die Situationen der Klasse oder in der Schule zum Thema werden, ein. Außerschulische Situationen sind den Schülern teils durch eigene Erfahrung zugänglich, andere müssen ihnen didaktisch, und das heißt meist medial, erschlossen werden. Ein nichtmedialer Weg zur Erschließung ist die Rekonstruktion von außerschulischen Situationen im Unterricht durch Simulation (Beispiele: 2.3, unten S. 44f., und 13.5 - 6, unten S. 182ff.).

Wieweit Situationen für Schüler zugänglich sind, ergibt sich aus der Unterscheidung zwischen „aktueller" und „potentieller" Reichweite (Schütz/Luckmann 1979, S. 63ff.); zu letzterer gehören Situationen „wiederherstellbarer" Reichweite, die man also aktuell aufsuchen könnte, und solcher „erlangbarer" Reichweite, die für die Lernenden erst in der Zukunft zugänglich sind, z. B. der Arbeitsplatz als Ernstsituation (nicht im Betriebspraktikum).

2.2 Begriffliche Klärung

Diese Begriffsklärung ist erforderlich, weil das Alltagsverständnis des Begriffs „Situation" seine Tücken hat. Der Gedanke Robinsohns, der im eingangs zitierten Satz enthalten ist, leuchtet zunächst ein: Erziehung ist „Ausstattung zur Bewältigung von Lebenssituationen" (Robinsohn 1975, S. 45). Aber was sind Situationen und wie kann man sie erfassen? Und vor allem: Wer definiert die in ihnen zu erfüllenden normativen Standards? Wenn Schule nur für das künftige Leben qualifiziert, dann kommt die Gegenwart der Schüler zu kurz. Andererseits: Wenn das Lernen nur auf die Erfahrungswelt der Schüler bezogen wird, dann kann dies ebenfalls zu Verkürzungen führen; so wurde an einem solchen Konzept kritisiert (Moser 1974, S. 76 f.): den Lebenssituationen fehle der ökonomisch-gesellschaftliche Kontext, die Erfahrungswelt werde also nicht kritisch reflektiert, leitend sei ein grenzenloses Vertrauen in die bestehende Welt, Erziehung wirke als Einübung in vorbestimmte Lebenswelten. Der Situationsansatz kann demnach tendenziell auch eine „Anpassungsdidaktik" hervorbringen. (Gagel 1974) Bewältigung von Lebenssituation kann auch als bloßes Rollenlernen verstanden und damit mißverstanden werden.

Demgegenüber liegt im Situationsbegriff des symbolischen Interaktionismus, der in den Richtlinien verwendet wird, die Betonung auf dem interpretativen Aspekt, also auf der Fähigkeit der Handelnden zur subjektiven Deutung („Definition") der Situation. Auch hier werden die objektiven Bedingungen des Handelns berücksichtigt: die „Umwelt" in Form der gesellschaftlichen Normen, der Institutionen und Rollen wird in die Betrachtung einbezogen. Aber sie erscheint im Lichte der subjektiven Interpretation der Handelnden: der „Definition der Situation".

Nach William I. Thomas (1965, S. 84 f.) gehören zur „Situation" drei Arten von Daten: (1) die „objektiven Bedingungen" des Handelns in einer Gesellschaft, nämlich die „Gesamtheit der Werte", (2) „die bereits bestehenden Einstellungen des einzelnen oder der Gruppe", die das Verhalten beeinflussen, und (3) die „Definition der Situation", worunter Thomas die „mehr oder weniger klare Vorstellung von den Bedingungen und das Bewußtsein der Einstellungen" versteht. Sie ist die Voraussetzung für Handeln, denn eine bestimmte Handlung kann nur verfolgt werden, wenn die Bedingungen möglicher Handlungen „in einer bestimmten Weise ausgewählt, interpretiert und kombiniert werden". Entscheidender Faktor ist folglich die „Definition der Situation", also die subjektive Interpretation der objektivierbaren Daten in (1) und (2). Situation ist demnach nicht eine Außenwelt gegenüber dem Individuum, sondern ein Akt der interpretativen Vermittlung zwischen den objektiven Bedingungen und den eingebrachten Haltungen.

Situation ist folglich kein System, wie es das Rollenkonzept nahelegt, sondern wird hier verstanden als „reale Einheit menschlicher Erfahrung" (Volkert in Thomas 1965, S. 47). Ziel einer Untersuchung ist mithin nicht die Sicht von außen, sondern die Innensicht, nämlich „soziales Leben zu analysieren, wie es in der Erfahrung der Menschen erscheint, die es erleben" (Volkert ebda. S. 28). Daraus läßt sich folgern: Situation als Realität wird von den an ihr beteiligten Subjekten hergestellt, gibt es nicht ohne sie. Oder in dem bekannten Thomas-Theorem: „Wenn die Menschen Situationen als real definieren, dann sind diese in ihren Folgen real." (zit. bei Volkert in Thomas 1965, S. 29)

Für die didaktische Eignung dieses Situationsbegriffes sprechen folgende Gründe: (1) Er hat eine Nähe zum schülerorientierten Unterricht, in welchem Alltagserfahrungen und Alltagsprobleme der Schüler zum Ausgangspunkt von Lernprozessen gemacht werden. Erfahrungen sind ja die subjektiven „Spiegelungen" der von den Schülern wahrgenommenen Ereignisse ihrer Umwelt.

(2) Der Situationsbegriff läßt einen interpretativen Spielraum zu; die Erfahrung der Subjekte, der „Betroffenen", kann kritischer Faktor der Umdefinition, der Veränderung werden. Dies befähigt zu Rollenübernahme, aber auch zu „Rollendistanz".

(3) Situation geht aber über „Erfahrung" hinaus. Situationsorientierung ist daher nicht mit „Erfahrungsorientierung" identisch. Erfahrung ist „bloß" subjektiv (die je eigene); Situation hingegen ist subjektiv und objektiv zugleich, und zwar objektiv, weil sie Realität konstituiert („die Folgen real") und weil die „Definition der Situation" eine Vermittlung zwischen dem Gesellschaftlichen (Normen, Institutionen, Ressourcen) und Individuellem (Persönlichkeitsmerkmalen, subjektiven Absichten) bewirkt. Situation ist eine Art „Nahtstelle" zwischen Individuum und Gesellschaft oder zwischen „Mikrowelt" (der Welt der unmittelbaren Erfahrung) und „Makrowelt" (der Welt des Abstrakten, die nur gedanklich zugänglich ist). (Gagel 1983, S. 62 ff.)

(4) Er eignet sich daher auch als Strukturierungsprinzip eines Gesamtcurriculums, weil sich dessen Teilinhalte, nämlich die „Situationsfelder", in eine Gesamtvorstellung von „System" (Gesellschaft, politisches System o.ä.) einordnen lassen. „Erfahrungsfelder" sind hierfür weniger geeignet. Da das „Ganze" nur mit theoretischer, d.h. wissenschaftlicher Begrifflichkeit erfaßbar ist, bildet der Situationsbegriff auch ein Bindeglied zwischen dem Alltagswissen und dem wissenschaftlichen Wissen.

Im Vergleich hierzu ist es inkonsequent, wenn Schmiederer (1977) bei ähnlichen Intentionen (Schülerorientierung, Systemwissen) als Gliederungsprinzip eines Curriculums „Erfahrungsfelder" vorschlägt. Ein speziell „Erfahrungsbezogener Unterricht" (Scheller 1981) weist den Nachteil auf, daß er keinen methodischen Weg bietet, das Subjektive zu „objektivieren", d.h. in Lerngegenständen anschaubar und erkennbar zu machen. Dadurch bleibt die Möglichkeit verschlossen, den Schülern Handeln in Situationen außerhalb ihrer lebensweltlichen Reichweite zugänglich zu machen, ihnen also die Möglichkeit zu bieten, Lebenssituationen zu antizipieren.

Die Diskussion von Definitionen des Begriffs „Situation" ist notwendig, um zu vermeiden, daß sich „Bewältigung von Lebenssituationen" erschöpft in Verhaltensweisen wie Anforderungen erfüllen, funktional reagieren, effizient handeln. „Situation" in dem hier dargelegten Verständnis hat demgegenüber ein gewisses Maß an Plastizität, bietet Spielraum für Definitionen und damit für Veränderung, regt zum „Gestalten" an, also auch zum Umgestalten. Situation bedeutet mithin nicht nur „Stabilität", sondern potentiell auch „Wandel". Diese Bedeutung läßt sich mit dem Richtziel der Richtlinien vereinbaren: „sich nicht blind in die Gegebenheiten fügen", „Selbst- und Mitbestimmung" zu praktizieren (RiLi S. 7).

2.3 Problemorientierung

Nicht alle Situationen der Lebenswelt können Unterrichtsinhalt werden. „Aus der Fülle der erfahrbaren Situationen werden bedeutsame, das heißt politisch relevante Situationen ausgewählt, in denen sich ein politisches Problem zeigt." (RiLi S. 35) Das primäre Auswahlkriterium ist zunächst das „Problem"; in diesem Sinne spricht Hilligen (1985, S. 204) von der „problemhaltigen Situation" als Lerngegenstand.

Zu unterscheiden sind soziale und politische Probleme. Soziale Probleme (zum Folgenden Hondrich 1975, S. 94 f.) haben mit politischen gemeinsam, daß sie in einem Prozeß kollektiver Definition entstehen; Probleme existieren nicht „an sich", sondern im Bewußtsein von Menschen, welche sie „definieren", indem sie Sachverhalte als Probleme empfinden und sie als solche artikulieren. Diese subjektive Deutung als „Problem" ist jedoch nicht völlig beliebig; hinter ihr stehen vielmehr objektive Faktoren, beispielsweise generelle Normen, weswegen als Faktor für die Problemkonstitution auch die Diskrepanz zwischen Normen und Realität herausgestellt wurde (Merton). „Wohlergehen" oder „Existenzgefährdung" sind solche Normen (RiLi S. 35).

Aus dem definitorischen Charakter der Probleme folgt, daß es über die Definition zu Kontroversen oder Konflikten kommen kann. Nicht immer gibt es eine Einigung über die Definition; es dominieren häufig die Inhaber von „Definitionsmacht". Damit ist aber auch die Grenze zum Politischen überschritten; Inhaber gesellschaftlicher Macht können politische Macht hinzuziehen oder aber können durch sie konterkariert werden. Ein soziales wird zu einem politischen Problem, wenn es einen Ansatz dafür bietet, daß Institutionen wie Parlament, Regierung und Verwaltung zum Handeln veranlaßt werden können. Demnach unterscheiden sich soziale von politischen Problemen durch ihre „politisch-administrative Handlungsrelevanz" (Windhoff-Héritier 1987, S. 68).

Soziale Probleme sind Gegenstand des Politikunterrichts, soweit sie einen Bezug zum Politischen haben, sich potentiell eine Regelungsbedürftigkeit ergeben könnte oder das Politische den Handlungsrahmen darstellt. So gibt der Bericht über die Betriebsratssitzung, über die eingangs berichtet wurde, nur scheinbar eine rein innerbetriebliche Auseinandersetzung wieder. Vielmehr ist das Handlungsthema die politisch gestaltete, nach dem Betriebsverfassungsrecht geregelte Arbeitsordnung der Betriebe. Die Situation der Auszubildenden in den Betrieben ist ein soziales Problem; es kann im Unterricht Anlaß zum sozialen Lernen sein, also Erwerb der Durchsetzungsfähigkeit in betrieblichen Situationen; die Politik stellt dabei nur den Handlungsrahmen dar. Ob das hier entdeckte Problem zu Problemdefinitionen der Betroffenen und zur Transformation in „politisch-administratives" Handeln führt oder führen kann, also zum politischen Problem definiert werden kann, soll hier offen bleiben; dies wäre dann ein Thema für die politische Urteilsbildung (Entscheidungsdenken, s. Kap. 14, unten S. 189ff.).

Merkmale des politischen Problems sind (Gagel 1973, S. 54): (1) *Dringlichkeit*. Das soziale Problem nennt etwas Unerträgliches; zum politischen Problem wird es, wenn seine Dringlichkeit anerkannt wird und damit politische Akteure in Zugzwang gesetzt werden. (2) *Ungewißheit*. Neue Lösungswege sind erforderlich (ein akuter Sozialfall ist kein Problem, sondern Sache der Routine). Die Ungewißheit ist sowohl erkenntnistheoretischer als auch politischer Natur: ungewiß ist nicht nur, ob ein Lösungsvorschlag richtig ist, sondern auch, ob man das Richtige politisch durchsetzen kann.

Problemorientierung im Politikunterricht meint also, daß unerträgliche Zustände in der Gesellschaft aufgegriffen werden und daß zum Thema der politischen Urteilsbildung gemacht wird, ob und wie sie behoben werden können. In diesem Sinne ist „Problem" kein theoretisches, sondern ein praktisches Problem; nicht „Arbeitsmarkt", sondern die Situation der Arbeitslosen, die zum politischen Handeln zwingen müßte, wenn genügend Definitionsmacht vorliegen würde. Auf einen derartigen unerträglichen „Zustand" bezogen, der „Betroffenheit" erzeugt, sind Probleme höchst konkret; sie sind in der Lebenswelt der Menschen unserer Gesellschaft anzutreffen und haben infolgedessen auch eine mehr oder weniger große Nähe zur Erfahrungswelt der Schüler, sind mindestens in deren „potentiellen Reichweite". Zugleich sind derartige Probleme eine Brücke von der „Mikro-" zur „Makrowelt": wenn sich nämlich der Ruf nach „politisch-administrativen" Handeln anbietet, also die Politik gefordert ist.

Diesen Zusammenhang von Situation (hier eine simulierte Situation) und Problem veranschaulicht das Unterrichtsbeispiel „Ulli bekommt ein Zusatzzeugnis. Datenverarbeitung mit Computern" (Stumm 1986, S. 162):

„Jeder Schüler soll zur Verbesserung seiner Chancen bei der Bewerbung ein Zusatzzeugnis von der Schule bekommen, das mit einem persönlichen Text zu seiner Beteiligung in der Schule gestaltet ist. Das Schreiben setzt sich aus Satzbausteinen zusammen, die im Kurs entworfen werden. Dazu geben die Fachlehrer „Noten", die von den Schülern in den Computer eingegeben werden. Im Computer werden die Daten dann für jeden in die passenden Texte umgesetzt und Zusatzzeugnisse ausgedruckt. Für die Datenbank werden dann weitere Anwendungen vorgeschlagen, an denen die Schüler beispielhaft Gefahren des Datenmißbrauchs erfahren: Es sollen Daten statistisch ausgewertet und Listen angefertigt werden, Lehrerinformationen sind geplant und Elternbriefe sollen aufgrund der vorliegenden und weiterer verborgener Daten verfaßt werden.

Diese Vorschläge führen zu Diskussionen um den Datenschutz. Informationen zu den gesetzlichen Bestimmungen und der Arbeit von Datenschutzbeauftragten werden von den Schülern eingeholt. Die Schüler sollen Fragen der Zugangsberechtigung zu Dateien und der Vernetzung von Dateien als zentrale Probleme für den Datenschutz erkennen. Ein „Datenschatten" wird angefertigt und der Grad der Realisierung solcher Zerrbilder kritisch betrachtet. An aktuellen Beispielen wie den Auseinandersetzungen zur Volkszählung oder zur Rasterfahndung werden Handlungsmöglichkeiten deutlich."

2.4 Das Verhältnis von Alltagserfahrungen und wissenschaftlichem Wissen

„Mit dem Atomzeitalter entsteht die Verdoppelung der Welt. Die Welt hinter der Welt, die uns unvorstellbar bedroht, bleibt unseren Sinnen ein für allemal unzugänglich." (Beck 1987, S. 160) Was für die technologischen Bedrohungspotentiale zutrifft, gilt auch für vieles andere: Das in der Lebenswelt erworbene, alltägliche Wissen reicht nicht aus, vor allem dann, wenn die einmal erworbenen Routinen versagen. Die Ratlosigkeit, in welche die Hausfrau angesichts des Gedankens verfällt, ihr gewohntes Gemüse könnte verstrahlt sein, ohne daß sie es selber zu prüfen vermag, kann sie nur dann überwinden, wenn sie begreift und damit umgehen kann, was Strahlenwerte sind; sie lernt eine naturwissenschaftliche Meßgröße kennen und versucht, diese in ihre Alltagspraxis zu integrieren. Zur „Welt hinter der Welt" gehören aber auch Systeme („Markt") und Institutionen („Verwaltung"), die nur mittelbar wahrgenommen werden können, deren Wirken aber ebenso nachhaltig in die Lebenswelt eingreift.

Aus diesem Grunde kann man nicht Schülerorientierung oder Situationsorientierung gegen Wissenschaftsorientierung ausspielen; auch die Erfahrungswelt der Schüler, ihr Alltag, ist geprägt von den übergreifenden und daher objektiven „Strukturen" (Normen, Institutionen) und von den Wirkungen der „Systeme" (Wissenschaft, Wirtschaft). Schule und Familie sind zwar in lebensweltlicher „Reichweite" und damit Bestandteile der Lebenswelt der Schüler, dessenungeachtet repräsentieren sie auch „mehr oder weniger institutionalisierte, d.h. normativ festgelegte Ordnungsgefüge" (Wallner 1975, S. 116). Wenn wir zwischen „Mikrowelt" des unmittelbaren Erlebens und „Makrowelt" der nur abstrakten Erkenntnisweise unterscheiden, dann läßt sich sagen: Die lebensweltliche „Mikrowelt" wird durchdrungen von der nur theoretisch zugänglichen „Makrowelt".

Die „Welt hinter der Welt" zu erkennen helfen, dies ist die Absicht wissenschaftsorientierten Lernens. Situationsorientierung und Wissenschaftsorientierung ergänzen sich daher. Wissenschaftliches Wissen ist auch für die lebensweltliche Praxis wichtig, weil Wissenschaft zur die Gesellschaft insgesamt bestimmenden „Produktivkraft" und Organisationsfaktor geworden ist. Daher ist die Frage nicht, ob wissenschaftliches Wissen in der Schule vermittelt werden sollte, sondern lediglich: Welches? Die didaktische Frage lautet für den Politikunterricht: „Welche Erkenntnisse und Ergebnisse der sich ständig ausweitenden und spezialisierenden Sozialwissenschaften (sind) für das Verständnis und die Bewältigung gegenwärtiger und zukünftiger Lebenssituationen unverzichtbar?" (Fisch 1980, S. 151)

Freilich: Wissenschaft ist Erkenntnishilfe und gleichsam „Lebenshilfe", aber sie ist auch Quelle der Problemproduktion, ohne daß sie immer sofort das Lösungspotential mitliefern kann. Gentechnologie ist eine höchst effiziente Anwendung wissenschaftlicher Erkenntnisse, aber in der Beherrschung ihrer Folgen stehen wir in den Anfängen. Die Rezepte werden von der Wissenschaft nicht mitgeliefert. Derweilen tagen Ethikkommissionen; Expertengremien werden eingesetzt, um die „Technologiefolgenabschätzung" zu leisten oder Risikoanalysen zu erstellen, doch ihre Ergebnisse sind nur Aussagen über Wahrscheinlichkeiten. Wissenschaft ist kein Allheilmittel, aber es ist möglich, ihr kritisches Potential zu nutzen.

Die Verbindung von lebensweltlichem und wissenschaftlichen Wissen wird in den Richtlinien durch die „Matrix zur Auffindung von Unterrichtsinhalten" hergestellt (RiLi S. 40; s. auch 7.3.2, unten S. 107).

Die Situationsfelder sind, entsprechend dem hier verwendeten Begriff von „Situation", Erfahrungsfelder und Handlungsfelder. Als solche sind sie grundsätzlich in lebensweltlicher „Reichweite", wenigstens in „potentieller" oder „wiederherstellbarer" (s. oben S. 40), umfassen also gegenwärtige und zukünftige Lebenssituationen der Schüler. Als Handlungsfelder weisen sie auch, wie ebenfalls der Situationsbegriff, objektive Strukturen auf („Ordnungsgefüge"). Soweit die waagerechte Spalte.

In der senkrechten Spalte sind die „Handlungstypen" angeordnet. Aufgrund ihrer Intentionalität lassen sich diese Handlungstypen den drei sozialwissenschaftlichen Disziplinen zuordnen. Wenn die Schlüsselfrage für einen Handlungstyp lautet: Was muß man bedenken, wenn man mit anderen zusammen etwas tun will? (RiLi S. 39), dann stellt die Soziologie unter dem Begriff „Interaktion" Theorien und Erkenntnisbegriffe des Miteinanderhandels bereit. Wissenschaft ist deswegen aufgerufen, weil die Frage auf das „Bedenken" zielt, also auf eine reflexive Leistung, was bedeutet, daß Handeln nicht als das Routinehandeln des Alltags verstanden wird, sondern als „bewußtes" Handeln. Es ist ein Nachdenken über Ziel, Weg und Kontext des Handelns unter Anleitung von wissenschaftlichem Wissen.

Die Zuordnung der ausgewählten Handlungstypen zu den sozialwissenschaftlichen Disziplinen veranschaulicht folgende Übersicht:

Handlungstyp	sozialwissenschaftlicher Bereich
Interaktion Kommunikation	soziales Handeln, Soziologie
Vorsorge Konsum Produktion	wirtschaftliches Handeln, Ökonomie
Mitbestimmung Organisation/Herrschaft	politisches Handeln, Politikwissenschaft

Mit der „Matrix" wird also die „Verklammerung der lebensnahen Erfahrungsbereiche mit den Fachwissenschaften", hier den Sozialwissenschaften, geleistet (RiLi S. 39). Jedoch wird eine „Abbilddidaktik" vermieden; nicht die Struktur, das systematische Gefüge einer bestimmten Wissenschaft oder wissenschaftlichen Richtung wird übertragen. Übernommen werden Grundkategorien, Fragestellungen und (auch kontroverse) Theorien; ferner ist Wissenschaft Kriterium für „Richtigkeit" durch ihre Methode der Prüfung von Aussagen über die Realität.

„Erfahrungsbezogener Unterricht" hingegen neigt dazu, wissenschaftliches Wissen zu diffamieren; er erweckt den Eindruck, als sei wissenschaftsorientiertes Lernen lediglich ein „Prozeß der Begriffsdefinition und Begriffsbenennung" (Scheller 1981, S. 37). Infolgedessen findet man in einem solchen didaktischen Konzept keine Hilfe für die Verbindung von lebensweltlichen Erfahrungen mit wissenschaftsgeleiteten Reflexionsprozessen. Im Unterschied hierzu ist die „Matrix zur Auffindung von Unterrichtsinhalten" als eine derartige Hilfe gedacht.

2.5 Anwendung im Unterricht

Als Hinweise für die Unterrichtspraxis sollen hier Beispiele für Unterrichtsgegenstände angeführt werden, die einen situationsorientierten Unterricht ermöglichen. Sie decken nicht alle Möglichkeiten ab; diese sollen am Schluß durch einen Katalog von Kriterien angedeutet werden. In den Beispielen geht es um medial vermittelte Situationen.

Beispiel 1: Soziales Lernen
„Zehn Jahre lang lebte Henriette F. allein mit ihrem Sohn Ulli in einem gepflegten Bungalow mit Garten am Südrand von München…Vor einem halben Jahr warf Henriette F. ihren Sohn hinaus… (Es folgt der Bericht über ein Gespräch zwischen Mutter und Sohn.) „Nicht daß du hier wohnst ist eine Belastung für mich, sondern die Art

und Weise, wie du hier wohnst," korrigiert Henriette F. „Es ist dieses In-den-Tag-hinein-Leben, bis mittags schlafen, sich die Decke über den Kopf ziehen und jeder Entscheidung über die Zukunft ausweichen, das mich ungut stimmt." Nach zwei vertrödelten Jahren, fügt sie hinzu, fände sie es an der Zeit, daß der Sohn sich zu einer Berufsausbildung aufraffe. Ulli nickt zustimmend. „Ich weiß, ich weiß. Aber Tatsache ist nun einmal, daß ich mich diesen Anforderungen im Augenblick nicht gewachsen fühle." Er steht da, ein hochgewachsener 22jähriger mit runder Nickelbrille im sensiblen Gesicht, einer nachdenklichen Falte über der Nasenwurzel, und schaut unschlüssig auf seine Mutter hinab." (Brigitte 11/1982, S. 126 f.)

Die Gesprächssituation reproduziert zugleich die Lebenssituation im Verhältnis zwischen Mutter und Sohn. Gut wäre es, wenn die Schüler, die diesen Text, möglichst noch umfangreicher als dieser Auszug, gelesen haben, anschließend getrennt berichten, wie die Mutter, wie Ulli die Situation sieht. Die unterschiedlichen Situationsdefinitionen werden sichtbar: Die Mutter sieht den Sohn als Gammler (das Wort im weiteren Verlauf), als Leistungsverweigerer. Ulli fühlt sich den Anforderungen nicht gewachsen, definiert die Situation also als Überforderung. Zu fragen wäre allerdings, ob in diesen Sichtweisen auch individuelle Haltungen der Beteiligten sich ausprägen, was hier nur vermutet werden kann, z.B. das Rollenverständnis als Mutter oder eine Entwicklungskrise bei Ulli. Die objektiven Bedingungen sind einmal die Normen, hier die Leistungsorientierung, zum anderen die wohlhabenden Lebensbedingungen der Familie, aber auch der Mangel an Studienplätzen verbunden mit der Arbeitslosigkeit in der Gesellschaft.

Der Text bietet die Möglichkeit, die Situation, das Verhältnis zwischen Mutter und Sohn, von innen zu betrachten. Die Schwierigkeit der Identitätsfindung durch Ausbildung und Beruf sind das Thema, das Problem die Hindernisse, soweit sie durch die gesellschaftliche Lage bedingt sind (Ausbildungs- und Arbeitsplätze). Der Mikrobereich ist hier mit dem Makrobereich verzahnt, aber letzterer dient nur als Rahmen für die Klärung des zunächst individuellen Problems; der Text ist ein Unterrichtsgegenstand des sozialen Lernens. Die kollektive Reichweite des Problems (Schüler können sich identifizieren, haben Ähnliches erlebt oder erwarten Ähnliches) kann dies zu einem sozialen Problem machen. Identitätsfindung ist der Versuch, eine Balance zwischen Erwartung der Umwelt und eigenen Bedürfnissen zu finden. Für die Gesellschaft ist es wichtig, ob und wie bei den Jugendlichen Identitätsfindung gelingt. Insofern ist das individuelle Problem auch ein allgemeines Problem.

Beispiel 2: politisches Lernen
Marion P. geschieden, Mutter von zwei Kindern, ist Empfängerin von Sozialhilfe. Der Sohn hat vom Arzt Schwimmen verordnet bekommen, die Sachbearbeiterin hat ihr gesagt, sie könne das Eintrittsgeld einreichen. Frau P. bringt zwei Eintrittskarten mit und sagt, wie oft sie mit ihrem Sohn im Schwimmbad gewesen sei.

„ „Nein", hat sie gesagt. „So geht das natürlich nicht, Frau P." Sie wollte jede einzelne Eintrittskarte mit Datum ... Und da bin ich eines Tages wieder mit den Eintrittskarten angekommen. Da sollte ich sie alle aufkleben, auf einen Bogen. Da hab ich also wieder kein Geld gekriegt, weil wieder etwas bemängelt wurde. Und so ging das wochenlang. Immer war irgendetwas mit den Eintrittskarten nicht in Ordnung. ... (Eines Tages traf sie die Vertretung an.) Die Vertretung hat natürlich gesagt, sie weiß von nichts und will sich da nicht einmischen. Da bin ich dann auch mal zum Amtsleiter gegangen und hab mich beschwert. Der hat sich dann da eingeschaltet, und ich hab endlich mein Geld gekriegt.

Aber als die Frau dann aus dem Urlaub kam, da hätten Sie sie mal hören sollen! Sie wäre ja so enttäuscht über mich! Wie ich das nur hätte machen können! Hinter ihrem Rücken! Dabei wäre ich ja nie mit den Eintrittskarten überhaupt angekommen, das hat sie mir doch selbst nahegelegt, daß ich das Geld dafür wiederbekomme. Von selbst hätte ich nie drum gefragt. Ich hab es auch hinterher nie mehr wieder gemacht." " (Julia Harrendorf: Vom Umgang mit dem Sozialstaat, Reinbek: Rowohlt 1982, S. 46; zit. nach Breit 1985, S. 220 f.)

Sozialhilfe ist in der Bundesrepublik nicht Fürsorge, sondern Rechtsanspruch, allerdings nur dem Grunde nach, nicht hinsichtlich Form und Maß der Hilfe. Daher ist ein Grundsatz die Individualisierung, d.h. die Anpassung der Hilfsmaßnahmen an die Situation des einzelnen. Dabei hat die Verwaltung einen Ermessensspielraum in der Beurteilung. Da aber auf Sozialhilfe ein Rechtsanspruch besteht, muß auch das Ermessen objektivierbar sein. Dieser neutralen Geltung des Rechts steht die Situationsdefinition der Sachbearbeiterin gegenüber. Sie betrachtet Frau P. als persönliche Klientin, der sie Gutes tut und von der sie daher auch Dankbarkeit erwartet, definiert die Situation demnach als persönliche Fürsorge. Frau P. empfindet die Art und Weise, wie sie über das bürokratische Verfahren nur sukzessive aufgeklärt wird, entweder als Schikane oder als Demonstration ihrer Abhängigkeit vom Willen der Sachbearbeiterin. Das ist für sie entwürdigend, und sie verzichtet auf ihr Recht, da sie sich vom Anspruchsberechtigten zu einer Bittstellerin degradiert fühlt. (vgl. auch Gagel 1979, S. 755)

Nur scheinbar handelt es sich hier um ein Thema des sozialen Lernens (Umgang mit Bürokratien). Im Kern geht es um „Politikimplementation": die Durchführung des Sozialhilfegesetzes. Akteure sind Bundesregierung und Bundestag als Politikformulierer (Gesetz), als Durchführende Landesregierungen und Gemeinden als örtliche Träger und deren Sozialämter, und die Adressaten, also die einzelnen Empfänger. Verglichen werden kann z.B. Sinn des Gesetzes und Art der Ausführung, wie sie Frau P. erlebt. Ursachen für die Verkehrung kann sein, daß Bürokratien als Schauplätze des Konflikts oder Verhandlung über Situationsdefinitionen betrachtet werden müssen, was die Beteiligten nicht können. Erst dann wird es möglich sein, darüber nachzudenken, wie symmetrische Verhandlungssituationen hergestellt werden können. Politik ist hier also nicht der Handlungsrahmen, sondern der Handlungsinhalt; Thema ist das Verwaltungshandeln.

Für die Wahl von geeigneten Unterrichtsmaterialien gibt es folgende Kriterien:

Kriterien für situationsbezogene Unterrichtsmaterialien

I. Inhaltliche Kriterien

1. Elemente der Situation
a) Selbstverständnis der Beteiligten: Wie sie die Situation definieren
b) Die Umwelt der Handelnden: die „objektiven Bedingungen"
c) Die Handlungen der Beteiligten: Interaktion, Situation als Prozeß, auch Erfolg, Ergebnis

2. Objekte der Darstellung
— situationsbezogene,
— personenbezogene,
— ereignisbezogene Darstellung

II. Formale Kriterien

1. Stilformen
— Selbstdarstellung (offenes Interview, Brief)
— Dialog
— Fallbeschreibung
— Erzählung

2. Methodische Funktionen
— *Vergegenwärtigung* von Situationen; Ziel: Hineindenken
— *Auslösen* eigener Erfahrungen; Ziel: Selbsterfahrung

Literatur

Beck, Ulrich: Leben in der Risikogesellschaft. In: Gegenwartskunde Jg. 36 (1987), H. 2, S. 160.

Breit, Gotthard: „Sozialhilfe" — Didaktische Planung von Unterricht für die Sekundarstufe I und II. In: Sozialwissenschaftliche Informationen 14 (1985), H 3, S. 216 - 232.

Fisch, Heinrich: Überlegungen zu einer anthropologischen Fundierung der Sozialwissenschaften. In: Kulturwissenschaften. Festgabe für Wilhelm Perpeet, Bonn: Bouvier 1980.

Gagel, Walter: Sicherung vor Anpassungsdidaktik? Curriculare Alternativen des Politischen Unterrichts: Robinsohn oder Blankertz. In Rolf Schörken (Hg.): Curriculum „Politik". Von der Curriculumtheorie zur Unterrichtspraxis, Opladen: Leske 1974.

Gagel, Walter: Sozialstaat und situatives Handeln. Eine didaktische Problemskizze. In: Geschichte in Wissenschaft und Unterricht 1979. H. 12, S. 748 - 764.

Gagel, Walter: Einführung in die Didaktik des politischen Unterrichts. Studienbuch politische Didaktik I, Opladen: Leske 1983.

Gagel, Walter, Wolfgang Hilligen, Ursula Buch: Sehen, Beurteilen, Handeln, Frankfurt: Hirschgraben 1984.

Hilligen, Wolfgang: Zur Didaktik des politischen Unterrichts, 4. Aufl., Opladen: Leske + Budrich 1985.

Hondrich, Karl Otto: Menschliche Bedürfnisse und soziale Steuerung. Eine Einführung in die Sozialwissenschaft, Reinbek: Rowohlt 1975.

Moser, Heinz: Handlungsorientierte Curriculumforschung, Weinheim: Beltz 1974.

Robinsohn, Saul B.: Bildungsreform als Revision des Curriculum, 5. Aufl., Neuwied: Luchterhand 1975.

Scheller, Ingo: Erfahrungsbezogener Unterricht. Praxis, Planung, Theorie, Königstein: Scriptor 1981.

Schmiederer, Rolf: Politische Bildung im Interesse der Schüler, Frankfurt: EVA 1977.

Schütz, Alfred, Thomas Luckmann: Strukturen der Lebenswelt, Band 1, Frankfurt: Suhrkamp 1979.

Stumm, Uschi: Der Einsatz des Computers im sozialwissenschaftlichen Unterricht. Drei Beispiele für Politik-Unterricht mit Computereinsatz. In: Computer in der Schule, Hrsg. Bundeszentrale für politische Bildung (Schriftenreihe Bd. 246), Bonn 1986, S. 153 - 184.

Thomas, William I.: Person und Sozialverhalten. Hrsg. von Edmund H. Volkert, Neuwied: Luchterhand 1965.

Wallner, Ernst M.: Soziologie. Einführung in Grundbegriffe und Probleme, 5. Aufl., Heidelberg: Quelle & Meyer 1975.

Windhoff-Héritier, Adrienne: Policy-Analyse. Eine Einführung, Frankfurt: Campus 1987.

Den Hinweis auf den Text S. 47f. verdanke ich Dr. Gotthard Breit.

3. Schülerinteressen als Auswahlkriterium von Inhalten

Beate M. Steger

3.1 Aussagen zu Schülerinteressen in den Richtlinien

In der fachdidaktischen Diskussion besteht Einigkeit über die Bedeutsamkeit von Schülerinteressen bei der Inhaltsauswahl. Diesem Gesichtspunkt tragen auch die Richtlinien Rechnung, indem sie Freiräume für Lehrer- und Schülerinteressen lassen und mit dem erheblich erweiterten Themenkatalog eine Empfehlung für die Erstellung eines richtlinienadäquaten Jahresplans geben, der „den jeweiligen Bedürfnissen einer Schule oder Klasse angepaßt ist" (RiLi S. 41, angezeigt durch den Zusatz „und andere gleichwertige Themen", RiLi S. 43/44). Themenkatalog und Schülerinteresse stehen also nicht im Widerspruch. Die eigenständige Entwicklung von Themen durch Fachkonferenzen ist notwendig; nur so kann auf veränderte Bedingungen politischen Lernens und auf Schülerinteressen eingegangen werden.

Die Richtlinien verweisen noch an mehreren Stellen explizit und implizit auf die Notwendigkeit des Schülerbezugs: Im Kapitel „Lerninhalte" wird vor der ausschließlichen Behandlung wissenschaftlicher oder traditioneller Inhalte gewarnt und auf Probleme von Minderheiten, unmittelbare Zugänge zu Themen und auf die Einbeziehung von Schülererfahrungen hingewiesen. Auslöser der Fragen oder Inhaltswünsche sind oft die Erfahrungen der Schüler/innen in der Familie, der Institution Schule, außerschulischen peer-groups und später auch in der Arbeitswelt. Unbefriedigende Problemlösungen, Ausübung von Macht und Gewalt, Schwierigkeiten bei der Lehrstellensuche, ökologische Katastrophen, Angst vor einem Krieg, Erkennen sozialer Ungerechtigkeiten u.ä. führen zu einem Problemdruck, der Schüler nach Hilfen, Erklärungsmöglichkeiten oder Hintergründen fragen läßt. Schülererfahrungen und Ängste beziehen sich nicht nur auf private Bereiche.

Bei einem Brainstorming, durch das persönliche Zukunftserwartungen und -ängste erfragt wurden, nannte eine 5. Klasse die Angst vor einem Atomkrieg als häufigste Befürchtung. Die Erfahrung der letzten Jahre zeigt eine Zunahme der Inhaltswünsche aus der Arbeitswelt bereits ab Klasse 7. Inhalte wie Arbeitsmarktsituation, Rechte und Pflichten Auszubildender und Lehrstellensituation werden verstärkt und differenziert nach Ableistung der Betriebspraktika in Kl. 9 gewünscht. Die schulinternen Lehrpläne und viele Materialien sind jedoch vorwiegend auf die Vorbereitung der Praktika angelegt, für die Auswertung und damit die Einbeziehung echter Erfahrungen wird meist zu wenig Zeit angesetzt. An diesen und anderen Beispielen zeigt sich, wie die allgemeinpolitische Diskussion und direkte oder medial vermittelte Erlebnisse Einfluß auf die Inhaltswünsche der Schüler haben.

Darauf sind auch die Situationsfelder der Matrix zur Auffindung von Unterrichtsinhalten ausgerichtet; sie stellen sich dar als ,,Realsituationen, die von Lernenden als gegenwärtige oder zukünftige Lebenssituationen direkt oder indirekt erlebt werden können". (RiLi S. 38/39) Besonders deutlich wird das Schülerinteresse als Auswahlkriterium im 4. Kapitel der Richtlinien: Hinweise zur Unterrichtsplanung. Von den sechs Ausgangspunkten wirken sich der erste (konkrete Probleme der Schüler) direkt und der zweite (aktuelle gesellschaftliche Probleme) oft indirekt auf Themenwünsche der Schüler aus.

In der Beschreibung des ersten Ansatzes werden Chancen und Schwierigkeiten deutlich: ,,Ein Unterricht, der die konkreten Fragen der Schüler und Schülerinnen zum Gegenstand hat, kann mit einer hinreichenden Motivation rechnen. ...(Es) besteht allerdings auch die Gefahr, daß die Qualifikationsorientierung, d.h. der Aufbau von Verhaltensdispositionen, und die Behandlung der inhaltlichen Schwerpunkte vernachlässigt werden." (RiLi S. 91) Diese Gefahr besteht jedoch nur, wenn Schülervorschläge undifferenziert aufgegriffen werden, ohne daß eine Rückbindung an fachliche Ziele und an das Instrumentarium der Richtlinien erfolgt. Hier würde schülerorientierter Unterricht als ,,Zufallsunterricht" mißverstanden. Eine weitere Einschränkung ist ernstzunehmen: ,,Voraussetzung... ist ferner, daß es sich nicht um Schwierigkeiten einzelner handelt, sondern um Probleme eines großen Teils der Lerngruppe." (RiLi S. 90) Wichtig ist daher, die Breite des Interesses zu ermitteln, den Inhaltsvorschlag in ein problemorientiertes Thema umzugestalten und ggf. in einen größeren Zusammenhang zu stellen. Erweist sich das als nicht durchführbar, ist der Vorschlag ungeeignet, weil ihm die Bedeutsamkeit fehlt (vgl. 3.2.5). Der zweite Ausgangspunkt wirkt sich auf das Schülerinteresse aus, weil aktuelle Ereignisse wegen ihrer Publizität häufig zu Schülerfragen führen. ,,In einer solchen Situation kommt es leicht zu einer Personalisierung von Konflikten, unzulässigen Verallgemeinerungen, emotionaler Beurteilung und ähnlichen unreflektierten Formen der Verarbeitung." (RiLi S. 92) In diesem Fall muß die Berechtigung des Themas sowohl an der Inhaltsmatrix als auch am Qualifikationskatalog überprüft werden (vgl. RiLi S. 91 u. 92).

So machen die Richtlinien bei beiden Ausgangspunkten deutlich, wie das beschriebene Instrumentarium hilft, Fragen aufzuschlüsseln, Reduktionskriterien zu finden und die didaktische Relevanz zu gewährleisten.

3.2 Schülerinteressen im Politikunterricht

3.2.1 Schülerinteresse als ein Einflußfaktor unter vielen

Bei den Planungsüberlegungen wird der Lehrer von den Richtlinien und von weiteren Einflüssen geleitet, die von außen an ihn herangetragen werden oder die er im Verlauf seiner Ausbildung und praktischen Tätigkeit internalisiert hat: Beschlüsse von Fachkonferenzen, Thematik der Lehrbücher, Anleitungen und Erfahrungen aus Studium und Referendarzeit, von Verlagen angebotene Unterrichtshilfen mit Folien und Arbeitsblättern. Auf viele Kollegen und Lehramtsanwärter wirken besonders die letztgenannten verführerisch, da sie bei wenig Eigeninitiative modernen, abwechslungsreichen Unterricht zu ermöglichen scheinen. Dabei gerät oft das Schülerinteresse aus dem Blickfeld. Wie im folgenden Schaubild deutlich wird, stehen die meisten Einflußfaktoren in einem inneren Zusammenhang, die Schülerinteressen wirken dabei eher wie ein Appendix.

Einflußfaktoren der Lerninhaltsauswahl

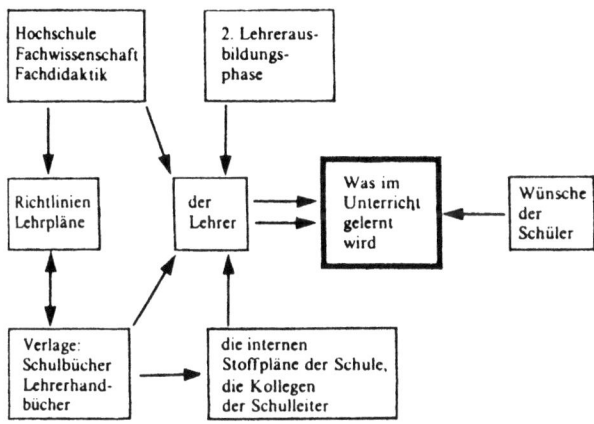

(Vohland: zitiert nach Gagel 1986, S. 259)

Anm.: Bei den Verlagspublikationen müßten noch die o.a. Unterrichtshilfen erwähnt werden, die zwar nicht im Verzeichnis der genehmigten Lehrmittel stehen, sich aber doch großer Beliebtheit erfreuen.

Die Schülerwünsche sollten deutlicher und unmittelbarer in die anderen Einflußfaktoren integriert werden, um den Anspruch, Mündigkeit bzw. Emanzipation zur Geltung zu bringen, zu realisieren.

3.2.2 Schülertypen und Interessen

Zumeist wird generalisierend von *den Schülern* als einer einheitlichen Gruppe gesprochen. In der aktuellen Lernsituation werden Inhaltsvorschläge jedoch meist nur von einigen besonders interessierten Schülern gemacht und dann per Abstimmungsergebnis den anderen auferlegt. Doch ist es wichtig, unterschiedliche Schülertypen zu berücksichtigen, da im Rahmen der Zielsetzung der Richtlinien auch die Schüler angesprochen werden sollen, die ihr Interesse nicht artikulieren können oder wollen. Das sind zum einen diejenigen, die nur auf Angebote des Lehrers eingestellt sind, zum anderen diejenigen, die im folgenden Beispiel deutlich werden:

„Eine 9. Klasse wurde nach ihren Interessen gefragt, und als Lehrer anboten, diese Themen in den Unterricht aufzunehmen, lehnten die Schüler ab: ‚Wir wollen uns das doch nicht in der Schule kaputtmachen lassen'." (Uttendorfer-Marek in A.C. Wagner 1976, S. 204)

In verschiedenen sozialwissenschaftlichen Studien wird versucht, eine brauchbare Typologie von Jugendlichen zu finden, mit deren Hilfe der Lehrer zumindest im Ansatz differenzieren kann. Solche Unterscheidungen sind bei aller Grobmaschigkeit und Vernachlässigung der Individualität einer Lerngruppe erforderlich, wenn Schülerinteressen Ausgangspunkt für Planung sein sollen. Während die Studie des Sinus-Instituts (1985) den ‚konventionell-erwachsenenorientierten', den ‚autonom-jugendorientierten' und den ‚strategisch-erwachsenenorientierten' Typ unterscheidet (ebda. S. 22-29) und diese drei in ihrem Freizeit- und Konsumverhalten, ihrer Politikorientierung und in ihrer Einschätzung der Schule betrachtet, wählt Luise Wagner-Winterhagen eine ähnliche, in Elementen vergleichbare Typologie: ‚Die Familienzentrierten, die Jugendzentrierten und die Lustlos-Apathischen', die nach der Identitätsbindung und deren Störungen differenziert sind. Wegen der griffigeren Bezeichnung und des genauen Rückbezugs auf schulisches Verhalten wird die zweite Typologie gewählt.

Familienzentrierte Jugendliche (vergleichbar mit dem konventionell-erwachsenenorientierten Typ) haben häufig „autoritäre Deutungsmuster... ihr moralisches Bewußtsein bleibt auf einer konventionellen Stufe stehen... (good-boy-Orientierung / Kohlberg)". Sie neigen dazu, „sich ungeprüften Mehrheitsmeinungen zu unterwerfen". (vgl. Wagner-Winterhager 1980, S. 59) Bei Themenvorschlägen halten sich diese Schüler meist zurück und fragen stärker als die anderen nach Vorgaben. Bei älteren Schülern kommt noch die Frage nach der ‚Verwertbarkeit' des Lernstoffes für den Beruf oder die Bewerbung hinzu. So werden Inhalte mit erkennbarer praktischer Verwertbarkeit problem- oder konfliktorientierten Themen vorgezogen. Zudem spielt das Erzielen guter Noten eine nicht unwesentliche Rolle. Beim Einsatz von Gruppenarbeit wird meist nach der Bewertung der Einzelleistung gefragt. Die Zurückhaltung dieser Schüler kann nur langfristig aufgebrochen werden, indem man ihre Schulangst „zunächst einmal akzeptiert als Ausdruck einer spezifischen Lernbehinderung,... sie aber dennoch behutsam... an Entscheidungen heranführt, die ihnen das Denken und Handeln in neuen originellen Bahnen erfreulich und erfolgversprechend machen". (Wagner-Winterhager 1980, S. 68) Für gemeinsam geplante Reihen nach Schülervorschlägen bedeutet das, sie im Verlauf der Arbeit auf konkrete Ziele und Transfermöglichkeiten hinzuweisen und ihnen beim Einbringen eigener Ideen durch ein sofortiges positives feed-back Mut zu machen. Ihnen muß deutlich werden, daß auch diese Form des Unterrichts zu fachlich verwertbarem Wissen führt. Gruppenarbeit wird dann akzeptiert, wenn ihnen deutlich wird, daß Beteiligung hier auch bewertet wird und für die meisten Berufe Teamfähigkeit wichtig ist.

Die *Jugendzentrierten* sind weniger an der Zukunftsbedeutung von Inhalten und Methoden interessiert, sie empfinden sich als „von Erwachsenen verfolgte Minderheit... Ihre Berufsperspektiven sind kurzfristig und oft auch unrealistisch, sie wollen wissen, was hier und jetzt Sache ist, dafür sind sie durchaus bereit, sich zu engagieren". (ebd. S. 60) Wenn diese Jugendlichen merken, daß es dem Lehrer ernst mit der Schülerorientierung ist, sind sie meist willens, Themenvorschläge zu machen und Verantwortung für die methodische Gestaltung zu übernehmen. Im Gegensatz zu den Familienzentrierten bevorzugen sie Gruppenarbeit und Simulationsspiele. Im Bereich der Ergebnisdarstellung fertigen sie gern Dokumentationen an, die anderen Klassen gezeigt oder im Schulgebäude ausgestellt werden. Für andere Schüler etwas zu tun, stärkt ihre Motivation, weil das Gefühl, ‚für den Lehrer' zu lernen, dabei verschwindet. Bei ihnen besteht die Gefahr, im Verlauf der Reihe zu ermüden, entweder weil ihr Interesse nur oberflächlich war oder weil sie sich — zu Recht oder Unrecht — in der Gestaltung bevormundet fühlen. Bei der Einbeziehung der jugendzentrierten Schüler muß der Lehrer verstärkt darauf achten, daß der Schülerwunsch nicht nur „als Einstieg für einen Unterricht, der ebenso konventionelle Inhalte... behandelt, wie jeder anderen Unterricht" (Schmiederer 1977, S. 130), benutzt wird. Wichtig ist, daß zunächst kurzschrittig Unterrichtsmethoden angeboten werden und später — nach Eingewöhnung — auch längerfristige Methodenplanungen vorgenommen werden. Der Schüler ‚hat Methode', nur ist der freie Umgang damit durch die Verschulung verschüttet worden; je länger er nur Rezipient der Lehrermethodik gewesen ist, desto länger braucht er, sich seiner ursprünglichen Fähigkeiten wieder bewußt zu werden. „Politischer Unterricht nutzt auffallend wenig die Chancen, die sich mit einem möglicherweise naiven, auf jeden Fall aber konstruktiven Interesse vieler Lernender auftun... Eine ertragreiche Methode wäre dagegen, die in den Vorschlägen zum Ausdruck kommende Phantasie und den damit verbundenen Gestaltungswillen aufzugreifen und spielerisch zu erproben." (Dorn/Knepper 1987, S. 153)

Ähnliche Folgerungen gelten auch für den *‚lustlos-apathischen'* Schülertyp, von dem in der Regel keine eigenständigen Themenvorschläge zu erwarten sind. „Diese Jugendlichen wirken apathisch, desinteressiert, initiativlos... Man kann nicht mit ihnen streiten. Sie schalten auf ‚cool' und ziehen sich zurück..." (Wagner-Winterhager, 1980, S. 62) Da diese Jugendlichen meist ein überstrenges Ich-Ideal haben (vgl. Narzißmus-Theorie, Kohut/Ziehe u.a.), fühlen sie sich permanent als Versager (vgl. Wagner-Winterhager, S. 65). Ähnlich wie die Jugendzentrierten tendieren sie stärker zur Gleichaltrigengruppe. Ihnen muß noch häufiger die Gelegenheit gegeben werden, die Einzelleistung, die sie sich nicht zutrauen, hinter der Gruppenleistung zu verstecken. Das Gefühl von Sinnlosigkeit können sie nur zurückdrängen, wenn sie sich von der Thematik betroffen fühlen und ihre Leistungen von der Gruppe anerkannt werden. Ihr Verhalten ist gekennzeichnet durch „ein Verlangen nach Subjektivierung... und eine Fähigkeit, betroffen zu sein". (Ziehe 1980, S. 54) Die Berücksichtigung von Betroffenheit und Identifikationsmöglichkeiten soll aber Unterricht — auch schülerorientierten Unterricht — nicht zu einer Form von Therapie verkümmern lassen. Abgesehen von einer Überforderung des Lehrers in der Rolle des Psychotherapeuten, könnte die ausschließliche Beachtung subjektiver Interessen weit von den Zielen des politischen Unterrichts wegführen: „Sie verkehrt sich in eine Anleitung zur Selbstbespiegelung, wenn nicht andere didaktische Kriterien korrigierend hinzutreten." (Gagel 1985, S. 406) Bei den lustlos-apathischen Schülern helfen zudem pädagogische Maßnahmen wie gut dosierte Verstärkung, um sie zumindest phasenweise zur Mitgestaltung anzuregen.

3.2.3 Subjektive und objektive Interessen

Es gibt in der allgemeinen Didaktik wie in der Fachdidaktik kaum Kontroversen über den hohen Stellenwert von Betroffenheit als Auswahlkriterium von Inhalten, sondern eher über die Funktion der subjektiven in ihrem Bezug zur objektiven Betroffenheit, welch letztere Inhalts- und Lebensverständnis fördert, weil sie transferierbar ist. ,,Bei manch unterschiedlicher Akzentuierung... hatte sich ein Konsens unter den repräsentativen Didaktikern des politischen Unterrichts darüber ausgebildet, daß Betroffenheit immer nur in ihrer subjektiven und objektiven Dimension zugleich gedacht werden kann." (Gagel 1985, S. 104)

Subjektive Interessen ergeben sich aus eher persönlichen Problemen, objektive weisen einen gesellschaftlichen Bezug auf. Vielfach können durch Hinzunahme einer gesellschaftlichen Dimension Schülerfragen aufgegriffen werden. ,,Das angestrebte Ziel, der Schüler soll befähigt werden, seine (objektiven) sozialen Interessen zu erkennen, ist nur realisierbar, wenn es ihm gelingt, ...eine Verbindung zwischen diesen... und seinen subjektiven Bedürfnissen herzustellen." (Schmiederer 1977, S. 115) Wer aber bestimmt, was des Schülers ,,objektive" Interessen sind? Diese Frage ist nicht leicht zu beantworten. Daher empfiehlt es sich, von ,,Betroffenheit" zu sprechen. Interesse wird meist dadurch ausgelöst, daß Schüler von einem Sachverhalt betroffen sind. Auch in diesem Fall müssen die subjektive und die objektive Dimension unterschieden werden; die subjektive bezieht sich ,,auf das Leid..., das dem einzelnen zustößt und das er spürt; die objektive... (auf) generelle Probleme der Umwelt..., die vielen anderen Menschen Leid zufügen und den einzelnen in Zukunft einmal treffen können". (Gagel 1983, S. 84)

Schülervorschläge lassen sich fast immer an eins der in der Matrix aufgeführten Situationsfelder anbinden (RiLi S. 40), die Zuordnung zu einem Handlungstyp wird sich bei der gemeinsamen Planung ermitteln lassen. Älteren Schülern kann in dieser Phase die Erläuterung der Handlungstypen vorgelegt werden, damit sie selbst zu einer Zielrichtung kommen; in jüngeren Klassen muß der Lehrer diese Aufgabe selbst übernehmen (RiLi S. 39). Die Interessen der Schüler werden bei diesem Verfahren nicht kanalisiert, man einigt sich nur auf Arbeitsschwerpunkte, die die Interessen an sozialwissenschaftlichen Inhalten und Methoden ausrichten und sie damit sogar in ihrer Bedeutung bestätigen.

3.2.4 Lehrerrolle und Schülermitgestaltung

Der Lehrer muß zweierlei Rollen (s. auch 4.3 und 5.3.2) übernehmen, die er kritisch prüfen, aber auch akzeptieren sollte. Die erste ist die Rolle des Lernenden in bezug auf die Fragen und Probleme der Schüler. Anderseits ist er als Lehrender zur Rücksichtnahme auf die gesamte Lerngruppe verpflichtet und darüber hinaus zur Vermeidung einseitiger Ausgestaltung eines Themas. (vgl. RiLi S. 87f.)

Wenn Schüler sich z.B. die Behandlung der Außenseiterproblematik wünschen und sich auf die Aspekte des Erkennens und Darstellens der Außenseiterrolle beschränken, kann dadurch der Leidensdruck von Außenseitern in der Klasse verstärkt werden. Als Korrektiv müssen Handlungsmöglichkeiten aufgezeigt und übergeordnete Kriterien besprochen werden.

Rücksicht auf die gesamte Lerngruppe bedeutet, daß der Lehrer seine Rolle nicht an eine ‚pressure-group' in der Klasse abgeben darf, da die anderen Schüler sonst weiterhin fremdbestimmt lernen: „Der Lehrer muß dafür sorgen, daß die Vorteile, die Schüler durch ihre soziale Herkunft... haben, nicht die Kommunikation im Unterricht bestimmen", weil der Unterricht sonst „die vorhandenen Privilegien eher verstärkt als abbaut". (Fackiner, zitiert nach Schmiederer 1977, S. 142) Schülerorientierung gilt für alle Mitglieder der Klasse, die Einbeziehung der weniger eloquenten bleibt Aufgabe des Lehrers. Auch in Klassen, die an Mitbestimmung und Mitgestaltung gewöhnt sind, erlebt man es immer wieder, daß Arbeiten, die viele als unangenehm empfinden, z.B. die Materialbeschaffung an weiter abgelegenen Orten, immer denselben Schülern übertragen werden. Hier ist ein klarer Hinweis erforderlich, solche Aufgaben gerecht zu verteilen, kein Schüler fühlt sich in der Rolle des Botenjungen dauerhaft wohl. Das bedeutet aber nicht, daß Schülerbegabungen wie zeichnerische und technische Fertigkeiten nicht genutzt werden sollen.

Weiterhin merken vor allem jüngere Schüler nicht, wenn sie bei der Behandlung von Situationen aus Schule und Familie zu persönliche Beispiele wählen, die einen Mitschüler treffen können oder zu einer persönlichen Verunsicherung führen (vgl. RiLi S. 89). Wenn eine solche Entwicklung absehbar ist, hat der Lehrer die Aufgabe, die Situation behutsam zu verfremden, ohne daß der Inhalt darunter leidet. Doch sprechen solche Gefahren nicht gegen schülerorientierte Planung, da ähnliche Beispiele auch in den konventionellen Unterricht eingebracht werden.

Der Lehrer gibt zugunsten der Schülerorientierung zwar einen Teil seiner traditionellen Rolle auf, indem er Schülerinteressen zunächst über andere Vorgaben stellt, Vorschläge zur methodischen Gestaltung aufgreift und zumindest einen Teil der Materialbeschaffung Schülern überträgt, was zu einer Entlastung führen kann; andererseits bleibt sein Wissensvorsprung, sein größerer Überblick in fachlichen und didaktisch-methodischen Fragen und nicht zuletzt seine Funktion als Bewertender erhalten. „Die Spannungen zwischen beiden Polen müssen produktiv miteinander vermittelt werden... Lehrer und Lehrerinnen müssen den Zusammenhang zwischen beiden deutlich machen." (RiLi S. 87)

3.2.5 Schülerinteresse im Verhältnis zu Situations-, Problem- und Qualifikationsorientierung

Da Schüler vorwiegend Inhalte wünschen, die von ihnen als problematisch empfunden werden, ist die *Problemorientierung* (s. 2.3) zumindest für die Thematik der Unterrichtsreihe unschwer herzustellen, wenn das Instrumentarium der Richtlinien benutzt wird (vgl. 3.2.3).

Das gleiche gilt in der Regel für die *Situationsorientierung* (s. 2.1). Bei der gemeinsamen Planung ergeben sich aber Schwierigkeiten, beide Gesichtspunkte durchgängig zu berücksichtigen, da sich Schüler vielfach nur für Teilaspekte interessieren, das Thema aber weiter gefaßt werden muß, um zu brauchbaren Beurteilungskriterien und *fachlicher Relevanz* zu kommen (z.B. Wie sicher sind unsere Kernkraftwerke? ist kein politisches Thema, sondern in dieser Fragestellung dem Physikunterricht zuzuordnen). Meist werden Hinweise auf fachliche Relevanz von den Schülern akzeptiert. Sie widersprechen auch nicht der Schülerorientierung. Solange Schule noch in einen strengen Fächerkanon eingeteilt ist und Projekte Seltenheitswert haben, muß jedes Fach seine Zielsetzung verdeutlichen. Hier gilt die These vom Vorrang der Bedeutsamkeit vor der Betroffenheit (vgl. Gagel 1983, S. 97), damit Probleme nicht unzulässig verkürzt werden.

Die drei genannten Gesichtspunkte zur Inhaltsauswahl sind daher keine Hindernisse für schülerorientierten Unterricht, sondern ein wesentlicher Ergänzungsfaktor, der im Verlauf der Planung immer wieder überprüft werden muß. Andererseits ist das Verfahren der Schülermitentscheidung an sich schon besonders geeignet, bestimmte Qualifikationen zu erreichen.

So haben es Schüler einer 6. Klasse erreicht, daß ihre Fotodokumentation über den Zustand von Spielplätzen und Spielgeräten in ihrem Wohnbezirk nach mehreren Versuchen von der Stadtverwaltung angenommen und die defekten Geräte repariert wurden. Idee, Planung und Dokumentation kamen selbständig von den Schülern; so wurde ein Lernerfolg erzielt, der auf konventionellem Wege wohl nicht zu erreichen ist, nämlich die Erfahrung, gemeinsam etwas durchsetzen zu können.

Schüler einer 9. Klasse erhielten Hausverbot in einem Einkaufszentrum, weil die Kunden — wie auf dem Flugblatt der Schüler vorgeschlagen — das überflüssige Verpackungsmaterial wirklich im Einkaufswagen liegen ließen. Für solche Erfahrungen gilt wie für unterrichtliche Schwierigkeiten im schülerorientierten Unterricht „die Faustregel, daß jeder durch das Lernen entstehenden Verunsicherung ein Äquivalent an Förderung von Ich-Stärke und Selbstbewußtsein gegenüberstehen muß. So notwendig für den Lernprozeß eine partielle Verunsicherung ist, so wichtig sind in den Lernprozeß eingelagerte Phasen der Stabilisierung und Verstärkung". (Schmiederer 1977, S.136) Besonders günstig wirken Verstärkungen von außen, die man aber nicht planen kann, so erhielt z.B. die 9. Klasse einen Umweltpreis der Stadt Essen.

Wenn schon Unterrichtsgestaltung und Ergebnisauswertung Bezug zu den Qualifikationen erkennen lassen, können auch die Unterrichtsinhalte durch den Lehrer auf sie bezogen werden; Schüler setzen sich in der Regel nur einige Ergebnis- oder Handlungsziele. Nach dem Themenvorschlag beginnt diese Aufgabe, bei der man die Qualifikationen verwenden kann:

„Lehrer und Lehrerinnen können mit ihrer Hilfe (Qualifikationen) die unterschiedlichsten Gegenstände auf ihren didaktischen Problemgehalt hin befragen und einen thematischen Zugriff auf den Gegenstand finden, der fachlich sinnvoll ist, auf ein wichtiges Problem zielt und auf Lebens- und Verwendungssituationen verweist." (RiLi S. 16; vgl. hierzu Kap. 17)

So müssen alle drei Prinzipien als Meßlatte für die Valenz der von Schülern gewünschten Inhalte herangezogen werden.

3.2.6 Schülerinteresse und schulinterner Lehrplan

Nur selten lassen sich Schülerwünsche ohne Schwierigkeiten mit dem Lehrplan verbinden. Zunächst werden Konflikte vermieden, wenn man die Schüler nur an der Auswahl von vorgesehenen Inhalten beteiligt. Zur Einübung in die Schülermitentscheidung ist das Verfahren zu empfehlen. Innerhalb des gegebenen Rahmens kann die Methodenfreiheit genutzt werden, indem den Schülern eine Übersicht mit einer Beschreibung der sozialwissenschaftlichen Methoden vorgelegt wird. Es wird mit ihnen Zielsetzung, Dauer und Verfahren der Bearbeitung beraten. Nach dem Verständnis der Richtlinien muß der Lehrplan auch Freiräume enthalten, die ähnliche Themen zur Vermittlung des gleichen Fachwissens zulassen (vgl. RiLi S. 89).

Wenn der Lehrplan nach diesen Grundsätzen aufgestellt wurde, werden sich für die meisten Schülerwünsche Anknüpfungspunkte finden lassen. Das gemeinsame Aussuchen von Themen wirkt motivierend auf die familienzentrierten Schüler, stößt aber bald auf Kritik bei den jugendzentrierten (Schülerfrage: Dürfen wir mal wieder die Reihenfolge bestimmen?). „Die Gefahr entfremdeten Lernens gilt immer, wenn bei Vorbereitung und Durchführung des Unterrichts andere Prioritäten als der Lebenszusammenhang des Schülers, seine Bedürfnisse und Interessen Vorrang haben." (Schmiederer 1977, S. 54)
So wichtig es also ist, den schulinternen Lehrplan zu beachten, weil man im Hinblick auf einen möglichen Lehrerwechsel die Klasse mit nachprüfbarem Fachwissen an den Kollegen übergeben möchte, darf dieser Wunsch nicht auf Kosten der Schülerorientierung durchgesetzt werden.

Für die Beziehung der beiden Ausgangspunkte lassen sich Lösungsmöglichkeiten aufzeigen. Nach Darstellung der Richtlinien soll der schulinterne Lehrplan helfen, „eine zu kurzfristige, auf aktuelle Schülerwünsche zielende Planung von Lehrern und Lehrerinnen durch eine längerfristige, strukturierte Unterrichtsplanung zu vermeiden". (RiLi S. 89) Hier ist aber nicht ein richtig verstandener schülerorientierter Unterricht gemeint, sondern die leider noch gängige Praxis, das Fach als eine Aneinanderreihung „aktueller Stunden" mißzuverstehen, in denen auf Wunsch der Schüler tagespolitische Ereignisse abgehandelt werden. Für Kollisionen von Schülerinteresse und schulinternem Lehrplan gilt auch, was über den Zusammenhang von wissenschaftlicher Systematik und Schülerperspektive ausgesagt wird: „Dieser Widerspruch läßt sich auflösen, wenn gezeigt werden kann, das weder das eine noch das andere ausreicht, sondern daß geeignete Unterrichtsinhalte das Kriterium der Verschränkung beider Perspektiven erfüllen müssen." (Gagel 1983, S. 81)

Bei durchgängig erteiltem Fachunterricht wäre es günstig, den Plan jeweils für einen Doppeljahrgang zu erstellen, die Reihenfolge bleibt offen. Zudem sollte er Freiräume enthalten sowohl für Schülerwünsche als auch zur Berücksichtigung wichtiger aktueller Themen.

3.3 Schülerwünsche und Planungsentscheidungen

In folgenden Beispielen soll aufgezeigt werden, wie Schülerinteressen methodischer und inhaltlicher Art zu Schwierigkeiten bei Planung und Durchführung führen können, und auf die Entscheidungen aufmerksam gemacht werden.

Ein 8. Jahrgang war während einer Klassenfahrt durch das Dorf Brunskappel im Hochsauerland gekommen, das für den Bau einer Talsperre überflutet werden sollte. Durch Plakate und Spruchbänder aufmerksam geworden, wollten die Schüler mehr über die Hintergründe wissen. Der Inhaltswunsch ließ sich problemlos mit dem Schwerpunkt ‚Bürgerinitiativen' verbinden, der im schulinternen Lehrplan vorgesehen war. Situations- und Problemorientierung waren gegeben, durch die Thematik und das von den Schülern gewünschte methodische Vorgehen (eine Gerichtsverhandlung zu spielen) wurde eine Anbindung an Qualifikation 2 vorgenommen. Auf Anregung der Lehrerin wurde die im Vergleich zum Rollenspiel exaktere Methode des Tribunals gewählt (vgl. Giesecke 1975, S. 91). Als Texte dienten Schriften der Bürgerinitiative Brunskappel, Zeitungsberichte und Unterlagen des Ruhrtalsperrenverbandes. Nach Auswertung des Materials in arbeitsteiliger Gruppenarbeit, bei der alle Rollen problemlos akzeptiert wurden, weigerte sich die Gruppe ‚Ruhrtalsperrenverband', ihre Ergebnisse im Tribunal zu vertreten, weil sie sich auf die andere Seite geschlagen hatte. Es hatte sich im Verlauf der Erarbeitung eine „persönliche Identifikation" (vgl. Giesecke 1975, S. 93) mit der Gegenseite herausgebildet, die zu diesem Zeitpunkt unerwünscht war. Der Vorschlag, das Tribunal fallen zu lassen und die Unterrichtsreihe zu beenden, stieß auf genauso erbitterten Widerstand. Nach einer Zwischenreflexion, in der nochmals die Vorteile der Talsperre für das Ruhrgebiet (zu dessen Bewohnern auch die Schüler gehörten) herausgestellt wurden, übernahm schließlich eine andere Gruppe die Rolle, um die gewählte Methode nicht zu gefährden. „Die stärkere Einbeziehung gestalterischer Elemente hat Folgen für die Struktur und Abfolge von Unterrichtsthemen." (Dorn/Knepper 1987, S. 155)

In einem zweiten Beispiel wird die Diskrepanz zwischen Schülerwunsch und schulinternem Lehrplan zum Problem.

Durch den Bruder eines Schülers war eine Klasse 10 auf einen Fall aus der Arbeitswelt gestoßen, den sie unbedingt thematisieren wollte. Der Bruder, ein Schlosserlehrling, sollte aus dem Lehrvertrag entlassen werden, weil er sich in einer Schülerzeitung der Berufschule abfällig über seinen Lehrherrn geäußert hatte (er bezeichnete ihn als ,,Ausbeuter"). Die Schüler, die kurz vor dem Abschluß der Realschule standen, fanden den Fall mehrheitlich wichtiger als das noch ausstehende Thema ,,Probleme der europäischen Einigung", das sowohl im schulinternen Lehrplan als auch im selbsterstellten Klassenplan noch ausstand. Die bevorstehende Lehrzeit betraf die Schüler stärker, obwohl zu den Bestimmungen des Jugendarbeitsschutzgesetzes und Berufsbildungsgesetzes Ende der 9. Klasse schon eine Reihe durchgeführt worden war. Der Kompromißvorschlag, beide Themen in den verbleibenden 7 Stunden abzuhandeln, erwies sich als undurchführbar, weil die ursprünglich als Fallanalyse geplante Aufarbeitung sich zu einer Art Planspiel entwickelte.

Solche Differenzen können nicht immer zugunsten des Schülerinteresses entschieden werden, doch sollten aufgrund dieser und ähnlicher Erfahrungen die Freiräume im Lehrplan so groß gehalten werden, daß eine Zuspitzung ,,Schülerinteresse *oder* schulinterner Lehrplan" vermieden wird. Beide haben ihre Berechtigung im Politikunterricht, wie sowohl aus den Richtlinien als auch aus den von Hilligen aufgestellten Theorieelementen der Didaktik deutlich wird.

Der Unterricht hat zur Aufgabe,

— ,,Orientierungshilfe zu bieten *und* dabei subjektive Erfahrungen aufzugreifen,
— in der Schule und *durch Unterricht* demokratische Erfahrungen zu vermitteln,
— und zu selbsttätiger Auseinandersetzung mit den anderen, mit der Umwelt zu befähigen". (Hilligen 1982, S. 64; Hervorhebungen B.M.S.)

Zwar lassen sich nicht alle Konflikte zwischen den einzelnen Ansprüchen vermeiden, doch helfen die Richtlinien durch die Hinweise zur Unterrichtsplanung und ihr Instrumentarium dem Lehrer, eine begründete Entscheidung zu treffen. Der schülerorientierte Unterricht wird immer auf die oben beschriebenen Gefahren achten müssen, da eine Überbetonung des Subjektiven schlimmstenfalls zu einer ,Entpolitisierung' des Politikunterrichts führen kann. Eine ständige Vernachlässigung der Schülerinteressen führt jedoch mit Sicherheit zu Motivationsproblemen.

Literatur

Dorn, Michael / Knepper, Herbert: Wider das allmähliche Entgleiten der Schüler und der Wirklichkeit. In: Gegenwartskunde Jg. 36 (1987), Heft 2, S. 149-158.

Gagel, Walter: Einführung in die Didaktik des politischen Unterrichts, Opladen: Leske + Budrich 1983.

Gagel, Walter: Betroffenheitspädagogik oder politischer Unterricht? Kritik am Subjektivismus in der politischen Didaktik. In: Gegenwartskunde Jg. 34 (1985), Heft 4, S. 403-414.

Gagel, Walter: Unterrichtsplanung: Politik / Sozialkunde, Opladen: Leske + Budrich 1986.

Giesecke, Hermann: Methodik des politischen Unterrichts, 3. Auflage, München: Juventa 1975.

Hilligen, Wolfgang: Zukunftsperspektiven und Postulate für die politische Bildung in unserem Staat. In: Zur Situation der politischen Bildung in der Schule, Schriftenreihe der Bundeszentrale für politische Bildung, Bd. 185, Bonn 1982, S. 49-71.

Hilligen, Wolfgang: Zur Didaktik des politischen Unterrichts I, Opladen: Leske + Budrich 1975.

Negt, Oskar: Soziologische Phantasie und exemplarisches Lernen. Überarbeitete Neuausgabe, Frankfurt am Main: Europäische Verlagsanstalt 1971.

Schmiederer, Rolf: Politische Bildung im Interesse der Schüler. Ausgabe der Niedersächsischen Landeszentrale für Politische Bildung, Hannover 1977.

Sinus-Institut: Jugend privat, Opladen: Leske + Budrich 1985.

Wagner, A.C. (Hrsg.): Schülerzentrierter Unterricht, München, Berlin, Wien: Urban und Schwarzenberg 1976.

Wagner-Winterhager, Luise: Jugendliche in der Schule — Versuch einer aktuellen Typologie. In: Gegenwartskunde SH 2, 1980.

Ziehe, Thomas: Trendanalyse zur Situation der jungen Generation aus psychologischer Sicht. In W. v. Ilsemann: Jugend zwischen Anpassung und Ausstieg, Hamburg: Dt. Shell 1980.

4. Kontroverses Denken, Überwältigungsverbot und Lehrerrolle

Sibylle Reinhardt

4.1 Kontroverses Denken als Prinzip des Politikunterrichts

Zur allgemeinen Zielsetzung politischen Lernens gehört es, daß Schüler/innen zur Teilnahme am demokratischen Prozeß befähigt werden. „Sie sollen in die Lage gesetzt werden, am Prozeß der politischen Willensbildung und der Vertretung und Durchsetzung von Interessen teilzunehmen." (RiLi S. 7)

Der Richtwert der Emanzipation, der die Möglichkeit sowohl der Bindung an Tradiertes als auch der Lösung von Überkommenem beinhaltet, konkretisiert sich für den Unterricht als Kontrovers-Prinzip: „Dabei kommt es darauf an, daß Themen, die in der Gesellschaft und der Wissenschaft kontrovers diskutiert werden, auch als Kontroversen verstanden und im Unterricht als solche behandelt werden." (RiLi S. 7)

Dieses didaktische Prinzip hat bestimmte Konsequenzen für die Organisation und das Klima des Unterrichts. „Es soll ein Lernklima entstehen, in welchem unterschiedliche Auffassungen sich entfalten können, da sie auf eine tolerante Grundhaltung gegenüber anderem Denken und Empfinden treffen." (RiLi S. 88) Dazu gehört, daß auch die Lehrer/innen in politischen Fragen Stellung nehmen, ohne daß dadurch diese Fragen vorentschieden werden.

Die Unparteilichkeit der Schule als Institution ist mit diesen persönlichen Stellungnahmen dadurch zu vereinbaren, daß das Prinzip der Kontroverse befolgt wird. (RiLi S. 88)

Die Behandlung kontroverser Themen im Unterricht erscheint vielen Lehrer/innen eher bedrohlich als reizvoll.

Ein Beispiel für diese Ängste: In den Jahren 1986/87 beschäftigte sich eine Gruppe von Mathematik- und Sozialwissenschaftslehrern (am Gymnasium Wuppertal-Vohwinkel) mit der didaktischen Frage, wie im Unterricht die gesellschaftliche Bedeutung von Computer-Technologie behandelt werden könnte (vgl. auch Siewert-Hetfeld 1987). Als konkretes Problem zur Behandlung wurde u.a. die „Volkszählung" vorgeschlagen.

Der Mathematik-Kollege, der die Volkszählung in seinem Unterricht behandeln wollte, sagte spontan (nachdem wir Politik-Lehrer vorgeschlagen hatten, daß die Meinungen der Schüler/innen in den Unterricht mit eingehen müßten und nicht durch einen sach-systematischen Aufbau versperrt werden dürften): „Aber — das ist dann doch so kontrovers — was mach' ich denn da?"

Ihm antwortete ein Politik-Lehrer: „Da können wir helfen, nachdem wir von Euch so viel lernen konnten über die Computer und ihre Funktion, denn wenn wir für etwas Spezialisten sind, dann fürs Kontroverse, für streitige Diskussionen." Wir haben dann die Struktur einer kleinen Reihe und die Art der Lehrer-Interventionen zu skizzieren versucht, die diesem kontroversen Gegenstand gerecht werden konnte.

Es ist vielleicht nicht übertrieben zu behaupten, daß hier ein Element beruflicher Identität von Politiklehrern formuliert worden ist — ein Vorgang, der vor 20 Jahren noch undenkbar war und der zu erklären ist mit den Erfahrungen und mit den didaktischen Diskussionen. Einige Punkte aus diesen Diskussionen will ich hier wieder aufgreifen (vgl. Reinhardt 1976) und ergänzen.

4.2 Die fachdidaktische Diskussion

Eine Kontroverse zwischen Giesecke und Sutor sowie die Stellungnahme Hilligens, die zwischen 1973 und 1975 veröffentlicht wurden, hat die Gefahr der Indoktrination im Unterricht zum Thema.

Giesecke stellt die politische Bildung in den Rahmen eines historischen Kontextes von Emanzipation und folgert daraus ihre „politische Parteilichkeit": „Wird... die demokratische Inhaltlichkeit des historischen Emanzipationsprozesses ernstgenommen, so ist politische Bildung nicht neutral, sondern selbst ein Stück eigentümlicher politischer Tätigkeit: sie ist *für* die Interessen des Lehrlings, des Arbeiters, des ‚Sozialfalles', des Jugendlichen, und somit folgerichtig *gegen* die Interessen des Meisters, des Unternehmers, der Fürsorgebehörde, der Schulbehörde usw., allgemeiner: sie ist *für* die Interessen und Bedürfnisse des jeweils Schwächeren, Ärmeren, Unterprivilegierten." (1973, S. 126f.)

Sutor sieht in den Konkretisierungen, die Giesecke für die Parteinahme für Unterprivilegierte gibt, entweder Absurdität oder Anmaßung der „rechten Lehre" (1974, S. 18). Er schreibt: „Lernziele müssen so formuliert sein, daß sie politische Urteilsbildung ermöglichen. Das bedeutet immer Denken in Alternativen bis zum eindeutigen Grenzfall, wo Politik Menschenrechte oder Prinzipien der rechts- und sozialstaatlichen Demokratie verletzt. Dort erst wird politische Bildung parteilich; im übrigen muß sie Parteiergreifen ermöglichen, aber offenhalten." (ebda. S. 27)

Einerseits scheint beiden Autoren „Parteilichkeit" sinnvoll und notwendig sowie verkürzte Indoktrination illegitim. Andererseits ist Parteilichkeit bei Sutor ein „Grenzfall", bei Giesecke aber eher ein Strukturprinzip.

Hilligen zeichnet die Kontroverse nach und versucht zu vermitteln, indem er einen gemeinsamen Nenner, den er für konsensfähig hält, herausarbeitet: Sutors Auffassung folge aus einem zu engen Begriff von Demokratie und Sozialstaat. Er verstehe Giesecke falsch, wenn er in den zitierten Aussagen eine einseitige Parteinahme zugunsten von Personen bzw. Personengruppen sehe. Wenn man von sozialer Gerechtigkeit, persönlicher Freiheit und Sozialstaat spreche, müsse „man das Augenmerk auf ökonomisch verursachte Über- und Unterordnungsverhältnisse lenken". (1975a, S. 201)

Letztlich sieht Hilligen die Grenze zwischen den didaktischen Positionen Gieseckes und Sutors in dem Unterschied zwischen „Ordnung" und „Option für strukturelle Reform", was seiner Auffassung nach aber keine notwendige Trennung ist; denn er meint:

„— daß die Optionen für die Möglichkeit von Alternativen und für die Erhaltung des bisher erreichten Standes an Humanität und die Option für die Überwindung struktureller Ungleichheiten einander nicht ausschließen, sondern bedingen;
— und daß ein derartiges komplementäres Verhältnis konsensfähig ist". (ebda. S. 205)

Die Entfaltung dieser drei Optionen mit der These ihrer Konsensfähigkeit ermöglicht Hilligen eine Abgrenzung von „Parteilichkeit" und „Parteinahme". Parteilichkeit sieht er, wenn „eine politische Entscheidung absolut gesetzt und für verbindlich erklärt wird" (1975b, S. 5), — sie verbiete sich. Parteinahme hingegen ist die „Entscheidung für gewisse Zielsetzungen, die offen bleibt für Infragestellung und Revision und dem Lernenden Gelegenheit gibt zur Über-Prüfung, zum Selbstvollzug, zur Beurteilung der Konsequenzen" (ebda.). Diese Parteinahme, formuliert in den drei Optionen, sei kein politisches Programm, sondern eine didaktische Plattform.

Nehmen wir an, die von Hilligen genannten Optionen seien in der didaktischen Theorie konsensfähig — bei der Konkretisierung würde die Kontroverse jedoch wieder aufbrechen. Was heißt „Überwindung sozialer Ungleichheiten"? Wann herrscht „Chancengleichheit"? Wann besteht die „Notwendigkeit, Spielraum und Institutionen für politische Alternativen zu... verbessern"? (ebda. S. 7) Hilligen schreibt selbst, daß das Grundgesetz nicht eindeutig als formaldemokratisch oder als Auftrag zur Verwirklichung des demokratischen und sozialen Staates festgelegt ist. Dieser Spielraum gilt für politisches Handeln wie auch für didaktische Entscheidungen, die immer dann auf die Ebene der Kontroverse zurückkehren, wenn sie die abstrakt formulierten Optionen, über die vielleicht Einigkeit herrscht, auf konkrete Probleme anwenden wollen.

Gagel betont ebenfalls, daß durch die Trennung in Minimalkonsens und kontroversen Bereich das Konsens-Problem nicht gelöst wird. Auf der Ebene von Lernzielen und Lerninhalten werden die Prinzipien „in den kontroversen Bereich der konkreten Ausgestaltung und Normanwendung" überführt. (1975, S. 44) Wenn Gagel schon auf dieser immer noch recht abstrakten Ebene die Kontroversen als notwendig ansieht, um wieviel mehr gilt das dann für konkrete Unterrichtsprozesse!

Die didaktische Diskussion jener Jahre wurde zusammengeführt in einer Tagung der Landeszentrale für politische Bildung Baden-Württembergs in Beutelsbach. Ergebnis war der sog. Beutelsbacher Konsens (vgl. Schiele/ Schneider 1977). Wehling hat die drei Prinzipien politischer Bildung formuliert, die dort unwidersprochen blieben:

„1. *Überwältigungsverbot.* Es ist nicht erlaubt, den Schüler — mit welchen Mitteln auch immer — im Sinne erwünschter Meinungen zu überrumpeln und damit an der ‚Gewinnung eines selbständigen Urteils‘ (Zitat von Minssen — S.R.) zu hindern. Hier genau verläuft nämlich die Grenze zwischen Politischer Bildung und *Indoktrination*. Indoktrination aber ist unvereinbar mit der Rolle des Lehrers in einer demokratischen Gesellschaft und der — rundum akzeptierten — Zielvorstellung von der Mündigkeit des Schülers.

2. Was in Wissenschaft und Politik *kontrovers* ist, muß auch im Unterricht kontrovers erscheinen... Zu fragen ist, ob der Lehrer nicht sogar eine *Korrekturfunktion* haben sollte, d.h. ob er nicht solche Standpunkte und Alternativen besonders herausarbeiten muß, die den Schülern... von ihrer jeweiligen politischen und sozialen Herkunft her fremd sind...

3. Der Schüler muß in die Lage versetzt werden, eine *politische Situation* und seine *eigene Interessenlage zu analysieren*, sowie nach Mitteln und Wegen zu suchen, die vorgefundene politische Lage im Sinne seiner Interessen *zu beeinflussen...*" (Wehling 1977, S. 179f.)

Die Landeszentrale für politische Bildung von Baden-Württemberg hat 1986 — also 10 Jahre später — die Konsens-Frage auf einer Tagung wieder prüfen lassen (vgl. Schiele/Schneider 1987). Es zeigte sich, daß die drei Prinzipien des Beutelsbacher Konsenses im wesentlichen unbestritten geblieben sind (vgl. Wehling 1987). Mißverständnisse kann am ehesten der dritte Punkt auslösen, solange der Begriff von „Interesse" unscharf bleibt und damit womöglich eingeengt wird auf bloß subjektive Interessenwahrnehmung (vgl. Hilligen 1987, S. 19).

Auch die neueren Didaktiken von Hilligen (1985), Sutor (1984) und Gagel (1983) bestärken, wenn auch mit unterschiedlicher Begrifflichkeit, diesen Beutelsbacher Konsens.

Es bleibt aber festzuhalten, daß die praktische Herstellung des Konsensus wesentlich im Unterricht selbst geleistet werden muß. Diese Ebene läßt die Abstraktion von realen Kontroversen nicht zu, sondern hier muß das Prinzip der Repräsentation von Konflikten angewendet werden. Wenn dies gelingt, wird durch die Kontroverse hindurch auch der Konsens darüber aufscheinen, daß unterschiedliche Interessen und Auffassungen legitim sind, daß ihre Konfrontation in gegenseitiger Achtung zu erfolgen hat, daß sich möglicherweise eine gemeinsame Position ergeben kann, daß Konflikt und Konsens dialektisch zusammengehören.

4.3 Konsequenzen für die Lehrerrolle

Die Repräsentation von Kontroversen muß — so lautet das Ergebnis der fachdidaktischen Analyse — in der Interaktion im Unterricht geleistet werden. Dazu finden wir einen Hinweis bei Giesecke (1973). Er schreibt, bei der konkreten Arbeit mit seinen Kategorien der Konflikt-Analyse werde es zu Konflikten kommen: „Wenn der Lehrer die Gegensätze nicht überspielt, werden z.B. Beamtenkinder die Kategorien ‚Interesse' und ‚Solidarität' anders inhaltlich bestimmen als Arbeiterkinder. Ähnliche Unterschiede wird es bei der Benutzung der Kategorien ‚Ideologie' und ‚Funktionszusammenhang' geben, und erst recht bei der Frage, wie denn nun ein Konflikt entschieden werden soll. Die Gründe für solche unterschiedlichen Interpretationen müssen selbstverständlich bewußt gemacht werden." (S. 192)

Giesecke hat hier einen Spezialfall unterrichtlicher Interaktion im Auge: Die gedachte Lerngruppe ist politisch heterogen und am Gegenstand interessiert. Dieser Fall ist für den Lehrer der leichteste. Selbststeuerung der Gruppe führt zu einem differenzierten Ergebnis, dessen Bezug zum eigenen Leben den Schülern deutlich geworden ist.

Mit Recht sagt Giesecke, daß der Lehrer hier zwei Funktionen hat: einmal, die Schüler nicht zu stören („nicht überspielt"), zum zweiten, Ergebnisse auf Unbekanntes zu beziehen („bewußt gemacht"). Der Lehrer kann sich — ganz in Übereinstimmung mit Theorien, die der Selbstentfaltung der Lerngruppe Chancen geben wollen — zurückhalten, Moderator sein, lediglich organisieren, schließlich anregen. Wo er selbst politisch steht, ist in dieser Situation weniger wichtig, wird von Schülern vielleicht auch nicht für so wichtig gehalten. Lernen muß der Lehrer für diese Situation vielleicht noch am ehesten, daß seine eigene persönliche Meinung tatsächlich unwichtig ist und ihre Darstellung u.U. in erster Linie Selbstdarstellung ist, aber nicht notwendiger Bestandteil der Lernprozesse bei den Schülern. Viel schwieriger sind andere Fälle unterrichtlicher Interaktion.

Im Fach „Politik" ist natürlich die Gefahr der Polarisierung in heterogenen Gruppen gegeben. Nicht nur schlagen sich alle Kontroversen der Politik in schulischen Prozessen nieder, auch alle Irrationalitäten finden sich hier. Eine solche politische Polarisierung (die leicht über das Spektrum der im Bundestag vertretenen Parteien hinauszugehen vermag) kann einen solchen Grad an aggressiver Emotionalisierung ergeben, daß der Lernprozeß nur noch gruppendynamisch zu verstehen ist.

In diesem Fall muß der Lehrer versuchen, einen Minimalkonsens inhaltlicher und formaler Art über die Kooperation in der Gruppe bewußt zu machen. Die besseren Arbeitsergebnisse im Sinne größerer Beherrschung der Gegenstände durch die Schüler müssen im Fortgang des Unterrichts diese friedliche Interaktion als die sinnvollere erweisen. Die Repräsentanz des Konflikts bzw.

der Kontroverse ist in diesem Fall — wie im vorhergehenden — normalerweise gesichert.

Der Lehrer muß in diesem Fall auch darauf achten, daß nicht bestimmte Schüler in ihren Chancen zur Darstellung benachteiligt werden (was im Kern ein gruppendynamisches Problem ist). Solange die Auseinandersetzung um kontroverse Auffassungen nicht als Kooperation, sondern als Kampf definiert wird, muß der Lehrer achtgeben, daß er sich nicht von einer Seite vereinnahmen läßt, also koaliert, und damit die Möglichkeit der Herstellung eines Konsensus verbaut. Parteinahme in diesem Schüler-Konflikt wäre nicht nur möglicherweise politische Einseitigkeit, sondern sicher gruppendynamische Unausgewogenheit mit dem Effekt der Polarisierung.

Fassen wir die ersten beiden Typen unterrichtlicher Interaktion zusammen: Die Lerngruppe repräsentiert selbst die politischen Kontroversen, so daß der Lehrer sich zurückhalten kann oder für einen angemessenen organisatorischen und gruppendynamischen Arbeitszusammenhang sorgen muß. *These:* Wenn die Schüler politisch sind, braucht der Lehrer es nicht zu sein — in heterogenen Gruppen. Darf er es sein? Da es nicht Ziel von Unterricht sein kann, daß ein Lehrer seine Anschauungen vererbt, sondern daß Schüler selbst — mit Hilfe anderer und in der Auseinandersetzung mit ihnen — zu politischen Anschauungen gelangen, ist Distanz des Lehrers zu sich selbst nötig. (vgl. auch Reinhardt 1986)

Andererseits ist der Lehrer ein gleichberechtigtes Mitglied der Gruppe und hat damit gleiches Recht auf Meinungsäußerung. Er verlöre im übrigen als politischer Abstinenzler in der Rolle des ,,Politik"-Lehrers leicht seine Glaubwürdigkeit. Deshalb ist auch für ihn die Äußerung einer politischen Meinung — schon gar, wenn er von Schülern gefragt wird — eine Notwendigkeit. Wichtig ist dabei, daß die Schüler diese Meinung nicht als das zu Lernende oder das Autorisierte auffassen. Ob das passiert, dürfte wesentlich von den Lernzielen und dem Stil der unterrichtlichen Interaktion abhängen.

Zur Herstellung einer ausgewogenen Unterrichtsführung dürfte es dienlich sein, wenn der Lehrer der Lerngruppe seinen persönlichen Standort mitteilt, damit die Schüler ihn um so leichter ‚kontrollieren' können. Am einfachsten ist das, wenn der Lehrer Mitglied einer Partei ist. Die Angabe erleichtert den Schülern, Fragen nach (unbewußter) Einseitigkeit zu stellen. Es fragt sich sogar, ob er seine eigene politische Grundentscheidung nicht mitteilen *muß*; denn sonst geriete er vielleicht in die Position des objektiv über allen Kontroversen schwebenden Wissenden, verkörperte so eine Spielart des Unpolitischen und wäre nur vermeintlich nicht ideologisch.

Andersartige Interventionen als die beschriebenen werden in den folgenden zwei Klassentypen nötig: Die politisch (fast) homogene Gruppe und die uninteressierte oder nicht-spontane Lerngruppe stellen Anforderungen, die das Problem parteilichen Lernens verschärft zeigen.

Oberflächlich gesehen, bietet die homogene Lerngruppe gar keine Probleme: Die Gruppe gelangt zu einem Konsensus, die Grundstimmung ist vielleicht wegen der Einigkeit sehr gut. Die Gefahr dabei ist, daß gegebene politische Kontroversen gar nicht im Unterricht repräsentiert werden, und wenn doch, dann kaum den Stellenwert ernsthafter Probleme erhalten. Häufig ist zu beobachten, daß die andere Seite der Kontroverse zum Aufhänger für Polemik wird, mehr Kontrast als Kontroverse erzeugt, zur Grundlage für Selbstbestätigung wird.

In diesem Fall muß der Lehrer ,,gegensteuern". Diese Lerngruppe kann man nicht moderierend sich selbst überlassen, sondern hier müssen den Schülern die Implikationen ihres schnellen Urteilens klar und damit fragwürdig gemacht werden, hier muß der Lehrer u.U. über Strecken die den Schülern entgegenstehende Position verwalten, indem er sie zwar nicht zu seiner eigenen macht, sie aber in ihren inhaltlichen Aussagen vertritt. Er macht sich zum Anwalt einer politischen Anschauung, ist ,,politisch" im Sinne einer entschiedenen Stellungnahme. Es geht dabei nicht darum, daß die Schüler ihre eigene Auffassung ändern sollen, sondern es geht darum, daß unbewußte und vorbewußte Prozesse politischer Bildung — die immer schon abgelaufen sind — den Schülern verfügbar werden, daß aus Vorurteilen im günstigen Falle Urteile werden.

Problematisch wird diese Strategie für den Lehrer, auch wenn man von den großen Anforderungen an seine Kenntnisse und seine Selbstbeherrschung absieht, weil er in den Augen der Schüler seine Identität gefährden kann.

Ein Beispiel: Ich unterstützte in einer 9. Klasse in einer Debatte einmal die Vertreter einer politischen Partei, der ich nicht zuneige (was die Schüler wußten), weil diese Gruppe den anderen ,,Parteien" zahlenmäßig unterlegen war. Da diese Gruppe auch qualitativ schwach war, mußte ich aktiv werden und wurde schnell in ‚meine' Gruppe integriert. Nach Schluß der Debatte wurde ich vorwurfsvoll gefragt, wie ich denn so etwas tun könne — selbst der einen Seite angehören und trotzdem die andere vertreten. (Es ergab sich dann eine spannende und sinnvolle Diskussion über das Ziel politischen Lernens und politischen Unterrichts.)

Diese — oberflächlich gesehen — einseitige politische Intervention ist didaktisch begründet. Stärker methodisch begründet wird die Intervention im Falle der uninteressierten oder wenig spontanen Klasse. Es kann geschehen, daß auch interessantes Material, z.B. ein aktueller politischer Konflikt, der alle betrifft und der der Bearbeitung bedarf, nicht ,,ankommt", jedenfalls nicht ohne zusätzliche Anstöße.

Die Provokation durch die Sache reicht dann nicht; der Lehrer muß versuchen, diese Provokation auf eine andere Ebene zu transponieren, damit die Schüler sich mit ihr auseinandersetzen. Das Herstellen scheinbar paradoxer Bezüge zu Bekanntem, das Schildern dramatischer Konsequenzen, das überspitzte Umdeuten des Schweigens in eine inhaltliche Aussage (,,Ihr seid also auch der Meinung, daß…") und schließlich die eigene Meinung des Lehrers (oder eine angebliche) können die Struktur der Sache im Bewußtsein der Schüler weiter erhellen und mit ihrer Person verknüpfen.

Vielleicht werden die hier gemachten Äußerungen der Meinung des Lehrers inhaltlich nicht entsprechen. So hat z.B. ein Lehrer einmal mit allem Nachdruck gesagt: „Wenn der Bundesrat der Änderung des § 218 nicht zustimmt, dann bin ich jedenfalls dafür, daß der Bundesrat abgeschafft wird." Diese Provokation wirkte; es entstand eine sehr problemhaltige Bearbeitung der Institution „Bundesrat", deren Ergebnis viel differenzierter war als der Provokations-Satz. Dadurch wurde es möglich, die Provokation selbst wiederum im Unterricht aufzunehmen, zu reflektieren, als methodisch motiviert zu erläutern und von der eigenen Meinung abzugrenzen.

Daß hier eine gefährliche Strategie vorliegt, bleibt aber trotzdem offensichtlich. Nicht immer gelingt es, die Provokation in ihrer Überspitzung aufzufangen. Und: Wer garantiert dem Lehrer, daß seine Differenzierung so gut ankommt wie die Provokation? Es ist nicht auszuschließen, daß bei Schülern lediglich die Überspitzung im Bewußtsein haften bleibt. Dann wäre ein didaktisch fragwürdiger Prozeß abgelaufen.

Fassen wir auch diese beiden Typen unterrichtlicher Interaktion zusammen: Die Lerngruppe repräsentiert nicht selbst die politischen Kontroversen, so daß der Lehrer sich in strategischer und taktischer Absicht engagieren muß. *These:* Wenn die Schüler unpolitisch oder einseitig politisch sind, muß der Lehrer politisch sein. Was dabei zählt, ist nicht das isolierte Ensemble von Lehrer-Sätzen, sondern das Gesamt der Interaktionen in der Lerngruppe.

Erst die Betrachtung der Vorgänge in der Gruppe der Schüler macht es möglich, Lehrer-Äußerungen einzuordnen. Insofern wäre es wenig aussagekräftig, wenn isolierte Lehrer-Äußerungen zitiert würden mit der Bewertung, hier zeige sich Indoktrination, da die Äußerungen einseitig seien. Erst ihr Stellenwert in der komplexen Unterrichts-Interaktion kann ergeben, ob tatsächlich Einseitigkeit entstand und/oder ob sie beabsichtigt war.

Festzuhalten bleibt: Da der Lehrer jeweils die Funktion übernehmen muß, die die Lerngruppe nicht leistet, entsteht das Ergebnis prinzipieller Komplementarität: Gruppe ausgewogen — der Lehrer kann sich zurückhalten; Gruppe nicht ausgewogen — der Lehrer muß (provisorisch oder wirklich) Position beziehen und dadurch politisch erscheinen. Mit diesen Überlegungen ist die Gefahr von Indoktrination natürlich nicht aus der Welt geschafft. Da wir kaum wissen, ob und wie stark Lehrer überhaupt Schüler beeinflussen können, kann man diese Gefahr schwer abschätzen. Aber wir können Unterrichtsprozesse reflektieren auf die Frage hin, welche didaktischen und methodischen Notwendigkeiten sie bedingen.

Paradoxes Ergebnis dabei ist, daß gerade der Versuch, Einseitigkeit in der Lerngruppe (Apathie muß man wohl darunter zählen) zu korrigieren, am ehesten zu einem Verhalten des Lehrers führt, das von Schülern und Außenstehenden als einseitig interpretiert werden könnte.

Diese kleine Typologie von Situationen und Lehrerhandeln — mit dem Ziel der Repräsentanz von Kontroversen — bedeutet nicht, daß alles und jedes immer den Rang einer Kontroverse erhalten soll und darf. Da, wo die Grenze zur inhumanen Verachtung von Personen oder Grundsätzen (auch des staatlichen Systems) überschritten wird, braucht und darf der Lehrer nicht die Kontroverse zu suchen. Ein Beispiel können nazistische Parolen sein, ein anderes die Pläne zur Amnestie von Straftaten im Zusammenhang mit Parteispenden vor einigen Jahren, ein drittes die Vorgänge im Kieler Wahlkampf des Jahres 1987.

Die Kontroverse ist ein ‚Markenzeichen' des Politik-Unterrichts — dies wird auch weiterhin dazu beitragen, daß der Politikunterricht selbst umstritten ist; denn die Austragung von Kontroversen hat kritische Kraft und eignet sich nicht für einseitige Inanspruchnahme.

Literatur

Gagel, Walter: Können Richtlinien für den politischen Unterricht konsensfähig sein? in: Gagel, Walter/Schörken, Rolf (Hrsg.): Zwischen Politik und Wissenschaft — Politikunterricht in der öffentlichen Diskussion. Opladen: Leske + Budrich 1975, S. 41-59.

ders.: Einführung in die Didaktik des politischen Unterrichts. Opladen: Leske + Budrich 1983.

Giesecke, Hermann: Didaktik der politischen Bildung. München: Juventa 1973 (neue Ausgabe).

Hilligen, Wolfgang: Verständigungsschwierigkeiten unter Didaktikern der Politischen Bildung. in: Gegenwartskunde 24 (1975), Heft 2, S. 199-207, (1975a).

ders.: Ziele des politischen Unterrichts — noch konsensfähig? in: aus politik und zeitgeschichte (Beilage zu ,,Das Parlament") B 15/75 vom 12. April 1975, S. 3-20, (1975b).

ders.: Zur Didaktik des politischen Unterrichts (4., völlig neubearb. Aufl.), Opladen: Leske + Budrich 1985.

ders.: Mutmaßungen über die Akzeptanz des Beutelsbacher Konsenses in der Lehrerschaft. in: Schiele/Schneider (Hrsg.), 1987, S. 9-26.

Reinhardt, Sibylle: Wie politisch darf der ,,Politik"-Lehrer sein? In: aus politik und zeitgeschichte (Beilage zu ,,Das Parlament") B 8/76 vom 21. Februar 1976, S. 25-35.

dies.: Wie politisch darf der Lehrer sein? In: Politische Bildung 19 (1986), Heft 3, S. 43-51.

Schiele, Siegfried/Schneider, Herbert (Hrsg.): Das Konsensproblem in der politischen Bildung, Stuttgart: Klett 1977 (Anmerkungen und Argumente zur historischen und politischen Bildung, Bd. 17).

dies. (Hrsg.): Konsens und Dissens in der politischen Bildung. Stuttgart: Metzler 1987.

Siewert-Hetfeld, Gudrun: Computer und Datenschutz — ein Unterrichtsversuch in der S II. In: Politisches Lernen 1-2/1987, S. 111-130.

Sutor, Bernhard: Plädoyer für einen pluralen Ansatz in den Curricula politischer Bildung. In: Bundeszentrale für politische Bildung (Hrsg.): Curriculum-Entwicklungen zum Lernfeld Politik, Bonn 1974, S. 11-28 (Heft 100 der Schriftenreihe).

ders.: Neue Grundlegung politischer Bildung. Band I und II, Paderborn: Schöningh 1984.

Wehling, Hans-Georg: Konsens à la Beutelsbach? in: Schiele/Schneider (Hrsg.) 1977, S. 173-184.

ders.: Zehn Jahre Beutelsbacher Konsens — Eine Nachlese. In: Schiele/Schneider (Hrsg.), 1987, S. 198-204.

5. Handlungsorientierung des Politikunterrichts: Möglichkeiten und Grenzen

Herbert Knepper

5.1 Handlungsorientierung als leitendes Prinzip der politischen Bildung

Aus einsichtigen Gründen ist politische Bildung eine Art Nachkömmling unter den großen pädagogischen Aufgaben der Schule.

Solange es nicht Sache der Bürger war, über ihre eigenen öffentlichen Angelegenheiten mitzubestimmen, konnte politische Bildung als Aufgabe öffentlicher Schulen kein Thema sein. Das, was wir heute unter politischer Bildung verstehen, ist ein Kind der Demokratie, — genauer gesagt, muß auch gegen Widerstände immer wieder neu als ein Kind der Demokratie begriffen werden.

Demokratie aber lebt vom politisch handelnden Bürger, der Selbst- und Mitbestimmung einfordert und praktiziert. Es gilt also, durch schulische Arbeit zu einem solchen Verhalten künftiger Bürger beizutragen.

Dabei kann und darf nicht ein bestimmtes Verhalten vorgegeben werden, da dies ein Eingriff in die Entscheidungsfreiheit, also zielwidrig sein würde. Es gilt vielmehr, politische Handlungsfähigkeit in einer Weise zu lernen, die gegenüber der politischen Richtungsentscheidung offen ist.

In der Geschichte der staatlichen politischen Bildung wurde die Lösung dieses Problems zunächst darin gesehen, lediglich die Institutionen des demokratischen Staatsaufbaus und die verfassungsmäßigen Rechte und Beteiligungsmöglichkeiten von Bürgern zu vermitteln, d.h. die normativen Regelungen des Staatswesens im wesentlichen „abbilddidaktisch" zu unterrichten. Demokratisches Verhalten wurde als Konsequenz guter Information erhofft. Aufgrund unserer Erfahrungen mit solchem Unterricht — wir bezeichnen ihn heute als Institutionenkunde — müssen wir ihn seit langem für unzureichend erklären.

Wir wissen inzwischen, daß es eine politische Intellektualität gibt, die mit Handlungsunfähigkeit einhergeht, zur Handlungsunfähigkeit geradezu hinführt, nicht selten mit ihr kokettiert.

Wir wissen inzwischen, daß demokratische Praxis neben theoretischem Wissen ein soziales Erfahrungslernen voraussetzt. Dies bedeutet, daß politische Arbeit in überschaubaren Handlungsfeldern gelernt werden muß, wenn eine entsprechende politische Verhaltenskompetenz der Bürger erreicht werden soll.

Moderne Unterrichtsrichtlinien für das Fach Politik, wie die hier vorzustellenden, berücksichtigen diese Erkenntnisse: Sie sind ,,handlungsorientiert" angelegt.

Nichts bringt die gewollte Handlungsorientierung deutlicher und eindringlicher zum Ausdruck als die Formulierung der Qualifikationen und Lernziele. Bereits die anzustrebenden ,,Fähigkeiten" weisen immer wieder über das bloße Denken hinaus in die Dimension des Handelns. Die anzustrebenden ,,Bereitschaften" zielen sogar ausnahmslos auf Handlungsfähigkeit ab. (RiLi S. 16ff.)

Dazu sogleich eine Anmerkung, die einem immer wiederkehrenden Mißverständnis begegnen soll: Das Formulieren von Qualifikationen und Lernzielen in der Dimension des Handelns bedeutet keine Akzentverschiebung weg von kognitiven Lernerfordernissen. Vielmehr schließt die Befähigung zum Handeln begrifflich stets die Erkenntnisleistungen mit ein, die ein sinngerichtetes Handeln erst ermöglichen. Die Dimension des Handelns konkurriert also nicht mit der kognitiven Dimension, sondern setzt jene voraus, ist deren praktische Fortführung, meist erst deren praktische Sinngebung.

Die Zielsetzung der Richtlinien ist somit völlig klar: Überwindung eines vorrangig institutionenkundlichen Verständnisses von Unterricht durch das Leitbild eines Bürgers, der nicht nur politisch denkt, sondern darüberhinaus ebenso demokratisch handlungsfähig wie handlungsbereit ist.

5.2 Zielwidrige Rahmenbedingungen der Schule und die Unmöglichkeit des radikalen Ausstiegs

Wer die genannte Zielsetzung ernst nehmen will, muß allerdings auch den grundlegenden Widerspruch ernst nehmen, in welchem die institutionellen und sozialen Rahmenbedingungen des Unterrichts zur Handlungsorientierung stehen: Wir alle wissen, daß die Leistungsansprüche der Gesellschaft auf die Schule durchschlagen. Dementsprechend sind die Erwartungen innerhalb und außerhalb der Schule darauf gerichtet, daß den Schülern ein vorgegebener Unterrichtsstoff vermittelt wird und daß sich dies in nachprüfbarem Wissen und entsprechenden Sozialchancen widerspiegelt.

Eine solche Fremdbestimmung des unterrichtlichen Geschehens als soziale Erfahrung des Schülers steht in direktem Widerspruch zu emanzipatorischen, auf demokratische Handlungskompetenz abzielenden Unterrichtszielen. Gerade wenn wir an Handlungskompetenz, an Verhaltenslernen denken, kommt es vorrangig auf die Vermittlung sozialer Erfahrungen, sozialer Entfaltungschancen an, also nicht nur auf die Lerngegenstände, sondern ebenso sehr auf die Offenheit der sozialen Prozesse, innerhalb welcher diese Gegenstände zum Thema werden.

Das Erlebnis einer Schule, in dem das Erlernen bestimmter Stoffe eine alles bestimmende, von außen vorgegebene und durchgesetzte Zielnorm ist, kann durch noch so geschickte motivationale Bemühungen nicht in sein Gegenteil verkehrt werden. Im Dienste handlungsorientierten politischen Lernens muß Schule immer auch ein Raum sozialer Entfaltungsmöglichkeiten sein, ein Erfahrungsraum, der Mut macht, Sicherheiten gewinnen läßt; und speziell dies ist Sache von Praxis, verschließt sich jedem theoretischen Ersatz.

Diese Erkenntnisse sind nun keineswegs neu, ebensowenig wie die Versuche, die beschriebenen institutionellen Rahmenbedingungen der Schule zu überwinden. Ein naheliegendes Muster dafür war, unterrichtliche Arbeit unmittelbar in politische Praxis einmünden zu lassen. Dies wurde auch versucht. Wurde dabei der Raum der Schule verlassen und wurden außerdem ernste Konflikte ausgelöst, so waren stets jähe schulaufsichtliche Maßnahmen die Folge. (s. auch Nonnenmacher 1984, S. 88)

Mit schulaufsichtlichen Maßnahmen lassen sich allerdings pädagogische Ideen nicht erledigen. Die Tabuverletzung, die Bereitschaft zum Konflikt mit der Schulaufsicht, konnte vielmehr im Zuge der hier nachgezeichneten Überlegungen geradezu als ein pädagogisches Erfordernis erscheinen. Dementsprechend verhielten sich die von Sanktionen Betroffenen nicht selten empört, keineswegs wie ertappte Missetäter, sondern im Bewußtsein, nur das Notwendige mit Konsequenz getan zu haben, das zu tun ihnen Staat und Gesellschaft zu Unrecht, und zwar nur deshalb verwehren, weil diese sich entgegengesetzten Interessen mächtiger gesellschaftlicher Gruppen unterordnen.

Die pädagogisch-didaktische Problematik solcher Unterrichtsgestaltung blieb in der Hitze dieser Auseinandersetzungen meist unbeachtet, sogar unerkannt. Doch wurde sie bereits 1970 von Hermann Giesecke präzise herausgearbeitet. Er wies auf, daß politische Aktion einerseits und politisches Lernen andererseits verschiedene, ja sogar gegensätzliche soziale Organisationsformen bedingen; er machte anschaulich, in welchem Maß die charakteristischen Rahmenbedingungen und Abläufe politischer Aktionen ein politisches Lernen geradezu verhindern. (Giesecke 1970, S. 18ff.)

Es leuchtet ein, daß das Meinungsklima einer politisch agierenden Gruppe und der dabei entstehende psychische Erfolgsdruck keinen Raum mehr läßt für das Infragestellen von alledem, was bereits abläuft, keinen Raum mehr läßt für abwägendes Reflektieren. In dieser Situation ist Handeln eben kein Probehandeln mehr, das noch zurückgenommen werden kann, es ist bereits der Ernstfall, der durchgestanden werden muß. Durchstehen aber ist keine Weise der Erkenntnisgewinnung.

Die Argumentationen Gieseckes sollen hier nicht im einzelnen nachgezeichnet werden, da seine Analyse leicht greifbar ist.

Der Verweis auf ihn deutet den lerntheoretischen Hintergrund an, der hinter entsprechenden Aussagen der Richtlinien im Kapitel 4.1 auf Seite 88 unten steht. Der lerntheoretische Hintergrund wird dort aufgegriffen, indem zwischen einer „didaktisch begründeten Form der Handlungsorientierung" und „politischer Aktion" unterschieden wird.

Noch zwei zusätzliche Argumente werden an dieser Stelle der Richtlinien vorgebracht:

— Das eine bezieht sich auf politische Aktion im Klassenverband, wobei dieser vom politischen Zusammenschluß Gleichgesinnter unterschieden wird. Tatsächlich ist eine Schulklasse rechtlich und faktisch ein „Zwangsverband" und kein Zusammenschluß Gleichgesinnter. Zwar ist es denkbar, daß alle Schüler im Hinblick auf eine bestimmte politische Aktion gleicher Auffassung sind. Doch dies wäre eher ein Zufall. Wahrscheinlicher ist es, daß der Meinungsdruck einer Klasse den Anschein einer gleichen Gesinnung erzeugt hat.
— Daß es erst recht problematisch wird, wenn in diesem Zusammenhang auch Lehrer oder Lehrerinnen eine Rolle spielen, liegt auf der Hand. (vgl. hierzu Reinhardt 1976, S. 30/31; s. auch 4.3, oben S. 69)

Es geht bei dieser Abgrenzung politischen Lernens von politischer Aktion also nicht um eine Disziplinierung der unterrichtlichen Arbeit mit Rücksicht auf Wohlverhaltensansprüche mächtiger gesellschaftlicher Gruppen, sondern es geht darum, den Politikunterricht vor dem unmerklichen Abgleiten in autoritäre Strukturen zu bewahren, seinen emanzipatorischen Anspruch auch in der Binnenstruktur des unterrichtlichen Geschehens durchzuhalten.

In den Richtlinien wird dies auf folgende Formel gebracht: „Der Unterricht ist dann gelungen, wenn durch ihn der Mut der Schüler und Schülerinnen gewachsen ist, eine von der Lehrermeinung oder von dominanten Gruppenmeinungen (gemeint ist hier: innerhalb der Klasse) abweichende Position einzunehmen und zu vertreten. Dazu gehört, daß Lehrer und Lehrerinnen ihr eigenes Verhalten, wie es sich in der Lerngruppe spiegelt, wahrnehmen und gegebenenfalls modifizieren." (RiLi S. 88) Damit wird ein Lernklima beschrieben, das sich mit gemeinsamen politischen Aktionen — jedenfalls in der Regel — nicht verträgt, vielmehr dadurch unterzugehen droht.

Die Forderung nach Handlungsorientierung ist damit jedoch nicht vom Tisch.

5.3 Faktoren einer auf demokratische Handlungskompetenz zielenden Unterrichtsgestaltung: ein Aufbaumodell

Wenn die Forderung nach Handlungsorientierung nur durch politische Aktion im Unterricht eingelöst werden könnte, wäre das Problem nunmehr als unlösbar definiert. Doch liegt hier eine definitorische Falle vor: Es ist die künstliche Verengung des Handlungsbegriffes in der Entgegensetzung von Handlungsferne einerseits und politischer Aktion andererseits. (Nonnenmacher 1984, S. 65 und 113-115) In Wirklichkeit gibt es eine Vielfalt der Zwischenformen, vielfältige Formen handlungsorientierter Unterrichtsgestaltung, die von der zuvor entwickelten Kritik nicht betroffen sind, gleichwohl aber die restriktiven, einer Handlungsorientierung entgegenstehenden Rahmenbedingungen von Schule zu überwinden geeignet sind.

Wendet man sich dieser Palette von Möglichkeiten zu, so fällt auf, daß sie auf vertraute Ideen der pädagogischen Reformbewegungen zurückgreifen, um ihnen im Hinblick auf politische Bildung als neuer Zielsetzung einen neuartigen Stellenwert zu geben. Im übrigen erscheinen sie — einzeln betrachtet — alle nicht sonderlich aufregend, vor allem nicht im Gegensatz zur großen politischen Tat. Doch im Zusammenwirken dieser Möglichkeiten müssen sie als Faktoren einer insgesamt wirksamen Veränderung von Unterricht begriffen werden, als Faktoren einer neuen Unterrichtsqualität.

Die wichtigsten Faktoren handlungsorientierten politischen Lernens sollen nachfolgend nicht in beliebiger Folge, sondern als ein didaktisches Aufbaumodell skizziert werden. Sie stehen nicht nebeneinander, schon gar nicht zur Auswahl, sondern sind ein sinnvolles Gefüge didaktisch-methodischer Prinzipien.

5.3.1 Offenes Curriculum

Grundlegende Vorbedingung handlungsorientierten politischen Lernens ist das gegenüber Schülerinteressen offene Curriculum (s. auch Kap. 7, unten S. 99ff.). Nur dann, wenn Schüler ihr Problemempfinden, ihre Neugier, ihre Empörung, ihre Lust am Spiel, ihren Tatendrang, ihren Ehrgeiz bei der Entscheidung über die Themenauswahl für den Unterricht einbringen können, besteht eine ausreichende Chance für einen nicht bloß konsumptiven Charakter des Unterrichts.

Sonst droht der sattsam bekannte Schülerfrust durch Fremdbestimmung des Unterrichts schon im Ansatz.

Die Richtlinien setzen die Forderung nach einem offenen Curriculum konsequent um. (RiLi S. 35-85) Dies soll nun nicht heißen, daß Entscheidungen über Unterrichtsinhalte ausschließlich Sache von Meinungsbildungen der

Schüler seien. Vielmehr werden solche Entscheidungen normalerweise im Zuge einer Auswahl aus vorüberlegten Vorschlägen getroffen. So ist es möglich, über Angebote an Schüler auch curriculare Vorgaben zu berücksichtigen. Erinnert wird in diesem Zusammenhang an die in den Richtlinien enthaltene „Obligatorik" (s. 7.2., unten S. 101f.). Dabei sollten die Vorgaben und ihr Sinn mit den Schülern erörtert werden (Planungsdiskussion).

Gewarnt werden soll ausdrücklich davor, solche — übrigens keineswegs grenzenlose — curriculare Offenheit mit jener Betroffenheitspädagogik zu verwechseln, die darin besteht, daß Lehrer/innen ihren Schüler/innen zunächst Betroffenheit „nahebringen", um anschließend von dieser Betroffenheit auszugehen. Solche Selbsttäuschungen — meist Projektionen des eigenen Engagements — sind längst von Schülerseite durchschaut.

Entsprechende Energie sollte lieber in einer Individualisierung des Unterrichts gesteckt werden, wenn Schülerinteressen auseinandergehen. Daß Schülerinteressen auseinandergehen, ist normal. Darin liegt eine Chance für Unterricht. Individualisierung darf im Einzelfall sogar so weit gehen, daß sich einzelne Schüler mit Fragen befassen, die in keinem Zusammenhang zu dem stehen, was andere Schüler bzw. die Klasse beschäftigt. Einfacher ist es allerdings, wenn die Individualisierung des Unterrichts zur Gruppenbildung, zur Gruppenarbeit führt und die einzelnen Gruppenprojekte eine arbeitsteilige Bearbeitung eines größeren zusammenhängenden Fragenkreises darstellen.

Es versteht sich, daß ein offenes Curriculum nicht durch einen schulinternen Lehrplan seiner Offenheit beraubt werden darf; andernfalls würde es seinen Charakter als Grundlage von handlungsorientierendem Unterricht verlieren. Die deutliche Absage im Richtlinientext an einen Stoffverteilungsplan entspringt der Sorge, daß die Aufforderung zur Entwicklung schulinterner Lehrpläne (RiLi S. 89 und S. 62) auf eine Weise umgesetzt werden könnte, bei der die Offenheit verloren geht.

5.3.2 Neubestimmung von Schüler- und Lehrerrolle

Zweite Vorbedingung handlungsorientierten Lernens ist eine starke Veränderung der Rollenverständnisse in der Lerngruppe. Während dem Schüler ein von seinen Interessen geleitetes forschend-entdeckendes Arbeiten in relativ starker Selbstbestimmung zukommt, muß sich der Lehrer auf die Rolle des Anregers, vor allem die des Helfers zurückziehen, den man jederzeit fragen kann, den man aber nicht fragen muß.

Dies bedeutet — gemessen an der traditionellen Lehrerrolle — eine stark zurückgenommene Autorität; doch durch fachliche Überlegenheit verbleibt ihm Autorität genug. Die fachliche Autorität muß er allerdings ständig aktualisieren; eine dynamische Problembearbeitung stellt auch ihn immer wieder vor neue fachliche Probleme.

Eine solche Rollenveränderung ist nur sehr allmählich zu bewirken; sie läßt sich nicht anordnen. Da auch die Schüler von traditionellen Rollenvorstellungen geprägt sind, von denen sie sich nur sehr schwer und nur schrittweise lösen können, kommt der Veränderung des Lehrerverhaltens die auslösende und umsteuernde Funktion zu.

Schülerinnen und Schüler werden auf die neuen Rollenerwartungen unterschiedlich reagieren. Um so wichtiger ist es, daß die Lehrerin / der Lehrer das unterschiedliche Verhalten der Schülerinnen oder Schüler aufgreift, um den Unterricht auch im Hinblick auf die Fortentwicklung des Rollenverständnisses zu individualisieren. Dann können solche Schülerinnen und Schüler, die schneller zu einer aktiven Rolle finden, die übrigen ermutigen.

Eine aktive Schülerrolle kann nicht abstrakt entstehen, sondern nur an Fragen, Aufgaben, Problemen, die subjektiv interessieren: Hier zeigt sich, wie aktive Schülerrolle und offenes Curriculum miteinander verknüpft sind.

5.3.3 Methodisch-handwerkliche Kompetenz und Selbstbewußtsein

Eine aktive Schülerrolle setzt Arbeitsformen voraus, die zweierlei Bedingungen erfüllen: Einmal müssen sie geeignet sein, politisch-sozialwissenschaftliche Kompetenz der Schüler/innen aufzubauen, die — obwohl im Zuge der Bearbeitung einer konkreten Fragestellung erworben — auch auf andere Fragestellungen übertragen werden kann, transferierbar ist. Dies ist die objektive, d.h. die fachliche Bedingung.

Zum anderen müssen die Arbeitsformen so kleinschrittig und handwerklich sein, daß Schüler/innen sie völlig überblicken und verstehen, sich gleichsam souverän aneignen können. Nur so wird die objektive Kompetenz auch mit dem subjektiven Selbstbewußtsein verbunden, das unerläßlich ist für das fortdauernde Interesse des Schülers/der Schülerin an der weiteren Problembearbeitung.

Es kommt also darauf an, im Unterrichtsgespräch die zu bearbeitenden Probleme in kleine, aber wegen ihrer Überschaubarkeit und Beherrschbarkeit für Schüler/innen interessante Teilprobleme und Teiluntersuchungen aufzulösen. Dabei ist ein sukzessives Vorgehen vorzuziehen: Es wäre verfehlt, schon zu Beginn eine umfassende Problemlösungsstrategie zu entwickeln. In aller Regel empfiehlt es sich, ein Problem pragmatisch, d.h. schrittweise anzugehen, es nach und nach einzugrenzen, Teilantworten zu ermitteln und nach Erreichen eines neuen Kenntnisstandes das weitere Vorgehen immer wieder neu zu überlegen. Denn nur dieses Vorgehen beteiligt Schülerinnen und Schüler auch an der Planung aktiv: die sinnvollen nachfolgenden Arbeitsschritte können von Schülerinnen und Schülern selbständig erkannt, geplant und ausgeführt werden. Daher dürfen auch Irrwege nicht abgeblockt werden, sondern müssen als wertvolle Umwege der Erkenntnis und insofern wichtige Nebenerkenntnisse gewertet werden. So wird Politikunterricht u.a. zum Labor für spontane Problemlösungsversuche. (Vgl. hierzu Dorn/Knepper 1987, S. 153-154) Solche Versuche dürfen nicht durch überlegene Argumentation seitens des Lehrers entwertet werden, sondern müssen als Chance genützt werden, im Zug einer Überprüfung, die die Schülerinnen und Schüler selbst vornehmen, weitere Kompetenzen aufzubauen.

Der Lehrer sollte also nicht die Rolle desjenigen einnehmen, der längst Bescheid weiß; er sollte die Rolle eines Fachmanns einnehmen, der ein methodisches Interesse an Verifikationen und Falsifikationen hat. In dieser Rolle kann er sich überlegend, auch beratend beteiligen, muß nicht dominant werden.

Das beschriebene Verfahren entspricht in den Grundgedanken dem, was Gagel unter der Bezeichnung „Sozialstudie" skizziert („nicht ergebnis-, sondern prozeßorientiert"; 1986, S. 197-199); es wird hier jedoch im Hinblick auf Handlungsorientierung in einer konsequenten Ausprägung empfohlen (ausführlicher hierzu Kap. 11, unten S. 155ff.).

Die angestellten Überlegungen bedeuten eine Absage an Diskutierunterricht, in dem grundsätzliche Problemsichten und Meinungen ausgetauscht werden. Gefordert wird das entschieden Gegensätzliche: Hingabe an Präzision und Detail; beharrliches Ausfeilen der Methoden — allenfalls dann werden auch größere Zusammenhänge deutlich. Es wäre z.B. verfehlt, zur politischen Bewertung einer Steuerreform Meinungen zu diskutieren, etwa an Hand von kontroversen öffentlich geäußerten politischen Ansichten zu einer vertieften Problemsicht zu kommen. Der einzige überzeugende Zugang besteht darin, mit Hilfe der notwendigen Unterlagen so lange eine Vielzahl von steuerlichen Belastungsänderungen exakt durchzurechnen, bis die Schüler in der Materie so kundig sind, daß sie sehen, welche Probleme mit diesen alternativen Entscheidungen verbunden sind.

Eine solche Arbeitsweise greift reformpädagogische Gedanken der Arbeitsschulbewegung auf. Doch es geht nicht etwa darum, für den Bereich politischer Bildung etwas einzufordern, was ohnehin in der Schule allgemein nicht geleistet wird, nicht um ein Reklamieren reformpädagogischer Ideen, die bislang nur Utopie geblieben wären: Es wäre schon viel gewonnen, wenn wenigstens der Grad aktiver Aneignung erreicht würde, wie er beispielsweise im Fache Mathematik vielfach erreicht wird. Dort gilt es als selbstverständlich, daß ein Zusammenhang aus seinen Elementen heraus erarbeitet, verstanden und in selbständigen Übungen angewendet wird. Dort ist es auch selbstverständlich, daß das Wissen auf Lebenssituationen angewendet und in entsprechenden Übungen (Textaufgaben) zu methodischer Sicherheit verfestigt wird. Der in Übungen hergestellte Anwendungsbezug ist es, der im Politikunterricht erreicht werden muß, wenn dieser als handlungsorientiert eingestuft werden soll (s. 11.4, unten S. 161ff.). Anwendungsbezug bei selbständigem Transfer ist die Leitidee der Handlungsorientierung.

5.3.4 Schülerarbeit in ausgeprägten Handlungsmustern

Nur wenn ein Unterricht der beschriebenen Art vorausgesetzt werden kann, ist — darauf aufbauend, daraus sich ableitend — Schülerarbeit in jenen ausgeprägten Handlungsmustern aussichtsreich, die fälschlicherweise oft erst als Merkmale handlungsorientierten Unterrichts gewertet werden: Interview, Rollenspiel usw. Tatsächlich sind diese ausgeprägten Handlungsmuster nur besonders deutlich sichtbare und attraktive Arbeitsformen. Sie dürfen nicht mit Handlungsorientierung gleichgesetzt werden.

Der entscheidende qualitative Sprung zum handlungsorientierten Unterricht muß vielmehr mit einem Unterricht erreicht werden, der zuvor unter 5.3.3 beschrieben worden ist. Umgekehrt: Falls ein solcher Unterricht nicht vorausgesetzt werden kann, ist Schülerarbeit in den ausgeprägteren Handlungsmustern ohne Wert. Es dürfte auch wichtig sein, daß solche Handlungsmuster nicht lediglich um ihrer Attraktivität willen verwendet werden, sondern thematisch eingebunden sind, aus der Arbeit am Thema heraus sinnvoll werden, legitimiert werden.

Die ausgeprägten Handlungsmuster seien hier einmal grob eingeteilt in solche, die sich besonders zur Informationsaneignung eignen, solche die vor allem der Informationsverarbeitung dienen können und solche, die vorzugsweise zur Ergebnisdarstellung geeignet sind, obwohl eindeutige Zuordnungen in den meisten Fällen nicht möglich sind. (Vgl. Scheller 1981, S. 64ff.) Beispiele sind:

— Handlungsmuster, die besonders der Informationsaneignung dienen können:
  Ortserkundung mit Protokollen; Vermessung; fotografische Dokumentation;
  Materialbeschaffung (Statistiken, Haushaltspläne);
  Expertenbefragung, Politikerbefragung; Einholen amtlicher Auskünfte;
  Berichterstattung; Referat.
— Handlungsmuster, die besonders der Problembearbeitung dienen können:
  Abfassen eines Plädoyers, einer Rede;
  Meinungsumfragen verschiedener Art (mündlich bzw. mit Fragebogen);
  Rollenspiel, szenisches Spiel, rollenbezogene Diskussion, Planspiel.
— Handlungsmuster, die besonders der Ergebnisdarstellung dienen können:
  Wandzeitung; Foto- und Dokumentenausstellung; Plakat; Videofilm; Bericht;
  Leserbriefe, Schreiben an Behörden, an Politiker;
  Dokumentarspiel.

Angesichts dieser vielfältigen Möglichkeiten wird die Grundsatzfrage wichtig, in welchem Verhältnis solche Schülerhandlungen zum realen Handeln des politischen Lebens stehen sollten. Gewiß dürfen sie nicht einer wirklichkeitsfremden Schülerwelt verhaftet sein; sie müssen vielmehr so realitätsnah wie möglich sein. Dies bedeutet, daß die ausgeprägten Handlungsmuster in jedem Einzelfall sorgfältig darauf geprüft werden müssen, ob sie nicht auf der Handlungsebene von Schülern einen so irrealen Charakter annehmen, daß Sachverhalte eher verunklart als aufgehellt werden. Mit anderen Worten: Die genannten Handlungsmuster sind nur unter bestimmten Bedingungen geeignet, den Realitätsbezug des Unterrichts zu stützen. Wird der Realitätsbezug eher gemindert, werden solche Arbeitsformen zur Farce, zum Trugbild einer Handlungsorientierung. Dies kann nur im Hinblick auf eine konkrete inhaltliche Problemstellung und im Hinblick auf die konkrete Situation einer Lerngruppe entschieden werden.

Gelingt der Realitätsbezug, so können manche der genannten Handlungsmuster den Unterricht an die Schwelle heranführen, an der sich zu diskutieren lohnt, wie man das Eingeübte in der politischen Wirklichkeit anwenden könnte.

Solche Diskussionen können sich freilich auch unabhängig von bestimmten Handlungsmustern ergeben.

Diskussionen dieser Art markieren die Grenze zwischen Unterricht und politischer Praxis. (Zur Lehrerrolle in solchen Situationen vgl. Reinhard 1976, S. 28/29)

Ist das Lernen zu einem gewissen Abschluß gekommen — Diskussionen über politische Aktionen können darauf hindeuten — so wird ein weiterer Aspekt der Lehrerrolle wichtig: In einem auf Emanzipation angelegten Unterricht gehört es zur Lehrerrolle, Schülerinnen und Schüler früh genug freizugeben, sie weder festhalten, noch fernsteuern zu wollen.

Dies kann nur gelingen, wenn der Lehrer/die Lehrerin diesen Rollenaspekt vor Schülerinnen und Schülern transparent macht.

Eine Zurückhaltung des Lehrers/der Lehrerin kann nur so von diesen als Bedingung ihrer eigenen Entfaltung verstanden werden. Es wird sinnvoll sein, mit ihnen gemeinsam die Grenze theoretisch und praktisch möglichst genau zu bestimmen, jenseits welcher die Zurückhaltung geboten ist. Schüler/innen müssen diese Grenze als Markierung ihres eigenen Verantwortungsbereiches begreifen, gleichsam als Steg, von dem das Boot, das sie selbst steuern wollen und steuern sollen, abgestoßen wird.

Dies ist der Moment, wo im Unterricht über ein neues Unterrichtsthema nachgedacht werden kann.

5.3.5 Unreglementierte Handlungsspielräume

Obwohl alle Aktivitäten, die sich außerhalb der Verantwortung des Lehrers abspielen, nichts im Unterricht zu suchen haben, wäre es falsch, sie auch aus der Schule zu verbannen. Schule muß vielmehr auch der Schonraum sein für eine Entfaltung von Schülern, die über den Unterricht hinausgeht. Der Übergang in die eigene politische Verantwortung soll im psychischen Nahraum bleiben können, im vertrauten überschaubaren Umfeld, mit kalkulierbaren Kommunikationsteilnehmern.

Auch hier noch muß die Chance eines Probehandelns gegeben sein: relativer Schutz, relative Angstfreiheit, gemindertes Risiko. Daher muß es in der Schule unreglementierte Handlungsspielräume geben.

Als Selbstverständlichkeiten seien genannt: bestimmte Anschlagflächen, die ohne inhaltliche Zensur Schülern überlassen bleiben, sowie die Möglichkeit, in gewissem Ausmaß bei Bedarf zusätzliche Stellflächen aufzubauen. Das gleiche gilt für unzensierte Schülerzeitungen, schulinterne Flugblätter, die Bildung politischer Schülergruppen, auch spontaner Schülergruppen, die nur vorübergehende Ziele verfolgen, usw.

Entscheidend ist, daß dies alles lediglich als Chance einer politischen Entfaltung der Schüler innerhalb der Schule zu verstehen ist. Eine Einwirkung von außen ist — abgesehen von einer gleichberechtigten Zusammenarbeit von Schülern verschiedener Schulen — nicht mit dem hier beschriebenen Konzept einer Entfaltungschance zu vereinbaren.

Es wäre sicher verfehlt, das Aufkommen von Schüleraktivitäten als Beleg für erfolgreichen handlungsorientierten Unterricht gleichsam gespannt zu erwarten oder zu erhoffen. Politisches Handeln kann durch handlungsorientierten Unterricht nur ermöglicht oder erleichtert, nicht aber bewirkt werden.

5.3.6 Bewertung von Wissen, nicht von Nichtwissen

Handlungsorientierter Unterricht wird in ganz besonderer Weise durch die Notengebung gefährdet: Die entwickelten unterrichtlichen Prinzipien können unglaubwürdig werden, untergraben werden, kommen überhaupt nicht zur Wirkung, wenn die Leistungsbewertung diesen Prinzipien entgegenwirkt.

Neugier und weitertreibendes Engagement der Schüler ist nur zu erwarten, wenn die Schüler wissen, daß die Leistungsbewertung exakt den Spuren folgen wird, die durch ihre Neugier und ihr Engagement vorgezeichnet werden. Zu beurteilen ist also das Wissen, das der jeweilige Schüler im Zuge seiner Arbeit, auch seiner produktiven Einseitigkeit erwirbt, nicht aber das, das er nicht erwirbt. Mit anderen Worten: Es ist unter der Zielsetzung von Handlungsorientierung nur eine individualisierende Beurteilung, nicht aber eine Beurteilung anhand einheitlicher Anforderungen möglich.

Gegen diese These wird gewiß das Argument zu hören sein, daß ein gewisses allgemeines Grundlagenwissen doch wohl unverzichtbar sei, weshalb das soeben entwickelte Prinzip allenfalls als ein ergänzendes, nicht aber als ein ausschließliches Prinzip gelten dürfe.

Doch sollten pädagogische Prinzipien nicht verwässert werden. Die Konzeption handlungsorientierten Unterrichtens ist — wie wohl deutlich geworden ist — eine anspruchsvolle, keineswegs leicht zu realisierende Aufgabe. Will man sie ernst nehmen, kann man sich Inkonsequenzen nicht leisten. Gruppen- bzw. Einzelarbeit von Schülern schafft stets auch Grundlagenwissen. Solch ein Unterricht verzichtet nur auf die Einheitlichkeit solchen Wissens in der Klasse. Der Verzicht auf Einheitlichkeit ist aber nicht gleichbedeutend mit einem Verzicht auf Vergleichbarkeit.

Ideale Leistungsbeweise bestehen in der selbständigen Übertragung methodischer Fertigkeiten auf einen neuen, andersartigen Anwendungszusammenhang. Dabei kann es sich auch um kleine, bescheidene Aufgaben handeln. Entscheidend ist, daß solche Aufgaben sich sinnvoll in das Unterrichtsgeschehen einfügen. Wenn sie dabei auch den Individualisierungsgrad des Unterrichts widerspiegeln, ist dies keineswegs beunruhigend, sondern zielkonform.

Literatur

Dorn, Michael / Knepper, Herbert: Wider das allmähliche Entgleiten der Schüler und der Wirklichkeit. In: Gegenwartskunde 36 (1987), H. 2, S. 149ff.
Gagel, Walter: Unterrichtsplanung Politik / Sozialkunde. Studienbuch politische Didaktik II, Opladen: Leske + Budrich 1986.
Giesecke, Hermann: Didaktische Probleme des Lernens im Rahmen von politischen Aktionen. In: ders. u.a.: Politische Aktion und politisches Lernen, München: Juventa 1970.
Nonnenmacher, Frank: Politisches Handeln von Schülern, Weinheim: Belz 1984.
Reinhardt, Sibylle: Wie politisch darf der ,,Politik"-Lehrer sein? In: Aus Politik und Zeitgeschichte, Beilage zu ,,Das Parlament" B 8/76 vom 21. 2. 1976, S. 25-35.
Scheller, Ingo: Erfahrungsbezogener Unterricht, Königstein: Skriptor 1981.

6. Ideologiekritik im Politikunterricht. Gedanken zu einem ersten Zugriff unterrichtlicher Umsetzung

Heinrich Fisch

6.1 Was verstehen die Richtlinien unter Ideologiekritik?

Es besteht Übereinstimmung darüber, daß Ideologiekritik — hier im weitesten Sinne des Wortes verstanden — zum Politikunterricht gehört. Überprüft man diesbezüglich die Richtlinien für den Politikunterricht (3. Auflage), dann läßt sich ein Katalog von Forderungen aufstellen, in dem indirekt, d.h. nicht explizit, von Ideologiekritik die Rede ist. Als Ausgangspunkt kann der Hinweis in Kap. 2.1 (Die Qualifikationsorientierung der Richtlinien) gelten, in dem es heißt: ,,Die Qualifikationen geben Auskunft darüber, wie der emanzipatorische Grundgedanken dieser Richtlinien im einzelnen zu verstehen ist." (RiLi S. 16) Weitaus konkreter — so konkret, daß daraus schon erste Hinweise für eine Umsetzung im Unterricht abgeleitet werden können — sind die Forderungen, die in den Qualifikationen, deren Beschreibung und den abgeleiteten Lernzielen formuliert werden.

Hier einige Beispiele: In der Beschreibung der Qualifikation 1 heißt es: ,,Deshalb legt die Qualifikation besonderes Gewicht auf das Prüfen der politischen Wirklichkeit, aber auch der eigenen Wahrnehmung des eigenen Urteils." (RiLi S. 19) Das entsprechende Lernziel lautet: ,,Fähigkeit und Bereitschaft, sich mit Wertvorstellungen der Gesellschaft auseinanderzusetzen und eine eigene verantwortbare Position zu finden." (RiLi S. 19) Noch konkreter werden die Hinweise, die sich aus der Qualifikation 3 ergeben: ,,Es muß unterschieden werden, ob es sich um sachlich angemessene Aussagen, um Verschleierungen von Absichten oder um den Ausdruck eines Machtgefälles zwischen den Kommunikationsteilnehmern handelt, in dem bestimmte Teilnehmer eine Definitionsmacht über Sprachregelungen und Begriffe haben. Ziel der Prüfung muß deshalb auch sein, ideologische Elemente in gesellschaftspolitischen Aussagen offenzulegen." (RiLi S. 21) Die entsprechenden Lernziele: ,,Fähigkeit, die unvermeidlich selektive Vermittlung von Informationen zu erkennen und zu prüfen, inwieweit Informationen in bestimmter Absicht ausgewählt und angeboten werden; Fähigkeit, die Interessengebundenheit von Informationen und Meinungsäußerungen erkennen zu können; Fähigkeit, die Funktion von Vorurteilen im Kommunikationsprozeß zu analysieren, und Bereitschaft, Vorurteile gegenüber anderen abzubauen." (RiLi S. 22)

Wie schon erwähnt, lassen sich aus fast allen Qualifikationen, wenn auch nicht so konkret, Forderungen nach Ideologiekritik ableiten.

6.2 Der Zusammenhang zwischen Ideologie und Ideologiekritik

Aussagen über Ideologiekritik setzen Beschreibung von Ideologie voraus. Im Hinblick auf die unterrichtliche Umsetzung genügt zunächst eine auf wenige Merkmale reduzierte Umschreibung. Ideologien beruhen auf Irrtum, fehlerhaftem Denken, Halbwahrheiten und Lügen. Sie dienen der Durchsetzung von persönlichen und gesellschaftlichen Interessen, der Erlangung, Begründung und Sicherung von Macht und Herrschaft. Außerdem stellen sie für viele Menschen eine Orientierungshilfe dar.

Geht man von den genannten Merkmalen aus, dann bedeutet Ideologiekritik zunächst Erkenntniskritik, nämlich das Aufdecken von Irrtum, fehlerhaftem Denken, Halbwahrheiten und Lügen. In Bezug auf die Funktionen verlangt Ideologiekritik das Offenlegen von Interessen, von Macht- und Herrschaftsverhältnissen sowie die Analyse von Orientierungsmaßstäben.

Werner Hofmann bezeichnet die erste Form als Wahrheitsprobe bzw. als immanente Kritik, die stets Vorrang vor der anderen haben sollte. Die zweite Form der Ideologiekritik, die in einem direkten Zusammenhang zur ersten steht, umschreibt er als soziologische Kritik. Sie stellt eine spezifische Form wissenschaftlicher Urteilsdeutung dar. (Hofmann 1968, S. 63f) Auf zwei Kernpunkte reduziert, beinhaltet Ideologiekritik Erkenntniskritik und Urteilsdeutung.

6.3 Möglichkeiten der Ideologiekritik im Politikunterricht der Sekundarstufe I

Es stellt sich die Frage, wie eine solche Kritik im Unterricht der Sek. I vermittelt werden kann. Was die Erkenntniskritik betrifft, so kann darunter nicht wissenschaftsorientierte Kritik im Sinne erkenntnistheoretischer Ansätze verstanden werden, wohl aber Erkenntniskritik im alltäglichen Rahmen des richtigen Erkennens und Wahrnehmens. Noch günstiger für eine Umsetzung in der Sek. I erscheint die soziologische Kritik, bzw. Urteilsdeutung, da sie — zumindest auf den ersten Blick — von der gesellschaftlichen Wirklichkeit ausgeht.

Die folgenden Überlegungen sollen zeigen, daß Soziologie und Psychologie geeignete Mechanismen und damit auch Indikatoren zur Verfügung stellen, mit deren Hilfe Ideologiekritik in einem ersten Zugriff geleistet werden kann. Dies gilt sowohl für die Erkenntniskritik im oben erwähnten Sinn als auch für die soziologische Kritik. Daß sich letztere nicht nur im Hinblick auf den Entwicklungsstand der Schüler in Sek. I besser eignet, sondern daß ihr auch grundsätzlich gesehen eine besondere Bedeutung zukommt, soll im einzelnen erörtert werden. Aus dem großen Angebot sozialer und psychischer Mechanismen wählen wir folgende aus: selektive Wahrnehmung, kognitive Dissonanz und Vorurteile.

6.3.1 Selektive Wahrnehmung

Man kann zwei Arten selektiver Wahrnehmung unterscheiden. Bei der ersten entstehen die Fehler durch den Einfluß von außen, z.B. von einem Mitbeteiligten.

Ein geeignetes Beispiel zur Demonstration ist der von M. Sherif entwickelte Versuch der ‚Konvergenz der Schätzung beim autokinetischen Phänomen' (Hofstätter 1972, S. 57). Es geht dabei um die Schätzung des Abstandes zwischen mehreren im Dunkel aufleuchtenden Punkten. Es läßt sich eindrucksvoll nachweisen, daß die Schätzungen von drei Beobachtern zunächst weit auseinanderliegen. In der zweiten Vesuchsphase, in der die Versuchspersonen zusammen beobachten und sich ihre Ergebnisse mitteilen, findet eine starke Annäherung der Ergebnisse statt. Ein solcher Versuch läßt sich auch unter einfachen Bedingungen in einem Klassenraum organisieren.

Bei der zweiten Form der selektiven Wahrnehmung liegt der Grund quasi im Beobachter selber, in seiner Einstellung bzw. seiner vorgefaßten Meinung. Dazu eignet sich ein Versuch, den Allport und Postman beschreiben (Barres 1970, S. 10), und der hier in verkürzter Form auf deutsche Verhältnisse übertragen wird.

Auf der Leinwand erscheint für eine sehr kurze Zeit ein Bild, auf dem eine nicht auf Anhieb klar zu erkennende Situation wiedergegeben wird. Man erblickt den Innenraum eines überfüllten Busses. Dabei fällt eine in die Ecke gedrängte Person auf, in deren Nähe man eine Hand mit einem blanken Messer sieht. Um diese Person stehen sehr nahe mehrere andere, worunter eine durch ihre verwahrloste Kleidung auffällt. Nach dem kurzen Aufleuchten des Bildes sollen die Versuchspersonen berichten, was sie gesehen haben. In der Regel berichten sie von einem Mord, der von der verwahrlosten Person ausgeführt wurde. Bei der anschließenden längeren Betrachtung können sich die Versuchspersonen davon überzeugen, daß es kein Mord war und daß auch die verwahrlost gekleidete Person in keinem Zusammenhang mit dem Vorfall stand.

6.3.2 Kognitive Dissonanz

Auf einem ähnlichen Mechanismus vorgefaßter Meinung beruht die kognitive Dissonanz. Darunter versteht man die Nichtübereinstimmung zwischen Wissen und Tun bzw. zwischen Bewerten und Handeln. Um diese Dissonanz zu überwinden, versucht der Mensch sein Handeln oder seine Überzeugung zu ändern. Falls er sein Handeln nicht mehr ändern kann, ändert er seine Überzeugung. In diesem Fall geschieht dies durch die nachträgliche Rechtfertigung seiner Entscheidung. Die Möglichkeit dazu bietet die Übertreibung des Nutzens, der mit der Entscheidung gewonnen oder des Nachteils, der abgewehrt wurde. Als anschauliches Beispiel kann im Unterricht die Beurteilung eines abgeschlossenen Kaufes, z.B. eines Kasettenrecorders dienen, bei dem mehrere Personen gegenüber dem Käufer dessen Kaufentscheidung ernsthaft kritisieren. Es wird dann deutlich, daß der Käufer versucht, einerseits alle positiven Eigenschaften des Recorders herauszustellen, andererseits alle negativen nicht wahrzunehmen oder zu bagatellisieren. Mit dem Verständnis des Phänomens kognitive Dissonanz und deren Bewältigung ist schon ein erster Schritt von der Kritik des Erkennens und Wahrnehmens (Erkenntniskritik) zur Urteilsdeutung getan.

6.3.3 Vorurteil

Noch stärker wird uns die Verflechtung von Erkenntniskritik und Urteilsdeutung bei der Analyse des Vorurteils vor Augen geführt. Der Begriff Vorurteil lenkt zunächst den Blick auf das Kognitive, handelt es sich doch um ein Urteil, wenn auch um ein falsches. Bliebe es bei dieser Deutung, dann bestünde das Bemühen um den Abbau von Vorurteilen nur darin, das Falsche bzw. Unwahre aufzudecken. Die Praxis beweist aber, daß der Träger von Vorurteilen in der Regel auch dann daran festhält, wenn diese sich als falsch erweisen. Daraus ist zu folgern, daß es sich bei Vorurteilen weniger um einen Akt des Erkennens oder Wissens handelt als vielmehr um vorgefaßte Meinungen und Einstellungen. Dazu ein Beispiel:

Mr. X: Das Ärgerliche an den Juden ist, daß sie sich nur um ihre eigenen Leute kümmern.

Mr. Y: Aber die Spendenlisten der letzten Wohltätigkeitsveranstaltungen zeigen, daß sie im Verhältnis zu ihrer Anzahl sehr viel großzügiger für die Stadt gespendet haben als die Nichtjuden.

Mr. X: Da zeigt sich aber nur, daß sie immer wieder versuchen, sich in christliche Angelegenheiten einzumischen. Sie denken immer nur an Geld, deshalb sind auch so viele Juden Bankleute.

Mr. Y: Aber eine neue Untersuchung hat ergeben, daß der Prozentsatz der Juden am Bankgeschäft unerheblich ist, jedenfalls viel kleiner ist.

Mr. X: Da haben Sie es! Sie vermeiden solide Geschäfte; sie bevorzugen das Filmgeschäft und unterhalten Nachtclubs. (Quelle unbekannt)

Ein anderes Beispiel: Auf einer Autobahnbaustelle machen die dort beschäftigten ausländischen Arbeiter gerade eine Pause. Der Fahrer eines vorbeifahrenden Autos bemerkt dazu: „Da sehen Sie es wieder: typisch Ausländer, faulenzen auf unsere Kosten!" Nach wenigen Kilometern kommt wieder eine Baustelle, auf der ausländische Arbeiter trotz des inzwischen einsetzenden Regens sehr fleißig arbeiten. Auf die Frage des Beifahrers: „Na, was sagen Sie denn jetzt?" kommt prompt die Antwort: „Da können Sie mal sehen, wie die sich verstellen."

6.4 Ursachen ideologischen Denkens

Wie schon erwähnt, unterscheidet Werner Hofmann bei der Ideologiekritik zwischen Erkenntniskritik und soziologischer Kritik. Letztere versteht er als Urteilsdeutung. Den Unterschied zwischen beiden sieht er darin, daß nicht nur festgestellt wird, daß etwas falsch ist (Erkenntniskritik), sondern warum man an das Falsche glaubt (Urteilsdeutung). Die tägliche Praxis zeigt, daß gerade die Urteilsdeutung von entscheidender Bedeutung ist. Übertragen auf das Beispiel Vorurteile wird uns in der Schule ständig vor Augen geführt, daß es auf keinen Fall genügt, deren Unrichtigkeit oder Gefährlichkeit herauszustellen. Je länger in der Öffentlichkeit und im Unterricht in dieser Form das Thema Vorurteil einseitig behandelt wird, desto öfter rennt der Lehrer damit vermeintlich offene Türen ein. Aus der Sicht der Schüler hat man eben keine Vorurteile, zumindest nicht vor der Klasse und vor dem Lehrer. Diese Erfahrung deckt sich mit dem Ergebnis einer späten Fernsehsendung über Vorurteile, zu der ‚normale' Bürger eingeladen waren. Die Veranstalter waren völlig konsterniert, als sie feststellen mußten, daß kein einziger Gast Vorurteile hatte, genauer: vor der Fernsehkamera. Wenn die Teilnehmer über Vorurteile sprachen, bezogen sie sich grundsätzlich auf solche Leute, die anscheinend an diesem Abend nicht eingeladen waren.

Man wird der soziologischen Kritik, also der Urteilsdeutung, zunächst am ehesten gerecht, wenn man den Funktionen nachgeht, die von Ideologien und den erörterten Mechanismen erfüllt werden. Eine Unterscheidung zwischen beiden besteht insofern, als bei den Mechanismen die Entlastungs- und Orientierungsfunktion im Vordergrund stehen, während — laut fachwissenschaftlicher Literatur — bei den Ideologien eher die Durchsetzung von Interessen und die Begründung sowie Sicherung von Herrschaftsverhältnissen zum Tragen kommt. Wie noch nachzuweisen sein wird, erscheint es bedenklich, zumindest für den Politikunterricht, wenn sich Ideologiekritik fast ausschließlich auf die zuletzt erwähnten Funktionen beschränkt.

Als Vorstufe zur Ideologiekritik sollten zunächst die schon behandelten Mechanismen im Sinne der Urteilsdeutung noch einmal kurz analysiert werden. Im Falle der selektiven Wahrnehmung liegt beim ersten Beispiel (Entfernungsschätzung) der Grund für das falsche Beobachtungsergebnis meist in dem Unbehagen oder der Angst, alleine dazustehen. Ähnliches gilt für das zweite Beispiel (angeblicher Mord im Bus). Da die Situation unklar ist, orientiert man sich an übernommenen Vorstellungen. In beiden Fällen steht die Entlastungs- und Orientierungsfunktion im Vordergrund. Die selektive Wahrnehmung bietet zudem eine günstige Gelegenheit, die ansonsten kaum erkennbare Vermischung von Wahrnehmung sowie Beobachtung mit Einstellung sowie Meinung zu verdeutlichen. Es geht dabei um folgenden Vorgang: Das Ergebnis eines an sich physikalisch-physiologischen Prozesses, nämlich des Sehens, wird entweder durch die Meinung anderer oder durch die hinter dem Beobachter wirkende eigene Einstellung verfälscht. Es liegt die Frage nahe: Wie groß ist dann die Möglichkeit eines falschen Urteils, wenn es sich nicht nur um eine Beobachtung handelt, sondern um Meinungen, die direkt — also nicht über den Weg der Wahrnehmung — abgegeben werden?

Auch bei der Bewältigung der kognitiven Dissonanz tritt die Entlastungsfunktion in den Vordergrund. Es ist — vereinfacht formuliert — der Versuch, eine schon erfolgte Entscheidung aufrechtzuerhalten bzw. nachträglich zu rechtfertigen, eine Entscheidung, die objektiv gesehen falsch ist oder Fehler enthält. Indem die angeblichen Vorteile besonders herausgestellt und die vorhandenen Nachteile unterdrückt oder verniedlicht werden, erfolgt eine Verminderung des Unbehagens über das Auseinanderfallen von Handlung und Überzeugung.

Beim Vorurteil haben wir es mit einer Bündelung aller genannter Funktionen zu tun. Die Vorurteilskritik kann daher als die Vorstufe zur Ideologiekritik angesehen werden, da mit ihr der Übergang vom Mikrobereich der unmittelbaren Erfahrung zum Makrobereich vermittelter Vorstellung stattfindet. Überspitzt formuliert, handelt es sich um einen beiderseitigen Austausch zwischen Egozentrismus und Ethnozentrismus, wobei die dahinterstehenden Mechanismen in etwa die gleichen sind. Der Unterschied besteht im wesentlichen in der Erweiterung des Umfeldes.

Als erster Zugang zum Problem des Vorurteils eignet sich die Behandlung von Stereotypen. Diese sind relativ starre Vorstellungsmuster, z.B. über Menschen, Gruppen und Völker, von denen man in der Regel keine eigene Erfahrung besitzt, bzw. man unternimmt nichts, solche Erfahrungen oder Informationen zu nutzen. Solche Vorstellungen über andere — man nennt sie daher Heterostereotype — gewinnen mehr Aussagekraft, wenn sie mit denen verglichen werden, die man von der eigenen Gruppe oder dem eigenen Volk hat, den sogenannten Autostereotypen. Die folgende Tabelle, deren statistisches Material vorher erklärt werden sollte, kann als anschauliches Beispiel dienen (s. S. 93).

Um den dahinter stehenden Mechanismus zu erklären, ist ein Rückgriff auf den Teil der Gruppensoziologie notwendig, der sich mit der Bedeutung der Gruppe für den einzelnen und dem Verhältnis ingroup - outgroup beschäftigt.

Über die Bedeutung der Gruppe schreibt Friedrich H. Tenbruck: „Unsere Stellung in und zu der Gesellschaft als Ganzem bemißt sich nach unserer Zugehörigkeit zu ihren Gruppen. Aufgaben und Anerkennung fließen uns unmittelbar aus unseren Gruppen zu. In ihnen erfüllt sich unser Leben. Wer in keiner Gruppe Anerkennung, Zuneigung, Lob findet, beginnt an seinem Selbstwert zu zweifeln, mit eventuell schweren und dauernden psychischen Schäden." (Tenbruck 1967, S. 297)

Das Verhältnis ingroup/outgroup läßt sich schematisch an Hand der durch empirische Untersuchungen gewonnenen Merkmale darstellen:

Eigenschaft	Auto-Stereotyp			Deutsches Hetero-Stereotyp		
	Deutschland (DD)	Holland (HH)	USA (AA)	USA (DA)	Rußland (DR)	Frankreich (DF)
1 Sehr arbeitsam	90	62	68	19	12	4
2 Intelligent	64	49	72	34	4	22
3 Praktisch veranlagt	53	36	53	45	8	5
4 Eitel	15	14	22	15	3	20
5 Großzügig	11	23	76	46	2	5
6 Grausam	1	0	2	2	48	10
7 Rückständig	2	1	2	1	41	10
8 Tapfer	63	37	66	6	11	7
9 Selbstbeherrscht	12	36	37	11	3	5
10 Herrschsüchtig	10	5	9	10	12	12
11 Fortschrittlich	39	43	70	58	2	7
12 Friedlich	37	68	82	23	5	12

Die Untersuchungen wurden jeweils an etwa tausend repräsentativen Personen des jeweiligen Volkes durchgeführt.

Die Zahlen stellen die Prozentsätze dar, mit denen die betreffende Eigenschaft einer bestimmten Nation zugeschrieben wurde. Die Buchstaben in Klammern zeigen an, wer über wen die jeweiligen Eigenschaftsurteile abgegeben hat. So bedeutet (DD) das Urteil Deutscher über Deutsche, (DR) das Urteil Deutscher über Russen usw. (Barres 1970, S. 23).

— Die Angehörigen einer gut integrierten Gruppe vergrößern den Unterschied zwischen sich und anderen Gruppen und Personen durch Aneignung gruppenspezifischer Zeichen und Normen, z.B. Fahnen, Riten.
— Sie halten ihre Gruppe für besser als andere vergleichbare und mit ihnen im Wettbewerb stehende Gruppen (right or wrong my country). Sie sind vom Erfolg ihrer Gruppe im Wettkampf überzeugt. Eine Schwächung dieser Überzeugung geht auf Kosten der Integrationsstärke der Gruppe.
— Sie pflegen um so bedingungsloser die gruppenspezifische Loyalität anderer Gruppenmitglieder zu fordern, je stärker sie sich mit ihrer Gruppe identifizieren.
— Sie versuchen alle Schwierigkeiten und Schwächen, die in der Gruppe auftreten, auf eine einzelne Person oder andere Gruppen — meist Minoritäten — abzuwälzen (Sündenbockmechanismus, Fisch 1983, S. 37).

Zur Demonstration im Unterricht eignet sich besonders der bekannte Versuch von M. Sherif, in dem er im Rahmen eines Ferienlagers die Bildung von Gruppen und deren Konkurrenzverhalten nachweisen kann (Hofstätter 1972, S. 108).

Bei der Behandlung von Stereotypen, Vorurteilen und auch Ideologien ist zu bedenken, daß viele Menschen sehr leicht vorgefaßten Meinungen und eingefahrenen Einstellungen unterliegen. Die ungeheure Vermehrung des Wissens und die steigende Flut von Informationen, die notwendigerweise aus zweiter Hand sind, stiften Verwirrungen. Feste Vorstellungsmuster erscheinen dann als sichere Wegweiser, an denen man sich orientieren kann. Sie bringen Entlastung, weil sie die Mühe der Überprüfung und die Enttäuschung über eine notwendige Korrektur ersparen. Dazu paßt Lichtenbergs Feststellung: „Vorurteile sind sozusagen die Kunsttriebe des Menschen, sie können durch sie vieles ohne Mühe tun, was ihnen schwer würde, bis zum Ende zu durchdenken." (Quelle unbekannt)

6.5 Ideologie und Ideologiekritik im Unterricht

Einen Zusammenhang zwischen den bisher näher erörterten Mechanismen, für die stellvertretend das Vorurteil steht, und den Ideologien herzustellen, fällt nicht schwer, wenn man von einigen Ideologiedefinitionen ausgeht. Der polnische Philosoph Adam Scharf umschreibt Ideologie als „die Summe der Ansichten und Einstellungen, die das gesellschaftliche Tun der Menschen bestimmen". (Lemberg 1971, S. 27) Nach dem amerikanischen Soziologen Talcott Parsons wäre Ideologie als ein „System von Überzeugungen einer Gesellschaft" zu definieren. (Lemberg 1971, S. 27) Danach könnte ein Unterschied zwischen Vorurteil und Ideologie darin bestehen, daß letztere in einem globalen, nämlich gesamtgesellschaftlichen Zusammenhang zu sehen wäre. Für die Unterrichtspraxis ergibt sich daraus eine grundsätzliche Schwerpunktverlagerung. Ebenfalls aus didaktischer Sicht erscheint eine weitere Differenzierung der Ideologien und deren unterschiedlichen Funktionen von Bedeutung. Wir greifen dabei auf die (S. 88) angeführte, vorläufige Umschreibung von Ideologie zurück. Darin heißt es: „Sie (die Ideologien) dienen der Durchsetzung von persönlichen und gesellschaftlichen Interessen, der Erlangung, Begründung und Sicherung von Macht und Herrschaft. Außerdem stellen sie für viele Menschen eine Orientierungshilfe dar." Wenn im folgenden Beitrag die Orientierungsfunktion, die zugleich eine Funktion persönlicher Entlastung darstellt, von den anderen getrennt wird, so ist dies nur aus didaktischen Gründen zu rechtfertigen. Für beide sollen in 6.5.1 und 6.5.2 unterrichtsrelevante Hinweise aus den entsprechenden typischen Merkmalen abgeleitet werden.

6.5.1 Unterrichtliche Umsetzung I: Überprüfung

Generell lassen sich zwei typische Merkmale für fast alle Formen der Ideologie unterscheiden: zum einen die Tendenz zur Verabsolutierung von gesellschaftlichen Gruppen, Institutionen und Systemen, z.B. Volk, Staat, Rasse, Klasse, Partei usw.; zum anderen die Tendenz zur Maximalisierung entsprechender Zielvorstellungen, die meist utopische Züge tragen, wie ‚vollständige' Gleichheit, ‚totale' Freiheit oder ein ‚Maximum' an Wohlstand und Sicherheit. Für die Kritik ist weiterhin von Bedeutung, welcher Methoden sich Ideologien bedienen, welche Begleitumstände ihnen zuzuordnen sind:

— Sie stellen der stets unvollkommenen Realität einen in der Zukunft zu erreichenden Zustand der Vollkommenheit gegenüber.
— Ihre gedanklich theoretische Grundkonstruktion erscheint auf Anhieb plausibel, enthält immer Teilwahrheiten oder zumindest ein ‚Körnchen Wahrheit'.
— Ihr Inhalt besteht aus einer Vermischung von teilweiser Analyse und gleichzeitigem Appell, der eher das Gefühl als den Verstand anspricht.
— Zur Umsetzung der Ideologie bedarf es oft charismatischer Führer oder elitärer Gruppen, deren Wirkung in Krisenzeiten besonders groß ist.

Aus dem Gesagten Konsequenzen für eine *Ideologiekritik im Politikunterricht* zu ziehen, fällt nicht schwer. Demnach wären Ideologien zu überprüfen im Hinblick auf:

— das Verhältnis zwischen Aussage und Wirklichkeit (Erkenntniskritik),
— das Verhältnis zwischen Aussage und Widerspruchsfreiheit (Erkenntniskritik),
— die Sprache (Sprachkritik),
— die Beziehungen zwischen Aussagen und den dahinterstehenden Interessen bzw. Machtansprüchen (soziologische Kritik),
— die Beziehungen zwischen Aussagen und dem Verhalten derjenigen, die die Aussagen machen (soziologische Kritik),
— die Beziehungen zwischen Aussagen und den darin enthaltenen Konsequenzen — Ideologien sind meist an Endzielen ausgerichtet, der Weg und die Mittel zu diesen Zielen bleiben oft verborgen (soziologische Kritik). (Hofmann 1968, S. 64ff.)

In welcher didaktisch-methodischen Form die oben genannten Überprüfungen im Unterricht umgesetzt werden, hängt weitgehend vom Entwicklungsstand der Schüler, deren Vorwissen und Erfahrungshorizont ab. Für alle angeführten Fälle stehen genügend Beispiele historischer oder aktueller Art, sei es im politischen, gesellschaftlichen oder wirtschaftlichen Bereich zur Verfügung.

6.5.2 Unterrichtliche Umsetzung II: Haltungen

Im Mittelpunkt dieser Art von Ideologiekritik steht die schon einmal aufgeworfene Frage: Warum halten Menschen auch dann an Ideologien fest, wenn diese als falsch und gefährlich erkannt oder wenn die dahinterstehenden Interessen und Machtansprüche aufgedeckt werden? Warum kommt es nicht zu einer Einstellungsänderung?

Selbstverständlich wird mit der Erkenntniskritik und der oben erwähnten soziologischen Kritik ein unverzichtbares und wesentliches Stück ideologischer Kritik geleistet. Wer die Schulpraxis kennt, weiß, welche Anstrengungen damit verbunden sind. Und dennoch — das haben die Überlegungen über die sozialen und psychischen Mechanismen, insbesondere über das Vorurteil gezeigt — reicht dies nicht aus. Ideologie und Vorurteile stellen für viele Menschen ein Instrument der Entlastung und Orientierung dar, wobei im Rahmen der Politik der Orientierungsfunktion eine besondere Bedeutung zukommt. Damit steht ein Ideologiebegriff zur Diskussion, wie ihn Eugen Lemberg entwickelte. Danach bedeutet Ideologie ,,Sinndeutung in einer unverständlichen Welt". (Lemberg 1974) Vorausgesetzt dies träfe zu, stünde die Ideologiekritik vor zwei Alternativen. Die erste wäre, an Stelle einer als falsch und gefährlich erkannten Ideologie eine richtige, eine Ersatzideologie zu stellen. Die zweite bestünde darin, die Menschen so zu befähigen, daß sie einer Ersatzideologie nicht bedürfen. Nach Lemberg stellt die zweite Alternative, also die Ideologiefreiheit, keinen gangbaren Weg dar. Dazu führt er weiter aus: ,,Das Aufhören einer Gruppenbindung macht die betroffene Gesellschaft für andere Gruppenbindungen frei, ja anfällig. Aufklärung, Aufhebung der Leibeigenschaft, der Zünfte, das Nachlassen kirchlicher Bindungen haben die Gesellschaft West- und Mitteleuropas um 1800 freigesetzt, aber nur für neue Bindungen, in diesem Fall für den Nationalismus, der dann das 19. und noch das 20. Jahrhundert erfüllt und das europäische Staatensystem umgestaltet hat, wie er das heute in der Dritten Welt tut. Daß der Zusammenbruch der nationalsozialistischen Ideologie entgegen der Hoffnung vieler Polit-Pädagogen keine Freiheit von Ideologien überhaupt zur Folge hatte, sondern vor allem die Jugend — nach dem kurzen Zwischenspiel der ,skeptischen Generation' — in die Arme der ersten besten Ideologie führte, die ihr unterkam, haben wir beobachtet." (Lemberg 1974)

Wir vermögen Lembergs Argumentation aus vielerlei Gründen nicht zu folgen und können uns in diesem Rahmen auch nicht damit auseinandersetzen. Wir versuchen, den bisher eingeschlagenen Weg weiterzugehen, an dessen Ausgangspunkt die Ideologie als falsche und gefährliche ‚Sinndeutung' und an dessen Ziel die Annäherung an ‚Ideologiefreiheit' stehen. Dabei sollen uns die Lembergschen Argumente, die sich mit der Notwendigkeit der Sinndeutung beschäftigen, als Wegweiser begleiten. Es bleibt also die Frage: Welche Qualifikationen sind notwendig, um diesen Weg erfolgreich zu gehen? Nach den bisherigen Überlegungen steht fest, daß dies nicht nur Qualifikationen kognitiver Art sein können; denn es geht dabei nicht nur um Wissen, sondern auch um Einstellungen.

Betrachtet man unter Einbeziehung der Entlastungs- und Orientierungsfunktionen die ideologischen Zielvorstellungen und die Methoden ihrer

Durchsetzung mit ihren verabsolutierenden und maximalisierenden Tendenzen, dann erscheint für den Politikunterricht eine Qualifikation von besonderer Bedeutung. Es ist die Fähigkeit, mit der Tatsache fertig zu werden, daß es auf viele Fragen und Probleme der Politik keine absolut richtige Antwort bzw. Lösung gibt. Eine solche Fähigkeit erfordert ein hohes Maß von Charakterstärke, besonders bei Jugendlichen, die im Stadium des rigorosen Urteilens das Absolute fordern und verteidigen, so z.B. absolute Gerechtigkeit, Gleichheit, Freiheit, Sicherheit usw.. Daraus folgt eine Erziehung zu einer Persönlichkeit, die die geistige und moralische Kraft besitzt, einerseits an einem als richtig erkannten Urteil auch gegenüber dem Urteil vieler anderer festzuhalten, andererseits auch über die Toleranz verfügt, die Meinungen anderer zu respektieren. Die geistig moralische Kraft wird dann besonders gefordert, wenn es darum geht, für die aus den Entscheidungen erwachsenen Folgen einzustehen. Man kann weiter nach den dahinter stehenden Haltungen fragen wie Mut, Augenmaß, Vernunft und Gerechtigkeit.

Eine Antwort auf die Frage, wie diese konkret im Unterricht vermittelt werden können, kann nicht gegeben werden. Nur eines scheint gewiß zu sein, daß der Erfolg davon abhängt, inwieweit der Lehrer selber glaubhaft diese Haltungen vertritt. Anderenfalls wäre Mißlingen das geringste Übel. Die eigentliche Gefahr für den Unterricht läßt sich an zwei Extremtypen darstellen: Der eine, der aus Bequemlichkeit und Feigheit agierende Opportunist, er ist der Idealtyp — das ‚ideale Opfer' — jeder herrschenden Ideologie; der andere, der rastlose Hinterfrager, der stets schon die einzig richtige Antwort weiß; er ist der ‚Idealtyp' in einem politikunterrichtlichen Drama, auf dessem Höhepunkt Ideologiekritik in eine neue Ideologie (Ersatzideologie) umschlägt.

Literatur

Barres, Egon: Die Vorurteilsproblematik in der politischen Bildung, Opladen: Leske Verlag 1970.
Fisch, Heinrich: Sozialwissenschaften — Fischer Kolleg, Frankfurt/M.: Fischer Taschenbuch Verlag 1985.
Hofmann, Werner: Universität, Ideologie, Gesellschaft, Frankfurt/M.: Edition Suhrkamp 1968.
Hofstätter, Peter, L.: Gruppendynamik, Reinbek: Rowohlt 1972.
Lemberg, Eugen: Ideologie und Gesellschaft, Stuttgart, Berlin, Köln, Mainz: Kohlhammer 1971.
Lemberg, Eugen: Ideologien haben einen Sinn, FAZ 25. 3. 1974.
Tenbruck, Friedrich, H.: Über soziale Gebilde. In: Kadelbach, Gerd (Hrsg.): Wissenschaft und Gesellschaft, Frankfurt/M.: Fischer Bücherei 1967.

7. Thematische Offenheit der Richtlinien — gezeigt am Beispiel von ökologischen Themen und Zukunftsproblemen

Peter Weinbrenner

7.1 Zum Verhältnis von Offenheit und Geschlossenheit in Richtlinien

Die Frage nach der thematischen Offenheit von Richtlinien zielt auf das Verhältnis von pädagogischer Freiheit und curricularer Bindung des Lehrers bzw. „das Verhältnis von Regelung und Selbstbestimmung". (Brügelmann 1976, S. 122) Offenheit von Richtlinien heißt, sie „müssen kritisierbar und änderbar sein, sie müssen sozusagen als normative Hypothesen verstanden werden, die in der Konkretisierung und Erprobung im Unterricht auf unterschiedliche Situationen hin ausgelegt, überprüft, verändert, ergänzt werden *können* und *sollen*". (Klafki 1975, S. 108, Hervorhebungen im Original) Auf der anderen Seite gibt es eine Reihe allgemeiner Prinzipien, die *für* die inhaltliche Gestaltung von zentralen Vorgaben und verbindlichen Regelungen in Richtlinien sprechen. Nach Ansicht des Deutschen Bildungsrates gehören hierzu folgende *Aufgaben staatlicher Schulverwaltung und Aufsicht* (vgl. Deutscher Bildungsrat 1974, S. A 57f.):

— die gesamtpolitische Legitimation grundsätzlicher Entscheidungen und ihre allgemeine Durchsetzung;
— die Stabilität der Unterrichtsplanung über einen bestimmten Zeitraum als Bezugspunkt für Bildungsplanung, Lehrerbildung und Lehrmittelproduktion;
— ein ausreichender Bestand an gemeinsamen Lernerfahrungen für alle Mitglieder der Gesellschaft;
— die Orientierung und Entlastung des Lehrers im pädagogischen Alltag;
— die inhaltliche Qualität des Unterrichts, bezogen auf den jeweiligen Stand theoretischer Erkenntnis und praktischer Erfahrung;
— die Kontinuität von Lernprozessen als Voraussetzung einer sinnvollen und ökonomischen Planung schulischen Lernens;
— ein Maximum an regionaler Chancengleichheit unabhängig von politischen, ökonomischen und kulturellen Unterschieden;

- die Vergleichbarkeit von Qualifikationen und
- die Mobilität der Schüler durch Abstimmung von Bildungsgängen.

Für die *Offenheit* von zentralen Vorgaben nennt der Deutsche Bildungsrat (vgl. ebd., S. A 58f.) folgende Argumente:

- die Möglichkeit aus der jeweiligen Situation begründeter Entscheidungen durch die Betroffenen selbst;
- Freiräume für didaktische Experimente und Verfahren einer möglichst kontinuierlichen Anpassung an die gesellschaftliche und wissenschaftliche Entwicklung;
- Chancen für Schüler zur Spezialisierung auf selbstgewählte Rollen und Kompetenzen;
- Gestaltungsräume für den Lehrer zur Entfaltung seiner besonderen Fähigkeiten und Interessen;
- die Anpassungsfähigkeit der Lernplanung an besondere Bedingungen und Möglichkeiten der einzelnen Lerngruppe und Unterrichtssituation;
- die Offenheit des Unterrichts für spontane Schülerinteressen und aktuelle Ereignisse;
- die Abstimmung des Unterrichts mit den sozialen Bedingungen des schulischen Umfeldes und regionalen Besonderheiten;
- die Differenzierung des Unterrichts hinsichtlich unterschiedlicher Lernvoraussetzungen und Lernwege und
- ein Mindestmaß an alternativen Lernangeboten und möglichen Kurskombinationen an jedem Lernort.

Diese idealtypischen Gegenüberstellungen von Prinzipien der *Regelung* und *Offenheit* staatlicher Rahmenrichtlinien macht deutlich, daß es nicht um eine prinzipielle Entscheidung *für* oder *gegen* ein bestimmtes Verständnis von Richtlinien und Politikunterricht geht, sondern um das Ausbalancieren zweier legitimer Interessenrichtungen, nämlich gesellschaftlichen Regelungsinteressen einerseits und den Interessen und Bedürfnissen von Lehrenden und Lernenden andererseits.

Im historischen Rückblick muß allerdings konstatiert werden, daß das staatliche Regelungsinteresse (Steuerungs- und Kontrollfunktion von Richtlinien) das pädagogische Interesse an Selbstbestimmung und Planungsfreiheit von Lehrern und Schülern allemal überlagert hat. Dies gilt selbst für die zitierten Regelungs- und Offenheitsprinzipien des Deutschen Bildungsrates, in denen trotz aller begrüßenswerten Aussagen zur Dezentralisierung, Mitgestaltung durch die Beteiligten, Selbstverwirklichung usw. an entscheidenden Stellen die staatliche Steuerungsfunktion manifest wird. (vgl. Becker u.a. 1977, S. 251) Die politische Forderung nach Planungsfreiheit durch Rahmenrichtlinien sowie nach ,,offenen Curricula" ist insofern als ,,Kampfparole *gegen* zuviel Planung, zuviel Autoritätsanspruch, zuwenig Experimentierbereitschaft in Politik, Wissenschaft und Unterrichtspraxis" (Brügelmann 1976, S. 122) zu verstehen (zum historischen Hintergrund vgl. Nehles/Ruhloff 1981, S. 84f. sowie Schittko 1978, S. 45).

7.2 Wie offen sind die Politik-Richtlinien?

Wolfgang Hilligen hat darauf hingewiesen, daß die alltagswirksamste Einengung des Unterrichts von Richtlinien ausgehen kann, und zwar in doppelter Hinsicht: ,,indem sie den Lehrer auf didaktisch oder pädagogisch nicht als notwendig zu begründende Inhalte bzw. Themen verpflichten; oder indem sie den Lehrer einengen, weil bestimmte Themen oder Begriffe tabuiert werden". (1987, S. 245) Greift man diese Feststellung auf, dann sind darin zwei Fragen enthalten:

(1) Inwieweit enthalten die Richtlinien *verbindliche Vorgaben* für die *thematische* Ausgestaltung des Politikunterrichts?
(2) Bieten die Richtlinien Gestaltungs- und Entscheidungsspielräume für eine *eigenständige* thematische Ausgestaltung des Politikunterrichts durch Lehrer und Schüler?

Zu beiden Fragen nehmen die Richtlinien eindeutig Stellung, indem gesagt wird:
,,Der Themenkatalog ist in zweifachem Sinne offen: Er ist so umfangreich, daß ohnehin ausgewählt werden muß. Darüber hinaus ist er ergänzbar und veränderbar: zum einen durch die Aufnahme neuer Themen, zum anderen durch die Verschiebung vorhandener Themen von einem Doppeljahrgang zum anderen." (RiLi S. 45)
Der Themenkatalog hat danach ,,exemplarischen Charakter" (RiLi S. 62 mit Hinweis auf Kap. 3.2.4), ,,ist nur ein Beispiel für die Auswahl von Inhalten und die Formulierung von Themen im Sinne der Richtlinien" (RiLi S. 89) und soll insgesamt ,,nur als Empfehlung gelten" (RiLi S. 41). Ein weiteres Indiz für die thematische Offenheit der Richtlinien ist die in den Themenübersichten für die Sekundarstufen I und II in allen Lernfeldern und inhaltlichen Schwerpunkten bzw. Themenkreisen enthaltene stereotype Formel *,,und andere gleichwertige Themen".*

Welches sind demgegenüber die *verbindlichen* Bezugspunkte der Richtlinien für die Unterrichtsplanung?
Die Richtlinien bekennen sich mehrfach zum didaktischen *Prinzip der Qalifikationsorientierung* (vgl. RiLi S. 16ff. und 95) im Gegensatz zum Prinzip der Inhalts- oder Stofforientierung, das in der Vergangenheit vorherrschend war. Sie folgen dabei der in der Curriculum-Diskussion allgemein akzeptierten Einsicht, daß es eine logisch zwingende Verknüpfung von Qualifikationen

und Lernzielen, Inhalten und Themen bis hin zu Unterrichtskonzeptionen nicht gibt (Deduktionsproblem). *Dominanter obligatorischer Bezugspunkt der Unterrichtsplanung sind danach die zwölf Qualifkationen der Richtlinien.* Unabhängig von Bildungsstufe und Schulform sollen in jedem Bildungsgang die zwölf Qualifikationen als ,,obligatorischer Kern" angezielt werden (vgl. RiLi S. 59).

Auf der Inhaltsebene bilden die vier *Lernfelder* mit ihren *inhaltlichen Schwerpunkten* den *obligatorischen Kern* der Richtlinien (ebda.). Sie umfassen Themen, die eine verwandte inhaltliche Orientierung ermöglichen (vgl. RiLi S. 41). So tritt neben die Forderung der Qualifikationsabdeckung die *Forderung, daß in jedem Bildungsgang alle vier Lernfelder mit ihren inhaltlichen Schwerpunkten abgedeckt werden müssen,* und zwar

in der Sekundarstufe I: mindestens ein Thema pro Lernfeld und inhaltlichem Schwerpunkt in jeder Schulstufe (Doppeljahrgang) (RiLi S. 59);

in der Sekundarstufe II: a) in *Vollzeitschulen* mindestens ein Thema pro Lernfeld während eines Jahrgangs; b) in *Teilzeit-Berufsschulen* mindestens ein Thema pro Lernfeld während des gesamten Ausbildungsganges. (Rili S. 62)

Die Verbindlichkeit von Lernfeldern und inhaltlichen Schwerpunkten bzw. Themenkreisen läßt dem Lehrer also volle Planungsfreiheit bei der Bestimmung von *Themen* und *Unterrichtskonzeptionen.* Erst durch die selbständige Handhabung von Relevanzkriterien gewinnt der Lehrer die für seine Klasse und seine Schüler bestimmte Unterrichtskonzeption. Hierbei soll ihm der Themenkatalog Anregung und Hilfe, jedoch nicht zwingende Verpflichtung sein.

,,Die Formulierung eines abgeschlossenen Themenkatalogs ist weder möglich... noch wünschenswert. Deshalb sind gleichwertige Themen denkbar und notwendig, die die Funktion der aufgeführten Themen übernehmen können. Gleichwertig sind Themen, die dem inhaltlichen Schwerpunkt und seinen Erläuterungen entsprechen." (RiLi S. 42)

Die Obligatorik der Richtlinien ist in der Fachkonferenz durch einen *schulinternen Lehrplan* zu sichern (vgl. RiLi S. 59 und 89), der jedoch die aufgezeigten Planungsspielräume des Lehrers (Obligatorik der *inhaltlichen Schwerpunkte,* aber Freiheit auf der Ebene der Themen und Unterrichtskonzeptionen) nicht wieder aufheben darf.

,,Die Aufstellung von Stoffverteilungsplänen im Bereich einer Schule widerspricht dem Sinn dieser Richtlinien." (RiLi S. 62)

7.3 Hinweise und Beispiele für die Behandlung futuristischer, insbesondere ökologischer Themen und Probleme

Die dritte Auflage der Richtlinien enthält eine neue, auf Umwelt- und Zukunftssicherung bezogene Qualifikation 11 und signalisiert damit auch einen tiefgreifenden Wandel des politischen Problembewußtseins. Die Umweltkrise, bis vor kurzem nur partiell und von wenigen engagierten Gruppen wahrgenommen, hat sich inzwischen im Bewußtsein einer breiten Öffentlichkeit und auch der politischen Entscheidungsträger zur globalen Welt- und Gattungskrise ausgeweitet. Die Zukunftssicherung der Gesellschaft und ihrer nachfolgenden Generationen sowie das Überleben der Menschheit und des Planeten Erde erweisen sich insofern als erstrangige Herausforderungen aller politischen und pädagogischen Verantwortungsträger. Für diese neue pädagogisch-didaktische Aufgabe liegen bisher nur wenige curriculare Entwürfe vor (vgl. z.B. Weinbrenner 1981 und 1982; Aehling 1987 und Weinacht 1987), so daß es sich anbietet, am Beispiel dieses Themenkreises die thematische Offenheit der Richtlinien und damit die unterschiedlichen Möglichkeiten des didaktischen Zugriffs aufzuzeigen.

Im Kap. 4.2 der Richtlinien werden dem Lehrer sechs Ausgangspunkte für die Unterrichtsplanung angeboten, nämlich (1) konkrete Probleme der Schüler, (2) aktuelle gesellschaftliche Probleme, (3) Erklärungsmuster aus den Bezugswissenschaften, (4) Option für bestimmte Qualifikationen und Lernziele, (5) bestehende Curriculummaterialien, Schulbücher und (6) die Themen des Themenkatalogs der Richtlinien. Es soll im nachfolgenden gezeigt werden, wie über diese verschiedenen Ausgangspunkte eine Unterrichtsplanung über ökologische Themen und Zukunftsprobleme erfolgen kann.

7.3.1 Erster Ausgangspunkt: Probleme der Schüler und Schülerinnen

Die in der Jugendforschung der letzten Jahre aufgekommene Rede von der „No-future-Generation" hat deutlich gemacht, daß das Thema „Zukunft" bei vielen Jugendlichen mit Angst, Unsicherheit und Ohnmachtsgefühlen besetzt ist. Nach der Shell-Studie „Jugend '81" sehen 58 % der Jugendlichen die Zukunft der Gesellschaft eher düster. (vgl. Jugendwerk der Deutschen Shell 1981, S. 383) Dieser Befund könnte dazu anregen, im Politikunterricht die Schüler und Schülerinnen ihre Vorstellungen von der Zukunft äußern zu lassen. In Anlehnung an die Shell-Studie könnten die Jugendlichen gefragt werden: „Welche Vorstellung von der Zukunft unseres Lebens und der Gesellschaft haben Sie? Denken Sie ruhig auch an phantastische und utopische Vorstellungen." Auf diese Frage sind in der Shell-Studie die folgenden Antworten in der Reihenfolge ihrer Häufigkeit genannt worden (vgl. Übersicht 1):

Übersicht 1: Vorstellungen der Jugend von der Zukunft

	n= 256 Angaben in %
zunehmende Zerstörung der Umwelt	22
allgemeine Zukunftsangst, Weltuntergang	21
es wird wieder Krieg geben	20
die Gesellschaft wird immer mehr entmenschlicht	17
alles moderner, technisierter, fortschrittlicher	16
eine Welt, in der die Menschlichkeit zählt, gleiche Rechte	9
Verlust der Individualität, stärkere Kontrolle	7
Vordringen des Menschen in den Kosmos	7
Betonwüste	6
Computer werden lebensbestimmend	5
utopische, alternative Lebensvorstellungen; aufs Land	5
Überbevölkerung	5
Rohstoffknappheit	5
Wirtschaftskrise	4
Arbeitslosigkeit	4
eingeschränkte Freiheit	4
Diktatur	4
Polizeistaat	3
Terror, Bürgerkrieg	3
die Probleme Kernenergie/Umwelt werden gelöst	3
keine wesentlichen Veränderungen	3

Quelle: Shell-Studie Jugend '81, S. 378

Die weitere curriculare Bearbeitung, insbesondere die Verknüpfung mit den Qualifikationen und Themen, ist anhand von Relevanz- und Selektionskriterien (z.B. Situations- und Problemorientierung) und der Ausführungen in den Richtlinien (vgl. S. 90f.) vorzunehmen.

7.3.2 Zweiter Ausgangspunkt: Aktuelle gesellschaftliche Probleme

Noch nie standen Zukunftsfragen so im Brennpunkt des öffentlichen Interesses, der Medien und der politischen Auseinandersetzungen wie heute. Die Schlüsselbegriffe ,,Zukunft" und ,,Zukunftssicherung" standen im Zentrum des Bundeswahlkampfes 1986/87 und wurden von jeder Partei in unterschiedlicher Akzentuierung und Gewichtung besetzt. Es vergeht kaum ein Tag, an dem nicht in den Massenmedien über Zukunfts- und Umweltprobleme berichtet wird. Stichworte hierfür sind: Zukunft des Systems sozialer Sicherung, Zukunft der Arbeitsgesellschaft, Zukunft des Industriesystems, Chemieunfälle, Giftmüllskandale, Rheinkatastrophe, Tschernobyl, Waldsterben, Ozonloch, Klimakatastrophe usw.

Auch die Politiker und Programmatiker der Parteien haben das Thema Zukunft und Krise entdeckt, z.B. Lothar Späth: Wende in die Zukunft (1985); Kurt H. Biedenkopf: Die Neue Sicht der Dinge (1985); Erhard Eppler: Wege aus der Gefahr (1981); Wolfgang Roth: Der Weg aus der Krise (1985); Hermann Timm: Wie grün darf die Zukunft sein? (1987). Nicht zu vergessen die bisher brillanteste und scharfsinnigste Analyse der Zukunfts- und Umweltproblematik von Ulrich Beck: Risikogesellschaft. Auf dem Weg in eine andere Moderne (1986).

Es besteht also wahrlich kein Mangel an aktuellem gesellschaftlichem Problembewußtsein im Hinblick auf die Zukunft zwischen Fortschritt und Risiko. Die Globalität und Komplexität dieser Problemlagen erfordert eine sorgfältige curriculare Aufbereitung, insbesondere eine didaktische Reduktion. (vgl. RiLi S. 91) Inhaltsmatrix, Qualifikations- und Lernzielkatalog sowie Themenkatalog sind hierzu die notwendigen und hilfreichen Planungsinstrumente. An dieser Stelle sei der Umgang mit der Matrix zur Auffindung von Unterrichtsinhalten (vgl. RiLi S. 40) demonstriert.

Die folgende Übersicht 2 (S. 107) zeigt, daß es zahlreiche thematische Bezüge bei der Verknüpfung von Situationsfeldern und Handlungstypen im Hinblick auf die aufgezeigten Probleme gibt. Die Zuordnungen sind keineswegs eindeutig; auch sollte nicht krampfhaft versucht werden, alle Felder der Matrix zu füllen. Die endgültige Ausformulierung der Unterrichtsthemen gelingt erst, indem man die Inhalte der Matrix auf die einzelnen Qualifikationen (z.B. Qualifikation 11) bezieht und die darin enthaltenen Probleme und Fragen zum Ausgangspunkt des Unterrichts macht. Zum Beispiel ergibt die Verknüpfung des Situationsfeldes ,,Arbeitswelt" mit dem Handlungstyp ,,Mitbestimmung" den Inhaltsbereich ,,Arbeit und Umwelt als gewerkschaftliche Gestaltungsfaktoren". Bezogen auf Lernziel 11.3,

,,Fähigkeit und Bereitschaft, mögliche Widersprüche zwischen kurzfristigen Interessen und langfristigen Zielvorstellungen wahrzunehmen und in solchen Zielkonflikten verantwortbare Entscheidungen anzustreben" (RiLi S. 32),

läßt sich das Thema auf die Frage zuspitzen, ob ein verschärfter Umweltschutz nicht zum Abbau von Arbeitsplätzen führe und damit die Arbeitslosigkeit verschärfe. Im Unterricht wäre also der Konflikt zwischen einem kurzfristigen Beschäftigungsinteresse und der langfristigen Sicherung der Umwelt zu diskutieren, etwa unter der Themenstellung ,,Umweltschutz — Jobkiller oder Jobknüller? Zum Interessenkonflikt zwischen Arbeit und Umwelt in Wirtschaft und Gesellschaft".

7.3.3 Dritter Ausgangspunkt:
Erklärungsmuster aus den Bezugswissenschaften

Die Zukunfts- und Umweltproblematik gehört zu den sozialwissenschaftlichen Komplexthemen, d.h. ihre wissenschaftliche Bearbeitung erfordert den

Rückgriff auf mehrere Disziplinen, die mit unterschiedlichen Erkenntnisinteressen und Fragestellungen sowie Theorien und Modellen zur Problemerhellung beitragen. Gerade die Umweltproblematik wurde ja ursprünglich in den Naturwissenschaften, insbesondere durch die Biologie, thematisiert und hat erst in jüngster Zeit Eingang in die sozialwissenschaftlichen Disziplinen gefunden. Als sozialwissenschaftliche Erklärungsmuster aus den einzelnen Bezugswissenschaften können stichwortartig genannt werden:

Aus der Soziologie: Probleme des Wertewandels beim Übergang von der industriellen zur postindustriellen Gesellschaft (stille Revolution/Sinnkrise/Postmoderne usw.); die Zukunft der Arbeitsgesellschaft und die Suche nach alternativen Lebens-, Arbeits- und Konsumformen (Dualwirtschaft, alternative Lebens- und Produktionsweisen als Subkultur, Suche nach einem erweiterten Arbeitsbegriff usw.); die neuen sozialen Bewegungen als Antwort auf die Zukunftskrise; Probleme der ökologischen Kommunikation. (vgl. Luhmann 1986)

Aus der Ökonomie: Ökologische Kritik der umweltzerstörenden Wirkungen der industriellen Wachstumsgesellschaft; Neubestimmung des Verhältnisses von Ökonomie und Ökologie durch Einbeziehung der Natur in die ökonomischen Rationalitätskalküle; Berücksichtigung der thermodynamischen Grundgesetze und ihre Anwendung auf die Ökonomie; Neuformulierung der Theorie der Bedürfnisse und des Bedarfs; kritische Auseinandersetzung mit dem herrschenden Sozialproduktskonzept und den traditionellen Wachstumsindikatoren als Wohlstandsmaß; Prüfung der Umweltverträglichkeit des Marksystems und seiner Instrumente; Ausbau des Instrumentariums für eine gesellschaftsbezogene Rechnungslegung und ökologische Buchhaltung.

Aus der Politikwissenschaft: Markt- und Staatsversagen als Probleme der politischen Steuerung der Industriegesellschaft; Möglichkeiten und Grenzen nationaler und internationaler Umweltpolitik; die Krise der ideologischen Systeme in Ost und West; Prozeß und Dynamik der globalen Krise; zum Verhältnis von politischer Steuerung und technisch-ökonomischem Wandel in der Risikogesellschaft; Ziele und Instrumente der Umweltpolitik.

Diese Erklärungsmuster aus den einzelnen Bezugswissenschaften müssen über die verschiedenen Relevanzkriterien zu Inhalten, Themen und Unterrichtskonzepten aufbereitet werden.

7.3.4 Vierter Ausgangspunkt: Option für bestimmte Qualifikationen und Lernziele

Ein solcher Ausgangspunkt bietet sich dann an, wenn Lehrer, aber auch Schüler, sich mit den in einer Qualifikation und ihrer Qualifikationsbeschreibung enthaltenen Intentionen soweit identifizieren, daß sie die aufgeworfenen

Übersicht 2: Matrix zur Identifikation und Systematisierung von Zukunftsfragen und Umweltproblemen

Handlungstypen \ Situationsfelder	Familie	Freizeit	Arbeitswelt	Markt	Schule	Verbände Parteien		Öffentlichkeit	Staat	Staaten
Interaktion	Erziehung zur Achtung vor der Natur	Umweltschutz als Freizeitbeschäftigung			Umwelterziehung					
Kommunikation	Umweltspiele				Aufklärung über umweltgerechtes Verhalten	Umweltpolitische Programme d. Parteien		US als Thema in den Massenmedien		Internat. Umweltkonferenzen
Vorsorge	ökologisches Bauen u. Wohnen		Vorsorgen - der Umweltschutz					ökologische Müll- u. Energiekonzepte	Umweltgesetze	Internat. Rohstoffabkommen; Gewässerschutz
Konsum	gesunde Lebensmittel u. langlebige Gebrauchsgüter	Umweltbelastung durch Tourismus	umweltfreundliche Güter u. Dienstleistungen	Ökotest						
Produktion	ökologischer Gartenbau; Selbstversorgung		umweltfreundliche Produktionsverfahren	Recycling						
Mitbestimmung			Arbeit u. Umwelt als gewerkschaftliche Gestaltungsfaktoren			Umweltschutz u. Zukunftssicherung im Wahlkampf			Umweltpolitik	
Organisation Herrschaft			-Zukunft der Arbeit -Dualwirtschaft			Pro u. Contra Umweltschutz als Verbandsinteresse			Bundesumweltamt	Abhängigkeit der Dritten Welt von den Industrieländern

Umweltschutz = US

Probleme im Unterricht bearbeiten wollen. Aber auch die Verpflichtung, im Rahmen eines Bildungsganges alle zwölf Qualifikationen abzudecken, kann zu der Planungsentscheidung führen, eine bestimmte Qualifikation im Unterricht bearbeiten zu wollen. Nicht immer wird es gelingen, eine so unmittelbare Verknüpfung von Qualifikationen, Lernzielen und Unterrichtsinhalten herzustellen, wie dies bei der Qualifikation 11 der Fall ist. Diese Qualifikation greift weit über die ökologische Problematik hinaus und spricht ganz allgemein von der „Sicherung der Lebensbedingungen in der Zukunft". (RiLi S. 31) Dadurch sind auch Fragen der Kriegsvermeidung und Rüstung, der Erschöpfung der materiellen Resourcen, des Bevölkerungswachstums und der technischen Entwicklung angesprochen. Wählt der Lehrer einen solchen Ausgangspunkt, dann sind folgende Planungsschritte denkbar:

(1) *Auseinandersetzung mit der Qualifikationsbeschreibung*
Sie ist als Kommentar zu der jeweiligen Qualifikation zu verstehen und enthält wichtige Informationen über deren Intentionalität und thematische Auslegung.

(2) *Auseinandersetzung mit den Lernzielen*
In der dritten Auflage der Politik-Richtlinien wurde bewußt auf eine weite Ausdifferenzierung der Lernziele durch Formulierung von Lernzielen zweiter Ordnung verzichtet, was wiederum als eine Entscheidung für mehr Planungsfreiheit des Lehrers betrachtet werden kann.

„Die vorliegenden Lernziele enthalten relativ abstrakte Inhaltskomponenten und Verhaltensbeschreibungen, die als langfristig zu erreichende Ziele von Unterricht anzusehen sind. Sie eignen sich nicht als Beschreibung von erwarteten Ergebnissen am Ende einer einzelnen Lernsequenz. Um diese Erwartungen konkreter formulieren zu können, bedarf es der weiteren Entfaltung der Lernziele." (RiLi S. 38)

Die Lernzielkataloge zu den einzelnen Qualifikationen sind daher weder vollständig noch operational im Sinne behavioristischer Verhaltenserwartungen. Deshalb heißt es in den Richtlinien folgerichtig:

„Zum Zwecke der Unterrichtsplanung müssen Lehrer und Lehrerinnen in der Regel neue Lernziele hinzuformulieren. Dabei ist es notwendig, daß diese Lernziele auf das Sinnverständnis der Qualifikationen ausgerichtet sind." (RiLi S. 38)

Der nachstehende Lernzielkatalog kann als Beispiel für eine solche Fortschreibung und Ausdifferenzierung der Lernziele zur Qualifikation 11 verstanden werden.

Lernziele zur Analyse zukunftsbedrohender Faktoren

1 Fähigkeit, die zukunftsbedrohenden Faktoren und ihre gegenseitige Abhängigkeit (Interdependenz) zu erkennen.
2 Erkennen, daß die Rüstungs- und Vernichtungspotentiale in Ost und West sowie in den

Ländern der Dritten Welt zu einer mehrfachen Auslöschung allen physischen Lebens der Erde ausreichen.

3 Erkennen, daß durch die steigenden Lasten der Rüstungsproduktion eine globale Verschwendung knapper Ressourcen, die zur Beseitigung von Hunger und Armut in den unterentwickelten Ländern dringend benötigt werden, einhergeht.

4 Prüfen, inwieweit die Regenerationsfähigkeit des Öko-Systems auch bei kontinuierlichem Wachstum der Weltbevölkerung erhalten werden kann.

5 Prüfen, inwieweit durch alternative Wachstumsraten und Produktionsformen eine Erschöpfung natürlicher Ressourcen zu befürchten ist.

6 Erkennen, daß die zunehmenden Umweltbelastungen des Industriesystems die natürlichen Lebensgrundlagen kommender Generationen gefährden.

Quelle: Weinbrenner 1981, S. 75

7.3.5 Fünfter Ausgangspunkt: Vorhandene Curriculummaterialien, Lehrbücher, Handreichungen

Beim Rückgriff auf vorhandene Curriculummaterialien muß immer geprüft werden, ob die darin enthaltenen Entwürfe und Unterichtseinheiten mit den Intentionen der Richtlinien übereinstimmen. Im Hinblick auf die Zukunftsproblematik und die damit eng verknüpfte Qualifikation 11 liegt ein ausgearbeitetes didaktisches Konzept nebst sozialwissenschaftlichen Materialien vom Verfasser vor (vgl. Weinbrenner 1981 und 1982). Die didaktische Struktur orientiert sich hierbei an den vier *Geißeln der Menschheit,* deren Beherrschung als Voraussetzung für die Erhaltung der Gattung Mensch und des Planeten angesehen werden muß, nämlich (1) Rüstungswettlauf und Kriegsgefahr, (2) Bevölkerungsexplosion, (3) Ressourcenverknappung und (4) Umweltzerstörung. Insofern kann dieser didaktische Entwurf nebst Unterrichtsmaterialien als Handreichung für die Richtlinien im Hinblick auf Qualifikation 11 betrachtet werden.

Weitere Planungshilfen zur Zukunfts- und Umweltproblematik finden sich in dem Arbeitsbuch von Georg Aehling (1987), im Überlebenslesebuch (1983) und im Hinblick auf Technikfolgen in dem Begleitband zur Fernsehreihe „Der stumme Dialog" (Fritz u.a. 1986).

7.3.6 Sechster Ausgangspunkt: Die Themen der Themenkataloge der Richtlinien

Die Themenkataloge enthalten eine Fülle von Vorschlägen für die Behandlung von ökologischen Themen und Zukunftsproblemen im Unterricht. Sie sind in den nachfolgenden Übersichten 3 und 4 zusammengefaßt.

Übersicht 3: Themen für die Behandlung von Zukunftsfragen und ökologischen Problemen in der Sekundarstufe I

Klassen	Themen	Qualifikationen
5/ 6	„Wohin mit dem Dreck?" — Umweltverschmutzung in den Industrieregionen	4/ 5/11
5/ 6	„Wie leben Kinder in...?" — Wege und Probleme der Entwicklungshilfe	10/11
7/ 8	„Sicherheit für alle?" — Zukunftssicherung von Arbeitnehmer	5/ 8/11
7/8	„Wer arm ist, ist selbst dran schuld!" — Zur Problematik von Entwicklung und Unterentwicklung	10/11
7/ 8	„Überrollt uns der technische Fortschritt?" — Sozialer Wandel in der Industriegesellschaft	2/11/12
9/10	„Zukunft ohne Auto?" — Voraussetzungen und Probleme der Wachstumspolitik	11
9/10	„Nationaler Egoismus oder internationale Kooperation?" — Von den Möglichkeiten und Grenzen weltwirtschaftlicher Zusammenarbeit	3/11
9/10	„Friede — notfalls mit Gewalt?" — Bundeswehr und Friedenssicherung	6/10/11
9/10	„Entwicklungshilfe — Aufforderung zu unerwünschter Konkurrenz?" — Das Verhältnis zwischen „reichen" und „armen" Ländern	3//11

Übersicht 4: Themen für die Behandlung von Zukunftsfragen und ökologischen Problemen in der Sekundarstufe II

Schwerpunkte	Themen	Qualifikationen
1	„Freizeit kann man nie genug haben!?" — Zum Verhältnis von Arbeit und Freizeit im Wandel	7/11/12
2	„Wirtschaftswachstum um jeden Preis?" — Soziale Kosten als Problem der Industriegesellschaft	11/12
2	„Vergiften wir uns selbst?" — Gesellschaftliche und staatliche Verpflichtungen zum Schutz von Natur und Umwelt	2/11
2	„Solidarität im Weltmaßstab — arm und reich in einem Boot?" — Probleme der Entwicklungspolitik	2/11
2	„Rohstoffreichtum — Macht am Weltmarkt?" — Strukturen einer neuen Weltwirtschaftsordnung	10/11
2	„Ich blicke nicht mehr durch!" — Der Zusammenhang zwischen technischen Innovationen und Wertewandel	1/ 7/11
3	„Globalsteuerung contra Strukturpolitik!" — Ansätze staatlicher Wirtschaftspolitik	1/11
3	„Investitionslenkung — eine Gefährdung unserer Freiheit?" — Möglichkeiten und Grenzen der staatlichen Beeinflussung von Investitionsentscheidungen	1/ 5/11
3	„Frieden — notfalls mit Gewalt?" — Konfrontation und Kooperation in den Ost-West-Beziehungen	6/11
3	„Frieden schaffen ohne Waffen!" — Konventionelle und alternative Formen der Friedenssicherung	4/10/11

Literatur

Aehling, Georg: Grenzen des Wachstums? Wirtschaftlicher und sozialer Wandel im Spannungsfeld von Ökonomie und Ökologie. Paderborn: Schöningh 1987.

Becker, Helmut u.a.: Das Curriculum. Praxis, Wissenschaft und Politik. 3. Auflage. München: Juventa 1977.

Brügelmann, Hans: Auf der Suche nach der verlorenen Offenheit. In: Lehrjahre in der Bildungsreform. Resignation oder Rekonstruktion? Hrsg. von H.D. Haller und D. Lenzen. Stuttgart: Klett 1976, S. 121-137.

Deutscher Bildungsrat — Empfehlungen der Bildungskommission: Zur Förderung praxisnaher Curriculum-Entwicklung. Stuttgart: Klett 1974.

Fritz, Hans-Joachim u.a.: Der stumme Dialog. Technik und Gesellschaft heute. Stuttgart: Klett 1986.

Hilligen, Wolfgang: Zur Freiheit des Lehrers im politischen Unterricht. In: Gegenwartskunde, Nr. 2/1987, S. 241-259.

Jugendwerk der Deutschen Shell: Jugend '81. Lebensentwürfe, Alltagskulturen, Zukunftsbilder. 2 Bände. Hamburg: Jugendwerk der Deutschen Shell 1981.

Klafki, Wolfgang: Schulnahe Curriculumentwicklung in Form von Handlungsforschung. In: Bildung und Erziehung, 28. Jg. (1975) Heft 2/3, S. 101-116.

Luhmann, Niklas: Ökologische Kommunikation. Kann die moderne Gesellschaft sich auf Gefährdungen einstellen? Opladen: Westdeutscher Verlag 1986.

Nehles, Rolf / Ruhloff, Jörg: Vom „Geschlossenen" zum „Offenen" Curriculum — ein pädagogischer Fortschritt? In: Vierteljahreszeitschrift für wissenschaftliche Pädagogik, 57. Jg. (1981) Heft 1, S. 79-89.

Schittko, Klaus: Planung und Auswertung von Unterrichtsarbeiten für einen offenen Unterricht. In: Die Deutsche Schule, Nr. 1/1978, S. 43-53.

Überlebenslesebuch. Wettrüsten, Nord-Süd-Konflikt, Umweltzerstörung. Reinbek: Rowohlt 1986 (rororo Tb. 7672).

Weinacht, Paul-Ludwig: Umwelterziehung im Fach Politik/Sozialkunde. In: Reinhold Lob und Volker Wichert (Hrsg.): Schulische Umwelterziehung außerhalb der Naturwissenschaften. Frankfurt/M.: Lang 1987, S. 243-281.

Weinbrenner, Peter: Zukunftssicherung und Zukunftsgestaltung als pädagogische Aufgabe — ein Unterrichtsmodell für die Sekundarstufe II. In: Politische Bildung 14 (1981), H. 3, S. 65-86.

Weinbrenner, Peter: Überleben — Politisches Handeln im Spannungsfeld von Kriegsgefahr, Bevölkerungswachstum, Ressourcenknappheit und Umweltzerstörung. Sozialwissenschaftliche Materialien. Stuttgart: Klett 1982.

8. Sozialisationsbedingungen als Faktoren für politisches Lernen in allgemeinbildenden Schulen

Sibylle Reinhardt

8.1 Der didaktische Zusammenhang

„Die Auswahl und Akzentuierung von Qualifikationen, Problemstellungen und Situationen politischen Lernens in der Unterrichtsplanung ist von den jeweils konkreten Lernvoraussetzungen der Schülerinnen und Schüler abhängig. Richtlinien sind nicht der Ort, eine für alle Altersstufen und Bildungsgänge gleichermaßen gültige Bedingungsanalyse vorzugeben." (RiLi, S. 36)

Diese notwendige Lücke in den Richtlinien bedeutet, daß der Lehrer selbst eine zentrale didaktische Arbeit für den Unterricht leisten muß, nämlich die Reflexion auf die Voraussetzungen des Lernens, die bei ihm selbst, bei seinen Schülern und im Umfeld des Lernens gegeben sind.

Schon Heimann/Otto/Schulz (1972) betonten, daß anthropogene und sozial-kulturelle Voraussetzungen den Unterricht mitbedingen, indem individuelle Vorgeprägtheiten und soziale Einflüsse die Lernprozesse mit konstituieren — und nicht etwa nur ein souveräner Lehrer.

Neuerdings sagt Grammes, daß allen Fach-Didaktiken ein „verborgener Konsens" gemeinsam ist, nämlich der Bezug auf „ein Bild von der Befindlichkeit der Akteure (Lehrer) und Adressaten (Schüler) vor dem Hintergrund einer spezifisch wahrgenommenen gesellschaftlichen Problemlage". (1986b, S. 17)

8.2 Ziele und Begriffe

Die Erfahrung, daß man nicht gegen die Schüler unterrichten kann, ist elementar und banal. Die Legitimation von Lernzielen bleibt folgenlos, wenn der Lehrer im Unterricht die Schüler nicht dort antrifft, wo sie sind. Damit eine Brücke zwischen Unterrichtszielen und Schülerbedürfnissen geschlagen werden kann, ist die Frage nach den Voreinstellungen, Gefühlen, Wissensbeständen oder Vourteilen, Interessen und Erfahrungen der Lernenden und Lehrenden wesentlich.

Es bleibt aber ein normatives Problem, nämlich die Frage, wozu diese Analyse der Bedingungen dienen soll. Denkbar wäre, daß die Analyse das technokratische Problem von Unterricht lösen soll, nämlich die Motivationsprobleme zu beheben im Dienste der ungestörten Verfolgung vorgegebener Lernziele. Denkbar wäre auch, die Schüler mit ihren gegebenen Bedürfnissen ungestört zu lassen von Zumutungen zur Änderung. In beiden Fällen würde der Rollenkonflikt des Lehrers, wer sein Klient sei (der Schüler als zukünftiger Erwachsener oder der Schüler als gegenwärtiger Jugendlicher), einseitig „gelöst" und damit verfehlt. (RiLi S. 87; vgl. Reinhardt 1978)

Ein Konzept von Schüler-Orientierung müßte den Lernenden als Subjekt des Lernprozesses achten. Dann wären die Sozialisationsbedingungen nicht mehr nur objektive Randbedingungen für Lernprozesse, sondern sie wären konstituierende Faktoren des Unterrichts.

Als Definition des Begriffs ‚Sozialisation' wähle ich deshalb (vgl. Hurrelmann 1986): „Sozialisation" bezeichnet den „Prozeß der Entstehung und Entwicklung der Persönlichkeit in wechselseitiger Abhängigkeit von der gesellschaftlich vermittelten sozialen und dinglich-materiellen Umwelt" (a.a.O., S. 65). Es geht also darum, daß gesellschaftliche Institutionalisierungsprozesse und Prozesse der Persönlichkeitsentwicklung aufeinander bezogen und miteinander verbunden bleiben. Der subjektive Faktor (hier: des Lernenden in der Schule) bildet sich in Interaktionen, die ihre Strukturen der sozialen Realität verdanken und diese mit konstituieren. Die Auseinandersetzung mit äußerer und innerer Realität wird durch das Subjekt seinerseits gestaltet (Modell der produktiven Realitätsverarbeitung).

Die gesellschaftlichen Kontexte enthalten wichtige Faktoren für die Sozialisation. Solche Faktoren sind z.B. das Geschlecht und die damit verknüpften Prozesse sozialer Formungen, die Stellung der Familie im System sozialer Ungleichheit (wodurch Lebensbedingungen und konkrete Interaktionen mit bestimmt werden), die Zugehörigkeit zu Subkulturen (z.B. peer groups, Jugendkulturen), die jeweils genutzten Massenmedien, die Struktur der Erziehungsorganisation (Stichwort ‚heimlicher Lehrplan'), die Nationalität bzw. kulturelle Herkunft, die Region bzw. Nachbarschaft, die typische Definition der Lebensphase (z.B. Adoleszenz = Moratorium i.S. der Ferne von der beruflichen Arbeitswelt mit der Aufgabe der Identitätsfindung und -entwicklung), die Strukturen des politischen Systems (hier: der Demokratie) und seine politische Kultur, die handlungsprägenden Strukturen des Wirtschaftssystems.

Die subjektiven Handlungskompetenzen (wie Qualifikationen des Rollenhandelns, kognitive Strukturen, Wissens-Bestände) sind ihrerseits wichtige Faktoren für den Prozeß der Sozialisation. Ihre Beschreibung und Erklärung ist unabdingbar, damit Sozialisation nicht lediglich als Prozeß der Außen-Prägung erscheint.

8.3 Ergebnisse der Sozialisationsforschung

Die Sozialisationsforschung ist ein heterogenes und umstrittenes Gebiet: Die Befunde sind unübersehbar, die Ansätze sind nicht theoretisch integriert — einen handfesten Gesamtüberblick gibt es nicht und kann es wohl auch nicht geben (vgl. Ulich/Hurrelmann 1980, und — speziell für die politische Sozialisationsforschung — Pawelka 1977; Kulke 1980; Behrmann 1986).

Eine Forschungsrichtung erhebt Daten zu Bewußtseins-Inhalten, die politisch relevant sein können (einige Beispiele folgen):

1. Früher sind curriculare Konsequenzen auf die Hypothese gebaut worden, daß sich die politische Welt des Kindes in konzentrischen Kreisen entwickele, also vom Nahen zum Fernen. Diese Hypothese ist widerlegt worden (Pawelka 1977, S. 36) — Kinder und Jugendliche eignen sich heute recht früh Kenntnisse und Vorstellungen an, die sowohl nationale als auch internationale Vorgänge betreffen.
2. Gut gesichert scheint das Ergebnis zu sein, daß Kinder bereits im Vorschulalter beginnen, Bindungen (Kenntnisse, Loyalitäten) an die politischen Strukturen zu knüpfen. Dies beginnt mit einer personalisierenden Wahrnehmung (USA: der konkrete Präsident Mr. X steht für den Staat), u.U. in Verbindung mit einer idealisierenden Vorstellung. Allmählich (ab Kl. 5-7) wird diese kindliche Betrachtungsweise teilweise zugunsten einer institutionellen abgelöst (nicht mehr nur der einzelne Polizist ist wichtig, sondern das Gesetz). Schließlich (ab Kl. 9-10) wird ein Konzept von Politik möglich, das den konkurrierenden und konfligierenden Charakter (z.B. auch der politischen Parteien, die vorher schon ‚bekannt' sind) versteht. Interessen können im Kontext anderer Interessen und des Ganzen gesehen werden; auch Minderheiten-Rechte sind akzeptierbar (vgl. Adelson 1971; s. auch Behrmann; Pawelka, S. 38-48).
3. Daß Kinder aus anderen Kulturen (aus der Türkei z.B.) inhaltlich andere Normen und Einstellungen in den Unterricht mitbringen können, ist offensichtlich. Möglich ist darüber hinaus (vgl. MPI Bildungsforschung 1984, Kap. 6), daß diese Kinder und Jugendlichen einen relativ offenen, auf Interaktion zielenden Unterrichtsstil als verunsichernd empfinden. Erziehung zur Kritikfähigkeit kann im Gegensatz stehen zu strikten Entscheidungsabläufen, die sie zu Hause erleben.
4. Vor mehreren Jahren wurde die Partei der Grünen als „Jugendpartei" identifiziert, weil sie unter jungen Leuten große Sympathien genießt und den größten Teil ihrer Wähler in den jungen Jahrgängen hat (vgl. Allerbeck/Hoag 1985, S. 136ff.). Hier haben wir es vielleicht mit der Gestalt der „Generation" zu tun (Karl Mannheim 1928), bei der die Angehörigen bestimmter Jahrgänge eine ähnliche Kombination von historischen Erfahrungen und Phasen im Lebenslauf (hier: der Jugend) aufweisen.

5. Die schichten-spezifische Sozialisationsforschung hat — bei allen konzeptionellen und methodischen Problemen — ermittelt, daß mit niedrigerem sozialem Status solche Erziehungs-Einstellungen und -Strategien häufiger vertreten sind, die eher autoritär sind (vgl. Steinkamp 1980).

Dieser Ansatz ist sehr einflußreich gewesen und hat dabei Probleme der politischen und pädagogischen Verwendung von Sozialforschung gezeigt. Kernthese der schichten-spezifischen Sozialisationsforschung war die Vermutung der Reproduktion sozialer Ungleichheit in einem zirkelförmigen Prozeß: Beruf, Familie, sozialer Nahraum und Schule sollten gleichsinnig so zusammenwirken, daß der Status der älteren Generation auf die jüngere tradiert wird.

Diese These hätte nur in umfangreichen Längsschnitt-Studien belegt werden können; die vorhandenen Daten rechtfertigen keine strikten Verallgemeinerungen (vgl. Hurrelmann 1986, S. 108-112), wenn sie auch Indizien abgeben. Für die politische Verwendung (s. die Diskussionen um das drei-gliedrige Schulsystem und die Reformen, die zur Bildungsexpansion geführt haben) eignen sich aber vermeintlich klare, eindeutige und zudem erklärende Aussagen besser. Über-Interpretationen waren die Folge, was dann den ganzen Forschungs-Ansatz diskreditierte.

Auch die pädagogische Verwendung dieser Hypothesen geriet leicht kurzschlüssig: Wenn Lehrer meinten, Kinder einer bestimmten gesellschaftlichen Herkunft seien nun einmal in Sprach- und Interaktions-Stil eher restriktiv geprägt, dann konnten hier Abstempelungs-Prozesse mit der (ungewollten) Konsequenz der sich selbst erfüllenden Prophezeiung ablaufen. In solchen Fällen wurden Forschungsergebnisse vorschnell auf einen Gegenstand angewandt, statt daß sie die Augen für mögliche Faktoren öffnen halfen, und trugen u.U. zur Festschreibung vermeintlicher Eigenschaften von Schülern bei, verdinglichten sie somit.

In der Forschung ist an die Stelle des Konzeptes der Schicht die Betrachtung der Lebenslage bzw. ein ökologisches Konzept getreten, womit eine differenziertere (und damit individuellere) Sichtweise möglich werden soll.

Eine zweite Forschungsrichtung versucht, die Entwicklung kognitiver Strukturen in der Zeit und in gesellschaftlichen Verhältnissen zu ermitteln. Solche Strukturen bezeichnen abstrakte Weisen des Umgangs mit Gegenständen der natürlichen oder sozialen Welt. Besonders wichtig ist für den Politikunterricht die Theorie der Entwicklung des moralischen Bewußtseins (Kohlberg 1987), die hier gleichzeitig exemplarischen Charakter haben muß (für Prozesse der Identitäts-Entwicklung, der Rollenübernahmefähigkeit, der Intelligenz, der Konfliktfähigkeit u.ä.).

Kohlbergs Stufen der Entwicklung moralischer Urteilsstrukturen sind inzwischen weithin bekannt: die drei Ebenen — prä-konventionell, konventionell und post-konventionell — sind jeweils noch in zwei Stufen unterteilt. Die Entwicklung, die damit beschrieben wird, ist eine von Außen- zu Innenlenkung, von konkret zu abstrakt, von Straforientierung über Verinnerlichung zu moralischer Autonomie, von Egozentrismus über Konventionsabhängigkeit zu einer umgreifenden sozialen Perspektive.

An der Frage, warum Regeln einzuhalten sind, mag die Richtung der Entwicklung deutlicher werden: Auf der prä-konventionellen Ebene werden Regeln eingehalten, weil wichtige Personen (die strafen können) dies wollen oder weil daraus ein unmittelbarer Nutzen für die eigene Person folgt. Auf der konventionellen Ebene werden Regeln eingehalten, weil die eigene Bezugsgruppe so sagt oder z.B. ein Gesetz. Auf der post-konventionellen Ebene wird die Einhaltung der verabredeten (und demnach auch änderbaren) Regeln damit begründet, daß sie verallgemeinerbaren Prinzipien wie der Menschenwürde aller Betroffenen entsprechen.

Dieser struktur-genetische Forschungsansatz kann möglicherweise einen Mangel der früheren Sozialisationsforschung überwinden helfen: Die dort ermittelten Bewußtseins-Inhalte (vgl. oben: ,,Mr. X" als Personifikation, die ,,Grünen" als Hoffnungsträger) sind häufig so rasch vergänglich, so leicht austauschbar, daß sie den Anschein der Oberfläche, des Flüchtigen haben. Die konkreten Inhalte verweisen aber vielleicht auf Strukturen von Welt-Verarbeitung, die — als tieferliegende Strukturen — das Verständnis der geäußerten Inhalte ermöglichen.

Vergleichbar der Grammatik, die unendlich viele konkrete Sprach-Äußerungen möglich macht, bringen die Urteilsstrukturen ganz unterschiedliche inhaltliche Äußerungen hervor, die aber durch denselben Bezugspunkt charakterisiert (also vergleichbar strukturiert) sind.

Anders als beim Grammatik-Erwerb, zeigt die Struktur moralischen Urteilens eine Entwicklung, die — mindestens hier und heute — die oben skizzierte Richtung nimmt bzw. nehmen kann. (Nicht alle Erwachsenen realisieren postkonventionelle Urteile — dies hängt vermutlich von den Bildungs- und Lebensprozessen ab: Rigide Zwänge kappen die Möglichkeit der Entwicklung.) Mit der Angabe dieser Richtung der Entwicklung, also der ‚Entwicklungslogik', wird eine Bedingung für Sozialisation formuliert. Sehr vorsichtig sei hinzugefügt, daß das vorkonventionelle Urteilen typisch für Kinder ist (aber nie völlig verschwindet), daß etwa ab 10 Jahren auch konventionelle Strukturen ausgebildet werden und daß post-konventionelle Urteile selten vor 16 Jahren zu finden sind.

Eine dritte Forschungsrichtung verknüpft konkrete Inhalte des Bewußtseins mit der Frage nach sozialem Wandel und u.U. auch mit den Struktur-Konzepten. Seit längerer Zeit wird der Werte-Wandel in unserer Gesellschaft diskutiert, besonders die These der Herausbildung von post-materiellen Werten. (Inglehart 1979, 1980) In zeit-vergleichenden Jugendstudien wurde festgestellt, daß Jugend in den achtziger Jahren andere Wertungen äußerte als Jugend vor 20 oder 30 Jahren. Die Vorstellungen von Erziehung sind liberaler geworden (wobei dieser Wandel sich stärker mit höherer sozialer Schicht ausprägt): Selbständigkeit ist häufig das Ziel, Zwang und Gewalt werden als Mittel weithin abgelehnt (dabei nehmen Konflikte in den Familien nicht etwa zu). Traditionelle Arbeitswerte (Glück durch Arbeit) werden in geringerem Maße geäußert; Einstellungen zu Sexualität und Ehe sind offener; das politische Interesse ist gestiegen — wohl vermittelt durch die Zunahme von Bildung. (Jugendwerk... 1985; Allerbeck/Hoag 1985)

Es wird inzwischen vermutet, daß dieser Werte-Wandel nicht lediglich ein Wandel der Inhalte ist, sondern daß sich darin eine strukturelle Änderung ausdrückt. (Kohr/Räder 1985; Döbert/Nunner-Winkler 1986; Nunner-Winkler 1986, 1987)

Das würde bedeuten, daß Wertungen und Urteile weniger außen-geleitet und an Konventionen orientiert wären und statt dessen eher selbst gefunden und verantwortet würden. Damit wäre ein Indiz für eine gesellschaftliche Entwicklung in Richtung auf mehr Autonomie und Post-Konventionalität gegeben — also eine Entwicklung auch zu mehr Chancen für Demokratie!

8.4 Bedeutung für Unterricht

8.4.1 Anwendungsbeispiele

Ort und Zeit des Lebens in dieser Gesellschaft sowie die je individuelle Verarbeitung bedingen die Erfahrungen und ihre Spuren im Bewußtsein. Diese sind ihrerseits Bedingungen für den Politikunterricht, die Bestandteil dieses Unterrichts werden müssen, weil anders nicht mit den Schülern gearbeitet würde, sondern gegen sie. Unterricht muß mit dem Bewußtseinsstrom der Schüler laufen; nicht-ausgesprochene Einstellungen und Emotionen ‚schlagen durch', wenn sie nicht eingehen in die Unterrichtskommunikation.

Diese unterschiedlichen Bedingungen bedeuten eine große Chance für den Unterricht, da sich in der Regel in einer Lerngruppe eine Fülle unterschiedlicher Meinungen und Zugänge zum Problem finden. Dies Tableau ist ein Bild der Kontroverse, das Anlaß zur Auseinandersetzung gibt.

Ein kleines Beispiel mag zeigen, wie ‚die' Jugend sich ändert: Vor einer Reihe von Jahren entdeckte ich im Unterricht, daß Schüler(innen) intensive Hoffnungen in eine neue politische Gruppierung setzten, nämlich die Grünen. Ein paar Jahre später waren die Grünen immer noch Hoffnungsträger, aber sie gehörten völlig selbstverständlich zu den Erscheinungen des politischen Lebens, denen man auch mit kritischen Fragen begegnete. Und vor kurzem sagte ein Schüler: ,,Ach Gott, die Grünen, die machen ja nun auch viel Scheiß.'' Er sagte es fast gelassen, stand dazu wie zu einer Tatsache, nicht sonderlich emotional — wo vor Jahren die Schüler mehrheitlich geplatzt wären.

Karl Mannheims Begriff der ,,Generation'' macht uns Lehrer nachdrücklich darauf aufmerksam, daß unsere jetzigen Schüler zu einem anderen historischen Zeitpunkt in die Auseinandersetzung mit Welt eintreten als frühere Schüler — und als wir selbst. Das kann unsere Erfahrungen obsolet machen, nicht für uns selbst, aber für die Projektion auf Schüler.

Die Möglichkeiten von Entwicklung als Bedingungen für den Unterricht und ihre strukturelle Beschreibung als Zunahme von Komplexität und Moralität machen deutlich, was in den Richtlinien mit Spiralcurriculum (S. 41) gemeint ist. Ein Beispiel kann dies illustrieren, bei dem dieselbe Unterrichtsvorgabe (Material, Methode) in verschiedenen Altersgruppen verwandt wurde.

Das Planspiel „Wir suchen eine Wohnung" (Weinbrenner 1975) habe ich in einer 8. und 10. Klasse und mit einer Studenten-Gruppe durchgeführt, eine Referendarin in einer 6. Klasse (bei der Auswertungs-Stunde habe ich zugehört). Wie sind die Lerngruppen damit umgegangen?

Die Schüler der 6. Klasse beschrieben ziemlich konkretistisch, was gelaufen war. Abstraktere Koordinationsmechanismen, also der Markt, tauchten nicht auf, lediglich Anklänge an das Gegeneinander / Miteinander von Anbietern und Nachfragern bei einem einzigen Schüler. Als die Referendarin den Blick darauf lenkte, wie das alles hätte besser laufen können, legten die Schüler den Schwerpunkt auf ihre eigene Handlungsfähigkeit: sie erläuterten, wie sie sich bei der nächsten Wohnungssuche geschickter verhalten, welche Überlegungen sie früher anstellen, welche Entscheidungen sie schneller revidieren würden. Im Vordergrund der Reflexion stand die angepaßtere Handhabung der Regeln, die auf dem Wohnungsmarkt gelten, ohne daß ihr Zusammenhang deutlich oder auch beurteilt wurde. Es ging um das eigene Handeln, ohne daß Einsichten in systematische Zusammenhänge erzielt werden konnten. Die Schüler sahen dabei den Bezug zu ihren eigenen Bedürfnissen ständig.

Für die Schüler der 8. und 10. Klassen stand die geschickte Handhabung der Möglichkeiten, die das im Planspiel gegebene Modell bot, gar nicht zur Debatte. Sie interessierte primär, wie dieses System (Markt) konstruiert ist, welche Konsequenzen das für die Beteiligten hat, ob die Wirklichkeit auch so ist, ob man sich Alternativen ausdenken kann (wobei an staatliche Sozialpolitik mit konkreten Maßnahmen gedacht wurde). Gesucht wurden Einsichten in Zusammenhänge, und beurteilt wurden die Abläufe und die sie generierenden Regeln. — In der Studentengruppe trat nach einer Beurteilungsphase ganz die Suche nach Gegen-Systemen für die Koordination von Wirtschaft in den Vordergrund.

Es wird deutlich, daß die Prozesse abstrakter werden, immer mehr potentielle Beteiligte und Betroffene integrieren, über Gegebenes hypothetisch hinausgehen können, die Frage nach der Gerechtigkeit nicht nur für sich selbst und noch ein paar andere stellen, Interessen-Konflikte generalisieren können. Die soziale Perspektive weitet sich, und komplexere Vorgänge werden begreifbar.

8.4.2 Verfahren im Unterricht

Kann die Wissenschaft dem Lehrer helfen? Ja und nein. Es gibt bemerkenswerte, beunruhigende, schockierende Beobachtungen, die mit Hilfe wissenschaftlicher Ergebnisse objektiviert werden können — was eine große Hilfe darstellt.

Aber die Lebenswelt ‚Schule' fügt sich nicht den Eigengesetzlichkeiten von Wissenschaft. Wissenschaftliche Ergebnisse haben u.U. mit der Konstellation in dieser Lerngruppe wenig zu tun, was nur 1 % in den Daten ausmachte, kann hier die Situation bestimmen.

Die Welt des Unterrichts ist immer eine spezielle individuelle Welt; sie ist — streng genommen — nicht vergleichbar und generalisierbar. Da der Sinn des Unterrichts das Lernen und die Bildung der je konkreten Schüler/innen sind, ist hier keine Abstraktion zulässig.

Der Weg der wissenschaftlichen Analyse im herkömmlichen Sinne ist also nicht gangbar. Wir können nicht wissenschaftliche Ergebnisse anwenden durch die bruchlose Konkretisierung abstrakter Sätze. Die notwendige Konkretion bedeutet, daß Lehrer hören und sehen müssen, was vor sich geht.

Wenn ein Schüler z.B. einen Haß auf ,,die da oben'' äußert, dann wird der Lehrer versuchen zu verstehen. Ob aber der mögliche Grund für die Emotion in der sozialen Lage der Familie liegen kann oder in einer bestimmten Jugendkultur oder in ganz persönlichen Erlebnissen dieses Schülers, ob sie ein modischer Topos ist oder in der Lernbiographie des Schülers (und damit auch in der Schule) begründet sein mag oder noch andere mögliche soziale und/oder psychische Hintergründe hat — eine erklärende Hypothese wird der Lehrer nur im Zusammenfügen von Beobachtungen erreichen können. Dieses ‚Puzzle' wird auch die Dimensionen von Entwicklung einbeziehen, die — wie das moralische Urteil — vermutlich eine bestimmte Dynamik der Entwicklung aufweisen und deshalb eine Erklärungs-Struktur zur Verfügung stellen.

Diese Aufforderung zur wenig standardisierten Sammlung von Beobachtungen bedeutet keinen Verzicht auf Wissenschaft, denn konkrete Vorgänge können besser auf dem Hintergrund von Theorien und Ergebnissen verstanden werden. Prozesse praktischer Hermeneutik (vgl. Reinhardt 1987) machen wissenschaftliche Ergebnisse für das Handeln des Lehrers nutzbar, sollten zugleich aber vor ihrem verdinglichenden Gebrauch bewahren.

,,Der (...) Lehrer muß dafür sensibilisiert werden, den Schüler in seiner immer schon vorhandenen natürlichen Weltsicht zu verstehen, ein Stück weit aus der Binnenperspektive zu akzeptieren, um dann vorsichtig und kritisch korrigierend in solche natürlichen Bilder eingreifen zu können, (...) sie ‚wissenschaftlich' zu bearbeiten, wenn man unter Wissenschaft die systematische Kritik von unreflektierten Vor-Urteilen versteht.'' (Grammes 1986b, S. 26)

Literatur

Adelson, Joseph: Die politischen Vorstellungen des Jugendlichen in der Frühadoleszenz. In: Döbert, Rainer / Habermas, Jürgen / Nunner-Winkler, Gertrud (Hrsg.): Entwicklung des Ichs. Köln: Kiepenheuer & Witsch 1977 (zuerst 1971).

Allerbeck, Klaus / Hoag, Wendy: Jugend ohne Zukunft? Einstellungen, Umwelt, Lebensperspektiven. München: Piper 1985.

Arbeitsgruppe am Max-Planck-Institut für Bildungsforschung: Das Bildungswesen in der Bundesrepublik Deutschland. Reinbek: Rowohlt 1984 (Kapitel 6: Die Schule und die Kinder ausländischer Arbeitskräfte).

Behrmann, Gisela: Stichwort „Politische Sozialisation". In: Mickel, Wolfgang (Hrsg.): Handlexikon zur Politikwissenschaft. München: Ehrenwirth 1986 (Schriftenreihe der Bundeszentrale für politische Bildung, Nr. 237), S. 410-414.

Döbert, Rainer: Horizonte der an Kohlberg orientierten Moralforschung. In: Zeitschrift für Pädagogik 33 (1987), H. 4, S. 491-511.

derselbe / Nunner-Winkler, Gertrud: Wertwandel und Moral. In: Bertram, Hans (Hrsg.): Gesellschaftlicher Zwang und moralische Autonomie. Frankfurt/M.: Suhrkamp 1986, S. 289-321.

Grammes, Tilman: Politikdidaktik und Sozialisationsforschung. Problemgeschichtliche Studien zu einer pragmatischen Denktradition in der Fachdidaktik. Frankfurt/M.: Peter Lang 1986 (a).

ders.: Gib es einen verborgenen Konsens in der Politikdidaktik? In: Beilage zu „Das Parlament": Aus Politik und Zeitgeschichte B 51-52/86 vom 20. 12. 1986, S. 15-26 (1986b).

Heimann, Paul / Otto, Gunter / Schulz, Wolfgang: Unterricht — Analyse und Planung. Hannover: Schroedel 1972.

Helbig, Ludwig: Politischer Unterricht und die Entwicklung des moralischen Bewußtseins. In Fischer, Kurt Gerhard (Hrsg.): Zum aktuellen Stand der Theorie und Didaktik der Politischen Bildung. Stuttgart: Metzler 1978 (3. Aufl.), S. 97-112 (oder 4. bzw. 5. Auflage).

Hurrelmann, Klaus: Einführung in die Sozialisationstheorie. Weinheim: Beltz 1986.

ders. / Ulich, Dieter (Hrsg.): Handbuch der Sozialisationsforschung, 2. Auflage, Weinheim: Beltz 1982.

Inglehart, Ronald: Wertwandel in den westlichen Industriegesellschaften. Politische Konsequenzen von materialistischen und postmaterialistischen Prioritäten. In: Klages, Helmut / Kmieciak, Peter (Hrsg.): Wertwandel und gesellschaftlicher Wandel. Frankfurt/M.: Campus 1979, S. 279-316.

ders.: Zusammenhang zwischen sozioökonomischen Bedingungen und individuellen Wertprioritäten. In: Kölner Zeitschrift für Soziologie und Sozialpsychologie 32 (1980), S. 144-153.

Jugendwerk der deutschen Shell (Hrsg.): Jugendliche + Erwachsene '85 — Generationen im Vergleich (5 Bände). Opladen: Leske + Budrich 1985.

Kohlberg, Lawrence: Moralische Entwicklung und demokratische Erziehung. In: Lind / Raschert (Hrsg.), 1985, S. 25-43.

Kohr, Heinz-Ulrich / Räder, Hans-Georg: Jugend und gesellschaftliche Rationalität. In: Jugendwerk der deutschen Shell (Hrsg.), 1985, Band 1, S. 304-331.

Kulke, Christine: Politische Sozialisation. In: Hurrelmann, Klaus / Ulich, Dieter (Hrsg.), 1982, S. 745-776.

Lind, Georg / Raschert, Jürgen (Hrsg.): Moralische Urteilsfähigkeit. Eine Auseinandersetzung mit Lawrence Kohlberg. Weinheim: Beltz 1987.

Mannheim, Karl: Das Problem der Generationen. In: ders.: Wissenssoziologie. Neuwied: Luchterhand 1964, S. 509-565 (zuerst 1928/29).

MPI für Bildungsforschung — s. Arbeitsgruppe am Max-Planck-Institut.

Nunner-Winkler, Gertrud: Adoleszenzkrisenverlauf und Wertorientierungen. In: Baacke, Dieter / Heitmeyer, Wilhelm (Hrsg.): Neue Widersprüche — Jugendliche in den 80er Jahren. Weinheim und München: Juventa 1985, S. 86-107.

dies.: Was bedeutet Kohlbergs Theorieansatz für die moderne bildungspolitische Situation in der Bundesrepublik? In: Lind / Raschert (Hrsg.), 1987, S. 15-24.

Pawelka, Peter: Politische Sozialisation. Wiesbaden: Akademische Verlagsgesellschaft 1977.

Reinhardt, Sibylle: Die Konfliktstruktur der Lehrerrolle. In: Zeitschrift für Pädagogik 24 (1978), H. 4, S. 515-531.

dies.: Was heißt ‚Anwendung' von Sozialwissenschaften in der schulischen Praxis? In: Zeitschrift für Pädagogik 33 (1987), H. 2, S. 207-222.

Steinkamp, Günther: Klassen- und schichtenanalytische Ansätze in der Sozialisationsforschung. In: Hurrelmann, Klaus / Ulich, Dieter (Hrsg.), 1982, S. 253-284.

Weinbrenner, Peter: Wir suchen eine Wohnung. Ein Planspiel. Ravensburg: Otto Maier 1975.

9. Sozialisationsbedingungen als Faktoren für politisches Lernen in berufsbildenden Schulen

Hans-Joachim von Olberg

„Unvermeidlich wird ein *Zurückschrauben des Berufsbezugs*, womit sich historisch die Chance einer phantasievollen Rückverwandlung von Ausbildung in Bildung *in einem neu zu entwerfenden Sinne* ergibt. Ins Zentrum sollte eine gezielte bildungsbezogene Auseinandersetzung mit den vielfältigen Herausforderungen rücken, mit denen das (Über-)Leben und (politische) Handeln in der Risikogesellschaft der Zukunft konfrontiert ist." (Beck 1986, S. 243)

9.1 Die Bedingungsanalyse in den Richtlinien

Die Schüler an berufsbildenden Schulen stellen eindeutig die Majorität unter den Jugendlichen. Unter den 16-19jährigen Schülern in der Sekundarstufe II besuchen 4 von 5 eine berufsbildende Schule. 75 % von ihnen sind Teilzeitberufsschüler; die übrigen 25 % gehen auf berufliche Vollzeitschulen wie die Fachoberschule, die Berufsfachschule und das Berufsgrundschuljahr. Schon die äußeren Merkmale dieser Schülerschaft haben sich in den letzten 20 Jahren deutlich verändert: Ihr Durchschnittsalter hat sich aufgrund der Einführung des 10. Hauptschuljahres erheblich erhöht, so daß der Gesetzgeber in Nordrhein-Westfalen es 1985 für nötig hielt, die Berufsschulpflicht auf all diejenigen auszuweiten, die vor Vollendung des 21. Lebensjahres eine Berufsausbildung beginnen. Parallel dazu hat sich ihre schulische Vorbildung erheblich verbessert: Brachten noch 1975 nur 1/4 der Berufsschüler die Fachoberschulreife (d.h. den mittleren Bildungsabschluß) mit, so überstieg die Zahl der Berufsschüler mit dieser Eingangsqualifikation bereits 1981 50%. Der enorme Anstieg des Niveaus der schulischen Vorbildung von Berufsschülern läßt sich auch daran ablesen, daß der Anteil von Schülern ohne Hauptschulabschluß seit 1975 auf ca. 10 % mehr als halbiert worden ist, während sich im gleichen Zeitraum der Anteil der Schüler in der Berufsschule, die bereits einen studienqualifizierenden Schulabschluß mitbringen, mehr als verzehnfacht hat. (Der Minister für Wirtschaft 1985, S. 178)

Ohne die erweiterten Möglichkeiten zum Erwerb weiterführender schulischer Abschlüsse (wie: Fachoberschulreife, Fachhochschulreife und Allgemeine Hochschulreife) in beruflichen Bildungsgängen oder die massiven Rückwirkungen der inzwischen zu einem strukturellen Problem angewachsenen Massenarbeitslosigkeit auch unter Jugendlichen in die Betrachtung einzubeziehen, läßt sich schon an diesen Erscheinungen leicht erkennen, daß sich in den letzten Jahren die Schülervoraussetzungen für politisches Lernen in der beruflichen Bildung grundlegend gewandelt haben. Diesen Veränderungen tragen die Richtlinien dadurch Rechnung, daß sie ihren curricularen Ansatz für den Politikunterricht an beruflichen Schulen aus einer Bedingungsanalyse (RiLi S. 36 - 38) heraus entwickeln, die ein prinzipiell neu formuliertes Verständnis von Berufsarbeit entfaltet.

Beruf gilt hier nicht mehr als normatives Ideal wie in der älteren Berufspädagogik oder nur als langfristig ausgeübte Erwerbsarbeit, die eine bestimmte Fachqualifikation voraussetzt, wie es die traditionelle Soziologie formuliert hätte. Vielmehr wird im Anschluß an die sujektbezogene Theorie der Berufssoziologie (vgl. Beck/Brater/Daheim 1980, S. 239f.) von Anfang an die politisch-soziale Formbestimmtheit und Funktion des Berufs mit in die Richtlinienbegründung hineingenommen. Die Richtlinien stellen dem Politikunterricht die Aufgabe, zu ,,zeigen, daß eine entwicklungsfähige Gesellschaft auf kritische, politisch durchdachte Berufsarbeit angewiesen ist". (RiLi, S. 38) Beruf erscheint in diesem Argumentationskontext als eine zentrale Vermittlung zwischen individueller Tätigkeit und gesellschaftlichen Strukturen; sie wird als eine auf den einzelnen bezogene Form der Organisation gesellschaftlicher Arbeit gesehen, die einerseits Resultat sozialer Definitionen und politischer Entscheidungen ist und andererseits vorgegebene Entwicklungsschablone des individuellen Werdegangs. (siehe auch: Rytlewski 1987)

Bei der Strukturierung von Lernprozessen ist insbesondere der Beruf in seiner prozessualen Dimension als *Berufsbiographie* von wesentlicher Bedeutung. Wie Jugendliche ihre Berufseinmündung antizipieren, wie Auszubildende ihre betriebliche Ausbildung erfahren, wie Berufstätige ihre Arbeit(sbedingungen) wahrnehmen, ist für die Entwicklung politisch-gesellschaftlicher Handlungsfähigkeit von großer Relevanz. Deshalb geht die Bedingungsanalyse in den Richtlinien von dem Satz aus: ,,Bei der Frage, unter welchen gesellschaftlichen und politischen Bedingungen Jugendliche ihre politische und soziale Handlungsfähigkeit entwickeln, muß in besonderer Weise der Zusammenhang von beruflicher und politischer Sozialisation beachtet werden." (RiLi S. 36) Sie folgt damit den übereinstimmenden Ergebnissen der Forschungen zur politischen Sozialisation in der betrieblichen Ausbildung, die zuletzt dahingehend zusammengefaßt worden sind, ,,daß die betriebliche Ausbildung die Auszubildenden nicht nur mehr oder minder fachlich qualifiziert, sondern auch die Entwicklung ihrer sozialen Orientierungen vielfältig beeinflußt und sich vor allem auf ihr betriebspolitisches Handlungspotential auswirkt... Es bedeutet auch, daß Arbeit, Beruf und Betrieb für die Sozialisation der untersuchten Jugendlichen wichtig, wenn nicht sogar zentral gewesen sind." (Lempert 1986, S. 127)

Die durchgängige fachdidaktische Bedeutung des Wechselverhältnisses von Berufsarbeit und politisch-gesellschaftlichem Handeln läßt sich an den drei curricularen Strukturprinzipien der Richtlinien: Situationsorientierung, Problemorientierung und Qualifikationsorientierung aufzeigen.

Situationsorientierung. In der Matrix zur Auffindung von Unterrichtsinhalten werden zwei Situationsfelder mit explizitem Bezug auf den Beruf genannt: Arbeitswelt und Markt (RiLi S. 40). Zu diesen beiden Situationsfeldern hebt die Bedingungsanalyse selbst die Situationen auf dem Arbeitsmarkt und im Betrieb für Schüler als besonders wichtig heraus (RiLi S. 36f.). Darüber hinaus müssen aber die anderen Situationsfelder als Erfahrungs- und Handlungsräume begriffen werden, die u.a. von beruflichem Handeln durchdrungen sind. Für das Situationsfeld Familie geben die Richtlinien einen anschaulichen Themenvorschlag in den Klassen 5/6: ,,,Vater ist wieder überarbeitet'. Wirkungen der Arbeitswelt auf die Familie" (RiLi S. 47). Dieses Beispiel macht zusätzlich deutlich, daß Berufsbezogenheit politischen Lernens weder auf die berufsbildenden Schulen im engeren noch auf die Sekundarstufe II beschränkt bleibt.

Problemorientierung. Weil für die Richtlinien ,,Berufsarbeit auch immer eine Form politisch-gesellschaftlichen Handelns ist" (RiLi S. 37), fassen sie gesellschaftliche Problemstellungen gerade auch als Gegenstände beruflicher Arbeit auf. ,,Der Politikunterricht muß daher den Schülern und Schülerinnen die Zusammenhänge zwischen Berufstätigkeit und zentralen gesellschaftlichen Entwicklungen und Problemen wie z.B. Umweltzerstörung, Rüstung, soziale Ungleichheit zwischen Industrie- und Entwicklungsländern, soziale Sicherheit, Gleichberechtigung von Mann und Frau verdeutlichen. Dies heißt nicht, daß diese Probleme bewußt durch Berufsarbeit verursacht sind, vielmehr nur, daß in Berufen gesellschaftliche Probleme nicht nur bearbeitet und gelöst, sondern auch erzeugt und erhalten werden." (ebenda)

Daraus kann man den Schluß ziehen, daß eine politische Bildung in beruflichen Bildungsgängen beides braucht: 1. eine politisch reflektierte Fachbildung und 2. einen spezialisierungsübergreifenden Politikunterricht; das eine ohne das andere reicht nicht aus. Für die Problembearbeitung im Politikunterricht heißt dies, daß sie sowohl die Sache als auch den Adressaten verfehlt, wenn sie der Dialektik von Speziellem und Allgemeinem in Themen und Unterrichtsmethoden nicht gerecht wird.

Qualifikationsorientierung. Mit der 3. Auflage der Richtlinien von 1987 wurde ihr Geltungsbereich erstmalig auf die beruflichen Schulen erweitert. Da der Qualifikationenkatalog der 2. Auflage von 1974 die Dimension des politi chen Handelns im Kontext der Arbeitswelt nicht enthielt, wurde er in der Neuauflage in Form einer neuen, zwölften Qualifikation berücksichtigt. (RiLi S. 33f.) In ihrem kognitiven Hauptteil fordert die Qualifikationsformulierung zur Wahrnehmung von gesellschaftlich-politischen Zusammenhängen auf drei Ebenen auf:

a) materiell: Arbeit ist zur Existenzsicherung notwendig,
b) personal: Arbeit ist Basis der Identitätsbildung,
c) sozial: Arbeit ist Grundlage politischer Beteiligung.

In ihrem normativen Schlußteil postuliert sie die aktive Gestaltung humaner, d.h. sozial gerechter und individuell befriedigender Arbeitsbedingungen. Für die 12. . ualifikation grundsätzlich charakteristisch ist der *weite Arbeitsbegriff*. „Wenn auch die auf Einkommen gerichtete und im Beruf ausgeübte Tätigkeit im Mittelpunkt der Betrachtung steht, so dürfen doch nicht Aktivitäten übersehen werden, die neben dem Beruf und außerhalb des Berufs ausgeübt werden und die ebenso ziel- bzw. wertorientiert sein können... (z.B. Berufsarbeit, Hausarbeit, Schularbeit, ehrenamtliche Arbeit)." (RiLi S. 33f.) Deshalb ist die Öffnung zu einem weiten Arbeitsbegriff für die Politikdidaktik eine notwendige dialektische Konsequenz aus der Aufgabenstellung, durch Bildung, die an den Beruf anknüpft, zugleich die mit ihm verbundenen Vereinseitigungen spezialisierten Handelns produktiv zu überwinden. (vgl. v. Olberg 1986; v. Olberg 1987b, S. 111)

9.2 Berufliche und politische Sozialisation

Unter Sozialisation verstehen die Sozialwissenschaften den lebenslangen Prozeß, in dem der einzelne durch absichtsvolle und unwillkürliche soziale Interaktion in die Gesellschaft hineinwächst. Der Mensch wird in der Auseinandersetzung mit und Aneignung von gesellschaftlichen Lebenswelten zu einem sozial handlungsfähigen Subjekt. Hierbei spielen die biographisch zu durchlaufenden Stationen Familie, Schule und Betrieb als Sozialisationsinstanzen und die strukturellen Regeln und Institutionen des übergeordneten ökonomischen und politischen Systems als Sozialisationsbedingungen eine herausragende Rolle. Die Berufsform, in der die Gesellschaft ihre Arbeitsprozesse auf das Individuum bezogen organisiert, können wir als eine der Entwicklung des einzelnen vorgegebene Schablone oder Subjektstruktur begreifen, mit der spezifische Motivlagen, Fähigkeitsprofile, Lebensorientierungen, Deutungsmuster und Handlungsperspektiven festgelegt sind.

Für unseren Zusammenhang ist nun die Erkenntnis entscheidend, daß mit dem Beruf nicht nur fachliche Qualifikationsanforderungen (technische Fertigkeiten, fachtheoretische Kenntnisse, praktische Fähigkeiten usw.), sondern gerade auch normative Qualifikationsanforderungen und Verhaltenserwartungen (soziale Orientierungen wie z.B. Leistungs- und Kooperationsbereitschaft, Arbeitstugenden wie z.b. Fleiß und Pünktlichkeit, ökonomisch-politische Handlungsdispositionen wie z.b. Anerkennung gegebener Formen sozialer Ungleichheit und darauf bezogener Herrschaftsmechanismen) verbunden sind. Der Jugendliche in der Berufsbildung übernimmt im Verlauf seiner Ausbildung und der späteren Berufstätigkeit diese berufliche Subjektstruktur, die weit über das Fachliche hinaus seine soziokulturelle Persönlichkeit wesentlich mit aufbaut und zu der auch diejenigen normativen Strukturen gehören, die unsere politische Kultur kennzeichnen.

Lange Zeit galt das Interesse der Forschungen zur beruflichen Sozialisation nicht den Wirkungen der beruflichen Ausbildung auf die politisch-sozialen Einstellungen und Verhaltensweisen der Jugendlichen. Bis 1980 stand eindeutig die Aufdeckung und Analyse von Mängeln des dualen Systems im Bereich der berufsfachlichen Qualifizierung im Vordergrund. (Überblick bei: Lempert 1986) Selbst die Studien zu den Wirkungen des Politikunterrichts in den berufsbildenden Schulen betonten diesen Aspekt. Einerseits wurden schon früh die Defizite in der Vermittlung politischen Wissens und der Weckung politischen Interesses diagnostiziert; für die Berufsschulen wurde insbesondere die Ausklammerung der betrieblichen Erfahrungen von Schülern im politischen Unterricht beklagt. (Becker u.a. 1970, S. 177) Auch wurde die strikte Trennung des berufskundlichen und des politischen Unterrichts in den Berufsschulen als ein Mittel politisch affirmativer Erziehung kritisiert (Faulstich-Wieland 1976, S. 108); solange diese fortbestehe, „solange kann durch den Prozeß der beruflichen Sozialisation die politische Funktion erfüllt werden, zur Anpassung und zur unbefragten Loyalität in Betrieb und Gesellschaft beizutragen". (Mayer / Schumm 1973, S. 766)

Diese pauschale Hypothese konnte empirisch nicht detailliert belegt, eher theoretisch abgeleitet werden. Zwar gelang es, in historischen Analysen die deformierenden Effekte staatlicher Steuerungsinteressen (Greinert 1975) und in empirischen Untersuchungen zu Schülererfahrungen die Dominanz privater Ausbildungsinteressen (Ibrahim / Paul-Kohlhoff 1976, S. 156) in der politischen Bildung an beruflichen Schulen nachzuweisen, andererseits wurden erst ab 1980 in einigen großangelegten Jugendstudien und Längsschnittuntersuchungen zur politischen Sozialisation im beruflichen Kontext die Sozialisationszusammenhänge zwischen Beruf und Politik so differenziert analysiert, daß erste politikdidaktische Schlußfolgerungen möglich scheinen.

9.2.1 Individuelle Arbeitsorientierungen

Obwohl wir nur am Rande aus der empirischen Jugendforschung über signifikante Differenzen in politischen Einstellungen und Verhaltensweisen zwischen Jugendlichen mit beruflichem oder gymnasialem Bildungsweg unterrichtet sind, kann man generell von einer höheren Zufriedenheit mit dem politischen System bei gleichzeitig geringerer politischer Aktivitätsbereitschaft von Schülern in beruflichen Schulen sprechen. Ihr politisches Interesse ist eher auf konkrete Fragen im näheren Erfahrungsbereich konzentriert. ,,Daß solche abstrakteren, fernliegenden Sachverhalte weniger erfaßt und — soweit erfaßt — weniger kritisch (weniger realistisch) beurteilt werden, ist ein allgemeines Kennzeichen des Berufsschülerbewußtseins im Verhältnis zu Oberschülern, Studenten und berufstätigen Abiturienten." (Harbordt 1983, S. 185f.) Um diesen Schülern nicht unberechtigterweise das Etikett ,,unpolitischer" aufzudrücken, ist es notwendig, sich mit den politischen Implikationen ihrer konkreteren Interessenbereiche — insbesondere ihrer Einstellungen zur Arbeit — näher auseinander zu setzen.

Anfang der achtziger Jahre hatten Thesen der demoskopischen Forschung über die sinkende Arbeitsmoral der Deutschen die Öffentlichkeit bewegt. (Noelle-Neumann/Strümpel 1984) Sowohl im Zeitvergleich, als auch im internationalen Vergleich und besonders im Generationenvergleich schien sich die Tendenz von einer pflichtbetonten Berufsauffassung zu einer eher genußbetonten ‚Job'-Einstellung abzuzeichnen. Je nach politischen Prämissen wurde diese Verschiebung entweder einem hauptsächlich über die Massenmedien vermittelten Wertewandel oder geänderten Bedingungen an den Arbeitsplätzen zugeschrieben. Eine breit angelegte Jugendstudie konnte die beobachtete Tendenz bestätigen. Hatten 1962 noch 6,1 % der 16 - 18jährigen der Aussage ,,Auch ohne Arbeit könnte man ein glückliches Leben führen" zugestimmt, so waren es 1983 schon 8,3 %. Auf der anderen Seite hatten 1962 die entgegengesetzte These ,,Nur durch Arbeit wird man wirklich glücklich" noch 13,1 % bejaht, während dies 1983 nur noch 4,0 % taten. (Allerbeck/Hoag 1985, S. 69) Die Sozialforscher bewerteten ihre Ergebnisse aber viel zurückhaltender als manche Demoskopen. ,,Daß Jugendliche manchmal keine Lust zur Arbeit haben, ist an sich nicht neu und schon gar kein Weltereignis; neu ist, daß es möglich geworden ist, die Lustlosigkeit ganz unverblümt in Worte zu kleiden. Dies ist eine Änderung der Normen, kein Wertewandel." (ebenda, S. 71) ,,Für den vielfach behaupteten grundlegenden Wertewandel hin zum Hedonismus und der Abwendung von der Berufsarbeit gibt es in ernstzunehmenden empirischen Daten keine Belege. Für die Jugendlichen heute bedeutet ‚Arbeit' nicht weniger als für ihre Altersgenossen vor zwei Jahrzehnten." (Allerbeck 1987, S. 173)

Eine gruppenbezogene Differenzierung der Forschungsergebnisse wendet die oberflächliche Beobachtung von der sinkenden Arbeitsorientierung partiell sogar in ihr Gegenteil. Erstens: Die Mädchen haben sich in ihrer Einstellung zur Lebensbedeutsamkeit von Berufsarbeit den Jungen stark angenähert; zweitens: Junge Arbeitslose unterscheiden sich in ihrer Einstellung zur Arbeit von den anderen Jugendlichen nicht. Folglich beruht die Diskriminierung dieser beiden Gruppen auf dem Arbeitsmarkt nicht auf einer (ihnen unterstellten) unangemessenen Arbeitsorientierung.

Eine weitere Differenzierung nach Einstellungstypen im Zusammenhang mit politischen Orientierungen macht eine ganz andere Verschiebung sichtbar:

A. Ca. 33 % der Jugendlichen und jungen Erwachsenen zwischen 15 und 30 Jahren hat eine *interessengeleitet-engagierte* Arbeitsorientierung. Sie ist mit stärkerem politischem Engagement und gesellschaftskritischeren Einstellungen verbunden.

B. Ca. 33 % legen eine eher *konventionell-materielle* Arbeitsorientierung an den Tag. Sie fällt häufig mit politischem Desinteresse zusammen.

C. Schließlich ist nur etwa 20 % eine *freizeitbezogen-hedonistische* Arbeitsorientierung zu eigen, die ebenfalls mit einer politisch desinteressierten und privatistischen Haltung einhergeht. (Sinus 1983, S. 82-89)

Setzt man diese drei Einstellungstypen mit weiteren sozialen Faktoren in Beziehung, so läßt sich erkennen, daß Typ A allgemein mit einem höheren Bildungsniveau und Lebensalter verbunden ist, während Typ B eher mit einem niedrigeren Bildungsniveau und Lebensalter einhergeht. Im Hintergrund der Veränderungen in den Größenverhältnissen zwischen diesen Gruppen steht der säkulare Trend zur Verlängerung der Jugendphase, der mit einer Verlängerung des Schulbesuchs und einem Hinausschieben des Berufseintritts zusammenhängt. Für den von uns verfolgten Zusammenhang von beruflichen und politischen Orientierungen bedeutet dies, daß zwar der Großteil der Schülerschaft in beruflichen Schulen traditionell dem konventionell-materiellen Typ angehört, der auch mit einer schichtenspezifisch niedrigeren sozialen Herkunft und Bildungskarriere korreliert. Aber der Trend insgesamt geht zur Ausweitung der interessengeleitet-engagierten Orientierung, und auch dieser Typus tritt verstärkt in beruflichen Schulen auf. Bedingt durch die verbesserte Vorbildung und das gestiegene Durchschnittsalter von Berufsschülern (9.1, oben S. 123), müssen wir also bei den Schülern im beruflichen Schulwesen wegen ihrer sich ändernden Erwartungen an Berufsarbeit tendenziell mit wachsendem politischem Engagement, dem Anstieg von Kritikbereitschaft und politischem Interesse rechnen.

Man kann zudem festhalten, daß wir es unter Jugendlichen in der Bundesrepublik am Ausgang der industriell geprägten Berufs- und Arbeitsgesellschaft nicht mit einer allgemein sinkenden Arbeitsmoral, sondern mit einer Verschiebung in den Arbeitsorientierungen hin zu qualitativ-inhaltlichen, postmateriellen Ansprüchen an die Berufsarbeit zu tun haben. Und daß die Bedeutungszunahme von Kommunikation und Kreativität in der Arbeit, von interessanten Arbeitsinhalten und kürzerer Arbeitszeit auf der einen Seite, sowie die Bedeutungsabnahme von schnellem Aufstieg und hohem Einkommen in den individuellen Arbeitsorientierungen auf der anderen (v. Klipstein/Strümpel

1985, S. 25) ungünstigere Voraussetzungen für die Entwicklung politischen Bewußtseins und der Bereitschaft zu politischer Beteiligung schaffe, wird niemand behaupten wollen.

9.2.2 Betriebliche Arbeitsbedingungen

Unter der Fragestellung „Der Betrieb — politische Bildungsstätte der Nation?" (Lempert 1986, S. 127) haben in den letzten Jahren einige große empirische Forschungsprojekte sich mit den politischen Sozialisationswirkungen der betrieblichen Ausbildung beschäftigt. In Längsschnittstudien wurden die Veränderungen in den Einstellungen der Auszubildenden zu verschiedenen Lebensbereichen im Verlauf ihrer Lehrzeit untersucht. Von besonderem Interesse ist die Studie des Deutschen Jugendinstituts in München zu gewerblichen und kaufmännischen Auszubildenden in Industrie- und Handwerksbetrieben der Kfz-Branche. (Kärtner u.a. 1983; Kärtner u.a. 1984) Aus dem Spektrum der erhobenen Interpretationsmuster zu gesellschaftlichen Sachverhalten (von kritisch bis angepaßt) und dem festgestellten Ausmaß der Aktivitäts- und Konfliktbereitschaft in den Bereichen Arbeit, Politik und Privatleben bildeten die Münchner Forscher vier „Handlungsstrukturtypen".

Bevor wir uns den Veränderungen zuwenden, die als Reaktion auf die betrieblichen Arbeits- und Ausbildungserfahrungen interpretiert werden können, einige grundsätzliche Befunde: Über 70 % der Auszubildenden äußern eine distanzierte, ambivalente, wenn auch nicht ausgesprochen kritische Deutung zentraler Institutionen und Strukturen unserer Gesellschaft. Die Distanz ist dabei im politischen Bereich am größten.

„Staat, Regierung, Parlament sind kaum begriffene Gebilde und weit weg von persönlichen Interessen. Zwischen staatlicher Tätigkeit und eigener konkreter Lebenssituation vor allem im Bereich von Arbeit werden nur vage Zusammenhänge formuliert... Der politische Bereich kann im Zusammenhang mit Karrierevorstellungen oder Enttäuschungen über mangelnde Absicherung gegen Risiken auf dem Arbeitsmarkt durch den Staat bedeutsam sein; ansonsten vollziehen die Auszubildenden die für die politische Kultur in unserem Land typische Trennung von Staatsbürger und Privatperson." (Kärtner u.a. 1983, S. 281f.)

Selbst wenn im Arbeitsbereich Bewußtwerdungs- und Aktivierungsprozesse auftraten, wurden diese nur in äußerst seltenen Fällen auf den politischen Bereich ausgedehnt. Zwischen den Lebensbereichen bestehen keine automatischen Übertragungseffekte. (Kärtner u.a. 1981, S. 76) Diese Art politischer Indifferenz bei Auszubildenden geht sogar soweit, daß in einer der Münchner Studie vergleichbaren aus Dortmund überhaupt kein nennenswertes politisches Handlungspotential festgestellt worden ist. (Lempert 1986, S. 123)

Zurück zu den vier Handlungsstrukturtypen unter Auszubildenden. In der Münchner Studie wurden folgende Gruppen gebildet:

Typ 1 ,,eher kritische Aktive": 20 %,
Typ 2 ,,unkritisch und instrumentell orientierte Inaktive": 27 %,
Typ 3 ,,distanzierte Inaktive": 45 %,
Typ 4 ,,angepaßte Aktive": 8 %.

Für die gesamte Population gilt, daß es keinen eindeutigen Zusammenhang zwischen Einsicht und Handeln gibt. Eine relativ hohe Handlungs- und Konfliktbereitschaft hängt eher mit einer vergleichsweise unkritischen Interpretation gesellschaftlicher Verhältnisse zusammen, während Resignation auf der Handlungsebene eher mit distanzierten gesellschaftlichen Einstellungen zusammengeht. Vor und nach der Berufsausbildung dominiert also eine Kombination aus Distanz und Inaktivität. Was kann man nun über Veränderungen während der Lehrzeit, hervorgerufen durch die Erfahrungen im Betrieb, sagen?

,,Im Längsschnitt läßt sich eine gewisse Lockerung dieses Zusammenhangs dergestalt feststellen, daß im Zuge eines gesamtdurchschnittlich zu beobachtenden geringfügigen Abbaus systemloyaler und harmonistischer Deutungsmuster insbesondere im Bereich von Arbeit, aber auch im politischen Bereich, der Typus 1 der ,,eher kritisch Aktiven" seinen Anteil um ca. 10 % auf Kosten des Typus 2 der ,,angepaßten, instrumentell orientierten Inaktiven" vergrößern kann. Die Erfahrungen mit der betrieblichen Realität im Laufe der Ausbildung führen offensichtlich dazu, daß z.B. Engagement für die Gestaltung des eigenen Arbeitsplatzes und Interesse für den Gesamtbetrieb zunehmend auch bei kritischeren Einschätzungen betrieblicher Verhältnisse möglich werden." (Kärtner u.a. 1983, S. 379)

Ob man angesichts dieser sehr begrenzten Veränderungen von einem ,,generellen Aktivierungseffekt der Berufsausbildung im Hinblick auf die sozialen und politischen Handlungsqualifikationen der Auszubildenden" (zit. bei Lempert 1986; S. 122) sprechen kann, scheint mir sehr fraglich.

Weiterführender scheint mit die Schlußfolgerung, daß es — neben einer Bestätigung und Festigung politisch angepaßter und passiver Haltungen durch die betrieblichen Erfahrungen bei der überwiegenden Mehrheit der Auszubildenden — bei einer kleineren Gruppe unter ganz bestimmten Bedingungen zu einem Zuwachs von Handlungsbereitschaft und Kritikfähigkeit durch die betriebliche Sozialisation kommt. (Siehe auch: Kärtner u.a. 1984, S. 29) Dies ist allerdings auch schon bemerkenswert, da man in der Forschung und Didaktik bisher von ganz überwiegend ,,restriktiven Auswirkungen der Arbeitswelt auf das politische Denken und Handeln jugendlicher Arbeitnehmer" (z.B. Weinbrenner 1987, S. 16) ausgegangen war. Wenn bisher von restringierenden Betriebserfahrungen die Rede war, wurde zu Recht beispielsweise auf Betriebshierarchie und Dequalifikation durch neue Technologien verwiesen. Es existiert aber kein Automatismus derart, daß restriktive Arbeitsbedingungen immer zu Beschränkungen der Bereitschaften und Fähigkeiten zu politischem

Urteil und zu politischem Handeln führen müssen. In bestimmten Konstellationen kann eben auch die Erfahrung der Wirklichkeit in den Betrieben bei Jugendlichen gewissermaßen ,,gegen den Strich" und aus eigenem ,,Erleiden" begründet zu einer Steigerung von Kritik und Aktivität führen.

Die Kenntnis dieser ,,bestimmten Bedingungen" ist nun aber für die didaktische Planung politischer Lernprozesse das eigentlich Wichtige: Erfahrungen mit der betrieblichen Wirklichkeit haben *ganz überwiegend, aber nicht immer* einschränkende Auswirkungen auf die Entwicklung politischer Kritikfähigkeit und Handlungsbereitschaft bei Jugendlichen. Förderliche Faktoren sind insbesondere kaufmännische Tätigkeiten in größeren industriellen Betrieben, in denen ein hoher gewerkschaftlicher Organisationsgrad herrscht und die Ausbilder einem sozial-integrativem Erziehungsstil folgen. (Entsprechend die gegenteilige, beschränkende Wirkung haben gewerbliche Tätigkeiten in kleinen Handwerksbetrieben.) Aber der Betrieb als Sozialisationsinstanz wirkt nicht autonom, die Sozialisationserfahrungen aus anderen Bereichen nehmen Einfluß auf die Verarbeitung der betrieblichen Erfahrungen als ,,intervenierende Variable": Bessere schulische Vorbildung, ein politisch interessiertes Elternhaus, geringe Übergangsschwierigkeiten bei der Berufseinmündung und ein höheres Eintrittsalter in den Betrieb ermöglichen die politisch aktivierenden Folgen der betrieblichen Sozialisation. (vgl. Kärtner u.a. 1984, S. 31)

9.2.3 Volkswirtschaftliche Arbeitsmarktverhältnisse

Seit Mitte der siebziger Jahre hat sich in der Bundesrepublik wie in den übrigen hochindustrialisierten Staaten der westlichen Welt — eine strukturelle Unterbeschäftigung aufgebaut, die auf absehbare Zeit erhalten bleiben wird. Jugendliche Arbeitnehmer unter 25 Jahren sind von der Arbeitslosigkeit in ähnlichem Umfang betroffen wie die anderen Altersgruppen. Durch das Zusammentreffen der allgemeinen Beschäftigungskrise mit dem Eintritt geburtenstarker Jahrgänge in das Arbeitsleben hat sich darüberhinausgehend eine Krise auf dem Ausbildungsmarkt entwickelt, die erst allmählich gegen Ende der achtziger Jahre abflauen wird. Bestimmte Gruppen unter den Jugendlichen sind von dieser Arbeits- und Ausbildungskrise besonders betroffen: Junge Ausländer, Lernbehinderte, überproportional viele Mädchen und Auszubildende in übersetzten Handwerksberufen wie Bäcker, Friseusen und Kfz-Mechaniker müssen um ihren Anschluß an das System der Berufsarbeit bangen. Mit ihnen wird politisches Lernen, das auf die aktive Identifikation mit einem demokratischen politischen System zielt, das ihnen keine gesicherte Lebensperspektive garantieren kann, besonders schwierig.

Vier allgemeine Tendenzen kennzeichnen die Rückwirkungen der Arbeitsmarktkrise auf die berufliche Bildung genauer:

— Die neuen Informationstechnologien tragen zu einer Spaltung der Jugendlichen bei in solche, die überproportional von Arbeitslosigkeit bedroht sind, weil ihre potentiellen Ausbildungswege und Arbeitsplätze wegrationalisiert werden, und solche, die über eine hochqualifizierende berufliche Bildung Zugang zu modernen Arbeitsplätzen erhalten. In diesem Prozeß verdrängen Schüler mit höherem Bildungsabschluß z.B. Hauptschüler aus ihren angestammten Ausbildungsberufen. Angesichts des rasanten technologischen Wandels ist der „Lebensberuf" zu einer Illusion für alle geworden.

— Als erste Schwelle vor der Berufsbildung hat sich eine labile Übergangsphase von der Schule in die Berufsausbildung aufgebaut. Nicht nur, daß viele Jugendliche überhaupt keinen Ausbildungsplatz erhalten, sondern auch die Folgen beruflicher Fehllenkung sind zu beklagen. Nach der Berufsberatungsstatistik der Bundesanstalt für Arbeit konnten 1984/85 51,4 % der Ausbildungsplatzsuchenden nicht entsprechend ihrem vorrangigen Vermittlungswunsch in eine angestrebte Berufsausbildung einmünden.

— Als zweite, immer prekärer werdende Schwelle hat sich die Phase zwischen Berufsausbildung und Berufstätigkeit erwiesen. Nach Umfragen des Bundesinstituts für Berufsbildung fanden 1985 nur 60 % der Auszubildenden eine befristete oder unbefristete Arbeit in ihrem erlernten Beruf. Immerhin 26 % nahmen entweder eine nichterlernte Tätigkeit an oder wurden arbeitslos (10 %). Jeder Siebte verblieb aber im Bildungswesen, indem er eine neue Aus- oder Weiterbildung begann.

— Viele Jugendliche und junge Erwachsene besuchen weiter Vollzeitschulen sowohl dann, wenn sie nach Abschluß der Sekundarstufe I nicht den gesuchten Ausbildungsplatz finden, aber auch dann, wenn sie nach dem Abschluß eines Ausbildungsverhältnisses keine Arbeit finden. Besonders berufliche Vollzeitschulen — aber nicht nur diese — werden in dieser Situation zweckentfremdet zu Warteschleifen ohne Bildungssinn.

Ulrich Beck hat Teilbereiche des beruflichen Bildungswesens, die von diesen Entwicklungen besonders betroffen sind, mit einem Geisterbahnhof verglichen, auf dem die Züge nicht mehr nach Fahrplan verkehren:

„Durch externe Arbeitsmarkteinbrüche wird die bildungsimmanente Sinngrundlage berufsorientierter Ausbildung gefährdet bzw. zerstört. Die antizipierte, (noch) nicht existente berufliche Zukunft, also eine ‚irreale Variable', bewirkt eine radikale Veränderung der Situation im Bildungssystem... Als institutionelles Arrangement werden Schulen jedoch leicht zu Aufbewahrungsanstalten, ‚Wartesälen', die die ihnen zugeschriebenen Aufgaben einer beruflichen Qualifizierung nicht mehr erfüllen." (Beck 1986, S. 237f.)

Die Auswirkungen der Arbeitsmarktkrise auf die sozialen Orientierungen der von ihr betroffenen Jugendlichen sind in verschiedenen Untersuchungen über den Prozeß der Berufseinmündung und über erfahrene Arbeitslosigkeit thematisiert worden.

Danach vollziehen die Jugendlichen in „der deutlichen Orientierung an Arbeitsmarkterfordernissen immer wieder die Unterordnung eigener berufsinhaltliche r Vorstellungen und Ansprüche unter gegebene betriebliche Anforderungen und Interessen... Alle Jugendlichen zeigten hier eine erstaunliche Enttäuschungsfestigkeit und einen entschiedenen Willen, jede sich anbietende Möglichkeit irgendeiner Berufsausbildung... als positive Chance für sich selbst zu begreifen." (Kärtner u.a. 1984, S. 24f.)

Abstriche werden bei den eigenen Berufswünschen gemacht, aber Arbeit und Beruf bleiben trotz der individuellen Krisenerfahrungen „inhaltliches Sinn-Zentrum" (Baethge nach: Westfälische Nachrichten v. 16. 7. 87). Die Mehrheit der jungen Frauen und Männer suchen ihre Identität heute in der Erwerbsarbeit. Für das Ausweichen in eine primäre Freizeitorientierung oder den Aufbau eines politischen Protestpotentials gibt es bei den von der Krise Betroffenen keine Anzeichen. Aber die beschriebenen Verarbeitungsformen verweisen eher auf „individuelle Durchsetzungsstrategien als auf kollektive Interessenartikulationen". (Braun/Schneider 1987, S. 60) Die strukturelle Arbeitsmarktkrise verstärkt auf diesem Wege die bereits vorhandene politisch-soziale Indifferenz bei den Schülern, die die politische Bildung mit ihnen so schwierig macht, wenn es nicht gelingt, politisches Lernen mit den nach wie vor bei den Lernenden vorhandenen motivierenden Arbeits- und Berufsorientierungen zu verbinden.

9.3 Ansätze zu einer berufs- und arbeitsorientierten Politikdidaktik

Innerhalb der Fachdidaktik für politische Bildung gab es bis zur Fertigstellung der 3. Auflage der Richtlinien weder eine Richtung, die Arbeitsorientierung und Berufsbezug ins Zentrum ihrer Konzeption gestellt hätte, noch eine spezielle Teildisziplin für die politische Bildung an beruflichen Schulen, auf die sich die Curriculumentwickler hätten beziehen können. Das Verhältnis von Curriculum und Fachdidaktik stellt sich in diesem Fall eher umgekehrt da: Angestoßen von der Richtlinienkonzeption und den in ihr aufgeworfenen Fragen ist die Fachdidaktik zur Zeit dabei, zentrale theoretische und praktische Voraussetzungen einer arbeits- und berufsorientierten Politikdidaktik zu klären (vgl. die Veröffentlichungen von v. Olberg und Weinbrenner im Literaturverzeichnis).

Insbesondere Peter Weinbrenner hat zu drei Komplexen grundlegende Vorarbeiten geliefert:

1. Bedingungsanalyse (Weinbrenner 1987b, S. 12 - 22; Weinbrenner 1987d).
2. Politikdidaktische Prinzipien (Weinbrenner 1987c).
3. Unterrichtsmodell und Unterrichtsmaterialien (Famulla/Weinbrenner 1986; Weinbrenner 1986).

Nun können und sollen Richtlinien nicht einen bestimmten fachdidaktischen Ansatz präferieren. Sie können aber einen konsensfähigen didaktischen Grundsatz angeben, der ein breites Spektrum von legitimen Auslegungsmöglichkeiten zuläßt. Ein solcher Leitsatz in den Richtlinien lautet: ,,Es ist notwendig, daß sich der Politikunterricht sowohl vorgreifend als auch ausgleichend zur Wirklichkeit der Berufsarbeit stellt." (RiLi S. 37) Hierbei wird unter der vorgreifenden, antizipatorischen Dimension die zukunftsbezogene Aufklärung über die sozio-ökonomischen und gesellschaftlichen Rahmenbedingungen der Berufsarbeit und unter der kompensatorischen Dimension die Aufarbeitung betrieblicher Berufs- und Arbeitserfahrungen der Schülerinnen und Schüler verstanden. Ein arbeits- und berufsorientierter Politikunterricht dieser Art ist nicht zu verwechseln mit einer Fortsetzung und Intensivierung beruflicher Fachqualifikation im politischen Unterricht, er ist vielmehr entspezialisierende, verallgemeinernde Bildung als integraler Bestandteil beruflicher Bildungsgänge. Als solcher sind für ihn die subjektiven Einstellungen zur Arbeit, die betrieblichen Arbeitsbedingungen und die Arbeitsmarktstrukturen zentrale fachdidaktische Bezugspunkte.

Dieser Anspruch soll abschließend an einem Beispiel aus der Unterrichtspraxis verdeutlicht werden:

Im ersten Ausbildungsjahr einer Fachklasse für angehende Werkzeugmacher wird der Themenbereich ,,Neue Technologien" behandelt. In der ersten Phase der Unterrichtsreihe fordert der Politiklehrer die Schüler auf, über den Technologisierungsstand in ihrem Betrieb zu berichten. Dabei steht die Frage im Vordergrund, wie weit jeweils die Einführung computergesteuerter, werkstattprogrammierbarer Werkzeugmaschinen fortgeschritten ist. Im Vergleich der verschiedenen Ausbildungsbetriebe können die Schüler erkennen, wie stark ihre Ausbildungsbedürfnisse im Bereich der Datenverarbeitung von der technischen Ausstattung ihres Betriebs abhängig sind. Aus der anschließenden Analyse der Ausbildungsordnungen für Werkzeugmacher aus den sechziger und den achtziger Jahren gewinnen die Auszubildenden einen Eindruck über den rasanten technischen Wandel und seine Auswirkungen auf die Lerninhalte. In der zweiten Unterrichtsphase besichtigt die Lerngruppe einen Maschinenbaubetrieb in der benachbarten Großstadt. Auf der Grundlage einer wirtschaftswissenschaftlichen Analyse der Rationalisierungsprozesse in diesem Betrieb kann eine Vorstellung von technologisch bedingter Arbeitslosigkeit entwickelt werden. Die zusätzliche Behandlung der langfristigen Arbeitsmarktprognose der Bundesanstalt für Arbeit stellt ein wissenschaftliches Instrumentarium zur vorausschauenden Beurteilung volkswirtschaftlicher Faktoren der Beschäftigungsentwicklung vor. In der letzten Phase der Reihe erarbeiten die Schüler in Gruppenarbeit Collagen zu mehreren Lösungsansätzen: den Ausbau von Mitbestimmungsrechten bei technischen Innovationen, Modelle zur Humanisierung betrieblicher Arbeit und die Arbeitszeitverkürzung. Im parallelen Deutschunterricht wurden literarische Formen der Behandlung des Problems besprochen. Neben Satiren wurde das Jugendbuch von Strig Malmberg: Gegen alle Spielregeln (Weinheim 1976), gelesen und damit eine Lernmöglichkeit eröffnet, die auf einer mehrfachen Distanzierung (anderer Beruf, Fiktionalität, andere Zeit, anderes Land) basiert. Der gleichzeitige Religionsunterricht konzentrierte sich auf personale Problemdimensionen am Beispiel der Arbeit einer kirchlichen Initiative für Arbeitslose am Schulort. Der Bezug zum Technologieunterricht, der die Arbeit mit CNC-Maschinen einführend thematisierte, war den Schülern evident. (Zur ausführlichen Darstellung dieser Unterrichtsreihe und zum curricularen Kontext in der Kollegschule vgl.: v. Olberg 1987b; Landesinstitut 1987, S. 115 - 153)

So sehr die Lehrer, die diese Unterrichtssequenz entwickelt, durchgeführt und erprobt haben, den didaktisch-methodischen Sinn berufsbezogenen politischen Lernens für legitim halten, so sehr lehnen sie doch auch auf der Basis ihrer Unterrichtserfahrungen einen durchgängigen Bezug auf spezialisiertes Arbeiten und Lernen im Politikunterricht beruflicher Bildungsgänge ab.

„Dabei bestätigte sich, daß eine Berufsorientierung im traditionellen Sinne die politische Bildung in der Sekundarstufe II zu eng führen würde. Gefordert ist in der zur Zeit stattfindenden Umstrukturierung der industriellen Arbeitsgesellschaft eine arbeitsorientierte politische Bildung, die die gesellschaftlichen Bedingungen und Möglichkeiten einer zukünftigen Arbeitsgesellschaft, die im bisherigen Konzept von Berufsarbeit noch nicht mitgedacht werden konnten, erschließen hilft." (v. Olberg 1987b, S. 157f.; vgl. auch: Bayer u.a. 1987, S. 256)

Im Rückgriff auf die Erkenntnisse über den Zusammenhang von beruflicher und politischer Sozialisation im Kapitel 9.2 ist es möglich, exemplarisch einige didaktische Anfragen an die skizzierte Folge von Unterrichtssituationen zu stellen, die immer wieder an den Politikunterricht in beruflichen Schulen herangetragen werden können.

Individuelle Arbeitsorientierungen: Ist es gelungen, an das Bedürfnis der Schülerinnen und Schüler nach einer aktiven, inhaltlichen Beeinflussung der eigenen Arbeit anzuknüpfen? Konnten über Erkenntnisse in die Abhängigkeit des eigenen Berufs von gesellschaftlich-politischen Strukturen und Prozessen hinausgehende Einsichten in allgemeine Verflechtungszusammenhänge von Berufsarbeit vermittelt werden?

Betriebliche Arbeitsbedingungen: Bestand ausreichend Gelegenheit zur Artikulation betrieblicher Erfahrungen? Wurden neue Erfahrungsmöglichkeiten und Einblicke in andere Arbeitsplätze, Betriebe und Unternehmen eröffnet? Konnten Alternativen und Perspektiven der Arbeitsgestaltung sowie ihrer Durchsetzung im öffentlichen Raum aufgezeigt werden?

Volkswirtschaftliche Arbeitsmarktverhältnisse: Ist es gelungen, strukturelle Faktoren für Schwierigkeiten der Berufseinmündung sichtbar zu machen? Wurden individuelle (z.B. Weiterbildung, Berufswechsel) und soziale Handlungsstrategien (z.B. Beteiligung an der Auseinandersetzung gesellschaftlicher Interessengruppen, geänderte Arbeitsmarktpolitik) eröffnet?

Rolf Schörken hat in diesem Sinne bereits 1973 darauf aufmerksam gemacht, daß ein Politikunterricht, der sich der Dialektik von Spezialisierung und Verallgemeinerung stellt, sehr wohl von den Sozialerfahrungen am Lernort Betrieb, nämlich den physischen und psychischen Arbeitsbelastungen, dem sozialen Anpassungsdruck und den Abhängigkeitserfahrungen ausgehen könne. „Die Reflexion der eigenen Arbeitsplatzsituation verhilft zur nötigen Verarbeitung der Erfahrung eigener Objekthaftigkeit und ist Voraussetzung für wirksames praktisches Handeln, das zu realen Verbesserungen führen kann und damit die pädagogische Forderung beim Wort nimmt, den Jugendlichen die Teilnahme am politischen Leben zu sichern." (Schörken 1975, S. 292)

Literatur

Allerbeck, Klaus: Jugend. Fachwissenschaftlicher Teil, in: Nitschke/Sandmann 1987, S. 169-174.
Allerbeck, Klaus/Hoag, Wendy: Jugend ohne Zukunft? Einstellungen, Umwelt, Lebensperspektiven, München Zürich: Piper 1985.
Bayer, Paul u.a.: Technischer Wandel und humane Zukunft. Neue Technologien im Unterricht der Fächer Deutsch, Gesellschaftslehre und Religionslehre, in: Weinbrenner 1987c, S. 223-260.
Beck, Ulrich: Risikogesellschaft. Auf dem Weg in eine andere Moderne, Frankfurt/M.: Suhrkamp 1986.
Beck, Ulrich/Brater, Michael/Daheim, Hansjürgen: Soziologie der Arbeit und der Berufe, Grundlagen, Problemfelder, Forschungsergebnisse, Reinbek: Rowohlt 1980.
Becker, Egon u.a.: Erziehung zur Anpassung? Eine soziologische Untersuchung der politischen Bildung in den Schulen, Schwalbach: Wochenschau-Verlag 3. Auflage 1970.
Braun, Frank/Schäfer, Heiner/Schneider, Helmut (Hrsg.): Betriebliche Sozialisation und politische Bildung von jungen Arbeitnehmerinnen und Arbeitnehmern. Mit Bibliographie, München: Verlag Deutsches Jugendinstitut 1984.
Braun, Frank/Schneider, Helmut: Berufliche und politische Orientierungen von Jugendlichen, in: Bundeszentrale für politische Bildung 1987, S. 39-67.
Bundeszentrale für politische Bildung (Hrsg.): Politische Bildung an Berufsschulen (Schriftenreihe der Bundeszentrale für politische Bildung 242), Bonn 1987.
Famulla, Gerd-E./Weinbrenner, Peter: Arbeitslust — Arbeitslast — arbeitslos? Strukturelle Veränderungen, Wertewandel und Ziele der zukünftigen Arbeitsgesellschaft (Sozialwissenschaftliche Materialien), Stuttgart: Klett 1986.
Faulstich-Wieland, Hannelore: Politische Sozialisation in der Berufsschule. Ein Beitrag zur Rolle des Berufsschullehrers bei der Vermittlung gesellschaftlichen Bewußtseins, Weinheim Basel: Beltz 1976.
Gewerkschaft Erziehung und Wissenschaft, Landesverband NW (Hrsg.): Politische Bildung im Medium des Berufs. Zu den Richtlinien für den Politikunterricht in der beruflichen Bildung, Essen: Neue Deutsche Schule 1987.
Greinert, Wolf-Dieter: Schule als Instrument sozialer Kontrolle und Objekt privater Interessen. Der Beitrag der Berufsschule zur politischen Erziehung der Unterschichten, Hannover: Schroedel 1975.
Harbordt, Steffen: Politische Bildung und politisches Bewußtsein von Berufsschülern, in: Deutsche Vereinigung für politische Bildung e.V. (Hrsg.): Politische Bildung in den Achtzigerjahren, Stuttgart: Metzler 1983, S. 173-189.
Ibrahim, Martha/Paul-Kohlhoff, Angela: Politikunterricht an der Berufsschule in der Erfahrung der Schüler. Eine empirische Untersuchung, Hannover: Schroedel 1976.
Kärtner, Georg u.a.: Zu Elementen politischer Kultur bei Auszubildenden in Industrie und Handwerk, in: Matthes, Joachim (Hrsg.): Krise der Arbeitsgesellschaft? Verhandlungen des 21. Deutschen Soziologentages in Bamberg 1982, Frankfurt/M.: Campus 1983, S. 375-384.
Kärtner, Georg u.a.: Politische Sozialisation im Betrieb, in: Braun/Schäfer/Schneider 1984,

1984, S. 17-33.

Klipstein v., Michael / Strümpel, Burkhard: Wertewandel und Wirtschaftsbild der Deutschen, in: aus politik und zeitgeschichte. Beilage zur Wochenzeitung Das Parlament, Nr. 42 / 1985, S. 19-38.

Landesinstitut für Schule und Weiterbildung (Hrsg.): Berufsbildung und gesellschaftliche Beteiligung. Teilzeitschulische Kurse für den obligatorischen Lernbereich in den Jahrgangsstufen 11.1 und 11.2 (Curriculumentwicklung in Nordrhein-Westfalen. Kollegschule), Soest: Soester Verlagskontor 1987.

Lempert, Wolfgang: Sozialisation in der betrieblichen Ausbildung. Der Beitrag der Lehre zur Entwicklung sozialer Orientierungen im Spiegel neuerer Längsschnittuntersuchungen, in: Thomas, Helga / Elstermann, Gert (Hrsg.): Bildung und Beruf. Soziale und ökonomische Aspekte, Berlin Heidelberg New York Tokyo: Springer 1986, S. 105-144.

Mayer, Evelies / Schumm, Wilhelm: Berufliche Sozialisation und politische Bildung, in: Deutsche Berufs- und Fachschule 1973, S. 764-755.

Der Minister für Wirtschaft, Mittelstand und Verkehr / Der Kultusminister des Landes Nordrhein-Westfalen (Hrsg.): Berufsbildungsbericht 1985. Ausbildung ist Zukunft, Düsseldorf: Selbstverlag 1985.

Nitschke, Volker / Sandmann, Fritz (Hrsg.): Metzler Handbuch für den politischen Unterricht, Stuttgart: Metzler 1987.

Noelle-Neumann, Elisabeth / Strümpel, Burkhard: Macht Arbeit krank? Macht Arbeit glücklich? München: Piper 1984.

Olberg v., Hans-Joachim: ,,Berufsbezogenheit" politischer Bildung. Zur Notwendigkeit, eine didaktische Kategorie neu zu bestimmen, in: Der Politikunterricht der achtziger Jahre — Kritik und Impulse. Festschrift für Walter Gagel zu seinem 60. Geburtstag. Politische Bildung 19. Jg. (1986) Heft 3, S. 59-69.

Olberg v., Hans-Joachim u.a.: ,,Zukunft der Arbeit". Die Herausforderungen des technologischen Wandels, in: Bundeszentrale für politische Bildung 1987, S. 103-188 (a).

Olberg v., Hans-Joachim: Politikdidaktik und Berufsbezug. Gezeigt am Beispiel der neuen Richtlinien für den Politikunterricht in Nordrhein-Westfalen, in: Weinbrenner 1987, S. 93-116 (b).

Rytlewski, Ralf: Arbeit — Beruf. Fachwissenschaftlicher Teil, in: Nitschke / Sandmann 1987, S. 197-206.

Schörken, Rolf: Funktion und Bedeutung des politischen Unterrichts in der Kollegschule, in: Lenzen, Dieter (Hrsg.): Curriculumentwicklung für die Kollegschule: Der obligatorische Lernbereich, Frankfurt/M.: Fischer Athenäum 1975, S. 287-298.

Sinus-Institut: Die verunsicherte Generation. Jugend und Wertewandel, Opladen: Leske + Budrich 1983.

Weinbrenner, Peter: Zukunft der Arbeit — Arbeit der Zukunft. Ein Unterrichtsmodell für die Sekundarstufe II, in: Politische Bildung, Jg. 18 (1985) Heft 3, S. 70-90.

Weinbrenner, Peter: ,,Berufspädagogik" und ,,Curriculum Politik", in: Gewerkschaft Erziehung und Wissenschaft, Landesverband NW 1987, S. 7-28 (a).

Weinbrenner, Peter: Berufsarbeit und politische Bildung, in: Bundeszentrale für politische Bildung 1987, S. 11-38 (b).

Weinbrenner, Peter: Prinzipien und Elemente einer zukunftsorientierten, arbeits- und berufsbezogenen Politischen Didaktik, in: Weinbrenner, Peter (Hrsg.): Zur Theorie und Praxis der politischen Bildung an beruflichen Schulen, Alsbach 1987, S. 1-30 (c).

Weinbrenner, Peter: Bedingungsanalyse für den politischen Unterricht an berufsbildenden Schulen, in: Schuster, Peter / Silbernagel, Wilfried (Hrsg.): Politische Bildung an berufsbildenden Schulen, Berlin: Technische Universität 1987, S. 7-34 (d).

II. Zur Methodik

10. Zur Gestaltung der Unterrichtskommunikation

Walter Gagel

10.1 Unterrichtskommunikation: das vergessene Thema

Untersuchungen zum Methodengebrauch bei Lehrern bestätigen immer wieder die Kluft zwischen Ideal und Wirklichkeit. Jedermann wird beteuern, daß es wichtig sei, die Selbsttätigkeit der Lernenden im Unterricht anzuregen. Aber wenn man dann in Zahlen auflistet, wer in einer Unterrichtsstunde wirklich aktiv ist, dann findet man immer das gleiche Bild: Der Redeanteil der „tüchtigen Durchschnittslehrer" liegt zwischen 60 und 80 % (v. Borries 1985, S. 341), in den Rest von 20 bis 40 % teilen sich die Schüler, so daß für den einzelnen Schüler (bei angenommenen 20 in einer Klasse) 1 bis 2 % übrigbleiben.

Eine der neueren Untersuchungen ist diejenige der Fernuniversität Hagen zum „Methoden-Repertoire von Lehrern", die an 10 Schulen in Nordrhein-Westfalen durchgeführt wurde. Hinsichtlich der Verwendung von „Methodischen Grundformen" in den Gesellschaftslehre-Fächern ergab diese Untersuchung (Hage u.a. 1985, S. 66), daß, wenn man den Anteil von Lehrervortrag, Demonstration, Katechisieren und gelenktem Unterrichtsgespräch addiert, man bei ca. 67 % der Unterrichtszeit Lehrerdominanz beobachten kann. Hinzu kommen Unterschiede zwischen den Schulformen: Bei den Hauptschulen war mehr Stillarbeit als bei den anderen anzutreffen, bei den Gymnasien mehr gelenktes Unterrichtsgespräch und „Katechisieren", bei der Gesamtschule mehr selbständige Schülertätigkeit mit Betreuung und „Diskussion".

Die Ergebnisse ruhen auf einer etwas schmalen empirischen Basis, daher sollen sie hier lediglich als Anregungen bewertet werden. Sicherlich decken sie ein spezifisches Methodenprofil der Schulformen auf. Das Überwiegen des gelenkten Unterrichtsgesprächs in allen Schulformen ist nicht überraschend. Aber das bedeutet: Je mehr Lehrer sprechen, desto weniger haben die Schüler dazu Gelegenheit. Das Schülerverhalten steht folglich in Abhängigkeit vom Lehrerverhalten.

Nimmt man außerdem das eindeutige Vorherrschen des Frontalunterrichts als Sozialform des Unterrichts (76 % für alle Fächer bei Hage u.a. 1985, S. 47 unter dem Begriff „Klassenunterricht" ebenso viele für die Fächer der Gesellschaftslehre) hinzu, dann ist es berechtigt, auch im Hinblick auf die Gesellschaftslehre-Fächer von einer „methodischen Monostruktur des alltäglichen Unterrichts" zu sprechen, die sich mit Lehrerdominanz verbindet. (Hage u.a. 1985, S. 147)

Im merkwürdigen Kontrast zu dieser determinierenden Kraft des Lehrerverhaltens steht die fehlende Bewußtheit; denn es gibt empirische Belege dafür, daß Selbsteinschätzungen von Lehrern illusionär sind. Sie glauben kommunikativ einen besseren Unterricht zu leisten, als sie es tatsächlich schaffen. (v. Borries 1985, S. 342) So läßt sich folgern, daß Lehrer mehr am Ergebnis des Unterrichts orientiert sind und daher „Methode" als Instrument verstehen und weniger auf die Art und Weise der Kommunikation innerhalb der Lerngruppe, Methoden daher nicht als Formen der Unterrichtskommunikation begreifen.

Aus diesem Grunde soll dieser Beitrag eine Ergänzung darstellen. Methode als „methodisches Handeln" wird in diesem Band in mehreren Beiträgen berücksichtigt: Kap. 5 „Handlungsorientierung", Kap. 11 „Entdeckendes Lernen", Kap. 12 „Lehrgang", Kap. 13 „Fallmethode", Kap. 14 „Problemlösungsmethode" und Kap. 15 „Projekt". Hier wird nun das Augenmerk auf die kommunikative Seite des Unterrichts gerichtet: Alle zielbezogene Unterrichtsarbeit vollzieht sich im Miteinanderhandeln und Miteinandersprechen der Beteiligten, in Interaktion und Kommunikation.

10.2 Begriffsklärungen: Interaktion und Kommunikation

Eine Klärung der Begriffe ist deshalb erforderlich, weil „Kommunikation" in unterschiedlichem Verständnis verwendet wird. Giesecke wählt eine sehr umfassende Bedeutung, wenn er Methodik als „Theorie der Unterrichtskommunikation" definiert. Bei ihm erfolgt aber auch keine Abgrenzung zu Begriffen wie „Interaktion" und „kommunikatives Handeln". (Giesecke 1973, S. 15 - 19) Daß Pläne für Arbeitsprozesse entworfen werden können, die auch eine einzelne Person verfolgen kann und nicht minder „Methoden" darstellen, das wird dabei nicht berücksichtigt. Die sach- und zieladäquate Planung und Durchführung von Arbeitsvorgängen ist also nicht zwingend an soziale Bezüge gebunden.

Jedoch vor allem: Eine umfassende Bedeutung von „Kommunikation" verdeckt, daß Lehren und Lernen im Unterricht verschiedene intentionale Aspekte gleichzeitig enthalten, die jedoch erst sichtbar werden, wenn man nach der „Struktur" des methodischen Handelns fragt. Während der Lehrer einerseits am *Ergebnis* des Unterrichts interessiert ist, wird er andererseits aber auch auf die *Beziehungen* achten müssen, die sich innerhalb einer Lerngruppe während des ergebnisbezogenen Tuns herstellen.

Hilbert Meyer (1987 I, S. 20) beschreibt die „Grundstruktur methodischen Handelns" unter drei Aspekten, die darin bestehen,

— „daß der Lehrer die von den Schülern zu leistende *Unterrichtsarbeit zweckrational gestaltet,* also den Unterricht so aufbaut, daß die Schüler leichter und besser ler-

nen, als sie dies ohne Hilfe des Lehrers täten; daß er die Pflichtauflagen der Richtlinien beachtet, daß er eine effektive und gerechte Form der Leistungsbeurteilung benutzt usw.;
— daß der Lehrer die *soziale Interaktion* der Schüler steuert und gestaltet, daß er ihr soziales Lernen fördert und sie zum solidarischen Handeln befähigt, zugleich aber auch gesellschaftlich wichtige Normen und Verhaltensweisen vorführt und vermittelt;
— daß er sich mit den Schülern über den *Sinn* der ihnen abverlangten Arbeit verständigt, daß er erläutert und begründet, was er für wichtig hält, und zugleich die Schüler ermutigt, ihre eigene selbständige Position aufzubauen."

Strukturelemente sind also „Arbeit", „Interaktion" und „Sprache". Die normative Vorentscheidung besteht in der Gleichwertigkeit der Elemente: daß Lernergebnisse nicht dem Prozeß der Ergebnisfindung übergeordnet werden, daß Schule vielmehr auch „Erfahrungsraum" (v. Hentig) darstellt und daß „Verständigung" die Unterrichtsarbeit begleiten soll.

Die Trennung in „Interaktion" und „Sprache" macht sowohl die Unterschiede als auch die Nähe beider Begriffe sichtbar. „Interaktion" bedeutet, daß zwei oder mehrere Personen ihre Handlungen unter Berücksichtigung von Umständen aufeinander beziehen. „Sprache" verwendet Meyer hier in der Bedeutung von „Kommunikation". Dieser Begriff bezeichnet in Unterscheidung von „Interaktion" das Medium, in welchem dieses „Aufeinanderbeziehen" geschehen kann, aber nicht muß. Die wechselseitige Beziehung von Handlungen auf andere kann nämlich auch durch Routine oder Konvention erfolgen, also sprachlos. Kommunikation ist demzufolge der engere Begriff.

Wenn nach Meyer Kommunikation die Verständigung über Sinn leisten soll, so wird damit ausgedrückt: Durch Kommunikation werden nicht nur Inhalte vermittelt, sondern es wird auch „sozialer Sinn" hergestellt. Denn „Verständigung" beschreibt eine soziale Beziehung der wechselseitigen Anerkennung, sie ist in dieser Bedeutung eine pädagogische Norm. Ganz gleich, ob im Unterricht derartige Verständigung angezielt wird oder nicht, — die Schüler nehmen ihre Erfahrungen von sozialem Handeln aus der Schule mit nach Hause: Über-/Unterordnung oder Ebene der Gleichberechtigung, dominantes, kompetitives (wettbewerbsorientiertes) oder kooperatives Verhalten, Stärkung oder Schwächung des Selbstwertgefühls. Dadurch erhält der Kommunikationsprozeß einen pädagogischen Eigenwert. Er vermittelt nicht nur Wissen, sondern auch Sozialerfahrung ebenso wie soziale Kompetenz.

Für das Erkennen der kommunikativen Seite des Unterrichts sind die „pragmatischen Axiome menschlicher Kommunikation" hilfreich (zum Folgenden Rosenbusch 1986, S. 607 ff., Watzlawik u.a. 1969, S. 50 ff.). Bekannt ist die Bedeutung der
— *Beziehungsebene* unterrichtlicher Kommunikation; daß also kommunikative Äußerungen (verbal und nonverbal) auch etwas darüber mitteilen, was der Sprecher vom anderen hält und wie sie miteinander stehen. Die Unterscheidung von
— *symmetrischer* und *komplementärer Kommunikation* beschreibt Beziehungen, die

entweder auf Gleichheit oder auf Unterschiedlichkeit beruhen und trifft vor allem das Verhältnis zwischen Lehrer und Schüler. Das
— *Interpunktionstheorem* hilft, die individuelle und daher unterschiedliche Interpretation von sozialen Situationen zu verstehen; Beziehungskonflikte entstehen häufig dadurch, daß die Beteiligten ihren Dialog unterschiedlich ,,interpunktieren" (z. B. der Streit darüber, wer ,,angefangen" hat). Zu beachten ist auch die
— *nonverbale Kommunikation,* durch die Beziehungsbotschaften vorzugsweise vermittelt werden. Wenn verbale und nonverbale Signale in eine Richtung gehen, liegt ,,konvergierende", wenn sie in verschiedene Richtungen gehen (Beispiel: Ironie), ,,divergierende" Kommunikation vor. Anzustreben ist folglich konvergierende Kommunikation. Für den Lehrer ergibt sich ferner die Schwierigkeit, die
— *Funktionsebenen* unterrichtlicher Kommunikation gleichzeitig zu beachten und zu gestalten, nämlich die Vermittlung von Inhalten, die Prozeßregulierung und die Beziehungsmanifestationen. Das kann folgenreich sein , weil Divergenzen auf diesen Ebenen Schüler zu verwirren oder zu verletzen vermögen. Alle diese Aspekte können in der
— *Metakommunikation,* der Kommunikation über Kommunikation, auch zwischen Lehrern und Schüler zum Inhalt gemacht und dadurch allen Beteiligten bewußt werden.

,,Arbeit" und ,,Sprache" in dem oben dargelegten Verständnis stehen sicherlich in einem Spannungsverhältnis; denn zweckrationale, d.h. ergebnisorientierte Gestaltung des Unterrichts (,,Arbeit") könnte durch eine meist zeitaufwendige kommunikative Verständigung beeinträchtigt werden. Die institutionellen Vorgaben der Schule (vgl. die ,,Pflichtauflagen der Richtlinien") können ja nicht einfach hinwegdefiniert werden. Das Spannungsverhältnis wird bleiben; Erfolgsorientierung steht in Konkurrenz zur Verständigungsorientierung. Aber gerade für den Politikunterricht ist die soziale ,,Einbettung" des Unterrichtsgeschehens essentiell. Dort, wo Schülerinnen und Schüler Qualifikationen erwerben sollen, die sie befähigen, ,,Selbst- und Mitbestimmung in Politik und Gesellschaft zu praktizieren" (RiLi S. 7), muß die Lernsituation auch ein Übungsfeld für Selbständigkeit, Kritikfähigkeit und Gleichberechtigung sein; sie verhilft dadurch den Lernenden zur Stärkung ihres Selbstbewußtseins und zum Aufbau ihrer Ich-Identität. Qualifikation 3 macht Kommunikation zudem ausdrücklich zum Inhalt und zum Ziel des Unterrichts.

10.3 Das ,,Aushandeln von Situationsdefinitionen" im Unterricht

Wenn der Lehrer die Verbesserung der Unterrichtskommunikation beabsichtigt, so setzt dies voraus, daß er eine bestimmte Sichtweise auf Unterricht hat. Dies soll an dem Beispiel einer Unterrichtsstunde verdeutlicht werden, indem diese zunächst lerntheoretisch, danach interaktionstheoretisch und kommunikationstheoretisch interpretiert wird.

In der 10. Klasse einer Realschule wird im Geschichtsunterricht über die Begriffsreihe ,,Nation — Nationalgefühl — Nationalismus — Chauvinismus" im 19. Jahrhundert gesprochen. Bei der Erklärung des Begriffes ,,Nationalismus" bemerkt die Lehrerin, wie der Schüler A Zeichen heftigen Unmuts (Kopfschütteln, aufgeregtes Melden, roter Kopf) von sich gibt. Als die Lehrerin nicht reagiert, unterbricht der Schüler schließlich das Unterrichtsgespräch mit den Worten: ,,Das ist doch alles Quatsch. Damit bin ich überhaupt nicht einverstanden. Für mich ist der Nationalismus einer der höchsten Werte, die es gibt." Zur Begründung aufgefordert, legt er, immer noch sehr erregt, eine Art Bekenntnis ab, in dem er Worte wie ,,höchstes Gut", ,,mein deutsches Vaterland", ,,Hingabe an mein Vaterland" und ,,ich weigere mich, etwas anderes als ,Ostzone' zu sagen" verwendet. In der sonst eher apathischen Klasse ruft dieses Verhalten ungläubiges Staunen, Kopfschütteln und Widerspruch hervor; es kommt schließlich zu einer erregten Diskussion der Klasse mit diesem Schüler in der Absicht, ihn zu widerlegen. Die Lehrerin, die sich von dem Schüler provoziert fühlte, kann sich mehr und mehr darauf beschränken, die Diskussion zu leiten, die durch das Pausenzeichen abgebrochen wird. In der Pause setzt die Lehrerin das Gespräch mit dem Schüler fort; er bleibt unbeeindruckt und es endet mit seiner Bemerkung: ,,Beim Nationalsozialismus sind wir bestimmt nicht einer Meinung, dazu habe ich Ihnen vieles zu sagen."

Zunächst die *lerntheoretische* Deutung der Lernsituation (vgl. Winnefeld 1967, S. 54 f.). Sie wird hier als zielgerichtetes Spannungsfeld verstanden, in welchem die Beteiligten an sachlich-geistigen Gehalten ausgerichtet sind, die Ziel- und Aufgabencharakter haben. Das Lernen stößt auf Widerstand, in der Regel als Verständnisschwierigkeit verstanden; dieser kann motivierend wirken, aber wenn er zu stark ist, kann er zu Resignation, zu Aggression oder zum ,,Aus-dem-Felde-Gehen" führen.

So gesehen, kann der Widerstand des Schülers gegen die zielgerichetete Intention des Lehrers nur als ,,Störung" verstanden werden, als ein nicht in der Sache liegender Hindernis, das überwunden werden muß, weil es den Lernerfolg gefährdet. Dem entspricht auch die abwehrende Reaktion der Lehrerin und der Widerspruch der übrigen Schüler. In Bezug auf die drei genannten Strukturbegriffe Arbeit, Interaktion und Sprache ist der Unterricht in dieser Sichtweise ausschließlich von ,,Arbeit" bestimmt.

Eine *interaktionstheoretische* Deutung dieser Unterrichtsstunde fällt jedoch ganz anders aus (vgl. Wellendorf 1974; s. auch ,,Situationsdefinition", 2.2, oben S. 41). Hier wird das abweichende Verhalten nicht als dysfunktional im Hinblick auf die für den Lernprozeß von der Lehrerin gesetzten Ziele betrachtet. Das Verhalten des Schülers signalisiert lediglich, daß es ihm um ein anderes Ziel geht. Auch sein Verhalten ist ein zielgerichtetes Handeln. Denn es wird jetzt angenommen, daß alle an der Lernsituation Beteiligten Intentionen haben, die aber untereinander abweichen können. Die Beteiligten, Lehrer wie Schüler, orientieren sich dabei an Symbolen, um das Verhalten des jeweils anderen zu deuten. Diese Symbole können solche gemeinsamen Verständnisses sein, z.B. Lehrerfrage generell als Aufforderung zur Leistung; sie kann aber auch einen Schüler zu anderer Deutung veranlassen, z.B. „will mich reinlegen". Eine an Symbolen orientierte Interaktion erfordert demnach eine fortwährende Interpretation und Definition sowohl der Situation (meine Intention) wie auch des Verhaltens der anderen.

Um die Intention des Schülers zu verstehen, muß nach der „Einstellung" (s. 2.2, oben S. 41) gefragt werden, die er in die Situation einbringt. Zu Beginn des Schuljahres war er vom Gymnasium an die Realschule gekommen. In der Klasse hatte er nicht recht Fuß fassen können, im Fach Geschichte war er aufgrund seines umfangreichen Faktenwissens einsam überlegen. Für ihn ging es in dieser Unterrichtsstunde offenbar nicht darum, zielgerecht etwas zu lernen. An den äußeren Zeichen der Erregung war erkennbar, daß der Unterrichtsinhalt sein Selbstbild erschütterte, vielleicht weil die Kritik am „Nationalismus" an sein Vaterbild rührte (Vater als Funktionär der NPD). Hinzu kam sein Bedürfnis, den Mitschülern seine Überlegenheit zu demonstrieren, vielleicht in der Hoffnung, dadurch ihre Anerkennung zu erringen. Die Unterrichtsstunde wurde für ihn zur Bühne, auf der sich seine soziale Identität (Anerkennung durch die anderen) und seine personale Identität (das Ichsein) bewähren sollten.

So standen zwei Situationsdefinitionen einander gegenüber: Lehrerin und Klasse definierten die Lernsituation als „wichtigen Lerninhalt erarbeiten", Schüler A hingegen als „Angriff auf meine Person". Dabei macht dieser Schüler seine Außenseiterposition innerhalb der Klasse sichtbar. Diese Sichtweise konzentriert sich vornehmlich auf das Strukturelement „Interaktion".

Soweit die beiden Analyseansätze. Während der erste Ansatz eine „Störung" diagnostiziert, läßt der zweite den Gegensatz zweier Situationsdeutungen erkennen. Letztere führt damit aber in eine Sackgasse, nämlich in Vereinseitigungen wie „Gruppendynamik" oder „Interaktionserziehung". Sicherlich ist es gelegentlich pädagogisch vertretbar, durch derartige Unterrichtsveranstaltungen zu versuchen, die Außenseiterposition eines Schülers abzubauen, ihn in die Klasse zu integrieren. Aber verallgemeinert wäre dies ebenso eine Vereinseitigung der Unterrichtskonzeption, wie wenn man Unterricht ausschließlich als „Lernarbeit" auffaßt, ohne zu beachten, daß die Lernsituation für die Schüler sehr wohl auch ein Feld der Findung und Bewährung von Identität ist.

Ein Ausweg bietet sich unter dem Aspekt *„kommunikatives Handeln"* an. Dieser sei an einem Vorschlag zur Problemlösung veranschaulicht: Der Lehrer versucht nicht, den Widerspruch des Schülers zu widerlegen (wie ja auch die Mitschüler), sondern er greift ihn auf, um mit der Klasse zu erörtern, warum es für uns (Deutsche o.ä.) so schwer ist, (ohne Emotionen) über den Begriff „Nation" zu sprechen. Dies wäre eine Art entpersönlichte Metakommunikation über das sprachliche Symbol „Nation" und indirekt auch über die Stunde. Schüler und Lehrer würden also versuchen, eine gemeinsame Deutung zu finden, entweder über den Begriff oder aber über die Art und Weise, wie der Begriff im Unterricht verwendet werden soll, also auch, zu welchem Ziel. Es könnte sein, daß selbst der Schüler A, ohne seine Begriffsverständnis aufgeben zu müssen, in eine gemeinsame Aufgabenstellung für diesen Unterricht einbezogen werden könnte (z.b. die unterschiedlichen Definitionen zusammenstellen oder herausfinden, wer den Begriff „Nationalismus" positiv, wer ihn negativ wertbesetzt verwendet u.ä.). Dabei könnte eine soziale Einbindung des Schülers A in die Klasse bewirkt werden, ohne daß er sein Gesicht verlöre, — ein wichtiges soziales Lernziel. Ein solcher Unterricht verbindet „Arbeit" mit Gestaltung der „Interaktion" durch die Verständigung über Sinndeutungen und Ziele mithilfe des Mediums „Sprache".

Wir haben hier den Begriff „kommunikatives Handeln" verwendet, weil er eine Art Orientierungshilfe für die Lösung dieser Konfliktsituation bietet.

„Im kommunikativen Handeln sind die Beteiligten nicht primär am eigenen Erfolg orientiert; sie verfolgen ihre individuellen Ziele unter der Bedingung, daß sie ihre Handlungspläne auf der Grundlage gemeinsamer Situationsdefinitionen aufeinander abstimmen können. Insofern ist das Aushandeln von Situationsdefinitionen ein wesentlicher Bestandteil der für kommunikatives Handeln erforderlichen Interpretationsleistungen." (Habermas 1981 I, S. 385)

Koordination von Handlungsplänen kann auch durch Zwang und Anordnung erfolgen. Der hier angebotene Ausweg intendiert eine Koordination durch „Einverständnis" als Ergebnis von „Aushandeln".

10.4 Das Erfassen der „Botschaft"

Selbst wenn diese Problemlösung einleuchtend erscheint, sollte man doch nicht die Schwierigkeiten übersehen, die mit ihr verbunden sind. Sie werden sichtbar, wenn man sich in die Rolle der Lehrerin versetzt. Ihr wurde hier ja eine situative Entscheidung abverlangt. Könnte sie, überrascht von der rüden Unterbrechung durch den Schüler, sofort im Sinne des kommunikativen Handelns reagieren? Die Lehrerin verstand dies als Angriff auf ihre Person, und das liegt ja nahe. Wie sollte sie in diesem Augenblick auf das Beteiligungsangebot des Schülers emotionslos eingehen?

Eine Schwierigkeit in dieser Situation besteht für den Lehrer darin, daß er die Kommunikationsaxiome als „Betroffener" anwenden muß. Er muß also gleichzeitig auf mehreren Ebenen agieren. Und da gilt es als erstes zu erkennen, daß Worte eines Schülers wie die oben zitierten keineswegs eindeutig sind. Schulz von Thun unterscheidet nicht nur zwischen Inhalts- und Beziehungsaspekt, sondern sogar zwischen „vier seelisch bedeutsamen Seiten" einer Nachricht (1981, S. 25 ff.). Botschaften des Schülers A könnten demnach sein:

1. *Sachinhalt* (Worüber ich informiere): Ich habe eine andere Meinung und halte die Ihrige für falsch.

2. *Selbstoffenbarung* (Was ich von mir selbst kundgebe): Ich ärgere mich, oder: Ich bin verletzt.
3. *Beziehung* (Was ich von dir halte und wie wir zueinander stehen): Ich fühle mich von Ihnen ungerecht behandelt.
4. *Appell* (Wozu ich dich veranlassen möchte): Geben Sie mir das Wort und hören Sie mich an.

Eine Nachricht beinhaltet demnach viele „Botschaften" gleichzeitig. Nicht sicher ist, welche in der Situation vom „Sender" vorrangig gemeint ist. Hat die Lehrerin die Beziehungsseite „herausgehört", weil sie von Vorerfahrungen mit dem Schüler geleitet war? Aber möglicherweise hatte der Schüler hauptsächlich den „Appell" im Sinn: Die Lehrerin, die aufgrund der schulischen Organisation das Monopol hat, das Rederecht zu verteilen, mußte irgendwie gezwungen werden, „sonst komme ich nicht dran". Eine solche Deutung würde die persönliche Spitze der Äußerung erheblich entschärfen. Mögliche Reaktion der Lehrerin: „Es ist richtig, daß du selber das Wort ergreifst, ich habe dich so lange übersehen", — also ohne auf die Aggressivität einzugehen.

Darin beruht als eine der Schwierigkeiten: Die Nachricht enthält ein „Geflecht" von Botschaften, und diese sind überdies oft unklar. Nicht sicher ist ferner, ob die hier angebotenen Deutungen die Motive des Senders treffen. Möglicherweise kann nicht einmal dieser sie verifizieren, weil sie häufig aus dem Unbewußten kommen.

Natürlich liegt in der Komplexität der Botschaften für den Lehrer auch eine Chance: Er kann den einen Aspekt ignorieren, um auf einen anderen einzugehen. Beispielsweise kann er dadurch im Augenblick die Beziehungsklärung vor der Klasse vermeiden, um den Schüler nicht zu brüskieren; er kann sie dann später unter vier Augen nachholen.

Eine weitere Schwierigkeit: Der Lehrer steht *in* der Situation, nicht außerhalb; er ist selber einbezogen in das Spannungsfeld der Gefühle, die immer mitschwingen. In seiner Reaktion ist ja auch eine „Selbstoffenbarung" enthalten, z.B.: Du hast mich so oft geärgert, jetzt ist meine Geduld zu Ende. Unterricht ist ein Prozeß und demnach „das Gesamt wechselseitiger verbaler und nonverbaler dynamischer Wechselbeziehungen" (Rosenbusch 1986, S. 607).

Folglich müssen Lehrer meist erst kompetent werden, um in derartigen dynamischen Situationen kommunikativ handeln zu können. Die Entschlüsselung der „Botschaften" in einer Nachricht z.B. muß geübt werden, und zwar in Gesprächssituationen mit Trainer. Denn die Fähigkeit erwirbt man nicht durch eine Belehrung. Ausführungen wie die hier vorliegenden können dies nicht ersetzen.

In den folgenden Abschnitten 10.5 und 10.6 werden daher nur solche Anregungen gegeben, die Lehrer ohne derartige Vorbereitung im Unterricht verwenden können.

Als Ergänzung sei auf weiterführende Literatur hingewiesen: Ein Trainingsprogramm zur Gesprächskompetenz in der Form von Bausteinen bietet Pallasch (1987 a), zum Lehrverhalten in Form von drei Kursbeschreibungen ebenfalls Pallasch (1987 b). Sie sind in jedem Fall eine aufschlußreiche Lektüre, in Teilen (vor allem 1987 a) auch zur eigenen Erprobung ohne Anleitung geeignet. Dies gilt auch für Schulz von Thun (1981). Eine Vorstellung von einem Training zur Gesprächstherapie vermittelt Weber (1987).

10.5 Anwendung I: Methodenentscheidung als Chance zur Verbesserung der Unterrichtskommunikation

Eingangs wurde von der „methodischen Monostruktur des alltäglichen Unterrichts" gesprochen. Das darf nicht so verstanden werden, als sei Methodenvariation der alleinige Ausweg. Zwar regeln die *Sozialformen* (Frontalunterricht, Gruppenunterricht, Partnerarbeit, Einzelarbeit) die Beziehungsstruktur des Unterrichts, wie Hilbert Meyer darlegt. (1987 I, S. 136) Er vermeidet aber eine Bewertung, da die Vorzüge einzelner Sozialformen empirisch nicht nachgewiesen seien. Wichtiger seien die „Handlungsmuster":

„Für den Lernerfolg und für die subjektive Zufriedenheit von Lehrern und Schülern im Unterricht ist die Frage nach der Auswahl der geeigneten Handlungsmuster wesentlicher als die nach der Auswahl der Sozial- und Verlaufsformen." (ebda. S. 142)

Mit „Handlungsmuster" bezeichnet Meyer das, was bei bei anderen Autoren „methodische Grundform" oder „Aktionsform" heißt. Am bedeutsamsten sind die *Gesprächsformen:* gelenktes Unterrichtsgespräch, Lehrgespräch, Schülergespräch, Streitgespräch, Debatte. Der Vorzug dieser Unterscheidung beruht darin, daß dadurch die am häufigsten verwendete Sozialform, der Frontalunterricht, nicht von vorneherein diskriminiert wird. Das ergibt eine grundsätzliche Folgerung, die folgende These ausdrückt:

Die kommunikative Qualität haftet nicht der Sozialform als solcher an, sondern sie wird bedingt durch die Gesprächsform, welche in der jeweiligen Sozialform praktiziert wird.

Folgende Gesprächsformen können auch mit dem Frontalunterricht gekoppelt werden; ihre kommunikative Qualität ist unterschiedlich:

Gelenktes Unterrichtsgespräch: Am meisten verbreitet; Merkmal ist das „Gesetz der zwei Drittel;: der Lehrer spricht zwei Drittel der Wortmenge, die Schüler teilen sich in das dritte Drittel; Steuerung ausschließlich durch den Lehrer. Zu unterscheiden ist davon das *fragend-entwickelnde* Unterrichtsgespräch: Hier praktiziert der Lehrer eine Gesprächsführung, in welcher er sich den Denkbewegungen der Schüler gleichsam „anschmiegt" (Meyer II, S. 288). Diese Form — eine Ausnahme — ist meistens ein

Lehrgespräch: Erarbeitung eines Themas im Gespräch, in welchem der Lehrer durchaus steuert, aber den Schülern breiteren Raum läßt; Faustregel für den Lehrer: „Mehr

sagen — weniger fragen! Mehr zeigen und vormachen — weniger bereden und problematiseren." (ebda. S. 290)
Schülergespräch: für besondere, die Schüler betreffenden Themen. Der Lehrer lenkt nicht, sondern reguliert nur. Schüler müssen Spielregeln der Kommunikation kennen oder dabei erlernen. Günstigste Organisationsform: Kreis- oder Rundgespräch.
Streitgespräch: simulierte Konkurrenzsituation, Debatte mit einem höheren Grad an Verregelung. (ebda. S. 291 — 296)

Eine Vorstellung von einem gelungenen Lehrgespräch vermittelt die folgende Auswertung einer dokumentierten Unterrichtsstunde (Geschichte, 9. Kl. Gymnasium, Luther über den Bauernaufstand 1524/25):

„Die Lehrerin spricht nur knapp ein Viertel aller Worte, von den Schüler(inne)n beteiligen sich mehr als zwei Drittel. Die längste Lehreräußerung hat 61, die längste Schüleräußerung 80 Worte; auch im Durchschnitt sind die Schülerbeiträge länger als die der Lehrerin (26 gegen 21 Worte). Aufgrund der Texte verzichtet die Lehrerin ganz auf Informationen, sie moderiert und fördert vielmehr den Denkprozeß. Statt enger Tatsachenfragen gibt es weite Problemfragen und offene Impulse. Verschiedentlich dienen Äußerungen ausschließlich der Organisation und Klimapflege (Schüchterne vorwegnehmen, Äußerungen weitergeben, Stand zusammenfassen etc.). Die Schüler(innen) wenden sich vorwiegend an die Lehrerin, gehen aber auch vielfach auf Klassenkameraden ein.

Da die Lehrerin auf regelmäßige Bewertungen der Schüleräußerungen verzichtet und motivierende Probleme aufwirft, reden bis zu zehn Schüler, bevor sie wieder das Wort ergreift. Diese Gesprächsform der langen Ketten von Schülerbeiträgen ist der wichtigste Unterschied zu den (anderen) Methoden-Medien-Profilen. Strukturierende Bemerkungen und Fragen kommen mehrfach von den Schülern, wenn auch seltener als von der Lehrerin (26 zu 7 Fragen). Vereinzelt übergehen die Schüler Anregungen der Lehrerin und kommen auf ihre Ansätze zurück. Grundsätzlich handelt es sich also um eine Zweiwegkommunikation mit dem Lehrer im Zentrum und vereinzelten Querverbindungen zwischen den Schülern. Die verbalen Äußerungen sind prinzipiell (aber nicht in jedem Einzelfall) reversibel; die überlegene Lehrerrolle bleibt durchaus gewahrt." (v. Borries 1984, S. 321)

So „musterhaft" dieses Beispiel erscheint, — man muß es doch relativieren. Es gehört in eine Reihe von sechs „idealtypischen Unterrichtsprofilen", nach denen Bodo von Borries Methodenkonzeptionen möglichen Unterrichts ordnet. Außer diesem Typ gibt es solche mit mehr und solche mit weniger Selbsttätigkeit der Schüler. An dieser Stelle wird das Beispiel gebracht, weil es eine Art mittleren Aufforderungsgrad enthält. Seine Realisierung ist wünschenswert, der Typ kann daher als Richtwert gelten, ohne daß er verabsolutiert werden müßte.

10.6 Anwendung II: Gesprächserziehung

Für eine Verbesserung des Unterrichtsgesprächs sind Techniken der Führung von Unterrichtsgesprächen notwendig, aber nicht hinreichend. Ihre sinnvolle Anwendung wurzelt nämlich im Gesprächsverhalten des Lehrers, in seiner Fähigkeit, soziale Beziehungen zu gestalten. Daher sind auch Lehrer die Adressaten von Gesprächserziehung. Dies sollte nicht übersehen werden, wenn wir im folgenden nur Beispiele und Übungen anführen, die Lehrer für ihre Schüler veranstalten können, wenn sich ein Anlaß bietet.

Diese Übungen haben etwas mit Politikunterricht zu tun, denn ihnen liegt der Gedanke zugrunde, „daß der politischen Demokratisierung des Staates und der Institutionen eine ‚innere Demokratisierung' des Verhaltens und der persönlichen Werte, also eine Demokratisierung der Charakterstrukturen, einhergehen müssen" (Schulz von Thun 1981, S. 165). Das erste Beispiel demonstriert dies am Gegenbild.

(1) *Verstehen können.* Für das Diskutieren benötigt man Regeln, die eingehalten werden müssen. Aber zum Miteinandersprechen gehört mehr; denn dieses ist ja weitgehend auch ein Übereinander-Sprechen. Wenn ich die Äußerung des anderen zu verstehen suche, muß ich mich in seine Perspektive hineinversetzen. Diese Fähigkeit der sozialen Wahrnehmung muß erworben werden.

Aus einer 8. Hauptschulklasse: „Die Diskussion ... zeigte viel Unverständnis für die Lage derer, die sich aus der Gemeinschaft ausgeschlossen fühlten. Mehrfach wurde die ‚gute Klassengemeinschaft' beschworen, die in dieser Klasse herrsche. Der Hinweis einer Schülerin, daß die Klasse in verschiedene Cliquen zerfalle, wurde überhört. Man setzte diejenigen, die sich vereinsamt fühlten, ins Unrecht, tat sie als ‚Schwächlinge' und ‚labile Typen' ab, die sich nicht um sozialen Kontakt bemühten, die ‚eben nicht wollten'. Es liege nur an ihnen selber, wenn sie Schwierigkeiten hätten, denn, so sagte Ma (eine Schülerin). ‚Man kann immer einen guten Freund oder eine gute Freundin haben, wenn man sich bemüht, einen Freund oder eine Freundin zu suchen'." (Grundke 1975, S.118)

Appelle an den guten Willen offenbaren mangelndes Einfühlungsvermögen in die Lage des anderen. Soziale Beziehungen muß man als reziprok verstehen; das Verhalten der Gruppenmitglieder ist wechselseitig bedingt durch das Verhalten der anderen. Erst nach einer langen Unterrichtsreihe erwarben die Schülerinnen und Schüler dieser Klasse soziale Sensibilität: den anderen wahrnehmen können, mit der Bereitschaft, ihn zu akzeptieren.

(2) *Zuhören.* Bedingung für das Verstehen des anderen ist das genaue Zuhören. Dies ist aber keine selbstverständliche Fähigkeit. Häufig hört der Hörer etwas „heraus", was für den Sprecher gar nicht so wichtig ist. Er nimmt demnach Bedeutsames gar nicht wahr. Das Zuhören muß daher geübt werden. Als Übung wird der „Kontrollierte Dialog" vorgeschlagen (Krieger 1978, S. 141), und zwar nach folgenden Spielregeln:

„A beginnt mit einer Aussage zum Thema; B muß die Aussage von A zunächst sinngemäß wiederholen, worauf A mit 'Stimmt' oder ‚Stimmt nicht' antwortet, d.h. mitteilt, ob seine Aussage seiner Meinung nach von B richtig verstanden wurde. Dann erst folgt B mit seiner Aussage, die wiederum von A sinngemäß wiederholt werden muß, was von B zu bestätigen oder zurückzuweisen ist usw. Person C fungiert dabei als Beobachter und schaltet sich ein, wenn die Spielregeln nicht eingehalten wurden." Als Diskussionsthema wird ein kurzer provozierender Text vorgeschlagen.

(3) *Bewußtmachen von Gesprächsregeln.* Die Regeln der „Themenzentrierten Interaktion" nach Ruth Cohn sind ein Mittel, durch das sich die Schüler ihr Gesprächsverhalten bewußt machen können:

— „Störungen haben Vorrang (wer nicht folgen kann, sich ärgert, sich langweilt oder vorübergehend 'abwesend' war, sollte das Gespräch in der Gruppe unterbrechen).
— Sage ‚Ich' statt ‚Man'!
— Äußere deine eigene Meinung und vermeide Fragen als verkappte Meinungsäußerung!
— Sprich nicht länger als zwei (drei) Minuten!
— Sieh deinen Gesprächspartner an!
— Wiederhole kurz den Gedanken eines Sprechers, bevor du darauf eingehst!" (Fickel 1982, S. 266)

Ergänzend sei die bekannte Regel von R. Cohn: „Sei dein eigener Chairman!" erwähnt. Sie zielt auf die Befähigung zur Selbststeuerung und ist daher besonders für die Gruppenarbeit wichtig.

(4) *Interaktionsspiele.* Beispiel „Nonverbale Verständigung" (Grundke 1975, S. 213 ff.), eine Art Sensibilitätstraining:

Spielanweisung: Jeder Schüler tut sich mit zwei (einem) Klassenkameraden zusammen, um gemeinsam mit ihnen (ihm) ein Bild zu malen. Dazu soll er sich möglichst Mitschüler suchen, mit denen er normalerweise wenig Kontakt hat. Hier bietet sich die Gelegenheit, einander etwas näher kennenzulernen. Bei der Arbeit an dem Bild muß eine Regel streng eingehalten werden: Die Verständigung untereinander darf nicht mit Worten geschehen, sondern nur durch Zeichen.

Anschließend berichten die Gruppen über den Verlauf der Arbeit. Für die Gesprächserziehung ist wichtig, daß jeder Schüler verbalisiert, welche Empfindungen die Spielsituation bei ihm ausgelöst hat. Dies dient zur Wahrnehmung von Dominanzverhalten, dessen Abwehr usw. Ziel ist die Sensibilisierung für die eigenen Empfindungen und die des anderen als Voraussetzung für Verstehenkönnen. Angewendet werden könnte dieses Spiel z.B., wenn der Lehrer beobachtet, daß Partnerarbeit nicht gelingt.

Zu bedenken ist, daß derartige Spielsituationen Schülern auch Angst einflößen können. Der Lehrer hat immer zu beachten, daß — anders als in einer Therapiegruppe — eine Schulklasse eine Zwangsgruppe darstellt, welche die Mitglieder nicht jederzeit verlassen können. Schülern sollte es daher auch gestattet werden, an derartigen Spielen nicht teilzunehmen.

(5) Über Gesprächserziehung geht die *Interaktionserziehung* hinaus. Eine zumindest in Teilen nachspielbare umfangreiche Unterrichtsreihe hierzu bietet Grundke (1975), erarbeitet innerhalb eines Projektes zur Unterrichtsforschung; das Buch enthält nicht nur die Unterrichtsmaterialien, sondern auch die ausgewerteten Protokolle des Unterrichtsversuchs in zwei 8. Klassen.

Literatur

Borries, Bodo von: Zur Praxis ,,gelungenen" historisch-politischen Unterrichts. In: Geschichtsdidaktik 4/1984, S. 317 - 335.

Borries, Bodo von: Methodisch-mediales Handeln im Lernbereich Politik — Geschichte — Erdkunde. In: Enzyklopädie Erziehungswissenschaft, hrsg. von Dieter Lenzen, Bd. 4, Stuttgart: Klett-Cotta 1985, S. 328 - 366.

Fickel, Johanna: Ausgewählte Lernformen im politischen Unterricht: Gespräch — Gruppenarbeit — erkundende Lernwege. In Volker Nitzschke, Fritz Sandmann (Hg.): Neue Ansätze zur Methodik des Politischen Unterrichts, Stuttgart: Metzler 1982, S. 246 - 301.

Giesecke, Hermann: Methodik des politischen Unterrichts, München: Juventa 1973,

Grundke, Peter: Interaktionserziehung in der Schule. Modell eines therapeutischen Unterrichts, München: Juventa 1975.

Habermas, Jürgen: Theorie des kommunikativen Handelns, Band 1 u. 2, Frankfurt: Suhrkamp 1981.

Hage, Klaus, Heinz Bischoff, Horst Dichanz, Klaus D. Eubel, Heinz-Jörg Oehlschläger, Dieter Schwittmann: Das Methoden-Repertoire von Lehrern. Eine Untersuchung zum Schulalltag der Sekundarstufe I, Opladen: Leske + Budrich 1985.

Hilligen, Wolfgang: Zur Didaktik des politischen Unterrichts II. Schriften 1950 - 1975, Opladen: Leske 1976.

Krieger, Rainer: Psychologische Aspekte politischer Bildung, Düsseldorf: Schwann 1978.

Meyer, Hilbert: UnterrichtsMethoden. I: Theorieband, II: Praxisband, Frankfurt: Scriptor 1987.

Pallasch, Waldemar: Pädagogisches Gesprächstraining. Lern- und Trainingsprogramm zu Vermittlung pädagogischer Gesprächs- und Beratungskompetenz, München: Juventa 1987 (a).

Pallasch, Waldemar: Lehrverhalten und Problemlösen. Lern- und Trainingsprogramm zur Schulung pädagogischer Fertigkeiten und Reflexion des Selbstkonzepts, München: Juventa 1987 (b).

Rosenbusch, Heinz S.: Kommunikativer Unterricht. In Dieter Lenzen (Hg.): Enzyklopädie Erziehungswissenschaft, Bd. 3, Stuttgart: Klett-Cotta 1986, S. 606 - 611.

Schulz von Thun, Friedemann: Miteinander reden — Störungen und Klärungen. Psychologie der zwischenmenschlichen Kommunikation, Reinbek: Rowohlt 1981.

Thiele, Hartmut: Lehren und Lernen im Gespräch. Gesprächsführung im Unterricht, Bad Heilbrunn: Klinkhardt 1981.

Watzlawik, Paul, Janet H. Beavin, Don D. Jackson: Menschliche Kommunikation. Formen, Störungen, Paradoxien, Bern: Huber 1969.

Weber, Wilfried: Wege zum helfenden Gespräch. Gesprächspsychotherapie in der Praxis, 8. Aufl., München: Reinhardt 1987.

Wellendorf, Franz: Schulische Sozialisation und Identität. Zur Sozialpsychologie der Schule als Institution, 2. Aufl., Weinheim: Beltz 1974.

Winnefeld, Friedrich: Psychologische Analyse des pädagogischen Lernvorganges. In Franz Weinert (Hg.): Pädagogische Psychologie, 2. Aufl. Köln: Kiepenheuer / Witsch 1967, S. 51 - 69.

Wichtige Hinweise verdanke ich Hilde Gagel.

11. Entdeckendes Lernen:
Methodenlernen und Aufgabenlösen

Michael Dorn

Wenn Heinrich Roth davon spricht, „alle methodische Kunst" liege „darin beschlossen, tote Sachverhalte in lebendige Handlungen rückzuverwandeln" (zit. nach Berg 1985, S. 529), dann könnte er eine problematische Praxis des politischen Unterrichts vor Augen gehabt haben: Viele Informationen und Materialien im Politikunterricht beschränken sich auf fertige Ergebnisse und Zustandsbeschreibungen, die für eine befriedigende Schüleraktivität kaum Anreiz bieten.

Sehr begrenzt sind z.B. die methodischen Impulse, die von einem Schaubild ausgehen, auf dem das Kindergeldaufkommen des Staates, gestaffelt nach Familiengrößen, dargestellt ist. Es vermittelt im wesentlichen eine Information über diese staatlichen Leistungen; die graphische Darstellung erleichtert das Erfassen der Größenordnungen und Relationen. Arbeitsaufträge beziehen sich auf das Erfassen dieser Größen und Relationen; ist dies geschehen, schreitet das Unterrichtsgespräch fort zu Fragen, die sich daran anschließen: nach den Gründen, Zielsetzungen, Wirkungen oder auch nach dem Beurteilungsmaßstab (z.B. Gerechtigkeit). Als Schaubild ist der Unterrichtsgegenstand nur Ausgangspunkt des Lernprozesses.

11.1 Ein Beispiel für „lebendige Handlungen"

„Lebendige Handlungen" im Sinne Roths könnte dagegen folgende Aufgabenstellung auslösen:

Aufgabentyp: Gesuchter Verteilungsmodus bei gegebenen Haushaltsmitteln
Bereich: Sozialpolitik, Thema: Kindergeld

Gegeben ist ein Betrag von 10 000,— DM, der als Kindergeld verteilt werden soll. Gegeben ist ferner:

	1 Kind	2 Kindern	3 Kindern	4 Kindern	5 Kindern
Anzahl Familien mit	59	29	9	2	1

Folgende politische Vorentscheidungen sollen umgesetzt werden:
a) Kindergeld wird erst ab dem 2. Kind gezahlt. Auch bei mehr als zwei Kindern wird das erste Kind nicht berücksichtigt.
b) Für das 3. Kind ist der Betrag um 100,— DM höher als für das 2. Kind.
c) Der Steigerungssatz für jedes weitere Kind beträgt 50,— DM.

Gefragt ist somit zunächst nach dem Betrag x für das zweite Kind, der auf ganze DM gerundet werden soll. Auf diesen Betrag bauen die anderen Kindergeldsätze auf.

Lösung

Familien	59	29	9	2	1
2. Kind	-	x	x	x	x
3. Kind			x+100	x+100	x+100
4. Kind				x+150	x+150
5. Kind					x+200

Gleichung: 29x + 9(2x+100) + 2(3x+250) + 1(4x+450) = 10 000
x=142,98. 143 DM ist der Betrag für das zweite (= das erste anspruchsberechtigte) Kind.

Kommentar: Der Aufgabentyp enthält eine fiskalische Fragestellung und entspricht einer Planungsübung. Die Reduktion der Komplexität wird dadurch transparent, daß die Schüler, ausgehend von einem anschaulichen Niveau, selbständig die Variablen verändern, d.h. mit komplexeren Elementen anreichern können, um die Aufgabenstellung der Realität anzunähern. Dabei können auch andere Optionen (z.B. Zahlung ab 1. Kind) verwendet oder eigene Lösungsvorschläge durchgerechnet werden.

Es ist möglich, aber nicht zwingend, die fiktiven Werte dieser Aufgabenstellung durch realistische Daten zu ergänzen. Realistisch ist übrigens in dieser Aufgabe bereits die Verteilung der Familiengrößen. Realistisch ist auch die Staffelung der Kindergeldsätze; sie gilt hier als Vorgabe aufgrund einer unterstellten politischen Entscheidung. Das Zahlenwerk ermöglicht somit die Rekonstruktion der politischen „Hintergrundüberlegungen", die diesem Beispiel entsprechen.

Die Schüler können, müssen aber nicht die Fähigkeit des Rechnens in mathematischen Gleichungen als Voraussetzung mitbringen. Übungstechnisch enthält die Aufgabe eine „Leerstelle" (1. Kind), die in nachfolgenden Kalkulationen ausgefüllt werden könnte.

Während das Schaubild nur das *Ergebnis* des politischen Prozesses aufnimmt, wird in der Übung die Uhr gleichsam auf einen früheren Zeitpunkt dieses Prozesses zurückgestellt: Worin bestanden die Entscheidungsalternativen und unter welchen Überlegungen kann man zu der einen oder zu der anderen Entscheidung gelangen? Indem die Schüler „rechnen", vollziehen sie Handlungen der politischen Akteure nach und dringen dadurch in deren Überlegungen ein. Politikinhalte werden in den *Prozeß ihrer Entstehung* zurückverwandelt.

11.2 Entdeckendes Lernen

Aufgaben mit gestalterischen und planerischen Elementen dienen natürlich nicht der Schulung für zukünftige Tätigkeiten als Mitarbeiter in einem Verbandsbüro oder in einem Ministerium. Die Aufgaben sind vielmehr Arrangements zur Förderung des „entdeckenden Lernens". „Entdecken" heißt in dem angeführten Beispiel: Auffinden von maßgeblichen Variablen sowie deren möglicher Ausprägung bei der Konstruktion sozialpolitischer Regelungen. Der Entdeckungsvorgang setzt bei dem mathematischen Ausgangspunkt ein, um bald in eine Reflexion über Anspruchsgrundlagen der Empfänger staatlicher Transferleistungen überzugehen.

Unter „entdeckendem Lernen" versteht man einen Lernprozeß, in welchem Informationen über Sachverhalte beispielsweise durch gezieltes Fragen oder systematische Beobachtung gefunden und dabei mit dem vorhandenen Wissen sinnvoll verarbeitet werden. (Neber 1985, S. 512) Diese Lernmethode fördert infolgedessen weitgehend Selbsttätigkeit der Schüler. Lernpsychologisch wichtig ist dabei, daß sie mit nachweislicher Lerneffizienz verbunden ist; sie verbessert die kognitive Wissensaufnahme durch Einordnen in vorhandene oder dabei zu erwerbende Wissensschemata („sinnvolles Lernen"). Sie verstärkt zudem das Selbstbewußtsein der Lernenden durch das Gefühl, selbst etwas herausgefunden zu haben. „Entdeckendes Lernen" hebt also die kognitive Leistung ebenso wie es die Persönlichkeit entwickelt. Im politischen Unterricht korrespondiert es mit dem Anliegen, daß Schülerinnen und Schüler „sich nicht blind in die Gegebenheiten fügen und aufgrund von Sachkenntnis und Urteilsfähigkeit bereit und fähig werden, Selbst- und Mitbestimmung in Politik und Gesellschaft zu praktizieren" (RiLi S. 7). Diese Lernmethode vermittelt „methodisch-handwerkliche Kompetenz und Selbstbewußtsein" (s. 5.3.3, oben S. 81); sie ist ein Bestandteil von „Handlungsorientierung".

Das „entdeckende Lernen" kann man als „gelenkt entdeckendes Lernen" und als „selbständig entdeckendes Lernen" organisieren (Lange 1986, S. 618). Es wäre voreilig, die Qualität des Entdeckens nur der selbständigen Variante zuzuschreiben. Das „Entdecken" ist relativ zu sehen zum Vorwissen und zur Erwartung des Lernenden. Jedenfalls sollte im Rahmen der Unterrichtsorganisation das „gelenkt entdeckende Lernen" eine Voraussetzung sein für das „selbständig entdeckende Lernen".

Generelles Kennzeichen des entdeckenden Lernens ist die Strukturähnlichkeit zu den Forschungsmethoden der Wissenschaften, daher gelegentlich auch „forschendes Lernen" genannt. Dies ist auch der Grund, warum man einen im wohlverstandenen Sinne wissenschaftspropädeutischen Unterricht, der sich nicht auf die rezeptive Textlektüre beschränkt (Dorn, Knepper 1987, S. 150), mit dem Begriff „entdeckendes Lernen" identifizieren kann. Zum methodischen Fundament des entdeckenden Lernens gehören die Bewußtheit des Vorgehens, die Berücksichtigung aller in Frage kommenden Sachkriterien, die Prüfung der Konsistenz von Variablen und Hypothesen, statistische Signifikanzkriterien und natürlich auch die Zuverlässigkeit der Meßinstrumente. Zur Methode verdichten sich diese Gesichtspunkte, wenn sie zu wiederholbaren Verfahren analytischer Erschließung von Sachverhalten angeordnet werden und deshalb auch den Transfer auf neuartige Gegenstände ermöglichen.

Diese Kriterien sind nicht an ein bestimmtes Lernarrangement gebunden, das z.B. in erster Linie der Beschaffung und Analyse von Informationen dient. Sie kommen in Gestaltungsaufgaben vom Typ des Eingangsbeispiels ebenso zur Geltung wie in Projekten eigenständiger Schülerforschung. ,,Selbständig entdeckendes Lernen" soll im Folgenden als ,,Methodenlernen", ,,gelenkt entdeckendes Lernen" als ,,Aufgabenstellungen für Übungen" dargestellt werden.

11.3 Selbständig entdeckendes Lernen: Methodenlernen

Methodisches Vorgehen im Politikunterricht ist eine Grundbedingung für das, was man in einem engeren Sinne ,,Methodenlernen" nennt. Mit ,,Methodenlernen" ist ein Lernmuster gemeint, in dem Schüler in Analogie zum Forschungsvorgehen der Sozialwissenschaften selbständige Entdeckungsleistungen im Zusammenhang mit einer gezielten Verwendung sozialwissenschaftlicher Fachmethoden erbringen. Das Entdecken muß übrigens nicht gänzlich neue Sachverhalte betreffen; auch die Überprüfung vorliegender Ergebnisse gehört dazu.

Zu beachten ist, daß der Begriff ,,Methode" in der Schule in doppelter Bedeutung verwendet werden kann (vgl. Hilligen 1985, S. 120): er meint einmal die Methoden des Lehrens und Lernens im traditionellen Sinne der Schulpädagogik, zum anderen aber die wissenschaftlichen Methoden der Erkenntnisgewinnung. Unter Methodenlernen soll hier verstanden werden: Die Schüler lernen wissenschaftliche Methoden und vorwissenschaftliche Arbeitsweisen so, daß sie zu einem geplanten, bewußten Vorgehen zum Zwecke einer selbständigen Erkenntnisgewinnung fähig werden. Methoden und Arbeitsweisen in diesem Sinne sind objektivierbar, können also bewußt gemacht und infolgedessen auch von den Schülern selber überprüft werden. ,,Gemeint ist das bewußte Wahrnehmen des Methodischen im methodischen Handeln." (Meyer 1987 II, S. 153) Ziel ist ,,Methodenkompetenz" (ebda.), und das bedeutet: Methoden sind selber Ziel des Unterrichts, zusammen mit inhaltlichen Zielen.

In einer gewissen Verengung des Blickwinkels auf die Grundlagenforschung bzw. auf die Geschichte der Soziologie denkt man im Hinblick auf das Methodenlernen häufig zuerst an die folgenden Methoden: Befragung, Beobachtung und Inhaltsanalyse. Dabei vergißt man leicht, daß auch viele andere

Techniken und Verfahrensabläufe, wenigstens im didaktischen Zusammenhang, eine Einordnung als „Methode" verdienen: So gewährt das Eingangsbeispiel einen kleinen Einblick in Methoden der Haushalts- und Finanzplanung. Jenseits der Fragen des Lernarrangements sind es überhaupt gestalterische Vorgehensweisen, Planungsabläufe, politologische Modellkonstruktionen etc., die beim Methodenlernen den datenerhebenden oder erkenntnissichernden Methoden ebenbürtig sind.

Als Beispiele für lernbare und im Unterricht praktizierbare Methoden und Arbeitsweisen, welche auch in der Sekundarstufe I verwendbar sind, können genannt werden (ohne Anspruch auf Vollständigkeit):
— Inhaltsanalyse (vor allem bei Massenmedien),
— Befragung,
— Beobachtung.

Befragung wird häufiger eingesetzt. Mit den Erfahrungen bei der Anwendung lernen die Schüler auch die „richtigen" Fragen zu stellen. Als sozialwissenschaftliche Methoden im engeren Sinne repräsentieren die drei genannten Eigenart und Grenzen empirischer Erkenntnisgewinnung. Hierzu gehört auch die Planung eines Arbeitsprozesses nach dem Vorbild wissenschaftlicher Untersuchung:
— Schritte einer sozialwissenschaftlichen Untersuchung („Forschen"): Problem, Vermutung, Isolation von Variablen, Hypothesenbildung, Operationalisierung, Durchführung in routinierten Verfahren, Häufigkeitsverteilung ordnen, Überprüfung der Hypothese; zusammengefaßt als „Sozialstudie".

In Analogie hierzu können aber auch die Schritte der politischen Entscheidungsfindung und Urteilsbildung (s. Kap. 14, unten S. 189ff.) bewußt wahrgenommen und damit Teil der Methodenkompetenz werden, beispielsweise:
— Problem, Analyse von (unterschiedlichen) Betroffenheiten und Interesseneinflüssen, Bestimmung des politischen Handlungs- und Regelungsbedarfs, Modellentwurf, evtl. Kostenkalkulation, taktische und verfahrenstechnische Überlegungen, Durchführung, oder auch vereinfacht: Sehen, Beurteilen, Handeln (Hilligen).

Nicht zu vergessen ist, daß außer diesen auf Wissenschaften bezogenen Verfahren Methodisches im Unterricht als „Arbeitsweisen" bewußt gemacht und dadurch reflektiert gehandhabt werden kann. Aus einem Katalog von Meyer (1987 II, S. 154f.) sei angeführt:
— Nachschlagen,
— Texte selbständig besorgen, studieren und aufbereiten,
— Arbeitsschritte selbständig planen,
— Ergebnisse von Gruppenarbeit zusammenfassen.

Die anfangs genannten Methoden werden hier als „wissenschaftspropädeutische Kompetenzen entwickeln" zusammengefaßt. — Nicht zu vergessen sind auch
— Techniken der Erkenntnisgewinnung und -verarbeitung wie Beschreiben, Bewerten, Interpretieren, Verallgemeinern, Erklären. Auch sie können als Methoden bewußt gemacht werden; in Lippit u.a. „Unser Werkzeug" (1975) sind dazu Lektionen für die Kl. 5 und 6 entworfen worden.

Zum Methodenlernen allgemein sei auf Meyer (1987 II, S. 153 - 156), im politischen Unterricht auf Mickel (1980, S. 147ff.) und Gagel u.a. (1985, S. 28f., dort auch die „Methodenkästen") verwiesen. Zur Orientierung über sozialwissenschaftliche Methoden allgemein kann Atteslander (1984) dienen, zu speziellen Methoden: „Teilnehmende Beobachtung" Seifert (1985), „Inhaltsanalyse" Müller (1984), „Interview und Fragebogen" Lankenau (1983).

„Methodenlernen" bedeutet nicht, daß die Methode den Gegenstand ersetzt. Unzutreffend ist auch die Vorstellung, daß die erwünschte Selbständigkeit durch das Methodenlernen nur an solchen Gegenständen zur Entfaltung käme, die der unmittelbaren Lebenswelt der Schüler zuzurechnen sind. Das diesbezügliche Vorbild der Reihe „Detto und andere" (Lippit u.a. 1975), insbesondere des Heftes „Unser Werkzeug", bleibt ungeschmälert; aber man muß sich die Erfolgsbedingung dieses Werks vergegenwärtigen, nämlich daß Lerngruppen zur Arbeit innerhalb dieser Konzeption ein gewisses Interesse an ihrer Selbsterkundung mitbringen müssen. Das Methodenlernen, insbesondere bei älteren Schülern, kann sich aber auch in Gegenstandsfeldern bewegen, die man in einem engeren Sinne „politisch" nennt.

Leitziel des entdeckenden Lernens, wenngleich im Sinne einer Annäherung, ist eigenständiges „Forschen" der Schüler. Allerdings muß hier vor einer Illusion gewarnt werden: Die didaktische Reduktion erfaßt auch fundamentale Strukturen der Wissenschaften.

Als Beispiel sei die Einstellungsforschung genannt: In der Wissenschaft bündelt man Einstellungsmerkmale von Befragten mit den Mitteln der Faktorenanalyse; auf diese Weise werden Variablen nicht einfach angenommen und verworfen, sondern aus der „Ladungskapazität" von Daten rekonstruiert. Die Faktorenanalyse ist, zugespitzt gesagt, das Gegenteil des trial and error-Musters, auf das Schüler verwiesen bleiben, wenn sie sich eigenständig mit der Konstruktion und Erprobung von Variablen und Hypothesen beschäftigen. Allein der mathematische Aufwand aber macht die Faktorenanalyse für den Unterricht nahezu unzugänglich. So fehlen zentrale Informationen über die Validitätsprüfung in empirischen Untersuchungen, und es besteht die Gefahr, daß paradoxerweise gerade Schüler mit Methodenerfahrung das Primitivmuster ihres eigenen Vorgehens auf die Wirklichkeit projizieren. Schüler haben z.B. auch Probleme mit der bewußt aus Gründen der Intersubjektivität reduzierten Wahrnehmung bei der Methode der Beobachtung. Oder: Sie spüren rasch, daß sozialwissenschaftliche Inhaltsanalysen bei Zeitungen nicht einfach nur eine quantitative Spielart herkömmlicher Zeitungsanalysen sind, „erfahren" dann aber nicht, wie sich inhaltsanalytische Faktoren nur über große Datenmengen aufbauen usw.

Die Alternative ist natürlich nicht der Rückfall in das abstrakte Räsonnieren über die empirischen Sozialwissenschaften. An der praktischen Erprobung führt in der Tat kein Weg vorbei. Aber: Das Methodenlernen muß über die einfachen Grundmuster hinaus weiterentwickelt werden, damit Schüler z.B. kennenlernen, unter welchen Bedingungen eine Datenmenge als zufallsverteilt oder im Gegenteil als signifikant für einen Zusammenhang einzustufen ist. Auf diese Weise würden auch Untersuchungen wie die bekannte Sinus-

Studie über rechtsgerichtete Einstellungsmuster den Schülern methodisch zugänglich. Außerdem braucht das Methodenlernen ausgebaute Vorstufen in Form von Übungs- und Trainingsschritten. Dies ist der Bereich des ,,gelenkt entdeckenden Lernens". Mit dieser Lernstruktur ist es z.B. möglich, die Schritte der selbständigen Datengewinnung und der selbständigen Datenauswertung in solchen Fällen zu trennen, in denen sich das von Schülern erhobene bzw. überhaupt erhebbare Material für statistisch reizvolle oder intellektuell befriedigende Operationen nicht eignet.

11.4 Gelenkt entdeckendes Lernen: Aufgabenstellungen für Übungen

Der Begriff ,,gelenkt entdeckendes Lernen" ist kein Widerspruch in sich selbst. Diese Lernstruktur kann sich auf die gleichen sozialwissenschaftlichen Methoden beziehen wie das selbständig entdeckende Lernen. Der Unterschied liegt im Lernarrangement, d.h. auf der operationalen Ebene der Aufgabenstellungen. Hinzu kommt der große Anteil von Wiederholung und Übung. Die Übungen sind konstitutiv: das bloße exemplarische Anreißen eines Aufgabentyps hinterläßt beim gelenkt entdeckenden Lernen, das sich als Vorstufe zum selbständig entdeckenden Lernen versteht, keinen hinreichenden Effekt.

Sozialwissenschaftliche Übungen sind im Politikunterricht sehr vernachlässigt worden. Dies hat sicherlich auch mit der ungerechtfertigten Dominanz rezeptiver Lernformen zu tun: die vielen Auftragsvarianten zur bloßen Textwiedergabe bringen dies zum Ausdruck. Wenn an dieser Stelle also für mehr Übungen plädiert wird, so geschieht dies im Zusammenhang mit einem Angebot an zusätzlichen Aufgabentypen, das von der Vorrangigkeit der Textbesprechung wegführen soll.

Beispiele für die Umwandlung eines Ergebnisses in ,,lebendige Handlungen" innerhalb des gelenkt entdeckenden Lernens bietet Glass (1987, mit Unterrichtsmaterialien).
1. Arbeitslosenstatistik: Die amtliche Arbeitslosenstatistik läßt die Problematik ihrer Erstellung nicht erkennen. Deshalb werden dem Schüler angeboten: a) eine Verwaltungsanordnung für die Definition der Kategorien von Arbeitssuchenden, b) eine Liste mit den für die Arbeitsvermittlung bedeutsamen Merkmalen von 25 Personen. Die Schüler erhalten die Aufgabe, aufgrund der Verwaltungsvorschriften eine Arbeitslosenstatistik zu erstellen.
2. Strafzumessung bei Gericht: Die Schüler bekommen die Aufgabe, bei einer Geldstrafe die Höhe der Tagessätze festzulegen. Sie erhalten die Kurzberichte über zwei Fälle (Verkehrsdelikte mit eindeutigem Schuldspruch) und den Auszug aus dem Strafgesetzbuch über die Grundsätze zur Verhängung von Tagessatz-Geldstrafen. Anschließend können die Gesichtspunkte des Strafzwecks und die Probleme bei der Gleichbehandlung von Tätern mit unterschiedlichem Einkommensstatus diskutiert werden.

Solche Aufgabenstellungen greifen trainierbare Elemente des Methodenlernens auf. Sie ermöglichen in der Regel eine präzise Kontrolle der Bearbeitung. Darin liegt auch ein wichtiger Vorteil für die Schüler, die oft genug mit abstrakten Aufträgen wie ,,Interpretiere...!" oder ,,Untersuche einmal selbst...!" nichts anfangen können.

Die nachfolgenden Aufgabenstellungen zum gelenkt entdeckenden Lernen dienen der Anregung für eigene Umsetzungen der Lehrer. Es sollte deutlich werden, daß die Aufgabenstellungen des gelenkt entdeckenden Lernens durchweg ein stark strukturiertes Material erfordern. Dies ist zugleich eine lernpsychologische Voraussetzung, um den verhältnismäßig hohen Anforderungsgrad realisieren zu können.

Beispiele für die Anfertigung von Übungsaufgaben

1. Abgesehen davon, daß Übungen grundsätzlich durch ein Anleitungsbeispiel eröffnet werden, gibt es Übungen, bei denen auch im fortgeschrittenen Stadium detaillierte Verfahrensschritte vorgezeichnet werden.
   Themenstichwort: Einstellungsgespräch
   Übung: schrittweises Training zur Übernahme einer Handlungsrolle im Rollenspiel (z.B. ,,Personalchef"); zunächst Grundtechniken der Kontaktaufnahme sowie der Erfragung erster Informationen, später verzweigte Verhaltens- und Frageabläufe, die von vorherigen Antworten des ,,Bewerbers" abhängig sind.
   Kommentar: kein Entscheidungstraining, sondern nur Intensivierung der Rollenempathie, um z.B. soziologische Merkmale von Einstellungsgesprächen erfahrbar und reflektierbar zu machen.
2. In Übungen können detailliert vorgezeichnete Verfahrensabläufe mit selbständigen Entscheidungen kombiniert werden.
   Themenstichwort: Formen des Geldkredits
   Übung: Ausarbeiten eines Kreditangebots ohne Kenntnis eines Kundenprofils; danach Kenntnisnahme eines bestimmten Kundenwunsches; Entscheidung zur entsprechenden Variation des Angebots im Rahmen gegebener Kalkulationsvorgaben; Ausarbeitung variabler Angebotsmodelle zur Bedienung eines differenzierten Kundenkreises.
   Kommentar: Die Übung braucht sich nicht am vollständigen Bankenstandard zu orientieren; sie dient dem verbraucherpolitischen Ziel, seriöse Kalkulationen im Kreditgeschäft von unseriösen Praktiken unterscheiden zu lernen.
3. Eine Übung, in der eine gegebene Vorschrift angewendet wird, unterscheidet sich erheblich von einem allgemeinen Räsonnement über die Auswirkung einer Vorschrift. Gegebene Vorschriften können u.a. sein: a) politische Normen, b) Verordnungs- bzw. Gesetzesvorschriften, c) Methodenprozeduren der Wissenschaft.
   a) *Themenstichwort:* Regelungen zum Umweltschutz
   Übung: gezieltes ,,Einfärben" einer gegebenen ,,neutralen" Vorschrift (oder auch politischen Willenserklärung), dadurch Umwandlung in eine konservative, liberale, radikaldemokratische, sozialistische Version usw.
   b) *Themenstichwort:* Strafrecht / politisches Strafrecht

Übung: Subsumtion eindeutiger (Kurz-)Fälle unter Strafrechtsvorschriften (schuldige und unschuldige Angeklagte); erst anschließend Fälle zum politischen Strafrecht.
Kommentar: Es geht um die analytische Isolierung der für die politische Bildung maßgeblichen Fragestellung, welche Rolle ein (politisches) Motiv im Strafrecht spielt bzw. spielen sollte.
4. Auch das Berichtigen, Verbessern, Ergänzen oder Neukonstruieren einer Vorschrift kann Gegenstand von Übungen sein.
Themenstichwort: Schulordnung
Übung: Ziel die Verfahrensregelung, wonach bestimmte Gremien einer Schule die Beeinträchtigung des inneren Schulfriedens festzustellen haben, bevor mit der Maßgabe „Beeinträchtigung des Schulfriedens" gegen jemanden Sanktionen verhängt werden können.
Kommentar: fiktive Variation gegebener schulrechtlicher Aspekte: Anheben von Verfahrensschwellen.
5. Die Subsumtion von Daten unter eine gegebene Hypothese ist eine Präzisionsübung, die einer kreativen Hypothesenarbeit vorgeschaltet sein sollte.
Themenstichwort: Rechtsradikalismus
Übung: Gegeben sind eine Hypothese über ein Strukturelement rechtsradikalen Denkens sowie eine Reihe von kurzen Äußerungen, die daraufhin zu prüfen sind, ob sie das Vorliegen jenes Einstellungsmusters beim Befragten anzeigen.
Kommentar: Ziel ist eine alltagsbezogene, operationale Erfassung von Attitüden. Mit dieser Übung ist mittelbar eine Schulung der Kommunikationskompetenz verbunden.
6. Übungen können als Entscheidungstraining gestaltet werden.
Themenstichwort: Abrüstungsverhandlungen
Übung: Die Aufgabe besteht darin, innerhalb eines gegebenen Verhandlungsspielraums konkrete Abrüstungsangebote bereitzuhalten, die je nach Verhalten der „anderen Seite" herangezogen werden können. Anschließend werden einzelne Varianten im Verhalten des Verhandlungspartners durchgespielt, so daß das richtige Reagieren mit den Angeboten trainiert werden kann.
Kommentar: Dies ist eine unmittelbare Vorstufe des Rollenspiels, allerdings mit dem Vorzug, daß die Leistung des einen losgelöst von der Leistung des anderen (Gegenspielers) beurteilt werden kann.

11.5 Das Dilemma: der Zeitfaktor

Übungen auf der Basis solcher Aufgabenstellungen verlangen eine größere Intensität der Themenbearbeitung auf Kosten der Themenfülle. Zugleich muß berücksichtigt werden: die „Obligatorik" der Richtlinien (s. 7.2, oben S. 101f.), die Bindung an schuleigene Lehrpläne (s. 3.2.6, oben S. 61f.), die Notwendigkeit eines richtlinienkonformen Unterrichts (s. 19.5, unten S. 256). Angesichts dieses Dilemmas muß der Lehrer eines Unterrichtsfaches, das wie das Fach Politik häufig nur einstündig unterrichtet wird, immer wieder eine schwierige Entscheidung treffen. Beim Abwägen wird er jedoch bedenken, daß „entdeckendes Lernen" auf die Dauer effizienter als rezeptives Lernen ist und daß die Selbständigkeit der Erkenntnisgewinnung auch einen Beitrag zur Qualifikation eines demokratischen Staatsbürgers leistet.

Literatur

Atteslander, Peter: Methoden der empirischen Sozialforschung, 5. Aufl., Berlin: de Gruyter 1985.
Berg, Hans Christoph: Genetische Methoden. In Dieter Lenzen (Hrsg.): Enzyklopädie Erziehungswissenschaft, Bd. 4, Stuttgart: Klett-Cotta 1985, S. 529-533.
Dorn, Michael, Herbert Knepper: Wider das allmähliche Entgleiten der Schüler und der Wirklichkeit. In: Gegenwartskunde 36 (1987), H. 2, S. 149ff.
Gagel, Walter, Wolfgang Hilligen, Ursula Buch: Sehen, Beurteilen, Handeln. Lehrerhandbuch, Frankfurt/M.: Hirschgraben 1985.
Glass, Ingrid: Schüler üben sich in einer Rolle. Beispiele für methodenbewußten Unterricht. In: Gegenwartskunde 36 (1987), H. 4, S. 503-513.
Hilligen, Wolfgang: Zur Didaktik des politischen Unterrichts, 4. Aufl., Opladen: Leske + Budrich 1985.
Lange, Otto: Problemlösender Unterricht. In Dieter Lenzen (Hrsg.): Enzyklopädie Erziehungswissenschaft Bd. 3, Stuttgart: Klett-Cotta 1986, S. 616-621.
Lankenau, Klaus: Interview und Fragebogen. Bedeutung und Problematik für die Untersuchung sozialer Tatsachen. In: Gegenwartskunde 32 (1983), H. 3, S. 305-317.
Lippit, Ronald, Robert Fox, Lucille Schaible: Detto und andere. Acht Einheiten für Sozialwissenschaften in der Schule, Stuttgart: Klett 1975ff.
Meyer, Hilbert: Unterrichtsmethoden, Bd. I und II, Frankfurt/M.: Scriptor 1987.
Mickel, Wolfgang W.: Methodik des politischen Unterrichts, 4. Aufl., Frankfurt/M.: Hirschgraben 1980.
Müller, Gabriele: Die Inhaltsanalyse. In: Gegenwartskunde 33 (1984), H. 4, S. 457-469.
Neber, Heinz: Entdeckendes Lernen. In: Dieter Lenzen (Hrsg.): Enzyklopädie Erziehungswissenschaft Bd. 4, Stuttgart: Klett-Cotta 1985, S. 512-514.
Seifert, Michael J.: Teilnehmende Beobachtung. In: Gegenwartskunde 34 (1985), H. 1, S. 45-59.

12. Planung von Lehrgängen im Politikunterricht

Peter J. Kurtenbach

12.1 Lehrgang — ein didaktisches Fossil von großer Lebendigkeit?

Wer sich heute mit dem Lehrgang im Politikunterricht beschäftigt, sieht sich einer paradoxen Situation gegenüber:

— Einerseits führen Lehrgang und Frontalunterricht, häufig gleichgesetzt, in der neueren Literatur zur Methodik des Politikunterrichts nur eine höchst periphere Existenz, oft mit negativem Vorzeichen, so am deutlichsten bei Mickel (1980) und Nitzschke/Sandmann (1982); ausführlichere Überlegungen zum Lehrgang finden sich nur bei Giesecke (1978), Claußen (1981) und Gagel (1986); Monographien gibt es nicht.
— Andererseits behauptet der Lehrgang de facto seine unangefochtene Spitzenstellung unter den Methodenkonzeptionen auch des Politikunterrichts, wie viele der auf dem Schulbuchmarkt angebotenen Unterrichtsmodelle andeuten und empirische Studien auch bestätigen (zum Frontalunterricht vgl. Hage 1985; vgl. Hilligen 1981, S. 81).

Ist diese Entfernung zwischen „Stratosphärenflug der Theorie" und „Schneckengang der Unterrichtspraxis" (Schörken 1974, S. 5) schon an sich bedenklich genug, so wird sie für den einzelnen Lehrer erst recht zu einem Problem, da er sich eingekeilt findet zwischen den — als berechtigt erkannten — Forderungen der Theorie und denen des Schulalltags. Solchermaßen überfordert, bleibt ihm nur der resignative Ausweg, bei seinen Methodenentscheidungen zwar ein schlechtes Gewissen gegenüber den „Feiertagsdidaktiken" (Meyer 1987, S. 24) zu entwickeln, im übrigen aber weiter nach seinen alten Routinen zu unterrichten (vgl. Friedrichs/Meyer/Pilz 1984, S. 111).

Nun behandelt die dritte Auflage der nordrhein-westfälischen Politik-Richtlinien den Lehrgang zwar nicht explizit, spricht aber mehrfach den Erwerb von „Sachkenntnis" an (z.B. Rili S. 8, 18) und damit einen Bereich, in dem der Lehrgang seine besondere Bedeutung gewinnen kann; andererseits fordern die Richtlinien aber aus ihrer fachdidaktischen Orientierung heraus auch die Situations-, Problem- und Qualifikationsorientierung und verbieten so einen Unterricht, der nur aus Lehrgängen besteht, in denen nach klassischer Manier lediglich eine Sache zergliedert wird.

Die damit erforderliche neue Positionsbestimmung des Lehrgangs findet Unterstützung in der allgemeinpädagogischen Literatur, die sich in letzter Zeit wieder stärker mit dem Lehrgang beschäftigt und dabei seine mögliche Rolle genauer umrissen hat (vgl. Aschersleben 1985; Friedrichs/Meyer/Pilz 1984; Meyer/Okon 1984).

In diesem Artikel soll nun nach Darstellung der Methodenkonzeption „Lehrgang" vor dem Hintergrund der dritten Auflage der Richtlinien geklärt werden, welche Rolle dieses Lehrmodell im Politikunterricht spielen kann und darf. Anschließend werden einige wichtige Gesichtspunkte, die bei der Planung von Lehrgängen zu berücksichtigen sind, herausgestellt.

12.2 Merkmale des Lehrgangs

Der Lehrgang gehört zur Gruppe der *Lehrmodelle,* die Theodor Schulze so charakterisiert:

„Lehrmodelle sind typologische Modelle von unterrichtlichen Handlungszusammenhängen, die in erster Linie dazu dienen, den didaktisch intendierten Kern von Unterricht zu konstruieren oder zu rekonstruieren." (Schulze 1978, S. 137 - 138)

In ähnlicher Weise ordnen ihn Giesecke (1976, S. 41-42: „Makrostrukturen", „Modalitäten der Bearbeitung politischer Themen"), Hilligen (1984, S. 205-208: „Methodenkonzeptionen") und Gagel (1986, S. 184-185 und 191-192) als methodischen Gesamtentwurf ein, an dem sich der Lehrer bei der Auswahl von Verlaufsformen, Sozialformen und Handlungsmustern orientieren kann.

Die in der obigen Definition implizierte Frage nach den Aufgaben des Lehrmodells „Lehrgang" kann mit Gagel folgendermaßen beantwortet werden: Der Lehrgang

„ist zweckmäßig, soweit die didaktische Aufgabe darin besteht, Wissen zu vermitteln. Darunter verstehen wir

— das Lernen systematisch erfaßbarer Zusammenhänge...
— Begriffslernen... und Einübung in Denkvorgänge (Operationen).
— Erlernen von Regeln und Handlungsnormen." (Gagel 1986, S. 195 - 196).

Mit dieser auf Struktur- und Methodenlernen zielenden Aufgabenbestimmung geht Gagel, ähnlich wie Hilligen (1985, S. 208 - 209), über Gieseckes frühere Funktionsbestimmung hinaus, in der dem Lehrgang primär die Aufgabe eines „Trainings systematischer gesamtgesellschaftlicher Vorstellungen" (Giesecke 1976, S. 104) zugeordnet wurde, die also im wesentlichen Gagels erstem Punkt entsprach. Dabei bleibt allerdings hervorzuheben, daß Giesecke gerade den Erwerb von Orientierungswissen in letzter Zeit als eine der Hauptaufgaben der politischen Bildung betont hat. (1985, S. 472-474)

Aus dieser Aufgabenbestimmung ergibt sich die Abgrenzung des Lehrgangs von anderen Lehrmodellen des Politikunterrichts. Ist es das Hauptziel der Sozialstudie, Realität mit den Instrumenten der Sozialwissenschaften abzuarbeiten, so zielt der Lehrgang primär auf die systematische Erschließung eines Bereiches der Realität. Beide unterscheiden sich vom Politikmodell dadurch, daß sie ein Erkenntnisproblem, kein Entscheidungsproblem ins Zentrum stellen. (vgl. dazu Gagel 1986, S. 197 - 202)

Die obige Aufgabenbestimmung des Lehrgangs impliziert ferner das konstitutive Merkmal dieses Lehrmodells als eines Handlungszusammenhangs. Es besteht darin, daß der Lehrer ein Stoffgebiet auf der Basis seiner Sachkompetenz vorbereitet, gegenüber den Schülern die Sache vertritt und deren Bearbeitung organisiert. Dazu wird der Stoff sinnvoll geordnet und in Schritte gegliedert. Der Lernprozeß ist am klar definierten (Teil-/End-)Ergebnis orientiert. (vgl. Gagel 1986, S. 195; Giesecke 1976, S. 46 - 47)

Für die Aufgabe, dem Ziel der Wissensvermittlung eine dynamische Struktur zuzuordnen, damit gleichzeitig das sehr allgemeine Lehrmodell auf mittlerer Ebene zu konkretisieren, schlägt Gagel unter Rückgriff auf die lange Tradition der Artikulationsschemata die Verlaufsmodelle des synthetischen und des analytischen Lehrgangs vor, wobei diese sich durch ihren Umgang mit dem Ganzen und den Teilen unterscheiden. Der synthetische Lehrgang geht vom Einfachen zum Zusammengesetzten vor: Nach einem motivierenden „Einstieg" in die Problematik werden der Reihe nach die zentralen Teilbereiche des Themas abgearbeitet. Demgegenüber geht der analytische Lehrgang vom Ganzen aus, das schrittweise bearbeitet wird; am Anfang steht also bereits die Komplexität eines Problems. Es ergeben sich die folgenden Verlaufsmodelle:

„Synthetischer Lehrgang:
1. Motivation

2. Erarbeitung

3. Anwendung / Vertiefung
(Gagel 1986, S. 211)

Analytischer Lehrgang:
1. Anschauung von Elementarsituationen
2. Formulierung von Fragen / Problemdefinitionen
3. Erarbeitung von Informationen
4. Antwortversuche / Urteilsbildung
5. Abstraktion / ... Transfer"

Die synthetische Variante zielt dabei eher auf die Erschließung eines neuen, fest umgrenzten Sachgebietes, während das analytische Modell eher für die Bearbeitung eines Problems geeignet ist.

Fragt man danach, welche Sozialformen bei diesem Lehrmodell möglich sind, wie sich also die Beziehungsstruktur solchen Unterrichts darstellt (vgl. Meyer 1987 I, S. 138), so ist zunächst darauf hinzuweisen, daß sicher auch Einzel-, Partner- und Gruppenarbeit möglich sind, dominieren wird aber der mehr oder weniger stark ausgeprägte Frontalunterricht und damit eine weitgehend komplementäre Form der Interaktion, da der Lehrer der den Unterricht organisierende Fachmann bleibt. (vgl. Gagel 1986, S. 196; vgl. Giesecke 1976, S. 48 - 49) Solcher Frontalunterricht verlangt aber nun keineswegs den militärisch geordneten, rezeptiv-repetierenden Hörblock des 19. Jahrhunderts. Da nämlich keine zwingenden Kopplungen zwischen Sozialformen und Handlungsmustern bestehen (zu den Begriffen s. 10.5, oben S. 149), kann der Lehrgang solche Handlungsmuster in einer großen Variationsbreite aufweisen, die vom Lehrervortrag über Schülerreferat, Expertenbefragung, Schülerdiskussion, Podiumsdiskussion und gelenktes Unterrichtsgespräch bis hin zu Rollenspiel und Erkundung reicht — Handlungsmuster, deren Auswahl für Lernerfolg und Zufriedenheit bei Lehrern und Schülern eine größere Rolle spielen dürfte als die der Sozialformen. (vgl. Meyer 1987 I, S. 124 - 125 und S. 142; Prior 1985, S. 148; s. auch 10.5, oben S. 149f.)

12.3 Stellenwert im Politikunterricht

Wenn oben darauf hingewiesen wurde, daß der (frontale) Lehrgang nach wie vor eine erhebliche Bedeutung auch im Politikunterricht hat, so mag dies durch seine ,,Unterrichtsrationalität" (Prior 1985, S. 148) zu erklären sein, also dadurch, daß er ein hohes Maß an Funktionalität unter den heutigen juristischen, curricularen und organisatorischen Bedingungen des Unterrichtens in der Schule besitzt. (vgl. Friedrichs/Meyer/Pilz 1984, S. 107 - 108; Claußen 1981, S. 256)

Aber hat der Lehrgang auch seinen Platz in einer politischen Bildung, die darauf zielt, ,,den jungen Menschen politischer zu machen, ihn die Komplexität der modernen Welt verstehen zu lehren, ihn urteilsfähig zu machen, um ihn zu selbständiger Entscheidung zu bringen"? (Schörken 1987, S. 297)

Nach der obigen Charakterisierung des Lehrgangs (12.2) kann man diese Frage auch umformulieren in die, welche Rolle ein Lehrmodell im Politikunterricht spielen soll, das primär die Vermittlung von Wissen, kognitiven Strukturen und Operationen zum Ziel hat.

Eine allgemeine Antwort kann mit Dieter Baacke gegeben werden, der die Aufgaben des ,,Zentralkurses" folgendermaßen bestimmt hat:

,,einmal, *Informationen* zu vermitteln, die ,unsere technische Verfügungsgewalt erweitern'; sodann, *Interpretationen vorzunehmen,* die ,eine Orientierung des Handelns unter gemeinsamen Traditionen ermöglichen', schließlich *kritische Analysen* vorzubereiten, ,die das Bewußtsein aus der Abhängigkeit von hypostasierten Gewalten lösen'". (Baacke 1973, S. 76, Hervorhebungen dort, Zitate von Jürgen Habermas)

Durch solchen Erwerb von Kenntnissen, (kritischen) Einsichten und auch methodischen Fertigkeiten kann die Urteils- und Entscheidungsfähigkeit der

Schüler so entwickelt werden, daß politisches Handeln nicht ins Leere geht. Daß diese Ziele gerade in einem Lehrgang verfolgt werden sollen, ergibt sich daraus, daß es in einer hoch differenzierten und sich schnell wandelnden Welt unverzichtbar bleiben wird, die Ergebnisse der Arbeit von Spezialisten in der Öffentlichkeit zu rezipieren und dann kritisch zu verarbeiten. Für diese Weiterverarbeitung nicht einfach Wissensmengen zu akkumulieren, sondern die Zusammenhänge ordnend zu erschließen und zugleich die Fähigkeit einzuüben, systematisch geordnete Darstellungen zu verstehen, kann gerade im Lehrgang wirksam geleistet werden. (vgl. Behrmann 1978, S. 219; vgl. auch Giesecke 1976, S. 100 - 101)

An diese Argumentation kann angeknüpft werden, wenn man die Rolle des Lehrgangs im Rahmen der neuen Politikrichtlinien bestimmt. Dort heißt es über den Richtwert des politischen Lernens Emanzipation:

„In der politischen Bildung verstehen wir heute darunter einen Lernprozeß, in dem Schülerinnen und Schüler die komplexer und schwerer durchschaubar werdende Welt besser begreifen, sich nicht blind in die Gegebenheiten fügen und aufgrund von Sachkenntnis und Urteilsfähigkeit bereit und fähig werden, Selbst- und Mitbestimmung in Politik und Gesellschaft zu praktizieren." (RiLi S. 7)

Und in der Beschreibung der Qualifikation 1, wo davon ausgegangen wird, daß das hohe Tempo der gegenwärtigen Wandlungsprozesse die Welt zunehmend weniger überschaubar werden läßt, heißt es:

„Angesichts dessen ist bereits die bloße politische Orientierung zu einer Leistung geworden, die nicht ohne weiteres im Alltagsleben erworben werden kann, sondern gezieltes Lernen erfordert. Sich in den gesellschaftlichen, politischen und wirtschaftlichen Ordnungen orientieren können, heißt, sich in ihnen sachlich auskennen und den eigenen Standort finden." (RiLi S. 18)

Damit streben die Richtlinien auch den Erwerb von Orientierungswissen an, — eine Aufgabe, die gerade in Lehrgängen gelöst werden kann.

Die Grenzen von Lehrgängen können anhand der Zitate aus den Richtlinien aber auch verdeutlicht werden. Die dort angesprochene Handlungsorientierung könnte nämlich durch einen *ausschließlich* in Lehrgängen organisierten Unterricht behindert oder sogar unmöglich gemacht werden: Politik erschiene schnell als ein fest gefügtes System einzelner Bausteine, die als Wissensbestand gleichsam museal zu verwalten wären. Namentlich die Prozeßhaftigkeit und die subjektiven Anteile des Politischen gerieten außer Betracht, — eine Verengung, die in den Richtlinien ausdrücklich kritisiert wird. (RiLi S. 14-15)

Außerdem bleibt der Lehrgang letztlich durch eine am Lehrer orientierte Kommunikationsstruktur geprägt. Hierdurch kann die Entwicklung der Fähigkeit zu demokratischer Beteiligung behindert werden. (vgl. Gagel 1986, S. 188-190)

Diese Einschränkungen gelten vor allem für die synthetische Variante des Lehrgangs (s. 12. 2). Deren Grenzen können in einem analytischen Lehrgang zwar auch nicht aufgehoben, aber doch ein Stück weiter zurückgeschoben werden, indem nicht nur ein klar definiertes Sachgebiet erschlossen, sondern auch ein offenes Problem der Bearbeitung zugänglich gemacht werden kann; dabei wächst das Ausmaß der Problemsteuerung durch die Schüler.

Insgesamt bleibt also festzuhalten, daß der Lehrgang — wegen seiner Begrenztheit — nicht das einzige Lehrmodell des Politikunterrichts sein kann, daß er aber gleichwohl die wichtige Aufgabe der Wissensvermittlung wirksam lösen kann und so für den politischen Unterricht in seiner Gesamtheit einen Beitrag leistet. So mag es zu verstehen sein, wenn ihn Dieter Baacke als das „stabile Rückgrat der politischen Bildung" (Baacke 1973, S. 76) bezeichnet hat.

12.4 Realisierung von Lehrgängen

12.4.1 Verwendungszusammenhänge

Standardsituationen des Schulalltags, in denen der Lehrgang oft Verwendung findet, sind zum Beispiel die Behandlung institutionenkundlicher Themen (wobei dies durchaus kritisch betrieben werden kann; s. dazu Gagel 1984, S. 39-40) oder die Vermittlung ökonomischen Grundwissens. Sowenig aber einerseits die Beschäftigung etwa mit politischen Wahlen in einen Lehrgang münden muß, so vielfältig sind andererseits die Einsatzmöglichkeiten von Lehrgängen, wenn es um den Erwerb von Orientierungswissen geht. Dabei ist aber zwischen dem Einsatz der synthetischen und analytischen Variante des Lehrgangs zu unterscheiden.

So könnte ein *synthetischer* (klassischer) Lehrgang aus dem Themenbereich der „Neuen Medien" etwa die Gestalt annehmen, wie sie die Übersicht ausweist.

Übersicht 1:

Synthetischer Lehrgang: Neue Techniken verändern die Medienlandschaft

---

1. Motivation	Die Situation des Konsumenten als Adressat von Massenmedien
2. Erarbeitung	Die Veränderungen der Medienlandschaft
	1. Neue Übertragungswege und die Folgen für die Medien
	2. Neue Medien im Angebot und in der Entwicklung
	3. Chancen und Gefahren der Neuen Medien
	4. Neue Medien in Wirtschaft und Arbeitswelt
	5. Neue Medien und Datenschutz
	6. Medien in alten und modernen Gesellschaften — ein Vergleich
3. Anwendung	Umgang mit Neuen Medien

Die Formulierung des Themas und die Artikulation des Unterrichts machen die spezifische Zielrichtung eines solchen Lehrgangs deutlich: Er geht von einer Suchfrage aus (z.B. In welcher Hinsicht verändern die Neuen Medien die Situation des Konsumenten von Massenmedien?), um von hier aus dann das Sachgebiet in seinen einzelnen Teilelementen zu erschließen. Da ein solcher Erwerb von Wissen aber nur eine Teilfunktion in größeren Unterrichtszusammenhängen ist, sollte auch der synthetische Lehrgang nur als Teil eines umfassenderen Reihenkonzeptes verstanden werden. Das vorgelegte Beispiel etwa könnte eine Rolle im Rahmen einer Sozialstudie über Medienkonsum spielen. Ein anderes Beispiel ist ein kurzer Lehrgang über die Rechte von Arbeitnehmervertretungen in Betrieben, wenn das Reihenkonzept eine Fallstudie über die Einführung neuer Technologien in einem Betrieb vorsieht.

Nun sind allerdings Situationen möglich, in denen der Lehrgang ebenfalls als sinnvolles Unterrichtsverfahren gelten kann, sich die Geschlossenheit des klassischen Modells aber verbietet. Stellt sich in einer mit selbständigem Arbeiten noch wenig vertrauten Klasse heraus, daß die Schüler der ebenso bedeutsamen wie komplexen Entwicklung der neuen Technologien mit einem aus geringer Kenntnis und Angst vor den möglichen Folgen geborenen unpolitischen Sachzwangsdenken begegnen, so kann es das erste Ziel sein, den Schülern die nötigen Kenntnisse zu vermitteln, um sie so zur Teilnahme an der Diskussion zu befähigen. (vgl. dazu Giesecke 1985, S. 474) Ist daher vor dem Hintergrund der Bedingungsanalyse in der Lernsituation und unter dem Gesichtspunkt der Intentionalität ein Lehrgang sinnvoll, so ergibt sich aus einer näheren Betrachtung der Sache aber doch, daß dieser Lehrgang ein größeres Maß an Offenheit erfordert, da die Entwicklung der neuen Technologien in hohem Maße kontrovers beurteilt wird (z.B. quantitative und qualitative Folgen für den Arbeitsmarkt). Dies führt zur *analytischen* Variante des Lehrgangs (s. 12. 2), die aber wegen der Lehrerrolle und der Orientierung an einem Erkenntnisproblem doch Lehrgang bleibt.

Wie ein solcher Lehrgang aussehen könnte, ist der Übersicht 2 auf S. 172 zu entnehmen.

12.4.2 Planungsanforderungen der Richtlinien

Als die drei zentralen Prinzipien für die Planung und Durchführung des Unterrichts werden in den Richtlinien Situationsorientierung, Problemorientierung und Qualifikationsorientierung genannt. (RiLi S. 95) Dabei nehmen die Qualifikationen insofern eine Schlüsselrolle ein, als sie dazu geeignet sind, „die unterschiedlichen Gegenstände des Politikunterrichts auf ihren didaktischen Problemgehalt hin (zu) befragen und einen thematischen Zugriff auf den Gegenstand (zu) finden, der fachlich sinnvoll ist, auf ein wichtiges Problem zielt und auf Lebens- und Verwendungssituationen verweist". (RiLi S. 16)

Übersicht 2:

Analytischer Lehrgang: Die „dritte industrielle Revolution" rollt — Wandel oder Ende der Arbeitsgesellschaft?

1. Einstieg und Planung	Berufswahl 2000 — oder: Was bedeuten die modernen Informations- und Kommunikationstechnologien für die Arbeitswelt? Anschauung von Elementarsituationen; Problemdefinition und Formulierung von Arbeitsfragen
2. Erarbeitung von Informationen	„Die dritte industrielle Revolution" — Prozesse, Techniken, Gründe und Probleme 1. Rollt die „dritte industrielle Revolution"? — oder: Wie verändert sich die Arbeitswelt unter dem Einfluß der modernen Informations- und Kommunikationstechnologien? 2. Computer als die Dampfmaschinen der „dritten industriellen Revolution"? — oder: Wodurch wird die Entwicklung technisch ermöglicht? 3. Die Deutsche Bundespost beim Bau der Straßen in die Informationsgesellschaft — oder: Die politische Planung der Zukunft 4. Und wenn nicht rationalisiert würde...? — oder: Warum werden die neuen Informations- und Kommunikationstechnologien in der Arbeitswelt eingesetzt? 5. Chancen und Risiken — oder: Welche Auswirkungen kann der Einsatz neuer Informations- und Kommunikationstechnologien in der Arbeitswelt haben?
3. Antwortversuche	Betriebserkundung zu einzelnen Gegenständen der Erarbeitungsphase
4. Urteilsbildung	Wie sollen wir mit dem sozialen Wandel umgehen? — oder: Von der sozialverträglichen Gestaltung des Fortschritts
5. Transfer	Podiumsdiskussion zum Thema des Lehrgangs

Im Falle der beiden vorgestellten Sequenzen ist die Situations- und Problemorientierung etwa darin erkennbar, daß sich mit den neuen Technologien ein umfassender Wandel unseres Verhältnisses zu Arbeit und Freizeit anbahnt, der schon wegen seiner Dimension ein wichtiges Handlungsfeld der Politik darstellt.

Die Qualifikationsorientierung wird allerdings im Falle des synthetischen Lehrgangs nur sehr allgemeiner Natur sein, denn es handelt sich im wesentlichen um Wissensziele, die ihren Hauptbezug in der Qualifikation 1 („Fähigkeit ..., sich ... zu orientieren", RiLi S. 18) finden, dann allerdings aus dem größeren Zusammenhang, in den sie eingebettet sind, weitere Berechtigung gewinnen.

Im analytischen Lehrgang ist es demgegenüber möglich, für jedes Studenthema die Qualifikationen und Lernziele der Richtlinien als Planungsinstrument (s. RiLi S. 90) einzusetzen. So folgt zum Beispiel das Thema der ersten Stunde in der Erarbeitung („Rollt die ‚dritte industrielle Revolution'?...") aus der Kombination der Sachanalyse mit dem Lernziel 12.5 der Richtlinien. Das Groblernziel der Stunde könnte dann etwa lauten:

Die Schüler sollen den qualitativen Sprung in der Entwicklung der Arbeitswelt, der sich aus dem Ausgreifen des Maschineneinsatzes auf die menschliche Denkarbeit ergibt, erkennen können, indem sie den Einsatz moderner Informations- und Kommunikationstechnologien in Fabrik, Büro und Geschäft erläutern und mit früheren Formen des Maschineneinsatzes vergleichen.

In ähnlicher Weise können die Themen und Lernziele der übrigen Lehrgangsstunden mit Hilfe der Qualifikationen 2, 4 und 12 gewonnen werden.

12.4.3 Methodische Anforderungen

Damit ein Lehrgang nicht infolge seiner methodischen Struktur die allgemeinen Ziele des Politikunterrichts konterkariert, sollte er weiteren Forderungen genügen:

„— Transparenz der Absichten,
— Präsentation kontroverser Informationen...,
— Einfügung von Phasen interaktiver... Kommunikation,
— Diskussion vorgetragener Informationen".
(Claußen 1981, S. 247)

Zur Erfüllung der ersten Forderung ist es wichtig, daß der „Einstieg" eine „Bearbeitung des Themas zum Zwecke seiner weiteren Bearbeitung" (Giesecke 1976, S. 116) darstellt. Darüber hinaus muß der Lehrer den Schülern die von ihm geplante Vorgehensweise vorstellen (synthetischer Lehrgang). In der analytischen Variante des Lehrgangs sollten die Schüler den Unterrichtsverlauf von sich aus überblicken können, weil sie die Arbeitsthemen (mit)bestimmt (und dabei das vorgestellte Modell verändert) haben. Voraussetzung dafür ist allerdings, daß der Einstieg die Komplexität des Themas auch repräsentiert, wie dies hier mit der Betrachtung über die „Berufswahl 2000" versucht wird (s. Übersicht 2).

Die Gestaltung des Lehrgesprächs ist beim Lehrgang ganz besonders zu beachten (s. 10.5, oben S. 149). Die Präsentation kontroverser Informationen ist in beiden Varianten ebenso möglich (z.B. Schritt 3 bzw. 4/5) wie die Einfügung von Phasen der Partnerarbeit (als Helfersystem) oder der Gruppenarbeit (z.B. in Schritt 4 beider Modelle). Beide Varianten ermöglichen auch vom fragend-entwickelnden Verfahren abweichende Handlungsmuster wie etwa den Einsatz von Expertengesprächen, mit denen Gieseckes Definition des Lehrgangs („Der Lehrgang — Oder: Man kann sich von einem Fachmann über ein Problem belehren lassen"; Giesecke 1976, S. 46) im ursprünglichen Sinne ernst genommen würde. Dieser Experte könnte ebenso ein Schüler sein wie ein Fachmann von außerhalb der Schule.

Überdies schließen beide Modelle auch die Diskussion nicht aus, nur ist etwa die in der analytischen Variante vorgesehene Podiumsdiskussion dort besser plaziert, da die synthetische Form des Lehrgangs wegen ihrer Dienstleistungsrolle nicht zu breit ausfallen sollte, die Diskussion überdies im Rahmen des größeren Konzeptes ihren Platz hätte.

Literatur

Aschersleben, Karl: Moderner Frontalunterricht, Frankfurt/M.: Lang 1985.
Baacke, Dieter: Reflexion und Aktion als Spannungspunkte politischer Bildung, in: Hermann Giesecke u.a.: Politische Aktion und politisches Lernen, 3. Auflage, München: Juventa 1973, S. 47-86.
Behrmann, Günter C., Karl-Ernst Jeismann, Hans Süssmuth: Geschichte und Politik. Didaktische Grundlegung eines kooperativen Unterrichts, Paderborn: Schöningh 1978.
Claußen, Bernhard: Methodik der politischen Bildung, Opladen, Westdeutscher Verlag 1981.
Friedrichs, Karsten; Meyer, Hilbert; Pilz, Eva: Unterrichtsmethoden, Oldenburg: Universität Oldenburg, Zentrum für pädagogische Berufspraxis 1982 (inzwischen in überarbeiteter Form erschienen: Meyer 1987).
Gagel, Walter: Die neuen sozialen Bewegungen als Herausforderung des politischen Unterrichts, in: aus politik und zeitgeschichte B 50/84 vom 5. 12. 1984, S. 35-43.
Gagel, Walter: Unterrichtsplanung: Politik / Sozialkunde. Studienbuch politische Didaktik II, Opladen: Leske + Budrich 1986.
Giesecke, Hermann: Methodik des politischen Unterrichts, 4. Auflage, München: Juventa 1976.
Giesecke, Hermann: Wozu noch „politische Bildung"? In: Neue Sammlung 25 (1985), Heft 4, S. 465-474.
Hage, Klaus; Bischoff, Heinz u.a.: Das Methoden-Repertoire von Lehrern. Eine Untersuchung zum Schulalltag der Sekundarstufe I, Opladen: Leske + Budrich 1985.
Hilligen, Wolfgang: Wie Reformer Didaktik, Methodik und Unterrichtspraxis vernachlässigten. In Volker Briese u.a. (Hrsg.): Entpolitisierung der Politikdidaktik, Weinheim: Beltz 1981, S. 64-83.
Hilligen, Wolfgang: Zur Didaktik des politischen Unterrichts, 4. Auflage, Opladen: Leske + Budrich 1985.
Meyer, Ernst, Okoń, Wincenty: „Frontalunterricht", Frankfurt/M.: Scriptor 1984.
Meyer, Hilbert: UnterrichtsMethoden, 2 Bände, Frankfurt/M.: Scriptor 1987.
Mickel, Wolfgang W.: Methodik des politischen Unterrichts, 4. Auflage, Frankfurt/M.: Hirschgraben 1980.
Nitzschke, Volker; Sandmann, Fritz (Hrsg.): Neue Ansätze zur Methodik des Politischen Unterrichts, Stuttgart: Metzler 1982.
Prior, Harm: Sozialformen des Unterrichts. In Gunter Otto und Wolfgang Schulz (Hrsg.): Methoden und Medien der Erziehung und des Unterrichts. Enzyklopädie Erziehungswissenschaft, Bd. 4, Stuttgart: Klett-Cotta 1985, S. 143-159.
Schörken, Rolf (Hrsg.): Curriculum „Politik". Von der Curriculumtheorie zur Unterrichtspraxis, Opladen: Leske 1974.
Schörken, Rolf: Symbol und Ritual statt politischer Bildung? In: Gegenwartskunde 36 (1987), H. 3, S. 287-297.
Schulze, Theodor: Methoden und Medien der Erziehung, München: Juventa 1978.
Sutor, Bernhard: Neue Grundlegung politischer Bildung, 2 Bände, Paderborn: Schöningh 1984.

13. Fallprinzip und Fallmethode

Ingrid Glass, Walter Gagel

13.1 Bezug zu den Richtlinien

„Aus der Fülle der erfahrbaren Situationen werden bedeutsame, das heißt politisch relevante Situationen ausgewählt, in denen sich ein politisches Problem zeigt." (RiLi S. 35)

Diese für die Auswahl der Lerngegenstände wichtige Aussage macht darauf aufmerksam, daß im Politikunterricht nicht abstrakte Inhalte bearbeitet werden sollen, sondern möglichst konkrete. Lerngegenstände werden der sozialen und politischen Wirklichkeit entnommen: Ereignisse und Situationen, mit denen sich die Lernenden in ihrer Gegenwart oder Zukunft oder allgemein die Menschen unserer Gesellschaft auseinandersetzen müssen. Der politische Unterricht hat einen unaufgebbaren Bezug zu den konkreten Inhalten, nämlich zu den Ereignissen der Politik und zu den Bestandteilen der sozialen und politischen Wirklichkeit.

Die Fülle der Ereignisse auf der konkreten Erkenntnisebene zwingt jedoch zur Auswahl. Kriterium für die Wahl von Ereignissen oder Situationen ist deren Problemgehalt (s. 2.3 „Problemorientierung", oben S. 43f.), die über ein persönliches Interesse hinausgehende allgemeinere Bedeutung; also Sachverhalte, die viele oder alle etwas angehen. Das ist gemeint, wenn als ein möglicher Ausgangspunkt für die Unterrichtsplanung „aktuelle gesellschaftliche Probleme" empfohlen werden. (RiLi S. 91) Als Beispiel für ihnen zugrundeliegende Inhalte werden genannt: „Ereignisse", „Auseinandersetzung", „Affäre" (RiLi S. 91 f.), ohne daß damit erschöpfend aufgezählt worden wäre.

Die Intention dieses Planungsansatzes ist es, Zufälligkeit und Belanglosigkeit der gewählten Ereignisse zu vermeiden. Mit Hilfe der „Inhaltsmatrix", so wird an dieser Stelle weiter ausgeführt, soll geprüft werden, in welchen Bereichen „der Fall exemplarisch" ist. Das „Besondere" ist für den Unterricht dann lernens- und bearbeitenswert, wenn es ein „Allgemeines" enthält und dieses sichtbar zu machen geeignet ist, wenn es also in diesem Sinne „exemplarisch" ist. Ausgewählt wird demnach das Problem, das sich in einem „Fall" abbildet, oder der „Fall" bzw. das „Ereignis", in welchem ein Problem sichtbar wird.

13.2 Das Fallprinzip: Urteilsbildung als Ziel

Mit dem „Fallprinzip" hatte Kurt Gerhard Fischer 1960 dem politischen Unterricht eine neue Dimension eröffnet. In seinem mit Koautoren verfaßten Buch „Der politische Unterricht" hat er dieses Prinzip in Unterrichtsbeispielen veranschaulicht.

Beispielsweise beginnt eine Unterrichtsreihe so: Die Schüler erhalten den Bericht über den Fall eines kollektiven Widerstandes gegen die Staatsgewalt: Die Bevölkerung eines kleinen Städtchens protestiert gegen die Verlegung des Amtgerichts mit Gewalt. (Fischer u.a. 1965, S. 133 ff.)

Fischer hat dieses Prinzip, zusammen mit anderen (Wolfgang Hilligen, Rudolf Engelhardt u.a.) zugleich als Kritik an der damaligen Theorie und Praxis des staatsbürgerlichen Unterrichts verstanden. Er wendet sich damit gegen jene, die „ein gewisses Maß an Kenntnissen", „eine Art Grundwissen" zu vermitteln als die Aufgabe des Unterrichts ansehen. Denen, die verlangen, daß ein „Kanon der Wißbarkeiten" aufgestellt werden müsse, hält er vor, dies sei unpolitisch. Es ist dies die Kritik an einem „systematischen Unterricht", an einem „systematisch, aufschichtenden, stufenweisen Lehrgang" als Aufbauprinzip eines Curriculums. Bei dieser Kritik orientierte sich Fischer an der damals in der Pädagogik geführten Diskussion über das exemplarische Prinzip. (Fischer 1972, S. 53 - 55)

Fischer kritisiert damit die zu seiner Zeit vorherrschende Institutionenkunde. Ihr stellt er entgegen:

„Bildungsinhalte sind je und je politische, gesellschaftliche und wirtschaftliche Realsituationen. Diese Realsituationen sind zu durchdenken bis auf den Grund hin, der Stellungnahme zu ihnen, Entscheidung und Handeln koordiniert. Das meint, unterrichtlich gesprochen, die vielfach erneuerte Einübung des Rationalisierungsprozesses von Stellungnahme in politicis und somit die Rationalisierung von Verhalten, indem angemessene Verhaltensweisen aufgebaut werden, anders ausgesprochen: indem bestimmtes Verhalten verstärkt, anderes Verhalten abgeschwächt wird." (Fischer 1972, S. 53)

Im Mittelpunkt seiner didaktischen Vorschläge steht also die „Wirklichkeits-Analyse" (ebda. S. 55), das Durchdenken der Realsituationen „auf den Grund hin", und das meint: das Erkennen des Bedeutsamen, das diesen Realsituationen oder Fällen innewohnt. Ziel ist zunächst die Stellungnahme; Rationalisierungsprozeß meint den Vorgang der Urteilsbildung, die im Erkennen des Wesentlichen (im oben angeführten Beispiel zunächst, daß es sich um einen Widerstand gegen die Staatsgewalt handelt) und in der Beurteilung nach Kriterien (legal oder illegal?) beruht. Fischer ist der Überzeugung, daß diese Urteilsbildung auch das Verhalten beeinflußt („angemessene Verhaltensweisen"). Sicherlich wird man Letzteres heute nicht mehr so sagen können. Ungeachtet dessen: Die Einsicht in die prinzipielle Illegalität einer Gewaltanwendung gegenüber nach rechtsstaatlichen Regeln getroffenen Entscheidungen vermittelt den Lernenden zumindest eine wertbezogene Orientierung für ihr gegenwärtiges und zukünftiges politisches Verhalten, mag sie nun realisiert werden oder nicht.

Das auch heute noch Wichtige ist bei diesem Ansatz das Ziel, nämlich das als Fall ausgewählte politische Ereignis durch „Analyse" zu verstehen und nach Kriterien, die aus demokratischen Werten gewonnen sind, zu bewerten (Urteilsbildung).

In der politischen Didaktik ist dieses Prinzip der Auswahl von Lerngegenständen seitdem unbestritten gewesen, auch wenn die Terminologie variierte. Hermann Giesecke (1965) stellte den „Konflikt" in den Mittelpunkt seiner Didaktik, Günter C.Behrmann unterschied zwischen „Fallbeispiel" und „aktuellem Ereignis" (1978, S. 217), und auch gegenwärtig noch spricht Bernhard Sutor von einer „Fall- oder Problemanalyse" (1984, II, S. 96) und Wolfgang Hilligen von der „Konfrontation mit einer problemhaltigen Situation, einem 'Fall'" (1985, S. 204). Nur die Ausschließlichkeit wird nicht mehr so vertreten wie anfangs; nach gegenwärtiger Auffassung muß das „exemplarische" Lernen durch das „orientierende" Lernen, beispielsweise im Lehrgang (s. Kap. 12, oben S. 165ff.), ergänzt werden.

Als Beispiel für eine Fallanalyse im Sinne des Fallprinzips kann der Streit um das Tempolimit auf Autobahnen 1985 dienen (s. 14.3, unten S. 193f.). Analyse als Methode bedeutet, mit Hilfe von kategorialen Fragen oder Begriffen ein Ereignis „zerlegen", um es dadurch besser verstehen zu können. In dem genannten Beispiel geschieht dies durch die „Kategorien der Konfliktanalyse" nach Lingelbach. Zugleich zeigt dieses Beispiel, wie die Fallanalyse in einen Prozeß der Urteilsbildung eingeordnet werden kann.

13.3 Abgrenzung zur Fallmethode

Es gibt ein zweites Verständnis der Verwendung von Fällen im Unterricht, das in der Didaktik der politischen Bildung jedoch so gut wie nicht rezipiert wurde. Aus dem wirtschaftskundlichen Unterricht stammen die Vorschläge für die Verwendung von Fällen beim Erlernen zunächst betriebswirtschaftlicher, dann allgemeinwirtschaftlicher und sozialer Entscheidungsprobleme, auch „Fallstudiendidaktik" genannt (Kaiser 1983, S. 9). Die Schwierigkeit der begrifflichen Abgrenzung zwischen beiden didaktischen Ansätzen ist nicht zuletzt darin begründet, daß der Begriff „Fall" weder in der Wissenschaft noch im allgemeinsprachlichen Verständnis eindeutig ist. Ist der juristische „Fall" das Beispiel für die generelle „Norm" oder das Übungsbeispiel zum Erlernen der Anwendung von Normen oder drückt sich darin die Reduzierung einer komplexen „Person" auf den unter die Norm subsumierbaren „Fall" aus? Oder meint das Wort die widrigen, vielleicht tragischen Umstände, durch die ein Mensch zum „Fall" wird und dadurch unsere Aufmerksamkeit, ja unser Mitgefühl auf sich zieht? Im letzteren „Fall" ist der Mensch Subjekt, in der vorhergehenden Bedeutung Exempel für etwas anderes, die allgemeine Norm.

Speziell für die Didaktik des Politikunterrichts empfiehlt sich die Unterscheidung zwischen „Fallprinzip" und „Fallmethode".

(1) Das *Fallprinzip,* wie es oben entwickelt wurde, soll als ein Kriterium der Inhaltsauswahl und *Fall* als Bezeichnung für eine Inhaltsstruktur verstanden werden; sie sind damit didaktische Begriffe. „Fall" ist danach ein individuelles *Ereignis* der politischen oder sozialen Wirklichkeit, als solches *konkret* und *komplex*. Ein weiteres Merkmal ist die *Inhaltsgeneralisierung*. Um Lernen am Fall zu ermöglichen, darf ein solches individuelles Ereignis nicht im Bereich des Beliebigen angesiedelt sein, sondern muß so ausgewählt werden, daß es besonders aussagefähig ist: Im Fall ist ein Allgemeines (bedeutsames Problem, Generalisierung) enthalten, das sich aus ihm herauslesen läßt und das übertragbar ist (Transfer). In der Regel besitzt der in der Realität aufzufindende Fall *ein hohes Maß an Komplexität;* er weist mehrere Problemaspekte auf und läßt daher eine Inhaltsgeneralisierung in verschiedene Richtungen zu. (vgl. Gagel 1983, S. 50 f.)

Die Besonderheit dieses Verständnis liegt darin, daß der Fall nicht Mittel für etwas anderes ist; er ist „selbst Gegenstand des Unterrichts und dient nicht als Aufhänger für systematische Wissensvermittlung o.ä". (Schmiederer 1977, S. 157) Er ist nicht methodisches Instrument für die Erzeugung von Motivation zu Beginn des Unterrichts, auch nicht Beispiel „für" etwas, sondern ist Selbstzweck. Der Fall ist der Gegenstand, weil er sich in unserer politischen und sozialen Wirklichkeit ereignet hat und insofern eine „konkrete Erscheinungsform" der Realität (Schmiederer 1977, S. 149) verkörpert. Seine Bedeutung beruht darin, daß das Ereignis beispielsweise einen „problematischen Zustand unserer Welt" (Adorno) sichtbar werden läßt.

Ein Fall dieser Art ist z.B. die Kieler Affäre des Jahres 1987 oder der „Fall Nukem" bzw. der „Fall Transnuklear" von 1988, weil sie enthüllend für die Gefährdung demokratischer Institutionen bzw. für die Gefahren unserer Hochtechnologien sind. Als derartige Ereignisse sind sie nicht austauschbar: daß sie geschehen sind, hat die Betroffenheit ausgelöst. Fall in dem beschriebenen Sinne ist aber auch der „Fall Marion P." (s. 2.5, oben S. 48f.), die ihre Hilflosigkeit auf dem Sozialamt erleben mußte; sie erfährt in persönlich fataler Situation die Grenzen bürokratischer Sozialmaßnahmen. Zu verallgemeinern ist hier die Erfahrung der Einzelperson (kann anderen/vielen widerfahren), aber auch die dem Vorgang zugrundeliegende Problemstruktur (politisches Problem, s. 2.3, oben S. 44).

Man muß jedoch auch die methodischen Bedingungen und Grenzen berücksichtigen. Ob „Kieler Affäre" Unterrichtsgegenstand werden kann, das hängt nicht nur von seinem Problemgehalt ab, sondern auch davon, ob sie „repräsentiert", also ob sie durch Medien im Unterricht „schaubar" und „überschaubar" gemacht werden kann, und das heißt auch: Wieweit sie als Ereignis abgrenzbar ist. Eine weitere Bedingung ist, daß die Lernenden die Methode der Fallanalyse beherrschen oder erlernen können: mit Hilfe von kategorialen Fragen oder Begriffen ein Ereignis „zerlegen" (s. 13.2, oben S. 177).

Im Hinblick auf mögliche mediale und methodische Grenzen für die Wahl der Fälle ist es als eine Einschränkung aufzufassen, wenn Schmiederer sagte: „Wir verstehen unter 'Fallprinzip' die Behandlung bzw. Analyse kleiner und mittlerer, immer aber für den Schüler noch leicht überschaubarer Probleme, Ereignisse, Konflikte etc." (1977, S. 157) „Kiel" sollte damit nicht von vorneherein ausscheiden, aber der Lehrer muß auch die methodischen Grenzen beachten, von denen seine didaktische Entscheidung bedingt wird, ob er nämlich „Kiel" wählt oder nicht.

(2) *Fallmethode* soll bedeuten, daß der „Fall" als Mittel zum Zweck des Lernens dient; er hat eine methodische Funktion. Die Fallmethode hat in der Betriebswirtschaftslehre, wo sie zuerst entwickelt wurde, die Aufgabe, die Vermittlung bloß theoretischen Wissens zu vermeiden; sie ist der Weg eines praxisnahen Studiums theoretischer Zusammenhänge. In diesem Sinne eignet sie sich auch für eine Übertragung auf die Schule. Der „Fall" dient hier als realitätsnahes Beispiel, das einen „handlungs- und entscheidungsorientierten Unterricht" (Kaiser 1983, S. 17) ermöglicht. Das Kriterium für die Auswahl eines Falles ist folglich nicht seine Bedeutsamkeit, sondern seine Leistungsfähigkeit als Instrument für die Vermittlung von methodischen Fähigkeiten, von Qualifikationen wie Problemlösungs- oder Entscheidungsfähigkeit oder auch von generellen Erkenntnissen, bei denen der Fall das „Beispiel für etwas" darstellt.

Zusammengefaßt: Einmal ist der Fall ein bedeutsamer Inhalt, dann erfolgt eine Urteilsbildung über ihn („Fallprinzip"); zum anderen ist er ein didaktisches Mittel, dann erfolgt Wissenserwerb und Erwerb von Fertigkeiten durch ihn („Fallmethode").

Weil in diesem Beitrag zwei unterschiedliche Traditionen der „Falldidaktik" zusammengeführt werden, ist eine scharfe begriffliche Unterscheidung erforderlich. Die Begriffsbildung erfolgt hier im idealtypischen Sinne: Sie dient als gedankliche Orientierungshilfe, bezweckt nicht die Beschreibung von Realität des Unterrichts. In der Unterrichtspraxis hingegen wird man als Lehrer sehr häufig mit Mischformen arbeiten. Aber wichtig ist zu erkennen, ob der Fall primär „Selbstzweck" ist oder als „Mittel zum Zweck" dient.

Diese Unterscheidung ist für den Politikunterricht wegen seines unaufgebbaren Bezuges zur politischen und sozialen Realität unverzichtbar. Im Hinblick auf die Dimensionen des Politischen (RiLi S. 14 f.) gehört der Fall zur Dimension „Prozeß". Das „Fallprinzip" bringt folglich in Erinnerung, daß es bei Politik um „die interessengeleitete und konflikthafte Auseinandersetzung" über die Wahl und die Durchsetzung von Politikinhalten geht (ebda.).

Die Übersicht faßt diese Unterscheidung noch einmal zusammen. Der Erläuterung bedarf wahrscheinlich die Zielangabe: „Bedeutung erfassen" steht nicht im Gegensatz zu „Allgemeines lernen", sondern meint, daß das Ziel sei, die Bedeutung des Ereignisses zu ergründen, die in der Regel etwas „Bedeutsam-Allgemeines" beinhaltet. Ziel ist also, das Ereignis verstehen und einordnen zu können. Ziel in der anderen Spalte ist, etwas Generalisierbares kennenzulernen; zur Erleichterung wird dazu ein Beispiel gesucht. Entsprechendes gilt für die „Qualifikation".

	Fallprinzip	Fallmethode
didaktische Funktion des „Falles"	Wiedergabe von Realität	Beispiel für etwas
Ziel	Bedeutung erfassen, Urteilsbildung	etwas Allgemeines lernen, Qualifikationen erwerben
Auswahlkriterium	Bedeutsamkeit	methodische Leistungsfähigkeit
Bedingungen (Grenzen)	mediale Repräsentation, Methodisierbarkeit	Übertragbarkeit in Rollenhandeln

13.4 Die Fallmethode: Aktives Lernen in authentischen Situationen

Die Fallmethode, häufig auch „Fallstudiendidaktik" genannt, hat in der Betriebswirtschaftslehre eine gesicherte Tradition. Sie wurde Anfang dieses Jahrhunderts in der Harvard Business School in Boston entwickelt. Der Lehrbetrieb verzichtete dort weitgehend auf die traditionelle Vorlesungsmethode; an ihre Stelle trat die Diskussion praktischer Fälle aus dem Wirtschaftsleben. (Kaiser 1983, S. 12)

Zielsetzung dieser Lehrmethode ist „aktives Lernen", d.h. die Anwendung eines zu vermittelnden oder dem Lernenden bereits geläufigen Instrumentariums auf eine konkrete Situation, die eine Entscheidung verlangt. Es wird angenommen, daß Entscheidungen in betrieblicher Wirklichkeit optimiert werden können und müssen durch Training in konstruierten Situationen, welche die für die Entscheidung notwendigen Bedingungen und Instrumente so wirklichkeitsnah vermitteln, wie es für diesen partiellen Handlungsvollzug notwendig ist. Eine gründliche Situationsanalyse ist hierfür Voraussetzung; die Reflexion des Handlungsablaufs und der Ergebnisse ist nicht immer zwingend bzw. bleibt eng an den betriebswirtschaftlichen Zweck gebunden.

Das größte Risiko aus politikdidaktischer Sicht besteht darin, daß dieses Konzept als reines Entscheidungstrainig verstanden und gehandhabt wird.

Dies wird auch in der betriebswirtschaftlichen Fallstudienliteratur als Problem gesehen. Es finden sich Warnungen, die Fallstudienkonzepte nicht nur auf optimierendes Rechnen anzulegen, sowie Beispiele, die in differenzierter Form eine Handlungsfolgendiskussion unter normativen Gesichtspunkten beinhalten.

Drei zentrale Konstruktionselemente der Fallbearbeitung erscheinen für ein Fallstudienkonzept des Politikunterrichts relevant.

Authentizität der Fälle wird als Grundbedingung genannt, d.h. ihre Realitätsnähe; sie wird doch auch überall sofort wieder eingeschränkt. Die für Zielgruppe, Lernziele und Problemstellung genau passenden „authentischen Fälle" sind selten.

Das Grundproblem der *medialen Vermittlung* von Fällen für Lernsituationen besteht auch hier. Der überwiegende Teil ist textvermittelt, wenn auch vielleicht der Anteil anderer Medien wie Filme, Videoaufzeichnungen etc. etwas höher liegt als üblicherweise für Schulunterricht.

Die Materialien beschreiben *Handlungssituationen,* in denen eine Entscheidung gefordert wird (Variante: getroffene Entscheidung, die zu analysieren und zu denen Alternativen zu entwickeln sind). Alle entscheidungsrelevanten Informationen sind enthalten (Variante: mit dem Lernziel, diese zu erkennen, werden Informationslücken gelassen bzw. überflüssige Informationen eingefügt, um die Fähigkeit gezielten Wählens zu beweisen). Umfang und Komplexität der Fälle variieren von eng begrenzten Detailentscheidungen bis hin zu hochkomplexen umfangreichen „Strategiefällen", die bereits bei der Entscheidung über die anzuwendenden Methoden mehrere Variationsmöglichkeiten enthalten und die Bearbeitung durch ein fachkundiges Team mit hohem Zeitaufwand voraussetzen. Eine sehr interessante Variation ist die Zerlegung einer Fallstudie in Teilfälle, die in systematischen Lernschritten aufeinander aufbauen.

Losgelöst von diesen Konstruktionsprinzipien sind die Fragen nach der Gestaltung der Kommunikationsformen in den Lerngruppen. Fallstudien werden als Prüfungsarbeiten verfaßt, d.h. zur Messung einer schriftlichen Einzelleistung, eine oder mehrere Fallstudien können Bestandteil von Unternehmensplanspielen sein, sie können als Rollenspiele konzipiert sein u.a.

Die Übertragung dieser betriebswirtschaftlichen Methodik in den Schulunterricht bietet sich deshalb an, weil sie dem in der Pädagogik anerkannten Konzept der Selbsttätigkeit entspricht.

Fallstudienbeispiele finden sich in größerer Zahl in den Lehr- bzw. Arbeitsbüchern der Betriebswirtschaftslehre an berufsbildenden Schulen, teilweise auch in den Büchern zur Arbeitslehre der Haupt- und Realschulen. Eine „Fallsammlung", die auch für den Politikunterricht geeignete Fälle enthält, bietet Kaiser (1983). Aus der Tradition der juristischen Ausbildung werden für den Rechtskundeunterricht Fallstudien in der Art juristischer Entscheidungsfälle angeboten, zum Teil mit sorgfältig aufbereiteteten Materialien und interessanten Fragestellungen (als Beispiel: Hennings 1986). Ansonsten sind Fallstudien als Simulation von Rollenhandeln und Entscheidungssituationen in Schulbüchern und Unterrichtsmaterialien für den Politikunterricht eher selten. Hier findet man überwiegend „Fälle" im Sinne des „Fallprinzips" oder in der Funktion von Verständnishilfen im Sinne von „Beispiel für etwas".

13.5 Fallkonstruktion

Die methodische Besonderheit der Fallbearbeitung nach dem Auswahlkriterium des „Fallprinzips" ergibt sich daraus, daß die Informationen über den „Fall" in der Regel nur medial vermittelt werden können, was hauptsächlich in der Form von Texten geschieht, seltener durch andere Medien. Die Vorgehensweise ist daher stark von der inhaltsanalytischen und interpretierenden Textarbeit geprägt. Sachkundigkeit, Wahrnehmungsfähigkeit, Verarbeitungs- und Beurteilungskompetenz müssen als Fähigkeiten bei den Schülern vorausgesetzt werden oder können durch diese Methode vermittelt werden. Über Handlungsfolgen können nur abschätzende, also hypothetische Aussagen gemacht werden; Entscheiden und Handeln wird als Tun anderer diskutiert oder findet, als eigene Entscheidung, im Bewußtsein des einzelnen Schülers und in der Diskussion und der Stellungnahme innerhalb der Lerngruppe statt.

Die „Fallmethode" hingegen bietet dem Lehrer darüberhinaus die Möglichkeit, Fälle für den Unterricht zu erarbeiten und aufzubereiten, die

— in der jeweiligen Unterrichtssituation des Politikunterrichts handhabbar und damit häufiger anwendbar sind,
— die eine Handlungsorientierung einbringen, nämlich durch das Rollenhandeln in begrenzten, überschaubaren Situationen,
— den Politikunterricht stärker methodisch profilieren (vgl. hierzu Kap. 5, oben S. 75ff., und Kap. 11, oben S. 155ff.).

Der Fall im Verständnis des Fallprinzips ist ein individuelles und abgeschlossenes Ereignis oder ein Ereignis, das wegen seiner Aktualität noch nicht abgeschlossen sein kann. In jeder dieser Bedeutungen erfolgt die Betrachtung in der Außenperspektive oder sogar in der Perspektive „ex post", also im Nachhinein.

Fälle lassen sich aber auch als nicht abgeschlossene Vorgänge konstruieren, als Situationen der Simulation, in denen die Lernenden selber einen Abschluß der Handlung finden und dadurch das mit der Situation gegebene Problem lösen.

Die objektiven und subjektiven Bestandteile der Situation muß der Lehrer ebenso sorgsam ausloten wie bei der Situationsanalyse (zu dieser s. 2.2, oben S. 41f.). Er muß die vorhandenen Handlungsspielräume genau abgrenzen, weil die Schüler nicht Handeln beurteilen, sondern selber handeln sollen.

Handeln können heißt, daß das Aushandeln der Sinndeutungen der ausgewählten Situation in den Unterricht hereingenommen wird und zum zentralen Arbeitsauftrag im Unterricht gemacht wird. Dabei ist es notwendig, daß die Situation so ausgewählt wird, daß die in der Situation durchgesetzte Sinndeutung Handlungsfolgen von erheblicher Relevanz für ein oder mehrere Individuen hat, um nicht im Bereich der Beliebigkeit zu bleiben. Die Situation muß also eine Entscheidungssituation sein, einer der Interagierenden muß ein mit Sanktionsmacht ausgestatteter Entscheidungsträger, i.e. ein Rollenträger sein, für den ein Handlungsinstrumentarium zur Verfügung stehen muß. Dieses Handlungsinstrumentarium gehört zu den objektiven Bestandteilen der Situation, die Spielräume bei seiner Handhabung gehören zu den subjektiven Bestandteilen.

Anders als beim „Fall ex post" muß dieses Instrumentarium nicht nur zur Kenntnis genommen, sondern angewendet werden; das heißt, fachwissenschaftliche Methoden werden funktional eingesetzt und geübt. Je geringer die Handlungsspielräume bei der Anwendung des Instrumentariums sind, um so enger ist der Übungscharakter (Ziel: Fertigkeiten in der Anwendung von Methoden). Solche Übungen sind Voraussetzung für den sicheren Umgang mit Methoden und der Fähigkeit, vorhandene Handlungsspielräume bei der Anwendung zu entdecken und damit in der auszuhandelnden Sinndeutung das Gewicht der subjektiven Bestandteile zu verstärken. Wenn die Situation so ausgewählt ist, daß die Handlungsspielräume zwar genau genug begrenzt, die Spielräume für subjektive Sinndeutungen für den Rollenträger erkennbar und das Instrumentarium handhabbar sind, so führt der zur Aufgabe gemachte Zwang zur Entscheidung und die aus der Entscheidung resultierenden Handlungsfolgen in ein Dilemma, das eine normative Fragestellung aufbricht.

Wie in der Wirklichkeit, kann also auch in einer solchen Situation der Spielende in einen Zwiespalt geraten, den er als Dissonanz erlebt. Die Strategien, die zur Reduzierung solcher kognitiven Dissonanzen angewandt werden, um dieses Dilemma zu verarbeiten, sind subjektive Bestandteile jeglicher Entscheidungssituation. In ihren individuellen Ausprägungen sind sie entscheidend für die Steuerung des Lernprozesses.

Die Dissonanzreduktionsstrategien laufen darauf hinaus, entweder dem Handlungszwang für den Rollenträger zu entkommen (ich kann das nicht, ich verstehe das Instrumentarium nicht, mir fehlen trotz Instrumentarium wichtige entscheidungsrelevante „Erfahrungen", ich suche Möglichkeiten, die Entscheidung aufzuschieben usw.), oder durch strenge Instrumentinterpretation den subjektiven Handlungsspielraum zu verringern, um Rechtfertigung für eigenes Handeln in der Institution zu suchen (ich selbst finde es nicht richtig ... aber ... erlaubt es nicht anders etc), oder im Instrument gezielt nach Möglichkeiten suchen, um die eigene Voreinstellung in der Entscheidung durchzusetzen (zu solchem Umgang im Rollenrepertoire sind nur sehr geübte Schüler in der Lage).

Jede der genannten Attitüden zielt auf die Sollensfrage — was soll sein?, i.e. die normative Frage, die nicht von außen an die Schüler herangetragen ist, sondern sich auf Grund ihrer eigenen Befindlichkeit in der Situation ergibt. Sie wird mit den in der Situation gemachten Erfahrungen auf verschiedenen Ebenen gestellt: Die Bewertung des Vorgangs wird ausgehandelt, wobei die Werthierarchien der Bewertungskriterien in das Aushandelns mit einbezogen sind; der Sinn einer allgemeinen Regelung und ihrer differenzierten Ausformung wird in enger Rückbindung an die konkreten Details diskutiert, die Notwendigkeit, Wünschbarkeit und Möglichkeit von Veränderungen mit den daraus sich ergebenden Handlungsfolgen abgewogen.

Da für ein solches Fallkonzept das eigentliche Vehikel für Lernprozesse in der Konstellation der subjektiven Bestandteile der Situation liegt, so müssen für die Steuerung der Lernprozesse diese subjektiven Bestandteile gezielt eingesetzt werden. Authentizität der Fälle kann daher nur bedeuten, daß alle Wirklichkeitsbestandteile objektiv möglich sein müssen, daß sie im Hinblick auf eine konkrete Fragestellung der jeweiligen historisch-sozialen Konstellation entnommen sind und zu einer konsequenten Konstruktion geformt sind.

13.6 Anwendungsbeispiel

Der Vorfall als Rohmaterial: Der Schüler Jürgen B. einer 10. Klasse hat am späten Abend an eine vom Schulhof und den Wohnhäusern der Nachbarschaft aus gut sichtbare Schulmauer ein mannsgroßes schwarzes Hakenkreuz gesprüht. Der Hausmeister der Schule hat ihn gesehen und dem Schulleiter gemeldet.

In dieser oder ähnlicher Form läßt sich ein Fall als Zeitungsnotiz finden. Vielleicht stehen noch ein ausführlicherer Hintergrundbericht, Interviews Betroffener bzw. sich betroffen Fühlender, Politikerstellungnahmen, Konferenzprotokolle u.ä. zur Verfügung.

Der erste Bearbeitungsschritt des Lehrers beinhaltet: Welche sozialwissenschaftlichen/politischen Erkenntnisse sollen mit diesem „Fall" gewonnen werden? Welches ist die Problemstellung für den „Fall"?

Von dieser Entscheidung abhängig sind die Fragen: Welche Daten werden benötigt, in welcher Form werden die Daten präsentiert? An welcher Stelle des Prozesses wird der Vorfall abgebrochen? Welche Unterrrichtsform wähle ich zur Bearbeitung des Falls?

Variante 1

Der mit Sanktionsmacht ausgestattete Entscheidungsträger dieses „Falls" ist zunächst der Schulleiter: Er muß bei der Sachlage eine individuelle Entscheidung treffen im Rekurs auf generelle Regelungen. Die Frage „Soll der Schulleiter ein Verfahren einleiten zum Schulverweis von Jürgen B.?" ist eine normative Frage, die auf Handeln mit Folgen für ein anderes Individuum zielt. Weiter konkretisiert wird die Frage durch die Wahl der Entscheidungssituation.

Entscheidungssituation: Vor der angesetzten Lehrerkonferenz muß der Schulleiter entscheiden, welche der nach § 14 (2) ASchO infragekommenden Ordnungsmaßnahmen er zum Beispiel vorschlagen soll und ob er Anzeige nach § 86 a des StGB erstatten soll.

Variante 2

Entscheidungsträger ist der Vertreter des Schülerrats, der nach § 15 (4) ASchO vor der Entscheidung über Ordnungsmaßnahmen durch die Lehrerkonferenz gehört wird.

Entscheidungssituation: Vor der angesetzten Lehererkonferenz muß der Vertreter des Schülerrats sich entscheiden, ob er als Schülervertreter für die Verhängung einer Ordnungsmaßnahme sprechen soll und wie er dies begründen soll oder ob er gegen die Verhängung einer solchen Ordnungsmaßnahme sprechen und wie er dies begründen soll.

Variante 3

Entscheidungsträger: Mitglieder der Lehrerkonferenz.

Entscheidungssituation: Lehrerkonferenz, in der über eine Ordnungsmaßnahme gegen Jürgen B. entschieden wird.

Instrumentarium für alle drei Varianten ist ein Auszug aus der Allgemeinen Schulordnung (ASchO), aus dem Strafgesetzbuch § 86, § 86 a (StGB). Benötigte Fertigkeiten: Umgang mit Rechtsvorschriften.

Variante 1 läßt sich hinsichtlich der Komplexität am stärksten variieren über die angebotenen Materialien. Um den Handlungsspielraum des Schulleiters genau zu begrenzen, müssen Informationen angeboten werden über die schulische Biographie des Jürgen B., vor allem über bereits beobachtete einschlägige Auffälligkeiten, und über eingetroffene oder erwartete Reaktionen der Umgebung, der Presse, von Schülern, Eltern etc. Sind letztere z.B. alle eindeutig ablehnend, so ergibt das einen anderen Handlungszwang, als wenn sie divergieren. Sie können jedoch die subjektiven Entscheidungsbestandteile bei jedem Individuum jeweils anders stimulieren. Diese Stimulation läßt sich wiederum differenzieren, wenn z.B. darauf aufmerksam gemacht wird, daß der Schulleiter mit dem Hinweis auf schwindende Schülerzahlen besonders auf den Ruf seiner Schule zu achten habe, bzw. wenn darauf hingewiesen wird, daß der Direktor im wesentlichen das Interesse des Schülers im Auge behalten solle. Weitere solcher Stimuli können gesetzt werden über Materialien, die Stellungnahmen von Lehrern, der Eltern des Jungen, von Mitschülern des Jürgen B. selbst enthalten.

Die hier eingebrachten alltagsweltlichen Verarbeitungen von sozialwissenschaftlichen Theorieansätzen sind zielgerichtet in ihrer Auswirkung auf das Handeln des Rollenträgers. Sie aktivieren bei Handelnden subjektive Bewertungs- und Verhaltensmuster. In der Auseinandersetzung mit anderen Bewertungs- und Verhaltensmustern läßt sich ihre Reichweite vom Handelnden subjektiv überprüfen.

Variante 2 läßt sich vom Materialangebot her am stärksten reduzieren. Hier kann neben einer knappen Fallbeschreibung und dem Instrumentarium mit einem präzisen Arbeitsauftrag auf alles weitere Material verzichtet werden, zumal auch der subjektive Spielraum bei der Entscheidungsfindung relativ groß ist. Ein präziser Arbeitsauftrag ist allerdings notwendig, um bei dem relativ großen Spielraum exakte Grenzen zu setzen.

Variante 3 ist vom Materialaufwand die umfangreichste. Die in Variante 1 skizzierten Materialien müssen noch verbreitert werden, vor allem können hier Nuancen alltagsweltlicher Verarbeitungen von Erklärungsansätzen eingebracht werden, deren Funktionalität in der Auseinandersetzung ganz deutlich wird.

Für die drei Varianten einer handlungsorientierten Fallmethode bieten sich unterschiedliche Kommunikationsformen im Unterricht an.

Variante 1 und 2 kann von jedem einzelnen Schüler der Lerngruppe in gleicher Weise bearbeitet werden; dies kann in Stillarbeit geschehen mit der schriftlichen Fixierung einer Strategie des Rollenträgers, die in der gesamten Lerngruppe vorgetragen und diskutiert wird. In der Auseinandersetzung um die verschieden ausgefallenen Entscheidungen und ihre Begründungen wird nochmals Sinndeutung ausgehandelt, bei der bereits die Binnensicht des Entscheidungsträgers verlassen wird durch Generalisierung des Sollfrage. Dies läßt sich auch mit Gruppenarbeit erreichen, hier wird die Auseinandersetzung etwas vorgefiltert.

Für Variante 3 bietet sich eine Simulation an. Dies ist sicherlich methodisch am schwierigsten und am arbeitsaufwendigsten, allerdings für Schüleraktivitäten auch am chancenreichsten. Die Materialien müssen über Rollenkarten angeboten werden, die auch Verfahrensinformationen über den Ablauf der Simulation enthalten. Das Aushandeln ist in dieser Präsentationsform wörtlich zu nehmen und wird auch sinnlich erfahren. Neben allen Vorzügen dieser Methode und dem Spaß der Beteiligten liegen hier auch Probleme: Die Simulation aus einem solchen Nahbereich kann zur Nachahmung von an der Schule konkret vorhandenen Verhaltensweisen (Schulleiter, Lehrer) führen, die den „Fall" teilweise überlagern. Als Alternative für eine Simulation lassen sich vier oder fünf Positionen (Schulleiter, zwei Lehrer der Schule, Elternvertreter, Schülervertreter) auswählen, diese werden in Gruppen erarbeitet. Nach dem Vortrag der Positionen wird von der ganzen Lerngruppe im Abstimmungsverfahren eine Entscheidung verlangt.

Der Druck, zu einer Entscheidung zu gelangen, ist zentraler Lernimpuls. Daß Schüler z.B. nach immer mehr Erklärungsmustern für Verhalten wie das von Jürgen B. suchen, kann vielleicht als wissenschaftliches Interesse gedeutet werden; in dem oben beschriebenen Lernprozeß allerdings ist es eine Dissonanzreduktionsstrategie, um dem Handlungsdruck auszuweichen. (Variante 2 hat hier z.B. den Vorzug, daß solches Ausweichen kaum gerechtfertigt werden kann.) Scharfe oder gar keine Sanktionen zu befürworten, kann ebenso zu einer Strategie gehören, bei der die Relevanz der jeweiligen gegenpoligen Argumentation negiert wird. Dies sind legitime und in der Realität durchaus praktizierte Verhaltensweisen, die nicht etikettiert und moralisch qualifiziert werden dürfen, sondern als mögliche entscheidungsrelevante individuelle Variablen der Situation thematisiert werden müssen. Sie bieten die Möglichkeit, die Sollensfrage wiederum auf einer anderen individuellen Ebene zu thematisieren.

Literatur

Behrmann: Günter C.: Politik — Zur Problematik des sozialkundlich-politischen Unterrichts und seiner neueren Didaktik. In ders., Karl-Ernst Jeismann, Hans Süssmuth: Geschichte und Politik. Didaktische Grundlegung eines kooperativen Unterrichts, Paderborn: Schöningh 1978.

Fischer, Kurt Gerhard, Karl Herrmann, Hans Mahrenholz: Der politische Unterricht, Bad Homburg v.d.H. 1960, 2. Aufl. 1965.

Fischer, Kurt Gerhard: Das Exemplarische und der Politische Unterricht (1966). In ders.: Überlegungen zur Didaktik des Politischen Unterrichts, Göttingen: Vandenhoeck/Ruprecht 1972.

Gagel, Walter: Einführung in die Didaktik des politischen Unterrichts, Opladen: Leske + Budrich 1983.

Giesecke, Hermann: Didaktik der politischen Bildung, München: Juventa 1965.

Hilligen, Wolfgang: Zur Didaktik des politischen Unterrichts, 4. Aufl., Opladen: Leske + Budrich 1985.

Hennings, Almuth: Streitfälle — Rechtsfälle. Der Jugendliche und das Recht, Frankfurt: Diesterweg 1986.

Kaiser, Franz-Josef (Hg.): Die Fallstudie. Theorie und Praxis der Fallstudiendidaktik, Bad Heilbrunn: Klinkhardt 1983 (mit Fallbeispielen).

Schmiederer, Rolf: Politische Bildung im Interesse der Schüler, Frankfurt: EVA 1977.

Sutor, Bernhard: Neue Grundlegung politischer Bildung, Bd. I und II, Paderborn: Schöningh 1984.

Die Abschn. 13.1-3 hat W. Gagel, die Abschn. 13.4-6 I. Glass verfaßt.

14. Methoden der politischen Entscheidungsanalyse und der politisch-moralischen Urteilsbildung

Wolfgang Sander

14.1 Urteilsbildung und Entscheidungsfähigkeit als Aufgabe des Politikunterrichts

Eines der Hauptprobleme der „nachindustriellen Gesellschaft" (Bell 1975) ist die Produktion und Organisation von Wissen. In manchen Bereichen ist Wissen schon zu einer schnell verderblichen Ware geworden.

In der politischen Bildung ist dies frühzeitig erkannt worden. Eine in die „Richtlinien für den politischen Unterricht" einführende Schrift von 1973 trägt den Titel: „Viel zu wissen ist zu wenig" (Girgensohn 1973). Hauptaufgabe des Politik-Unterrichts soll nicht die Vermittlung von Kenntnissen, sondern die Vermittlung der Fähigkeit zur Informationsverarbeitung und die Schulung der politischen Urteils- und Entscheidungsfähigkeit sein. Dementsprechend heißt es in den Richtlinien:

„Politisches Lernen ist insgesamt so anzulegen, daß die Entscheidungsfähigkeit der Jugendlichen gefördert wird ... Die Auseinandersetzung mit politischen Fragen verlangt neben Sachkenntnis in besonderem Maße die Fähigkeit zu hypothetischem, problemlösendem und entscheidungsorientiertem Denken. Damit ist die Fähigkeit gemeint, Lösungen zu finden, zu bewerten und sich an ihrer Verwirklichung zu beteiligen." (RiLi S. 8) Auf dieser Grundlage sollen die Schüler und Schülerinnen in die Lage versetzt werden, „am Prozeß der politischen Willensbildung und der Vertretung und Durchsetzung von Interessen teilzunehmen". (RiLi S. 7)

Die für eine aktive Interessenvertretung benötigten Fähigkeiten werden in den Richtlinien vor allem in den Qualifikationen 1, 2, 4 und 6 dargelegt: politisches Orientierungvermögen, politische Einflußnahme, Denken in Alternativen, Konfliktfähigkeit. Deutlich wird aber auch darauf hingewiesen, daß die Verwirklichung eigener Glücksvorstellungen an soziale Verantwortung (Qualifikation 7) und Kompromißbereitschaft (Qualifikation 5) gebunden ist und daß neben eigenen Interessen auch gesellschaftliche Interessen und Bedürfnisse Benachteiligter zu berücksichtigen sind (Qualifikationen 5 und 10).

Insgesamt nennen die zwölf Qualifikationen grundlegende Orientierungsmöglichkeiten und Entscheidungskonflikte eines jeden Bürgers und machen sie zum zentralen Bezugspunkt für die Unterrichtsplanung. Das daraus folgende Problematisieren, Kennenlernen von Handlungsalternativen (Anpassung, Verhandlung oder Widerstand) und das Einüben verschiedener Perspektiven der Wirklichkeitserkenntnis (vom Subjekt oder vom System aus) sind wichtige Voraussetzungen für die politische Bildung, weil sie Dogmatismus und Indoktrination verhindern. Jedoch dürfen die Schülerinnen und Schüler mit den Entscheidungsfragen nicht allein gelassen werden (etwa so: die Entscheidung muß jeder für sich treffen). Sie müssen im Unterricht auch erfahren, wie sie trotz hoher Zufallsbedingtheit und Komplexität des politischen Entscheidungsfeldes zu verantwortbarem politischen Urteilen und Handeln gelangen können.

Der Politikunterricht steht somit vor einer doppelten Aufgabe:

— Er muß dem Umstand Rechnung tragen, daß tradierte Ordnungen oder Ordnungsvorstellungen, Normen und Verhaltensregeln vielfach nicht mehr tragfähig sind und für gegenwärtiges und zukünftiges Handeln nicht immer überzeugende Lösungen ermöglichen. Standpunkt- und Perspektivenwechsel müssen systematisch geschult werden, um die Fähigkeit zu stärken, produktive Lösungsalternativen zu entwickeln. Wichtig ist außerdem die Qualifikation, grundlegende Normen und Wertorientierung zu begründen.
— Ebenso notwendig ist es, den Schülerinnen und Schülern im Unterricht verständlich zu machen, daß Politik mit Entscheiden und Durchsetzen von Entscheidungen zu tun hat. Der politische Prozeß ist immer konflikthaft. Er wird geprägt durch die Konkurrenz der Interessen und Wertorientierungen. Entscheidungen gehen meist Verhandlungen zwischen den politischen Akteuren voraus. Machterwerb und Machterhaltung sind wichtige Zielorientierungen, da sie zugleich Handlungskompetenz vermitteln. Beim Durchsetzen können unerwartete Folgewirkungen auftreten. Eine Beurteilung verlangt daher auch die Fähigkeit, die Realitätsbedingungen politischen Handelns einzubeziehen.

Der Politikunterricht sollte sich nicht darauf beschränken, bei den Schülern distanzierte Informiertheit zu kultivieren. Pluralismus bedeutet nicht Relativismus, d.h. die Gleich-Gültigkeit der Zielvorstellungen. Die wertfreie Analyse der politischen Wirklichkeit sollte mit verantwortbarer Bewertung verbunden werden. Dabei müssen die Schüler aber auch die Fähigkeit erhalten, die häufig auftretende Diskrepanz zwischen dem Wünschbaren und dem Machbaren auszuhalten.

14.2 Was ist politische Urteilsbildung?

Seit Aristoteles Ausführungen zum praktischen Syllogismus wissen wir, daß jedes Urteil über richtiges Handeln (d.h. Aussagen darüber, was *gut* ist und was getan werden *soll*) aus dem Zusammenspiel von Obersatz und Untersatz besteht und im Schlußsatz zustandekommt. Der Obersatz enthält dabei die normativen Prämissen, die für die Bewertung einer Situation relevant sind. Der Untersatz umfaßt alle Aussagen, die für eine sachgerechte Analyse der Wirklichkeit erforderlich sind. Im Schlußsatz werden die Konsequenzen aus den beiden Aussagen gezogen. Die Entscheidung kommt also durch ein gedankliches Zusammenführen von Ober- und Untersatz zustande.

Auch die praktischen Entscheidungen des Alltags lassen sich in diesem einfachen Modell denken: die Kaufentscheidung der Hausfrau, der Testbericht der Stiftung Warentest, die Diagnose und Therapie des Arztes, die Wahlkampfentscheidung des Politikers. Überall setzen sich Entscheidungen aus normativen Kriterien und realitätsbezogenen Sachverhaltsbeschreibungen zusammen. Auch die Struktur des politischen Entscheidungsdenken kann daher an diesem Modell ausgerichtet werden und orientierte sich bisher auch daran (z.B. ,,Sehen - Beurteilen - Handeln'').

Urteilsbildung kann von drei Erkenntnisinteressen geleitet werden:

— Zum einen kann ich mich darauf konzentrieren, möglichst *richtige Aussagen über die Wirklichkeit* (Sachverhalte, Wirklichkeitsanalyse) zu machen. Ich möchte wissen, was ist und wie etwas funktioniert. Das Ergebnis sind reine Sachurteile. Die Fähigkeit zu prüfen, ob eine Feststellung mit der Wirklichkeit übereinstimmt oder in absehbarer Zeit übereinstimmen wird, ist eine der elementaren Kompetenzen, die im wesentlichen durch die Wissenschaftsorientierung des Unterrichts vermittelt wird. Im Politikunterricht geschieht dies vor allem im Lehrgang und in der Sozialstudie.

— Das Erkenntnisinteresse kann sich aber auch darauf richten, wie man möglichst *zweckmäßige und kluge Entscheidungen* treffen kann. Dann bin ich vorrangig daran interessiert, wie man zur Erreichung vorgegebener Zwecke die effektivsten Mittel ausfindig machen kann. Sachkenntnisse als Ergebnis wissenschaftlicher Untersuchungen können bei diesem erfolgsorientierten Handeln sehr dienlich sein. Bei der Klärung der Zweck-Mittel-Relation werden die durch das Handeln angestrebten Ziele als gegeben vorausgesetzt; ihr Wertgehalt wird nicht problematisiert.

— Schließlich kann ich an der *Verantwortbarkeit von Entscheidungen* interessiert sein. Dann muß ich die Beziehung von Zwecken und Mitteln und die zu erwartenden Folgen und Nebenfolgen auf ihre Vertretbarkeit hin prüfen. Verantwortbarkeit verlangt Begründung von Handlungen nach allgemeingültigen Kriterien. Dies ist politisch-moralische Urteilsbildung, in welcher Wirklichkeitsanalyse und Wertorientierung miteinander verbunden werden.

Politisches Handeln umfaßt alle drei Urteilsdimensionen. Eine Steuerreform muß auf richtigen Berechnungen beruhen. Die Veränderungen müssen effektiv sein, d.h. die erwünschten Ergebnisse auch bewirken. Aber sie wird auch geprüft im Hinblick auf die Prinzipien, welche sie zu realisieren in Aussicht stellt oder die man fordern kann: Wachstumsimpuls oder Gerechtigkeit?

Im Unterricht gerät die Klasse manchmal in eine ausweglose Situation, wenn sie sich vor derartigen normativen Alternativen gestellt sieht. Aus diesem Grunde ist es wichtig, die Wertediskussion als eine eigene methodische Aufgabe zu begreifen. Daher unterscheiden wir im folgenden zwischen

— der Methode der politischen Entscheidungsanalyse, die eine Beurteilung und Bewertung von politischen Entscheidungsprozessen zu Aufgabe hat, und
— der Methode der politisch-moralischen Urteilsbildung, die es ermöglicht, daß die Lernenden selber für ihre Person zu einem begründeten politischen Urteil gelangen.

14.3 Methode der politischen Entscheidungsanalyse und -beurteilung

Für die Methode der politischen Entscheidungsanalyse gibt es in der Didaktik der politischen Bildung mehrere Vorschläge, die sich mit den Namen Sutor, Hilligen, Lingelbach u.a. verbinden (Beispiele bei Gagel 1976, S. 216 ff.). Sie alle sind auf den Dreischritt „Lageanalyse — Zieldiskussion — Maßnahmen" (Dörge) zurückzuführen. Diese Schritte sind gedankliche Orientierungshilfen und keine Phasen des politischen Entscheidungsprozesses; Sutor spricht von „Kategorien" zum Verstehen und Beurteilen von Politik (1984, II, S. 71), Lingelbach von „Zielkomplexen".

Sicherlich ist die Vorgehensweise auch folgenreich für das Ergebnis. Sutor schlägt folgende Schritte vor: Situationsanalyse: Was ist? — Möglichkeitserörterung: Was ist politisch möglich? — Urteilsbildung/Entscheidungsdiskussion: Was soll geschehen? (ebda. S. 72) Es ist wichtig, die Frage nach der „Möglichkeit" zu stellen. Jedoch ist die Reihenfolge bedeutungsvoll. Ob das Wünschenswerte in Abhängigkeit vom Möglichen definiert oder das Mögliche als die Realisierungsbedingung des Wünschenswerten oder Sollenden erörtert wird, das sagt auch etwas über den Grad der Innovation aus, welcher angestrebt wird. In jedem Fall aber ist es notwendig, die Rahmenbedingungen des politischen Feldes (Mehrheitsverhältnisse, Machtbeziehungen) wie auch die Handlungsbedingungen im Hinblick auf Ressourcen (Geld, Zustimmung) in die Überlegungen einzubeziehen.

Im folgenden soll als Beispiel das Modell von Lingelbach (1970) skizzenhaft an einem politischen Konflikt dargestellt werden.

Zielkomplexe politischer Bildung nach Lingelbach

1. Kategorien der Konfliktanalyse:
   — Streitfrage
   — Gegner
   — Interessen
   — Machtverhältnisse
   — Ordnungsvorstellungen
   — historische Herkunft
2. Kategorien der Urteilsbildung
   — Interesse
   — Wert- und Ordnungsvorstellungen
   — Verantwortungsethik
   — Engagement
3. Kategorien des politischen Handelns
   — Solidarität
   — Kompromiß und Koalition
   — Effizienz

Gegenstand soll der Konflikt um das Tempolimit auf Autobahnen im Jahre 1985 sein. Es wird berichtet (Frankfurter Rundschau 21. 11. 1985):

„Nach der Entscheidung der Bundesregierung gegen Tempo 100 auf Autobahnen geht der Streit um ein Tempolimit weiter. Opposition und Umweltverbände sprechen von „Täuschung" und „Großbetrug". Das Saarland will nunmehr im Alleingang Geschwindigkeitsbegrenzungen einführen. Die EG-Kommisson hält weiter an ihrem Plan fest, ein Tempolimit für alle Mitgliedsländer einzuführen. Bundesinnenminister Friedrich Zimmermann erhob dagegen bereits Einwände." (zit. nach v. Alemann 1987, S. 13 ff.; dort auch zum Folgenden)

Die *Streitfrage* ist das politische Problem der zunehmenden Luftverschmutzung und die Frage, ob Geschwindigkeitsreduzierung diese vermindert. Die Bundesregierung hatte beim TÜV ein Gutachten in Auftrag gegeben, das eine geringe Verminderung des Stickstoffausstoßes errechnete. Darauf entschied sich die Regierung für den Verzicht auf ein Tempolimit. Die politischen *Gegner* sind die Bundesregierung und die Koalitionsparteien CDU, CSU und FDP einerseits und die Oppositionsparteien SPD und DIE GRÜNEN andererseits. Die wirtschaftlichen und gesellschaftlichen *Interessen* werden vor allem an den beteiligten Verbänden sichtbar: der ADAC setzte sich gegen das Tempolimit ein (;Freie Fahrt für freie Bürger;), der „Verband der Automobilindustrie" drängte als Unternehmerverband die Bundesregierung zu ihrer Entscheidung. Im „Bund für Umwelt und Naturschutz" (BUND) werden dagegen die Interessen an der Erhaltung der Umwelt und der Lebensqualität artikuliert. Die *Machtmittel,* welche den Gruppen zur Verfügung standen, können nur vermutet werden: das Wählerpotential des mitgliederstarken Automobilclubs, seine Meinungsmacht durch die Verbandszeitschrift, Lobbybeziehungen und „Verbandsfärbung" im Parlament durch den Unternehmerverband. Demgegenüber sind die umweltinteressierten Gruppen in der Minderheit, auch besitzen sie keine „Vetopositionen" außer dem individuellen Verhalten ihrer Anhänger als Verbraucher oder Verkehrsteilnehmer. Als *Ordnungsvorstellungen* sind anzunehmen: Rückzug des Staates aus der Gesellschaft einerseits, aktiv gestaltende Politik des Staates in allen gesellschaftlichen Bereichen andererseits.

Die Kategorien der Urteilsbildung sind nach Lingelbach reflexiv, das heißt auf das denkende Subjekt bezogen zu verstehen. Nach der Konfliktanalyse soll der Schüler über die *eigenen Interessen* nachdenken und seine *eigenen Wert- und Ordnungsvorstellungen* überprüfen, indem er fragt, welche Partei er mit seinem Votum in der Streitfrage unterstützt. Hier wäre demnach der Ort, nach den Kriterien für die eigene Wertung zu fragen, z.B. ob die Verallgemeinerungsfähigkeit der eigenen Position erweisbar ist. Hinter *Verantwortungsethik* verbirgt sich die Frage, wieweit die Auswirkungen der vorgeschlagenen Lösungen auf die betroffenen Gruppen zu rechtfertigen sind. Insgesamt befördert diese Urteilsbildung die Klärung des eigenen Standpunktes angesichts einer Streitfrage, bietet aber auch die Möglichkeit, die aus dem politischen Prozeß resultierende Lösung mit Hilfe von Kriterien zu bewerten (z.B. partielle oder allgemeine Interessen).

Die Kategorien des politischen Handelns können auf zwei Wegen angewendet werden: einmal geleitet von der Frage, was wir selber tun können (so die Vorstellung Lingelbachs), zum andern aber auch in Form des „Weiterdenkens" (Hilligen 1985, S.204), nämlich Nachdenken über andere Lösungsmöglichkeiten für das Problem, beispielsweise die indirekte Steuerung durch finanzielle Anreize für die Nutzung des Katalysators, wie sie die Bundesregierung später beschlossen hat, aber auch andere Lösungsmöglichkeiten des Umweltproblems.

Politik wird hier als Wirklichkeitsbereich sichtbar; dieser wird in den Richtlinien gedanklich in „Dimensionen" aufgeschlüsselt (RiLi S. 14):

— die *Form* oder der Rahmen, in dem sich Politik abspielt: die Bundesregierung als in diesem Fall entscheidende Institution, die Regierungsparteien und Opposition, die organisierten Interessen;
— der *Inhalt* oder die Gegenstände und Ziele des politischen Handelns: die Luftverschmutzung als Problem, das gelöst werden muß, das Tempolimit als Lösungsmöglichkeit, das Verbesserung bewirken soll;
— der *Prozeß* oder die interessengeleitete und konflikthafte Auseinandersetzung um Entscheidung und Durchsetzung, erkennbar in der öffentlichen Argumentation, in den Versuchen zur Einflußnahme und in der Entscheidungsprozedur innerhalb der Regierung.

Bei der Analyse und Beurteilung politischer Entscheidungen wird das Feld des Politischen in seiner Komplexität erfaßt. Die Schüler können erkennen und kritisch beurteilen, warum in einem konkreten Fall das ihnen als „richtig" Erscheinende, hier also vielleicht „Tempo 100", nicht durchsetzbar war.

14.4 Methode der politisch-moralischen Urteilsbildung

14.4.1 Moralisches Urteilen und Handeln

Für die Förderung der politisch-moralischen Urteilsfähigkeit von Jugendlichen ist es hilfreich, die eine Teilkompetenz zu präzisieren, die für die Grundlegung dieser Fähigkeit besonders erforderlich ist: Der Urteilende muß imstande und bereit sein, fallbezogene Urteilskriterien (den normativen Obersatz) zu entwickeln. Dies geschieht dann, wenn er Urteile oder Handlungsentwürfe auf ihre Berechtigung hin überprüft. Ein solcher normativer Grundsatz ist z.B. die „goldene Regel" der volkstümlichen Ethik: „Was du nicht willst, das man dir tu, das füg auch keinem andern zu." Zu nennen ist ferner das Gebot aus dem Neuen Testament: „Liebe deinen Nächsten wie dich selbst" oder das Fairneßprinzip nach Rawls (vgl. Höffe 1981, S. 65 f.). Die hier geforderte Bereitschaft zu einem radikalen Perspektivenwechsel, zur Empathie für Benachteiligte und Unterdrückte, ist die Grundlage für moralisches Urteilen und Handeln. Sie zu wecken und zu fördern ist in einer Gesellschaft, in der es vorwiegend um individuellen Erfolg geht, eine vordringliche Aufgabe des Politikunterrichts. Wenn der Handelnde diese Bereitschaft hat, stellt die inhaltliche Prüfung der konkreten Maxime keine großen Schwierigkeiten mehr dar.

Die genannten Prüfkriterien können auch zu Inhalten einer Gruppenmoral werden; sie gelten dann nur innerhalb der eigenen Gruppe (Nation usw.). Diese Einschränkung läßt sich dadurch überwinden, daß das handelnde Subjekt nach der Berechtigung von Handlungen aus der Sicht der *Gattung Menschheit* fragt oder zu fragen versucht. Darin kommt die universale und zugleich personale Bedeutung der Verantwortung zum Ausdruck (Schwartländer 1974, S. 1580). Diese Grundlegung einer universalen Moral hatte Kant im Blick, als er den obersten Grundsatz zur Prüfung von Handlungsmaximen aufstellte: Jeder, der den Anspruch erhebt, verantwortlich zu urteilen und zu handeln, „muß wollen können, daß die Maxime seiner Handlung ein allgemeines Gesetz werde" (Kant 1968, S. 424). Oder als Prüffrage formuliert: „Kannst du wollen, daß die Maxime deines Handelns zu einem allgemeinen Gesetz werde?" Die Verantwortung für das eigene Handeln schließt damit auch die Verantwortung für die Welt ein.

„Verantwortlich sein für das normative Verhalten besagt also, daß die normativen Ordnungen selbst ... zu verantworten sind, und nicht nur das ihnen gemäße Handeln. Nur dadurch können rechtliche und sittliche Normen zu wirklich ‚verantwortlichen' Verhältnissen' führen und können von sich aus die positive Freiheit im Mitsein erweitern und vertiefen." (Schwartländer 1974, S. 1584)

Zu beachten ist: Aus diesem Grundsatz einer universalen Moral ist nichts positiv ableitbar. Fälschlicherweise hat man dies im deutschen Idealismus (z.B. Hegel) von einem obersten Kriterium verlangt. Gesinnungsunterricht und Willensschulung waren die pädagogischen Spätfolgen. Wir Menschen haben jedoch keine Einsicht in das, was gut ist. Wir verfügen über keinen Begriff des Guten. Daher sind derartige Bemühungen um Ableitungen vergeblich und anfällig für ideologischen Mißbrauch.

Um zu verantwortlichen Urteilen zu gelangen, bleibt uns daher nur der von Kant vorgeschlagene mühselige Weg, in jedem Einzelfall die Maximen unseres Handelns hinsichtlich ihrer Verallgemeinerbarkeit zu prüfen. Je intensiver und ernsthafter diese Überprüfung vorgenommen wird, desto eher kann man annehmen, daß die Grundsätze des Handelns verantwortbar sind. Dieser Punkt ist vor allem bei der Klärung der *quaestio juris* zu beachten.

Die Fähigkeit, die Handlungsmaximen auf ihre Berechtigung hin zu überprüfen, ist nicht formalisierbar oder routinisierbar. Diese Kompetenz kann im wesentlichen nur anhand konkreter Fälle geschult werden. Hier eröffnen sich die Möglichkeiten des Unterrichts.

14.4.2 Phasen der politisch-moralischen Urteilsbildung

Der Prozeß der Urteilsbildung enthält eine Struktur, die man auch die „Grammatik der Urteilsbildung" (Sander 1986, S. 40) nennen kann. Sie ermöglicht eine gemeinsame und arbeitsteilige Vorgehensweise im Unterricht. Eine solche Grammatik hat mindestens sechs Aufgaben zu lösen:

Politisch-moralische Urteilsbildung

zu lösende Aufgabe	Lösungsstichworte
1. Problempräzisierung	Diskrepanz zwischen Anspruch und Wirklichkeit
	Thematisierung von Kontroversen
2. Prüfung der Maximen	Prüfung verschiedener Ansprüche
(quaestio juris)	Verallgemeinerbarkeit
	Solidarität mit den Schwachen
3. Prüfung der Sachverhalte	Beobachtung, Erfahrung, Verstehen
(quaestio facti)	Objektivität, Zuverlässigkeit
	Gültigkeit der Informationen
	Wissenschaftsorientierung
	theoretischer Diskurs
4. Einzelurteile	Folgenabschätzung
	Perspektivenwechsel
5. Gesamturteil	Logik, Dialektik
6. Veröffentlichung	Visualisierung, Rhetorik, Topik,
	Darstellung, praktischer Diskurs

Problempräzisierung: Am Anfang der politisch-moralischen Urteilsbildung (ausführlicher Sander 1984, S. 196 - 255) stehen die Stellungnahmen und Meinungen derer, die sich mit einem politischen Konflikt oder einer aktuellen Streitfrage (z.B. Pro und Contra Kernenergie) auseinandersetzen wollen. Hier ist nicht die politische Systemperspektive wichtig, sondern es sind die vorläufigen Urteile (Vor-Urteile) der beteiligten Subjekte innerhalb der Lerngruppe relevant. Jeder ist gehalten, ausgehend von seinem momentanen Wissensstand, seine Entscheidung mit entsprechender Begründung abzugeben. Diese Rohmaterialien können durch Stellungnahmen von Politikern, Wissenschaftlern oder Betroffenen ergänzt werden. Der politische Konflikt spiegelt sich in den Meinungen der Beteiligten wider.

In diese Vor-Urteile sind jeweils Wertprämissen (z.B. Wirtschaftlichkeit, Sicherheit, ökologische Gesichtspunkte, persönliche Bedürfnisse etc.) und Aussagen über die Wirklichkeit (z.B. Strom aus KKW sind kostengünstig, KKW sind sicher etc.) miteingeflossen. Daher läßt sich jetzt klären, wodurch die unterschiedlichen und gegensätzlichen Auffassungen bedingt sind. Der Dissens läßt sich a) auf Gegensätze in den normativen Prämissen, b) auf widersprüchliche Informationen über die Wirklichkeit oder c) auf unterschiedliche Gewichtung und Bewertung der Informationen zurückführen. Eine Fülle von Fragen und Arbeitsaufgaben, die sich auf die Aufgaben 2 und 3 beziehen, werden sichtbar.

Prüfung der Maximen: Die verwendeten Beurteilungskriterien müssen systematisiert werden. Oberstes Beurteilungskriterium ist die Verträglichkeit des jeweiligen Kriteriums mit dem Gültigkeitskriterium, die Verallgemeinerungsfähigkeit im Sinne des kategorischen Imperativs. Das Ergebnis kann die Normhypothese sein: KKW und die Folgetechnolgien müssen technisch sicher, kostengünstig, wirtschaftlich notwendig und politisch vertretbar sein.

Prüfung der Sachverhalte: Hier müssen die strittigen Sachverhaltsfragen untersucht werden: Wie sicher, wirtschaftlich, sozialverträglich ist die Kernenergie? Dazu wird es erforderlich sein, fachwissenschaftliche Informationen aufzuarbeiten und die Aussagen der Experten auf ihre Glaubwürdigkeit hin zu überprüfen.

Nachdem die *quaestio juris* und die *quaestio facti* in einem ersten Durchgang arbeitsteilig bearbeitet worden sind, geht es darum, in *Einzelurteilen* jeweils normative Prämissen und Sachverhaltsaussagen aufeinander zuzubewegen. Z.B. ist zu prüfen, ob es den Grundsätzen einer verantwortlichen Energiepolitik vereinbar ist, wenn das ungelöste Entsorgungsproblem weiter vernachlässigt wird oder in der Wirtschaftlichkeitsberechnung langfristig anfallende Kosten unberücksichtigt bleiben.

Aus diesen Einzelurteilen kann danach das im Vergleich zum Beginn qualitativ verbesserte *Gesamturteil* zusammengesetzt werden. Es ist nicht anzunehmen, daß nun die politischen Differenzen innerhalb der Lerngruppe behoben sind und ein einheitliches Urteil zustande kommt. Aber es läßt sich jetzt ausmachen, an welchen Stellen der Urteilsfindung Konsens besteht und an welchen gegensätzliche Auffassungen vertreten werden. Wenn die Zeit reicht, könnte an diesen Punkten weitergearbeitet werden. Andernfalls muß der Dissens ausgehalten werden. Jeder kann dem anderen zugestehen, daß er sich um ein verantwortliches Urteil bemüht hat. Gemeinsam ist das Erlebnis, durch eigene Arbeit die Qualität des Urteilens verbessert zu haben.

Im Anschluß an das Gesamturteil stellt sich nun die Frage, wie die Entscheidung in die Praxis umgesetzt werden kann: *Veröffentlichung*. Hier stoßen die Schüler auf die Bedingungen des politischen Feldes, welche im Modell der Entscheidungsanalyse Untersuchungsgegenstand sind. Ihr Machtpotential ist gering. Aber sie haben die Möglichkeit, eine Art Öffentlichkeitsarbeit zu betreiben, beispielsweise Briefe an Politiker oder einflußreiche Organisationen, Einladung von Vertretern gegensätzlicher Auffassung zu einer Podiumsdiskussion in der Schule.

Der Unterschied der beiden Modelle in 14.3 und 14.4 ist darin zu sehen: Politisch-moralische Urteilsbildung ist *individuelle* Urteilsbildung, in welcher der einzelne sich mit anderen über das Vernünftige verständigt und für seine Person zu einem verantwortbaren Urteil gelangt. Dagegen ist Entscheidungsanalyse und -beurteilung der Versuch, zu einem Urteil *über* von anderen getroffenen Entscheidungen zu gelangen, ein Urteil über *kollektive* Entscheidungsfindung zu gewinnen. Jedoch kann hier das Problem der Urteilskriterien keineswegs ausgeklammert werden. Auch bei Lingelbach ist der Urteilsvorgang reflexiv, auf das Subjekt bezogen gedacht. Politisch-moralische Urteilsbildung schneidet also (bei Lingelbach an der Stelle „Wert- und Ordnungsvorstellungen") gleichsam das heraus, was bei der Entscheidungsanalyse vorausgesetzt oder allenfalls nur überprüft wird: das Bewußtmachen der Verantwortlichkeit in der Beurteilung durch Nachdenken über die Verbindlichkeit der Kriterien. Sie ist daher eine eigene Lernaufgabe.

Die Fähigkeit des verantwortlichen Urteilens zahlt sich für den demokratischen Aktivbürger aus, weil er argumentativ hochwertige Urteile in die politische Auseinandersetzung einzubringen vermag. Die Bausteine, die er zur „gesellschaftlichen Konstruktion von sozialer Wirklichkeit" beitragen kann, sind dann Elemente einer humanen Gesellschaft.

Literatur

Alemann, Ulrich von: Organisierte Interessen in der Bundesrepublik. Grundwissen Politik 1, Opladen: Leske + Budrich 1987.
Bell, Daniel: Die nachindustrielle Gesellschaft, Frankfurt: Campus 1975.
Gagel, Walter: Unterrichtsplanung Politik/Sozialkunde. Studienbuch politische Didaktik II, Opladen: Leske + Budrich 1986.
Girgensohn, Jürgen: Viel zu wissen ist zu wenig. Richtlinien für den Politischen Unterricht,

hrsg. Presse- und Informationsamt der Landesregierung NW, Düsseldorf 1973.

Hilligen, Wolfgang: Zur Didaktik des politischen Unterrichts, 4. Aufl., Opladen: Leske + Budrich 1985.

Höffe, Otfried: Sittlich-politische Diskurse. Philosophische Grundlagen. Politische Ethik. Biomedizinische Ethik, Frankfurt: Suhrkamp 1981.

Kant, Immanuel: Grundlegung zur Metaphysik der Sitten. In: Kants Werke. Akademie-Textausgabe, Berlin: de Gruyter 1968.

Lingelbach, Karl-Christoph: Zum Verhältnis der ,,allgemeinen" zur ,,besonderen" Didaktik. Darsgestellt am Beispiel der politischen Bildung. In W. Klafki u.a.: Erziehungswissenschaft 2. Fischer Funk-Kolleg, Frankfurt: Fischer 1970, S. 115 - 118.

Sander, Wolfgang: Effizienz und Emanzipation. Prinzipien verantwortlichen Urteilens und Handelns. Eine Grundlegung zur Didaktik der politischen Bildung, Opladen: Leske + Budrich 1984.

Sander, Wolfgang: Das Begründungsproblem in der politischen Bildung. Überlegungen im Anschluß an Kant. In: Politische Bildung 19 (1986), Heft 3, S. 34 - 42.

Schwartländer, Johannes: Verantwortung. In H. Krings u.a. (Hg.): Handbuch philosophischer Grundbegriffe, München: Kösel 1974, S. 1577 - 1588.

Sutor, Bernhard: Neue Grundlegung politischer Bildung, Bd. I u. II, Paderborn: Schöningh 1984.

15. Öffnung von Schule und projektorientiertes Arbeiten

Heinz Schirp

In den vergangenen Jahren hat sich das Interesse vieler Schul- und Unterrichtsforscher in besonders starkem Maße auf das Innenleben von Schule gerichtet. Dahinter steht die durch zahlreiche Untersuchungen bestätigte Auffassung, daß „gute Schulen" nicht schon alleine dadurch entstehen, daß die äußeren Rahmenbedingungen stimmen; mindestens ebenso entscheidend ist es ganz offensichtlich, was sich im Innenbereich von Schule abspielt, wie Lehrer miteinander kooperieren, wie Lehrer und Schüler miteinander umgehen, wie Unterricht und Schulleben miteinander verbunden sind und in welchem Ausmaß die Gestaltung von Lernprozessen den Interessen, Fähigkeiten und Erfahrungen der Schüler und Schülerinnen entspricht. Ein ganz zentraler Ansatz, dieses Innenleben von Schule neu zu beleben, neue pädagogische Akzente zu setzen, ist die „Öffnung" der Schule. Das Konzept „Öffnung der Schule" wird von vielen als Schlüsselbedingung für Innovationen im Schulwesen angesehen. (Vgl. Schirp 1985, S. 58-98)

Nachfolgend wollen wir zunächst aufzeigen, in welchem Maße dieser Ansatz mit den didaktischen Konzepten des Politikunterrichts korrespondiert; danach soll dargestellt werden, wie Öffnungsansatz und projektorientiertes Arbeiten miteinander verbunden werden können.

15.1 Öffnung von Schule als innovatives Konzept

Das Konzept „Öffnung von Schule" sieht den zentralen Ansatz zur Weiterentwicklung des Bildungssystems darin, daß Schulen ihre pädagogische Arbeit stärker als eine gemeinwesenorientierte verstehen.

„Der Begriff ‚gemeinwesenorientierte Schule' ist eine nicht voll befriedigende Übersetzung des englischen Ausdrucks ‚Community School'. Gemeint ist — allgemein formuliert — eine Schule, die sich gegenüber dem Gemeinwesen ihrer Nachbarschaft öffnet und die schulische Arbeit mit der Gemeinwesenarbeit verschränkt (‚Gemeindeschule', ‚Nachbarschaftsschule', ‚Stadtteilorientierte Schule')." (Ludwig 1986, S. 35) Daraus — und das ist der pädagogische Kern des Ansatzes — entstehen neue Lernsituationen, neue Lernorte, neue Begegnungen und Lernmotivationen, die eine neue Qualität von Erfahrungsgewinn ermöglichen.

Aus historisch-systematischer Sicht stützt sich das Community-Education-Konzept auf unterschiedliche Ansätze (vgl. Ludwig 1986, S. 35f. und Heuter 1987).

— *Sozialintegrative und sozialerzieherische Elemente*
In den USA entstand zu Beginn dieses Jahrhunderts eine pädagogische Bewegung, die der Schule neue Aufgaben zuweisen wollte. Schule sollte sich als soziales, kulturelles Zentrum gestalten, wo Kinder, Jugendliche und Erwachsene Bildungs-, aber auch Freizeit-, Sport- und Unterhaltungsangebote wahrnehmen konnten. John Dewey, einer der theoretischen Väter dieses Ansatzes, betonte vor allem die sozialerzieherischen und -integrativen Aufgaben. Erziehung zum demokratischen Miteinander war für die USA als klassisches Einwanderungsland ein besonders wichtiger Aufgabenbereich, der von vielen Pädagogen und kommunalen Organisationen gestützt wurde („the-school-as-a-social-center-movement").

— *Sozialpädagogische Elemente*
Schulen sollten durch Programm- und Raumangebot vor allem gefährdeten Jugendlichen Orientierungshilfen bieten. Freizeitclubs, jugendbezogene Bildungs- und Fortbildungsangebote sowie Familienprogramme wurden in die Arbeit der Schulen aufgenommen.

— *Spiel- und freizeitpädagogische Elemente*
Angesichts der rasanten Verstädterung und Industrialisierung, in deren Gefolge die Spiel- und Freizeitmöglichkeiten von Jugendlichen immer stärker eingeengt wurden, kam es in den USA zu einer „Spielplatzbewegung". Im Verlauf dieser Aktivitäten entstanden um Schulen herum Freizeitzentren, Mehrzweckhallen für Sport und Spiel, mit Club- und Werkräumen, die von allen Gemeindemitgliedern, aber auch von den jeweiligen Schulen genutzt werden konnten.

— *Ökonomische Elemente*
Dabei geht es um die mögliche ökonomische Nutzung kommunaler Einrichtungen. Kultureinrichtungen, soziale Institutionen, Freizeit- und Jugendeinrichtungen lassen sich intensiver und effizienter nutzen, wenn sie vielen Adressatengruppen offenstehen, bzw. wenn sie mit Schulen zusammenarbeiten.

Das heutige Konzept „Öffnung von Schule" stellt in der Tradition der skizzierten Elemente die folgenden Ziele in den Mittelpunkt:

— Es soll die Kluft abgebaut werden, die zwischen gesellschaftlichem Leben und schulischem Lernen besteht; vieles, was in der Schule gelehrt und gelernt wird, hat nicht mit den Fragen und Problemen zu tun, die die Schüler und Schülerinnen im Alltag beschäftigen.

- Es soll eine neue Balance hergestellt werden zwischen Leistung und Lernfreude; Lernen muß auch — mindestens stellenweise — Spaß machen, damit die Grundmotivation zum Lernen erhalten bleibt.
- Öffnung von Schule soll zu ganzheitlichem Lernen führen. Wirklichkeit ist komplex, bunt, vielschichtig, widersprüchlich etc.; Lernen in der Schule läuft häufig Gefahr, diese Komplexität zu ignorieren.
- Gemeinwesenorientiertes Lernen versucht, alle an einem Problem Interessierte, Beteiligte, Betroffene dazu zu bringen, an der Lösung mitzuwirken; betroffen von vielen Problemen sind auch Schüler und Schülerinnen.
- ,,Gemeinwesenorientiertes Lernen führt zu Lernformen, in denen sich Sinnzusammenhänge besser herausarbeiten lassen." (Herz 1986, S. 274) Entsprechend setzt eine Lernorganisation, die der Öffnung von Schule sich verpflichtet weiß, auf offenen Unterricht und projektorientiertes Arbeiten.
- Schließlich soll im Rahmen einer Öffnung von Schule eine bessere Zusammenarbeit mit außerschulischen Einrichtungen, mit Institutionen, Gruppen, Vereinen und Personen angestrebt werden; auf diese Weise können und sollen zu gegenseitigem Nutzen die unterschiedlichen Lebens- und Erfahrungsfelder wie ,,Arbeit", ,,Kultur", ,,Umwelt", ,,Freizeit", ,,politisch-gesellschaftliches Leben" miteinander verbunden und in ihren Zusammenhängen aufgearbeitet werden.

Öffnung der Schule als zentrales Instrument für innere Schulreform also? Der Ansatz ist nicht unumstritten. Geht nicht etwas von der fachlichen Substanz, von der Vergleichbarkeit, vom Anspruchsniveau von Schule verloren, wenn sie sich ihrer Umwelt ,,ausliefert"? Besteht nicht die Gefahr, daß Schule in der Auseinandersetzung mit der eigenen Nachbarschaft provinziell wird, daß sie in falsche Idylle, in Eskapismus macht, wo Auseinandersetzung mit den Schlüsselproblemen unserer Gesellschaft angesagt wären. Kann man durch Öffnung und Gemeinwesenorientierung Schulen qualitativ verbessern, indem man den Schonraum Schule und damit auch die wohlbegründete Distanz zur gesellschaftlichen Umwelt aufgibt? Was handeln Lehrer und Eltern sich ein, wenn Kräfte in die Schule eindringen, die — aus welchen Gründen auch immer — neue Konflikte mit sich bringen? Ist dieser Ansatz zur inneren Schulreform eine neue Reformillusion?

Dagegen steht die Überzeugung der Befürworter, ,,daß das Konzept des gemeinwesenorientierten Lernens heute der weitreichendste und tragfähigste Ansatz zur Weiterentwicklung unserer Schule und zur Wiederbelebung des aktiven Gemeindelebens darstellt". (Herz 1986, S. 277f., vgl. dazu auch Zimmer 1985, Bönsch 1986)

Öffnung von Schule kann und soll sich dabei auf vier miteinander verbundene Handlungsfelder beziehen: auf ,,Unterricht", auf ,,Schulleben", auf ,,gemeinwesenorientierte Kontakte zum Umfeld", auf ,,Schule als Begegnungsstätte".

15.2 Politikunterricht und Öffnung von Schule

Was nun hat der skizzierte schulinnovative Ansatz mit politischem Lernen zu tun? Oder genauer: Inwieweit sind Ideen und Prinzipien von ,,Community Education", von ,,Gemeinwesenorientierung" und ,,offenem Unterricht" vereinbar mit Zielen, Inhalten und Verfahren politischen Lernens, wie diese in den Richtlinien für den Politikunterricht zum Ausdruck kommen?

15.2.1 Zielvorstellungen

Politisches Lernen soll den Heranwachsenden befähigen, aktiv und engagiert an der Weiterentwicklung unseres demokratisch verfaßten Gemeinwesens mitzuwirken. Die Jugendlichen ,,sollen in die Lage gesetzt werden, am Prozeß der politischen Willensbildung und der Vertretung und Durchsetzung von Interessen teilzunehmen". (RiLi S. 7)

Politisches Lernen wird weiterhin verstanden, als das ,,vernünftige Analysieren und Ordnen von Erfahrungen der politischen Realität". (RiLi S. 7)

Unter dem Richtwert ,,Emanzipation" wird ein Lernprozeß charakterisiert, ,,in dem Schülerinnen und Schüler die komplexer und schwerer durchschaubar werdende Welt besser begreifen, sich nicht blind in die Gegebenheiten fügen und aufgrund von Sachkenntnis und Urteilsfähigkeit bereit und fähig werden, Selbst- und Mitbestimmung in Politik und Gesellschaft zu praktizieren.... Zu den Kriterien der Selbst- und Mitbestimmung gehört, daß die Interessen anderer ebenso wie eigene Interessen bedacht werden. Emanzipationsprozesse sind nicht nur als individuelle, sondern auch als solidarische Akte zu verstehen und müssen sich stets unter dem Prinzip sozialer Verantwortung legitimieren". (RiLi S. 7/8)

Diese Zielvorstellungen des Politikunterrichts sollten noch einmal hervorgehoben werden, um fragen zu können, wie und wo in Schule die skizzierten Zieldimensionen Engagement, Partizipation, Emanzipation, Interessenwahrnehmung und Verantwortung unterrichtspraktisch angegangen werden können — wenn nicht in einer Schule, die ihrer politischen, sozialen, ökonomischen, ökologischen Wirklichkeit gegenüber sich öffnet. Dies wird von den im Kapitel 4 (Hinweise zur Unterrichtsplanung) aufgeführten Prinzipien ganz ausdrücklich gestützt und eingefordert (vgl. RiLi S. 95).

15.2.2 Unterrichtspraktische Bedeutung

Wenn diese Prinzipien unterrichtspraktische Bedeutung haben sollen, dann müssen Schule und Unterricht in der Tat sich stärker den lebensweltlichen Erfahrungen der Schüler und Schülerinnen öffnen, politische, soziale und ökonomische Probleme des Nahraumes aufgreifen und sie — gewissermaßen

„vor Ort" — bearbeiten. Dazu bedarf es einer Ausbalancierung von schulischen und außerschulischen Lernangeboten und Handlungsmöglichkeiten. Was hat sich eigentlich an der folgenden Beurteilung des Miß-Verhältnisses zwischen unterrichtlichem Lernen und gesellschaftlichem Handeln verändert? „Wir lehren in Sachen politische Bildung etwas, was anzuwenden und zu benutzen wir zugleich verwehren. So predigen wir etwa das Ideal des mitbestimmenden Bürgers, verwehren aber zugleich, daraus praktische Konsequenzen zu ziehen, also den Jugendlichen Mitbestimmung einzuräumen." (Giesecke 1971, S. 19f.)

In der Tat scheint Schule davon auszugehen, daß die vorfindbaren Lebenssituationen offensichtlich sich zum Lernen nicht eignen, weil — so wird argumentiert — sie nicht genügend strukturiert seien. Umgekehrt weisen die didaktisch strukturierten und präformierten Lernsituationen des Fachunterrichts keine befriedigenden politischen Handlungsmöglichkeiten auf. Vieles von dem, was Giesecke unter dem Eindruck von Studentenunruhen, APO und Jugendprotest Anfang der siebziger Jahre zum Verhältnis von politischem Lernen und politischer Aktion ausgeführt hat, findet eine Entsprechung in der Forderung, politisches Lernen stärker im direkt erfahrbaren Lebens- und Erfahrungsraum zu verorten. Dazu gehört dann auch das Problem, daß „politisches Lernen vor Ort" planmäßig organisiert und didaktisch strukturiert werden muß. Das Ausklammern von authentischen, politischen und sozialen Erfahrungen im eigenen Lebensraum übersieht dagegen entscheidende Lern- und Handlungsmöglichkeiten der Schülerinnen und Schüler. Dies hat auch motivationale Konsequenzen.

Motivationspsychologisch gewendet bezieht der Ansatz der Öffnung der Schule die folgende Position: „Wo Lernen nicht mit den Erfahrungen, folglich auch nicht mit den Bedürfnissen, kaum mit den Fähigkeiten und Neigungen der Lernenden vermittelt ist, wo es in deren Praxis nicht hineinreicht, wird die Frage unausweichlich, was dann eigentlich Lernbereitschaft erzeugen soll; wie Motivation, der subjektive Anteil des Lernenden am Lernprozeß begründet werden soll." (Gronemeyer 1976, S. 147)

Freilich, Erfahrungen und politisches Lernen vor Ort können auch dumm machen, können den Blick verstellen für die strukturellen Differenzen zwischen Nahraum und Gesamtgesellschaft, zwischen lokalen Problemen und gesellschaftlichen Schlüsselproblemen, zwischen Partizipation im kommunalen Rahmen und Mitwirkungsmöglichkeiten angesichts komplexer, nationaler und internationaler Konflikte. Um so wichtiger wird die Notwendigkeit der Balance, der Balance zwischen Beteiligung am und Recherche im alltäglichen, politisch erfahrbaren Lebensraum und der reflektierten Aufarbeitung dieser Erfahrungen im Unterricht.

15.2.3 Beitrag zur politischen Alltagskultur

Politisches Lernen im Lebensraum Schule und im kommunalen Umfeld muß auch verstanden werden als ein Beitrag zur politischen Alltagskultur und zwar in dreifacher Weise. ,,Erstens erinnert der Begriff der politischen Kultur daran, daß es Handlungs-, Tätigkeits- und Erfahrungsbereiche gibt, die unter- oder auch außerhalb staatlichen Handelns liegen und eher als gesellschaftliches Alltagshandeln zur Vielfalt politischer Aktivitäten gehören. Zweitens wird damit auch thematisiert, wie Menschen, Gruppen und Initiativen sich mit ihren Interessen in die politische Öffentlichkeit einbringen, mit welchen ästhetischen, literarischen, argumentativen Mitteln sie Partei ergreifen, Wirklichkeit aufarbeiten und sich engagieren. Und drittens verweist der Begriff der politischen Kultur darauf, daß nicht nur die ,,große", die ,,herrschaftliche", die ,,offizielle" Politik als solche zu gelten hat. Kultur meint auch nun alltägliche Lebensformen, wie sie Gesellschaften tagtäglich zu ihrer Identität bzw. zu der ihrer Mitglieder und Schichten wie Klassen hervorbringen." (Koch 1984, S. 132)

Für den Politikunterricht bedeuten diese drei Aspekte politischer Kultur eine argumentative Hilfe bei der Konkretisierung der Prinzipien Qualifikations-, Problem- und Situationsorientierung. Schüler und Schülerinnen müssen erfahren können,

— daß politisches Handeln im eigenen Nahraum sinnvoll ist,
— daß ihnen durch Schule und Unterricht Hilfen zuwachsen, an der Gestaltung dieses Nahraumes mit den ihnen eigenen Mitteln mitzuwirken,
— daß ,,große" und ,,kleine" Politik miteinander etwas zu tun haben und daß der, welcher ,,oben" etwas bewegen will, ,,unten" mit dem Rütteln beginnen muß.

Auf diese Weise wird die Plausibilität politischen Lernens, die Sinnfälligkeit der eigenen Anstrengungen eher erkennbar als durch die systematisch strukturierte, aber für den eigenen Erfahrungsbereich bedeutungslose Bearbeitung von Schulbuchtexten. ,,Politische Bildung kann ihr Ziel nicht erreichen, wenn sie Schülerinnen und Schüler entweder zu Konsumenten wissenschaftlicher Kontroversen degradiert oder ihnen die Rolle zuweist, lediglich als ,Zuschauer der Demokratie' mitzureden. Arbeitsaufträge, die — obgleich hinter prätentiöseren Formeln getarnt — lediglich zu Reproduktion oder Räsonnement auffordern, verfehlen die Idee der politischen Bildung." (Dorn/ Knepper 1987, S. 156)

In diesem Sinne sind die in den Richtlinien für den Politikunterricht zum Ausdruck kommenden didaktischen Leitideen und das Konzept ,,Öffnung von Schule" korrespondierende, ja, einander stützende Ansätze.

Wir wollen dies am Beispiel des projektorientierten Arbeitens im Politikunterricht verdeutlichen.

15.3 Projektorientiertes Arbeiten im Politikunterricht

In der Phase der „kleinen Reformpädagogik" der 70er Jahre erlebte der Projektgedanke gerade unter Aspekten politisch-emanzipatorischen Lernens eine deutliche Renaissance. „Aber die z.T. bewußte Herausforderung von Konflikten im und durch Projektunterricht... und vor allem die zu kurzschlüssige Engführung des Projektgedankens als Weg politischer Emanzipation haben ihn mit illusionären, systemkritischen Erwartungen überfrachtet." (Gudjons 1986, S. 55f.) Bei aller berechtigten Warnung vor einer politischen Überstrapazierung des Projektsgedankens muß doch festgehalten werden, daß die politikdidaktischen Zielvorstellungen der Richtlinien (Emanzipation, Engagement, Partizipation, Interessenswahrnehmung und Verantwortung) mit methodischen Verfahren des projektorientierten Lehrens und Lernens am ehesten unterrichtlich umgesetzt werden können.

Damit ergeben sich fast zwangsläufig auch Ansätze zur gemeinwesenorientierten Öffnung von Schule. (Vgl. dazu Köhler/Mittelberg 1986, S. 174 - 189)

Das didaktische Konzept der Richtlinien für den Politikunterricht legt projektorientiertes Arbeiten als den Versuch nahe, die politisch-gesellschaftliche Wirklichkeit aufzusuchen, sie mit Hilfe fachlicher Instrumente zu erschließen und daraus resultierende Ergebnisse auf Konsequenzen für eben diese Wirklichkeit zu reflektieren.

15.3.1 Projektkriterien aus politikdidaktischer Sicht

Viele der Inhalte und Probleme, die in den Themenübersichten, -katalogen und Schulbüchern aufgeführt sind, werden für Schüler und Schülerinnen erst dann interessant, wenn sie wahrnehmen, daß diese etwas mit der eigenen Lebenswelt zu tun haben, wenn sie darin eigene Probleme, lokale Konflikte, aktuelle gesellschaftliche Diskussionen etc. entdecken können.

Für Lehrer und Schüler beginnt Projektarbeit entsprechend mit dem Bewußtmachen von Fragen, von Interessen, von eigene Deutungsmuster und Widersprüchen. Dieser „elaborative Prozeß" hat zum Ziel, „eine Balance zu finden zwischen der ‚Anreicherung' der Themen mit subjektiven Bedeutungen und der allmählichen Strukturierung und Straffung, auf deren Grundlage erst eine einigermaßen vernünftige (einsichtige, begründete) Projektwahl vorgenommen werden kann". (Duncker/Götz 1984, S. 55)

Aus der Vielzahl von Kriterien, die ein Projekt definieren, wollen wir die herausstellen, denen aus politikdidaktischer Sicht ein besonderer Stellenwert zukommt. An einem Beispiel wollen wir die Kriterien

— Interesse und Betroffenheit
— Handlungs- und Arbeitsmöglichkeiten
— Schülereigene Planung

— Realitätsbezug
— fächerübergreifende Arbeit
— Originalität und Innovation
— Öffentliches Engagement

veranschaulichen und aufzeigen, wie Projektarbeit und gemeinwesenorientierte Öffnung von Schule und Unterricht einander bedingen. Die anschließende Übersicht soll mit ihren Leitfragen eine weitere Planungshilfe zu eigenen Versuchen anbieten.

Projekt: ,,Unsere Stadt braucht (k)eine Umgehungsstraße!"

Ausgangspunkt für die Entscheidung einer 10. Klasse, sich intensiver mit diesem ,,Fall" zu beschäftigen, war zunächst die seit längerer Zeit schon stattfindende öffentliche Diskussion über den Sinn und Unsinn einer Umgehungsstraße in M. Als diese Diskussion im Lokalteil der Zeitung sich so zugespitzt hatte, daß in Leserbriefen, Gutachten, offiziellen Stellungnahmen etc. von persönlichen Diffamierungen bis zu sachlich ganz unterschiedlichen Expertisen ein ganzes Spektrum von Kontroversen sichtbar wurde, ,,schwappte" die Diskussion gewissermaßen auf den Unterricht über. Viele Schüler und Schülerinnen hatten sich offensichtlich schon relativ feste Meinungen gebildet und bezogen entsprechend ,,unversöhnlich" in einer aktuellen Stunde Position. Nach einer für alle Beteiligten recht unbefriedigend verlaufenen ersten Diskussionsrunde, in der die Fronten sich eher verhärteten, wurde eine gemeinsame Planung entwickelt. Die didaktischen Entscheidungen der Lehrerin orientierten sich im Planungsprozeß an der Qualifikation 6 und den Lernzielen 6.1 - 6.5 und am Themenfeld ,,Öffentlichkeit" des Themenkatalogs 9/10.

Arbeitsplanung: Aus den gesammelten Materialien wurden Problemaspekte herausgearbeitet und zu drei Leitfragen verdichtet.

1. Welchen ,,Nutzen" bringt die neue Tangente?
2. Welche ,,Schäden" entstehen dadurch?
3. Wer entscheidet eigentlich über Bau bzw. Nicht-Bau?

Für die Politiklehrerin und die Klasse ergaben sich folgende organisatorische Überlegungen.

— Je zwei Kleingruppen bearbeiten eine Problemfrage.
— Um genügend Zeit zur Recherche ,,vor Ort" zu haben, werden Stunden aus dem Lernbereich GL, aus Deutsch, Kunst und dem Lernbereich AL (Technik, Wirtschaft) mit aufgenommen.
— Die entsprechenden Fachkollegen formulieren aus ihren Fächern heraus spezifische Fragen und Arbeitswünsche.
— Die jeweiligen Kolleginnen und Kollegen übernehmen — zusammen mit einigen Eltern — die Betreuung der Arbeitsgruppen ,,vor Ort".
— Es werden für Recherchearbeit zwei Projekttage eingerichtet (je ein Montag in zwei aufeinanderfolgenden Wochen), damit Recherchen unter fachli-

chen Gesichtspunkten ausgewertet und ggf. erneut, erweitert, durchgeführt werden können.

Arbeit „vor Ort": An beiden Thementagen wurden entsprechend den „kleingearbeiteten" Problemfragen

— Befragungen mit Betroffenen (Geschäftsleute, Anlieger, Landwirte, Bewohner der Innenstadt, Passanten etc.) durchgeführt und deren Optionen, Befürchtungen, Interessen festgehalten (Tonband, schriftliche Notizen);
— Informationen zum Planungsverfahren gesammelt (kommunale Vertreter, Behörden) Institutionen, Instanzen und Gremien ermittelt und in einer Übersicht ihre Beziehungen zueinander veranschaulicht;
— Möglichkeiten (theoretische und praktische) für Bürgerbeteiligung ermittelt und mit Beispielen (auch zu anderen „Fällen") belegt;
— Informationen zu vorliegenden technischen Planungen (Trassierung, Infrastruktur, Verkehrsaufkommen) eingeholt, bestehende Alternativen gesucht und damit verglichen.

Arbeit in der Schule (z.T. in Lehrgängen): Auswertungen unter verschiedenen fachlichen Gesichtspunkten, und zwar

— Befragungen auswerten, Berichte anfertigen
— Lagekarten zeichnen, Problemstellen aufzeigen
— Planungsunterlagen so aufbereiten, „daß alle sie verstehen können"
— Argumente „verdichten", plakativ darstellen.

In regelmäßigen Abständen wurden die Arbeitsergebnisse in den jeweiligen arbeitsgleichen Gruppen ausgetauscht, zwischen den arbeitsteiligen Gruppen diskutiert.

Vorläufiges Ende: Erstellung einer Projektzeitung zusammen mit einer Dokumentation auf Stellwänden. Zusendung der Projektzeitung an ausgewählte „Betroffene" mit der Bitte um Rückmeldung.

15.3.2 Die Ergebnisse des Projektansatzes und ihre Bedeutung für eine Öffnung der Schule und der Gestaltung des Schullebens

Neben und zusammen mit Einsichten in die unterschiedlichen Interessen, die in einem Konflikt eine Rolle spielen können, wurden die „Träger" dieser Interessen konkret im eigenen Lebensbereich erfahrbar. Diese Strukturierung der eigenen Lebenswirklichkeit verändert und erschließt neues Verständnis. Es wurde erkennbar, daß politische Entscheidungen

— Wertoptionen erforderlich machen, die am Allgemeinwohl sich orientieren müssen,
— „Experten" für die Begründung von Entscheidungen benötigen, die Sachprobleme klären helfen,

- nicht immer im Konsens mit allen hergestellt werden können,
- die eigene Lebenswelt betreffen,
- das Engagement und die Beteiligung der Bürger und Bürgerinnen verlangen und daß man daran mitwirken kann.

Darüber hinaus hat das Projekt „Kreise gezogen". Angeregt durch die von den Schülern erstellten Materialien und Dokumentationen
- haben andere Klassen dieses Thema — weiterführend — aufgegriffen,
- wurde eine Plakataktion in der Schule initiiert (Plakate „pro" und „contra"),
- besuchten Schüler und Schülerinnen Veranstaltungen von Initiativgruppen, politischen Parteien und Kundgebungen,
- fand das Projekt Beachtung in der örtlichen Presse,
- wurde das Projekt von den Schülern und Schülerinnen auf einem Elternabend vorgestellt und über Erfahrungen in unterschiedlicher Form berichtet („Schülerkabarett", szenische Spiele, Plakate).

Wie die Projektskizze zeigt, haben der Öffnungsansatz und das politikdidaktische Konzept der Richtlinien in ihrem Innovationsanspruch einiges gemeinsam. Dazu gehört auch, daß — zu ihrer unterrichts- und schulnahen Umsetzung — auch die Lehrer sich „öffnen" müssen und lernen müssen, über den Rand der eigenen Fachwissenschaft hinwegzuschauen und das Inhaltsverzeichnis des eingeführten Politik-Schulbuches nicht zur alleinigen Grundlage ihrer Planung zu machen.

„Eine Vorstellung von Lernen ist damit gemeint, die das Gewinnen von Einsichten und von Fähigkeiten nicht durch Glättungen entqualifiziert; ein Lernen vielmehr, das den Gegenstrom realisiert — den Gegenstrom von Bildern, Zweifeln, persönlich-inoffiziellen Gegengedanken, Gefühlen, im Körper wurzelnden Handlungs- und Ausdrucksentwürfen, die quer stehen zur zügigen Stoffdurchnahme und Problemerledigung." (Rumpf 1986, S. 9f.)

Projektbedingungen		Leitfragen	z.B.
1.7 Gesellschaftliche/Öffentliche Auswirkungen und Initiativen		Können die Projektergebnisse in Richtung auf eine "interessierbare Öffentlichkeit" praktisch umgesetzt werden?	Inner- und außerschulische Dokumentation der Ergebnisse. Zeitungsartikel, Öffentliche Ausstellungen, Mitarbeit in öffentlichen Gruppen, Vorträge (z.B. in anderen Klassen), Verwendung der Ergenisse durch andere, ...
1.6 Originalität und Innovation	Zielanalyse	Worin liegt das "ganz Andere", das "Neue", das "Originelle" des Projektansatzes zu dieser Thematik? Welche noch wenig behandelten lokalen Probleme und Zusammenhänge, ... sollten im Vordergrund stehen?	Neue, spezielle Einsichten und Erfahrungen, spezifische Kenntnisse, neues Verständnis für die Geschichte, Entwicklungen und Strukturen des eigenen Wohnortes, der eigenen Region
1.5 Fächerübergreifendes Arbeiten		Welche spezifischen Lernziele und Lernprozesse sind bedeutsam? Welche Ziele der jeweils betroffenen Richtlinien und Lehrpläne werden abgedeckt? Wo entstehen Überschneidungen, Prioritäten, Leerstellen, ...?	Richtlinien "Politik", Erdkunde, Geschichte-Politik, Empfehlungen 9/10; vergl. auch RL Deutsch, Arbeitslehre, Kunst, Technik, ...
	Sachanalyse	Welche fachspezifischen Lerninhalte und Lernprozesse sind erkennbar? Welche fachwissenschaftlichen Bezüge sind zu berücksichtigen?	Historische, politische, ökonomische, geographische, soziologische, technische, kulturelle, ... Bezüge
1.4 Realitätsbezug		Eignen sich die erkennbaren Veränderungen zur Aufklärung der gesellschaftlichen Wirklichkeit und der eigenen Lebensperspektive? Sind sie bedeutsam, exemplarisch?	Entstehung, Ursachen und Lösbarkeit gesellschaftlicher und individueller Probleme
1.3 Schülereigene Planung		Welche lokalen/regionalen Veränderungen sind durch Schüler selbst erfahrbar, ermittelbar? Wie steht es mit der Materiallage, der Problemtransparenz, mit Hinweisen auf Ursachen, Folgen, ...?	Wohnen, Schule, Freizeit, Erholung, Landschaft, Arbeit, Industrie, Landwirtschaft, Bevölkerungszusammensetzung
		Können die Schüler zu den ermittelten Inhalten und Problemen selber planend tätig werden?	Eigene Arbeitsplanung und Lernorganisation, Möglichkeiten eigener Erfahrungen, Ideen, Interviews, Umfragen, Recherchen, ...
1.2 Handlungsmöglichkeiten	Bedingungsanalyse	Welche Handlungsmöglichkeiten und -fähigkeiten haben die Schüler, welche können sie erwerben, wenn sie sich mit den Entwicklungen und Problemen adäquat auseinandersetzen?	Erfahrungen mit selbständigen, untersuchenden Arbeiten, Schwierigkeitsgrad der Untersuchungs-, Darstellungsformen, Möglichkeiten der Informationssammlung, -verarbeitung, eigene Handlungschancen und -grenzen
1.1 Interesse und Betroffenheit		Von welchen mit dem Projektthema in Beziehung stehenden Entwicklungen, Strukturen, Problemen, ... sind die Schüler direkt betroffen? Für welche interessieren sie sich? Für welche lassen sie sich interessieren? Welche davon haben sie schon bewußt erfahren? Welche unterrichtlichen Vorkenntnisse haben sie?	Auswirkungen wirtschaftlicher, industrieller Veränderungen auf die Gemeinde, auf die Stadtstruktur, Auswirkungen auf das Angebot an Arbeits- und Lehrstellen, Veränderungen im Wohn-, Freizeit-, Versorgungsbereich (Infrastruktur, Kultur, Politik, ...)

Literatur:

Bönsch, Manfred: Lernökologie, Essen: Neue Deutsche Schule 1986.
Claußen, Bernhard: Methodik der politischen Bildung, Opladen: Westdeutscher Verlag 1981.
Der Kultusminister des Landes NW (Hrsg.): Projektentwürfe für die Klasse 9 und 10, Hauptschule: Gesellschaftslehre, Projekt I: ,,Früher sah hier alles anders aus!" Köln: Greven Verlag 1982.
Dorn, Michael / Knepper, Herbert: Wider das allmähliche Entgleiten der Schüler und der Wirklichkeit. Plädoyer für eine Kurskorrektur in der Praxis sozialwissenschaftlich-politischer Unterrichtsfächer, in: Gegenwartskunde 36 (1987), H. 2, S. 149-158.
Duncker, Ludwig / Götz, Bernd: Projektunterricht als Beitrag zur inneren Schulreform, Langenau-Ulm: Armin Vaas Verlag 1984.
Giesecke, Hermann: Didaktische Probleme des Lernens im Rahmen von politischen Aktionen. In Giesecke, H. / Baacke, D. / Glaser, H. u.a.: Politische Aktion und politisches Lernen, München: Juventa 1971, S. 11-45.
Gudjons, Herbert: Handlungsorientiert Lehren und Lernen. Projektunterricht und Schüleraktivität, Bad Heilbrunn / Obb.: Verlag Julius Klinkhardt 1986.
Herz, Otto: Thesen zur Bedeutung gemeinwesenorientierten Lernens. In J. Schweitzer (Hrsg.): Bildung für eine menschliche Zukunft. Solidarität lernen — Technik beherrschen — Frieden sichern — Umwelt gestalten, Weinheim und München: Juventa 1986, S. 268-281.
Heuter, Martin: Community Education in England, Berlin: Express Edition 1987.
Koch, Gerd: Plädoyer für politische Kultur als Lernfeld. In Claußen, B. (Hrsg.): Texte zur politischen Bildung, Bd. 1, Frankfurt/M.: Haag und Herchen 1984, S. 121-143.
Köhler, Anne / Mittelberg, Antje: ,,Ja, die Jugend..." und ,,Leben in Hamm und Borgfelde". Zwei stadtteilbezogene Ausstellungsprojekte. In: Bastian, J. / Gudjons, H. (Hrsg.): Das Projektbuch. Theorie — Praxisbeispiele — Erfahrungen, Bergmann + Helbig Verlag 1986.
Ludwig, Harald: Gemeinwesenorientierte Schule. Ein Ansatz für eine moderne ,,Lebensschule". In: Erziehungswissenschaft — Erziehungspraxis 3 / 1986, S. 35-39.
Rumpf, Horst: Die künstliche Schule und das wirkliche Lernen, München: Ehrenwirth 1986.
Schirp, Heinz: Hauptschule und Lehrplanarbeit. Ansätze und Anregungen zur inneren Schulreform, Soest: Soester Verlagskontor 1986.
Zimmer, Jürgen: Aus Schulen im Abseits werden Magnetschulen. In: Die Zeit 15. 3. 1985.

III. Zur Unterrichtspraxis

16. Der Beitrag der Bedingungsanalyse zur Unterrichtsplanung

Heinz Schirp

16.1 Probleme einer Bedingungsanalyse

,,Die Schülerinnen und Schüler dort abholen, wo sie stehen!" Diese Forderung gehört zu den pädagogischen *topoi,* die leicht ausgesprochen, aber nur schwer praktisch umgesetzt werden. Eine Leerformel also? Oder, wann haben Sie — wenn Sie Politiklehrer/-in sind — zuletzt eine Bedingungsanalyse als Basis für die weitere schülernahe Planung einer Unterrichtsreihe gemacht? Die Gründe, warum die bedingungsanalytische Vorbereitung häufig eine doch eher geringe Rolle für das Planungshandeln spielt, liegen auf der Hand. Sie hängen nicht so sehr vom guten Willen, von der didaktischen Kompetenz oder vom pädagogischen Engagement des Einzelnen ab, sie sind vielmehr eher strukturell bedingt. Lehrerinnen und Lehrer befinden sich gewissermaßen gleich in mehreren Dilemmata, wenn sie versuchen, die Voraussetzungen ihrer Schülerinnen und Schüler mit in die Unterrichtsplanung einzubeziehen.

Da ist zum einen *das Dilemma* ,,Schülerorientierung vs. Privatsphäre".

Einerseits bedarf es für eine adressatengerechte Bedingungsanalyse der personenbezogenen Informationen etwa über das familiale Umfeld, über Sozialisationseinflüsse, Erziehungsstile, Medienrezeption, Wohn- und Freizeitbedingungen etc.; andererseits dürfen Schule und Unterricht nicht in Bereiche der Privatsphäre eindringen, um etwa Schüler und Schülerinnen und ihr personales Umfeld zu ,,durchleuchten". Entsprechend weisen die Richtlinien auf den daraus für Lehrer und Lehrerinnen entstehenden Rollenkonflikt hin und fordern dazu auf, mit Behutsamkeit und in pädagogischer Verantwortung die notwendige Balance zwischen Schülerorientierung und ,,der Forderung, die Privatsphäre von Personen und Familien zu respektieren", (RiLi S. 89) herzustellen. Die Intention ist zwar klar, die Frage nach dem ,,Wie" bleibt.

Das *zweite Dilemma* des Lehrers könnte man nennen: ,,Generalisierbarkeit vs. Konkretisierbarkeit".

Entwicklungspsychologien, Jugendstudien, Stufen- und Stadientheorien, Beobachtungen zu einzelnen Altersstufen etc. gibt es reichlich, — aber helfen sie dem Fachlehrer? (Vgl. etwa Krappmann 1980)

Für die Strukturierung und didaktische Legitimation von Planungsschritten reichen sie ,,vorne" und ,,hinten" nicht aus. ,,Vorne" nicht, weil die eigene

Lerngruppe den Lehrer nicht als statistisch repräsentative Größe — die sie ohnehin nicht ist — interessiert, sondern als soziale Gruppe, in der verschiedene Individuen mit unterschiedlichen Biographien, Fähigkeiten, Interessen, Vorstellungen miteinander lernen und arbeiten; ,,hinten" nicht, weil Inhalts- oder Methodenfragen kaum durch allgemeine entwicklungspsychologische Aussagen eindeutig entschieden werden können. Bedingungsanalytische Überlegungen können und sollten deshalb auf dieser Planungsebene und mit solchen allgemeinen Analyseinstrumenten nicht als ,,Sowas-kommt-von-Sowas"-Konzepte angesehen werden.

Das *dritte Dilemma* resultiert aus der Frage nach der Ökonomie des Lehrens und Lernens und ließe sich mit ,,Aufwand vs. Nutzen" benennen.

Von Theodor Wilhelm stammt die Formulierung, daß Didaktik die Ökonomie der Vermittlung sei. Wer — so lautet daraufhin die Frage — kann es sich im normalen Schulalltag schon erlauben, eine umfangreiche Bedingungsanalyse durchzuführen, bei der noch längst nicht klar ist, daß daraus Begründungen und Hilfen für die Gestaltung des unterrichtlichen Lernprozesses herzuleiten sind?

Aus diesen skizzierten Problemzusammenhängen ergeben sich Qualitätsmaßstäbe, die man bei der Entscheidung für oder gegen die Verwendung bedingungsanalytischer Instrumente anlegen sollte:

— Sie müssen sozialverträglich sein und die Schüler und Schülerinnen der eigenen Lerngruppe als Subjekte politischen und sozialen Handelns ernst nehmen und sie nicht zum ,,Objekt" von Untersuchungen werden lassen.
— Die Instrumente sollten eine hohe Affinität zu den didaktischen Leitideen des Politikunterrichts herstellen.
— Sie sollten sich arbeitsökonomisch in der alltäglichen Planungsarbeit verwenden und in das Repertoire von Routinen — im rechtverstandenen Sinne — einbauen lassen.

Insofern versteht sich dieser Beitrag als Plädoyer für eine unterrichtsnahe Bedingungsanalyse. Wir wollen nachfolgend die spezifische Bedeutung von vier Bedingungsfeldern für die Planungsebene des Politikunterrichts skizzieren und gleichzeitig dabei auf Affinitäten und Berührungspunkte mit den Richtlinien für den Politikunterricht aufmerksam machen. Eine Zusammenfassung in Leitfragen und Stichworten bietet die Übersicht S. 217.

16.2 Beobachtungsrichtungen

16.2.1 Kenntnisse und Wissensbestände

Wie wichtig ist es für den Politiklehrer, Bescheid zu wissen, über welche Fakten, Informationen und Wissensbestände seine Schüler und Schülerinnen

Bedingungsanalytische Leitfragen und Stichworte

	Kenntnisse und Wissensbestände der Schüler und Schülerinnen	Einstellungen und Deutungsmuster der Schüler und Schülerinnen	Wertorientierungen und Urteilsbegründungen der Schüler und Schülerinnen	Instrumentelle Fertigkeiten und Arbeitsverfahren der Schüler und Schülerinnen
Planung Vorbereitung	Welche Kenntnisse und Wissensbestände der Schüler stellen Beziehungen her zwischen der alten und der geplanten Unterrichtseinheit? - Alltagsbeispiele aus dem Nahraum - Eigenerfahrungen der Schüler - Bearbeitbare Materialien dazu - Repräsentation des Spektrums von Kontroversen, die das "Politische", das "Umstrittene" sichtbar machen	Welche in der Öffentlichkeit und bei den Schülern existierenden Einstellungen und Deutungsmuster sind zum Verständnis wichtig? - Beispiele von impliziten Deutungen im Alltag - Individuelle Einstellungen - Ihre Meinungen zu Einstellungen anderer - Belegbarkeit, Materialien dazu	Welche Wertvorstellungen und Optionen gesellschaftlicher Gruppen bestimmen die Auseinandersetzung in der Gesellschaft, bei den Schülern? - Unterschiedliche Begründungsstrukturen - Transfermöglichkeiten auf Alltagssituationen - Transfer of Entscheidungssituationen der Jugendlichen - Schülergemäße Dilemmata	Wie können Schüler mit ihnen angemessenen Arbeitsverfahren an der Vorbereitung der Unterrichtseinheit beteiligt werden? - Sammeln - Befragen - Recherchieren - Auswerten - Dokumentieren - Zusammenfassen - Vergleichen und Gewichten
Durchführung	Welche Kenntnisse und Wissensbestände der Schüler bilden eine tragfähige Grundlage für Unterrichtsarbeit? - Alltagswissen - Alltagserfahrungen - Vermitteltes Wissen, Mediatisierte Erfahrungen - "Expertenwissen" einzelner Schüler - Grad der Strukturiertheit von Wissensbeständen - Sach- und Problemgerechtigkeit - Hinweise auf Ergänzungen, auf neue ggf. kontroverse Informationsteile - Informationsfragen und -interessen	Welche Einstellungen und Deutungsmuster prägen die Auseinandersetzung im Unterricht? - sachbezogene, problem-/themenbezogene - bezogen auf das Sozialverhalten in der Klasse in der Arbeitsgruppe - prozeßbezogene Einstellungen zu Arbeitsaufgaben, zur Bedeutung der eigenen Produkte für den Gesamtprozeß - personenbezogene: Akzeptanz der eigenen Arbeit durch Mitschüler, Lehrer, Schule	Welche Wertorientierungen und Urteilsbegründungen stehen im Mittelpunkt? - Typische Argumente - Stufentypische moralkognitive Urteilsstrukturen - "Defizite" in den Urteilsbegründungen - Interventionsmöglichkeiten - Weiterführende Gegenargumentationen der nächst höheren "Stufe"	Wo liegen die Schülerfertigkeiten der Schüler bei einzelnen Arbeitsverfahren? - Systematisierungsprobleme - Kommunikationsprobleme - Sozialpsychologische Hemmnisse, Kontakte herzustellen, Personen und Institutionen aufzusuchen - Probleme der Kooperation mit anderen Schülern, Gruppen - Hilfen, Lehrgänge, Einführungsmöglichkeiten
Auswertung	In welche Richtung wurden die Kenntnisse erweitert?	Welche Einstellungen wurden bewußt aufgearbeitet, verändert?	Welche Urteilsbegründungen haben sich stabilisiert, welche wurden aufgebrochen, welche differenzierter?	Welche neuen Arbeitsweisen wurden gelernt? In welche Richtung wurde das Repertoire von Verfahren erweitert?

zu einem bestimmten Unterrichtsinhalt verfügen? Unterricht kann ja zunächst einmal verstanden werden als eine Sequenz von Informationselementen, die so begründet aufeinander aufbauen, daß Wissensbestände erweitert und neue Einsichten gemacht werden können. Solche aufeinander aufbauenden Informationselemente spielen selbstverständlich für den Politikunterricht dort eine Rolle, wo neue Daten, Fakten, Informationen usw. mit alten verarbeitet und als neue Einsichten und Erkenntnisse behalten werden müssen, damit Ergebnisse und Einsichten belegbar werden.

Für Politiklehrer und -lehrerinnen gehört die Frage nach der ,,Sequentialität" von Lernen, von Wissens- und Kenntniserwerb zu den wirklich ,,entscheidenden". Mit dem didaktischen Konstrukt der ,,Lernfelder" hat nun der Lehrer eine Hilfe an die Hand bekommen, Wissensbestände aufeinander aufzubauen, sie zu strukturieren und kontinuierlich zu erweitern.

Bedingungsanalytische Überlegungen zur Kenntnis- und Wissensstruktur können und müßten darüber hinaus auf ein zweites Planungselement zurückgreifen, das nicht so sehr die Struktur der Sache, sondern mehr die Perspektive des politischen Subjekts einbringt. Die Qualifikationen und Ziele geben dem Lehrer/der Lehrerin dazu wichtige Hinweise. Zielformulierungen wie etwa

— Orientierung in den gesellschaftlichen, politischen und wirtschaftlichen Ordnungen (Qu. 1),
— Kenntnis der (eigenen) Rechts- und Interessenslage (Qu. 5),
— Mitarbeit in sozialen Gruppen (Qu. 9)

verweisen darauf, daß in allen Inhalten des Politikunterrichts das Orientierungs-, Sach- und Handlungswissen für die Schüler bedeutsam ist. Qualifikationen, ihre Beschreibungen und die ausformulierten Lernziele helfen dabei, diese Aspekte in Richtung auf Inhalts- und Prozeßentscheidungen zu konkretisieren.

16.2.2 Einstellungs- und Deutungsmuster

Das Wissen um die im Unterricht erworbenen Kenntnisse allein hilft dem Lehrer allerdings nur bedingt weiter. Das, was er etwa durch Abfragen feststellen kann, kann eine Sache sein; was die Schüler und Schülerinnen mit dem Gelernten wirklich verbinden, wie sie es im Kontext ihrer eigenen lebensweltlichen Erfahrungen deuten, kann dagegen eine ganz andere Sache sein. Gerade diese Ebene der Einstellungen und Deutungsmuster aber ist für Lehrer und Lehrerinnen deswegen so interessant, weil erst auf ihr erkennbar wird, welchen Stellenwert das Gelernte im Rahmen der individuellen und kollektiven Lerngeschichte hat (vgl. Fend/Prester 1985, Allerbeck/Hoag 1985).

Einstellungs- und Deutungsmuster strukturieren und ,,sortieren" unsere Wissensbestände in impliziter, oft nicht bewußt werdender Form.

,,Wir müssen vielmehr davon ausgehen, daß der lebensweltliche Wissensvorrat das Ergebnis der Sedimentierung von subjektiven Erfahrungen der Lebenswelt ist. ... Wir können zunächst den Begriff des lebensweltlichen Wissens breit fassen und annehmen, daß der Wissensvorrat Wissensbereiche enthält, die auf Erfahrungen in verschiedenen Wirklichkeitsbereichen geschlossener Sinnstruktur zurückgehen. So können wir von Traumwissen, Phantasiewissen, religiösem Wissen und Alltagswissen sprechen." (Schütz/Luckmann 1975, S. 133).

Seit den siebziger Jahren ist in der Bundesrepublik in der Tat die Tendenz zu beobachten, daß sich das sozialwissenschaftliche Selbst- und Gegenstandsverhältnis umorientiert. Es haben sich damit neue bedingungsanalytisch nutzbare Ansätze entwickelt: Ihnen allen geht es „um die Rehabilitierung konkreter gesellschaftlicher Wirklichkeit als eines relativ eigenständigen Sinn- und Bedeutungszusammenhangs, um die Wiederentdeckung vorwissenschaftlicher ‚alltäglicher' Deutungs- und Verstehensprozesse der Gesellschaftsmitglieder." (Lippitz 1980, S. 2) Alltagserfahrungen und Subjektivität werden insofern als wichtige Kategorien für Lernen und Erziehung (vgl. Oelkers 1987, S. 341), aber auch für fachspezifisches Arbeiten etwa in gesellschaftspolitischen Lernbereichen wiederentdeckt.

Dieses Aufarbeiten individueller Alltagserfahrungen und Deutungsmuster läßt sich dabei auch begreifen als ein Gegengewicht zu den vielen Festlegungen in Lehrplänen, Schulbüchern und Unterrichtsmaterialien, in denen — unabhängig von den Lernsubjekten — über Inhalte, Themen und Ergebnisse längst entschieden zu sein scheint. Neben der „offiziellen" Ebene der Inhalte gibt es aber eben auch die „inoffizielle, die unausgeleuchtete Seite der Lehrinhalte, also das, was Menschen, umgangssprachlich gesagt, zu einer offiziellen Version einer Gegebenheit... einfällt, auffällt, was sie möglicherweise hineinphantasieren, was ihnen Erinnerungen an frühe Erfahrungen, Ängste, Faszinationen weckt". (Rumpf 1979, S. 210)

Nun gibt es aber auch deutliche Kritik am „Subjektivismus in der politischen Didaktik", an der „Betroffenheitspädagogik" und daran, daß und wie eine Vereinseitigung des sich abzeichnenden Subjektivismus, Irrationalismus und Regionalismus politische Bildung auf eine Privatisierung der Problemauswahl und der Problemlösung reduzieren und damit letztlich einer Entpolitisierung des politischen Lernens Vorschub leisten kann (vgl. Gagel 1985). Es ist in der Tat auch eine Erfahrung, daß Erfahrungen dumm machen können, dann nämlich, wenn sie unaufgearbeitet bleiben, wenn z.B. „die Lernenden keine Gelegenheit erhalten, die Grenzen ihrer alltäglichen Erfahrungen zu übersteigen, ihren lebensweltlichen ‚Horizont' zu erweitern". (Gagel 1985, S. 412) Politikunterricht hat die Balance herzustellen zwischen Emotionalität und Betroffenheit der Lernenden auf der einen und der Vernünftigkeit, mit der Lebensbedingungen und politisch-gesellschaftliche Strukturen bearbeitet werden müssen, auf der anderen Seite. (Vgl. Hilligen 1984)

Nun gehören die Richtlinien für den Politikunterricht nicht zu den curricularen Vorgaben, in denen Unterrichtsinhalte, -ziele und -verfahren einfach vorgeschrieben werden; sie bieten vielmehr mit ihren Qualifikationen, Lern-

219

feldern und Themenvorschlägen einen ausgewogenen Rahmen an, der einerseits Hilfen zur kontinuierlichen und fachsystematischen Aufarbeitung politisch-gesellschaftlicher Wirklichkeit gibt, lassen andererseits aber auch Raum für eine schülerbezogene Planung.

Mit Hilfe der Qualifikationen können Lehrer und Lehrerinnen nicht nur ,,die unterschiedlichsten Gegenstände des Politikunterrichts auf ihren didaktischen Problemgehalt hin befragen und einen thematischen Zugriff auf den Gegenstand finden, der fachlich sinnvoll ist, auf ein wichtiges Problem zielt und auf Lebens- und Verwendungssituationen verweist". (RiLi S. 16) Die Qualifikationen leisten auch insofern einen wichtigen Beitrag zur Problemorientierung des Unterrichts, als sie auf die subjektiven Bedingungen politischen Lernens aufmerksam machen.

Solche Problematisierungen ergeben sich z.B. aus grundlegenden Deutungsmustern ebenso wie aus ganz individuellen und situativen Erfahrungen der Schüler und Schülerinnen.

16.2.3 Urteilsbegründungen und Wertorientierungen

Im Gegensatz zu eher impliziten Deutungsmustern stellen Urteilsbegründungen den Versuch dar, sich und anderen explizit Rechenschaft über den eigenen Standort zu geben. Jugendliche nehmen z.T. ganz entschieden Stellung zu sozialen, ökologischen, politischen Problemen. Ihre Bewertungen sind in Begründungsstruktur und Ergebnis oft ganz anders, als Eltern, Lehrer, Öffentlichkeit dies erwarten oder gar wünschen.

Die Widersprüche, die Jugendliche täglich erleben, führen dazu, daß sich die ,,Sinnschere" zwischen ,,Soll" und ,,Ist" immer weiter öffnet und Jugendliche Anspruch und Wirklichkeit oft nicht mehr in Einklang bringen können. (Vgl. Nunner-Winkler 1987)

Thesen zur Dominanz post-materieller und/oder narzistischer Orientierungen, zur neuen Indifferenz oder zur neuen Anpassung von Jugendlichen machen darüber hinaus deutlich, wie widersprüchlich und undeutlich verallgemeinernde Aussagen zu Wertorientierungen bei Jugendlichen sind.

Dem Politikunterricht kommt von daher ganz besonders die Aufgabe zu, den Jugendlichen bei der Entwicklung von Urteilskompetenz zu helfen, sie zu befähigen, die Notwendigkeit und die Begründungen von Wertorientierungen zu erkennen und bei ihrer Durchsetzung mitzuhelfen, — trotz vielleicht frustrierender Alltagserfahrungen.

Entsprechend fordern verschiedene Qualifikationen der Richtlinien zu einer bewußten Reflexion von Norm- und Wertentscheidungen auf. Normen und Wertorientierungen politischer Ordnungen sollen befragt werden (Qu. 1), Alternativen sollen geprüft und Partei ergriffen werden (Qu. 4), Zielvorstellungen und Zielkonflikte sollen erkannt werden (Qu. 11) etc. In vielen Themen des Politikunterrichts geht es um „Werte" wie „Eigentum", „Leben", „Gesetz", „Recht", „Solidarität", „Eigennutz", „Gemeinwohl", „Fortschritt", „Freiheit", „Gerechtigkeit" etc. Häufig stehen diese „Werte" in Konkurrenz zueinander, oft fällt die Entscheidung für den einen und gegen einen anderen; bei bestimmten politisch-gesellschaftlichen Konflikten fordern wir „Solidarität", in anderen entscheiden wir uns für unseren eigenen, individuellen Nutzen.

Ein geradezu klassisches Beispiel für eine solche grundlegende Spannung zwischen Normorientierungen wird in der Formulierung der Qualifikation 5 deutlich. Schüler und Schülerinnen sollen entscheiden lernen, wann eigene Rechte und Interessen und wann gesamtgesellschaftliche Interessen Vorrang haben. In vielen Inhalten und Problemen des Politikunterrichts geht es darum, zwischen unterschiedlichen Interessen zu entscheiden und begründet Stellung zu beziehen. „Spielplatz oder Parkplatz?", „Umweltschutz auf Kosten wirtschaftlicher Prosperität?", „Bundeswehr oder Kriegsdienstverweigerung?" u.ä. sind Themen, die Wertentscheidungen fordern, die Nachdenken darüber abverlangen, was denn eine gerechte Lösung des Konflikts wäre.

Für Politiklehrer und -lehrerinnen ist es unter dem Gesichtspunkt einer schülernahen Bedingungsanalyse wichtig, nicht nur die Wertentscheidungen, sondern deren jeweilige Begründungen genauer zu ermitteln.

Eine interessante Möglichkeit bietet dazu z.B. der Ansatz des amerikanischen Psychologen und Pädagogen Lawrence Kohlberg. Dessen theoretisches Konzept ist in den letzten Jahren in der Bundesrepublik in erstaunlich breitem Maße diskutiert und für Schule und Unterricht fruchtbar geworden. Dabei ist auch sichtbar geworden, daß und in welchem Maße das Konzept der moral-kognitiven Entwicklung bedeutsam ist für die Ausbildung und Begründung eines demokratischen Bewußtseins im Sinne der Richtlinien für den Politikunterricht (vgl. Reinhardt 1984, Lind/Raschert 1987, Dobbelstein-Osthoff/Schirp 1987). Auf der Grundlage langjähriger Forschungsarbeiten glaubt Kohlberg sechs Stufen der moralischen Urteilsfähigkeit voneinander unterscheiden zu können. Diese Stufen bauen aufeinander auf. Auf jeder Stufe werden moralische Urteile mit qualitativ höheren Begründungsstrukturen belegt.

Begründungen für Handeln und Urteilen können sich z.B. daran orientieren,

— „Strafe" zu vermeiden,
— im eigenen Interesse gegenüber anderen „fair" zu sein,
— als „verläßlich", als „guter" Freund, Sohn usw. zu gelten,
— „Regeln und Gesetze" des Staates einzuhalten,
— die allgemeine Wohlfahrt „über die Gesetze" zu stellen,
— universale, ethische Prinzipien oder das Kriterium der Verallgemeinerungsfähigkeit im Sinne des Kant'schen kategorischen Imperativs zu verwenden.

(Vgl. Kohlberg/Turiel 1978, S. 19; Schreiner 1979, S. 511; Garz 1984, S. 211 - 214)

Das Wissen um und die Kenntnis von Begründungsstrukturen können Lehrern bedingungsanalytische Hilfen geben. Sie werden für die Planung von Unterrichtseinheiten zu Wertkonflikten dort fruchtbar, wo sie Lehrern und Lehrerinnen helfen, ,,Argumentationsstrukturen zumal jüngerer Schüler besser im Kontext ihrer gesamten soziokognitiven Entwicklung verstehen zu können." (Nunner-Winkler 1987, S. 83) Durch die Konfrontation mit konkurrierenden ,,Werten" können Begründungen von Entscheidungen bewußt gemacht werden. Ein Prinzip des moral-kognitiven Ansatzes besteht entsprechend darin, durch gezielten Einsatz von ,,Dilemma-Geschichten" den Schülern bei der Entwicklung von Urteilskompetenz zu helfen. (Vgl. z.B. Berkowitz/Oser 1985, Oser et al. 1986)

16.2.4 Instrumentelle Fertigkeiten

Diese Bedingungsebene ist für Lehrer am direktesten erfahrbar (vgl. hierzu 11.3 ,,Methodenlernen", S. 158ff.). Ob und wie Schüler und Schülerinnen mit sozialwissenschaftlichen ,,Werkzeugen" umgehen können, ob und wie sie etwa Umfragen durchführen, Texte, Tabellen, Schaubilder, Quellen lesen und verstehen, Karikaturen interpretieren, Daten sammeln, gewichten und auswerten können, das wird noch am ehesten im Unterricht selbst deutlich. Dabei sollte versucht werden, den Schülern unterschiedliche Arbeitsverfahren und -weisen zur Auswahl anzubieten, damit sie zunächst nach eigenen Fähigkeiten und Fertigkeiten Lösungen gestalten können. Je offener hier das Repertoire und je vielfältiger die methodischen Vorschläge zum Recherchieren, Textauswerten, Befragen, Darstellen, Analysieren etc. sind, desto besser erfährt der Lehrer, ob und wie die Schüler mit diesen Instrumenten umgehen können.

16.3 Beobachtungssituationen

Wir wollen nachfolgend einige Anregungen geben, wie Unterricht zu einem Teil der Bedingungsanalyse werden kann. Fast alle nachfolgend aufgeführten Instrumente lassen sich gemeinsam mit den Schülern und Schülerinnen in verschiedene Unterrichtsphasen einbauen.

Die Anschlagtafel:
Schon als Vorbereitung zur nächsten Unterrichtseinheit werden von den Schülern Materialien (Texte, Bilder, Karikaturen etc.) gesammelt und auf einer Stellwand (Seitentafel, Wandfläche) befestigt. Die Stellwand hat eine Rubrik ,,Meinungen", in der die Schüler ihre Meinungen zu dem jeweiligen Thema ,,ungeschminkt" (und je nach Vereinbarung auch anonym) eintragen können. Mit Hilfe der Anschlagtafel wird erkennbar, über welches Materialrepertoire die Schüler selbst verfügen, welches Meinungsspektrum berück-

sichtigt werden muß und welche neuen Informationen, Positionen, Argumente etc. in den Lernprozeß einzubringen sind.

Rollen-, Simulationsspiele und Positionsspiele:
Ziel ist es, die Bandbreite von Einstellungen und Argumenten der Schüler kennenzulernen und ihnen bei der Entwicklung von Rollen-Empathie zu helfen. Schüler/Schülerinnen ,,schlüpfen" dabei z.B. in die Rolle der von einem Konflikt betroffenen Personen und versuchen so, aus einer ganz neuen Perspektive ein Problem zu bewerten. Dabei wird erkennbar, ob und in welchem Maße sie über solche Fähigkeiten verfügen. Unterricht kann dann so geplant werden, daß Schüler mit neuen, noch nicht gefundenen Argumenten konfrontiert werden. Aus Spielformen heraus lassen sich Argumentationsmuster leichter entwickeln; im Dialog schärfen sie sich aus, Kontroversen oder Übereinstimmungen werden so deutlicher.

Dilemmageschichten:
Viele politisch-gesellschaftliche Entscheidungen lassen sich oftmals in Dilemmageschichten überführen. Manche Entscheidungen werden erst dann wieder als problemhaft erfahren, wenn sie nicht nur unter sachlichen, sondern auch unter ,,moralischen" Gesichtspunkten betrachtet werden, wenn aus ihnen ein Dilemma konstruiert wird, das Individuen vor miteinander konkurrierende Entscheidungen stellt. Dadurch wird häufig erst für die Schüler nachvollziehbar problematisiert, ob eine Lösung sozial ausgeglichen, sozial-verträglich und gerecht ist. Die Konfrontation mit kognitiv-moralischen Konflikten, d.h. mit moralisch schwierigen (nicht einseitig oder eindeutig lösbaren) Fragen, sensibilisiert Schüler und Schülerinnen für Wertkonkurrenzen und zeigt dem Lehrer auf, welche Begründungsstrukturen in der Lerngruppe vorherrschen.

Delphi-Studie:
Schüler nehmen schriftlich Stellung zu einem Problem. Die schriftlichen Stellungnahmen werden von einer anderen Gruppe (z.B. Eltern, andere Klassen, Lehrer, Kommunalpolitiker etc.) kommentiert und an die Schüler zurückgegeben. Auch hierbei werden Urteilsstrukturen unterschiedlicher Gruppen, Vor-/Urteile und Notwendigkeiten für weiterführende Kenntnisse sichtbar.

Nachricht und Kommentar:
Abfassen eines ganz persönlichen Kommentars zu einer Nachricht, zu einem Tatbestand, zu einem Konflikt.

Die Argumentations-Pyramide:
Die in der Diskussion vertretenen Argumente werden auf Karten geschrieben und in Gruppenarbeit in Form von Pyramiden ,,hierarchisch" geordnet, um zu erkennen, welchen Wert bestimmte Argumente für die Schüler beinhalten.

Das Regierungs-Spiel:
„Wenn ich (wir) selbst entscheiden könnte(n)!" Unter diesem Stichwort sollen Schüler und Schülerinnen ihre ganz subjektiven Lösungen und Vorschläge festhalten. Daraus lassen sich die unterschiedlichen Deutungsmuster entnehmen und gemeinsam diskutieren.

Zeitungsredaktion:
Fachleute, von dem Problem und der Sache Betroffene werden interviewt; Hintergrundinformationen „vor Ort" eingeholt, (fiktive) Leserbriefe geschrieben und ausgewertet, Bilder und Illustrationen besorgt/angefertigt; daraus wird eine Zeitungsseite gestaltet, die die „Botschaft" der Redakteure verdeutlicht.

Das Wahrsager-Spiel:
Schüler schreiben auf oder erzählen. Wie wird sich ein Problem, ein Lösungsansatz, ein kritischer Zustand weiterentwickeln? Welche Tendenzen zur Eskalation, zur Beruhigung stecken in einem Konflikt? Wie läßt sich die Entwicklung angesichts vorliegender Informationen hochrechnen? Wie gestaltet sich aus dem Blickwinkel der Jugendlichen die eigene Zukunft?

Die Plakat-Aktion:
Entwürfe zu Plakaten, Flugblättern etc. mit deren Hilfe man die eigenen Forderungen, Positionen und Interessen anderen anschaulich nahebringen kann.

Die skizzierten Instrumente und Verfahren lassen sich in vielfältiger Weise variieren, ausbauen und thematisch konkretisieren. Zusammen mit einer Unterrichtsplanung, an der die Schüler und Schülerinnen von der Problematisierung bis zur Ergebnisdokumentation beteiligt sind, erbringt ein „offener Unterricht" im Sinne der Richtlinien noch am ehesten Hinweise zur Berücksichtigung der Lebens- und Lernbedingungen der Schülerinnen und Schüler.

Literatur:

Allerbeck, Klaus, Wendy J. Hoag: Jugend und Wandel. In: Zeitschrift für Sozialisationsforschung und Erziehungssoziologie 1/1985, S. 29-42.
Berkowitz, Marvin B., Fritz Oser (Hrsg.): Moral Education. Theory and Application, Hillsdale, New Jersey: LEA 1986.
Dobbelstein-Osthoff, Peter, Heinz Schirp: Werteerziehung in der Schule — aber wie? Arbeitsberichte Heft 10, Soest: LSW 1987.
Fend, Helmut, Hans-Georg Prester: Jugend in den 70er und 80er Jahren: Wertewandel, Bewußtseinswandel und potentielle Arbeitslosigkeit. In: Zeitschrift für Sozialisationsforschung und Erziehungssoziologie 1/1985, S. 43-70.
Gagel, Walter: Betroffenheitspädagogik oder politischer Unterricht? Kritik am Subjektivismus in der politischen Didaktik. In: Gegenwartskunde 34 (1985), H. 4, S. 403-414.

Gagel, Walter: Von der Betroffenheit zur Bedeutsamkeit. In: Gegenwartskunde 35, (1986), H. 1, S. 31-44.

Garz, Detlef: Strukturgenese und Moral, Opladen: Westdeutscher Verlag 1984.

Hilligen, Wolfgang: Zwischen Emotionalität und Vernünftigkeit. In: B. Claußen, G. Koch (Hrsg.): Lebensraum Schule und historisch-politische Erfahrungswelt, Frankfurt/M.: Haag + Herchen 1984, S. 91-101.

Janssen, Bernd: Wege politischen Lernens. Methodenorientierte Politikdidaktik als Alternative zur Pädagogik der guten Absichten, Frankfurt/M.: Diesterweg 1986.

Kohlberg, Lawrence, Elliot Turiel: Moralische Entwicklung und Moralerziehung. In: G. Portele (Hrsg.): Sozialisation und Moral, Weinheim und Basel: Beltz 1978, S. 13-80.

Kohlberg, Lawrence, Elsa Wassermann, Nancy Richardson: Die Gerechte Schulkooperative. Ihre Theorie und das Experiment der Cambridge Cluster School. In: G. Portele (Hrsg.): Sozialisation und Moral, Weinheim und Basel: Beltz 1978, S. 215-259.

Krappmann, Lothar: Sozialisation in der Gruppe der Gleichaltrigen, in K. Hurrelmann, D. Ulich (Hrsg.): Handbuch der Sozialisationsforschung, Weinheim und Basel: Beltz 1980, S. 443-468.

Lajios, Konstantin, Simeon Kiotsoukis: Ausländische Jugendliche, Opladen: Leske + Budrich 1984.

Lind, Georg, Jürgen Raschert (Hrsg.): Moralische Urteilsfähigkeit, Weinheim und Basel: Beltz 1987.

Lippitz, Wilfried: „Lebenswelt" oder die Rehabilitierung vorwissenschaftlicher Erfahrung, Weinheim und Basel: Beltz 1980.

Nunner-Winkler, Gertrud: Was bedeutet Kohlbergs Theorieansatz für die moderne bildungspolitische Situation in der Bundesrepublik? In G. Lind, J. Raschert (Hrsg.): Moralische Urteilsfähigkeit, Weinheim und Basel 1987, S. 16-24.

Oelkers, Jürgen: Subjektivität, Autobiographie und Erziehung. In: Z. f. Päd. 3/1987, S. 325-344.

Oser, Fritz, Wolfgang Althof, Detlef Garz (Hrsg.): Moralische Zugänge zum Menschen. Zugänge zum moralischen Menschen. Beiträge zur Entstehung moralischer Identität, München: Kindt Verlag 1986.

Reinhardt, Sibylle: Förderung der Urteilsfähigkeit — am Beispiel „Todesstrafe". In: Gegenwartskunde 33 (1984), H. 4, S. 433-443.

Rumpf, Horst: Inoffizielle Weltversionen — Über die subjektive Bedeutung von Lehrinhalten. In: Z. f. Päd. 2/1979, S. 209-230.

Schreiner, Günter: Gerechtigkeit ohne Liebe — Autonomie ohne Solidarität? In: Z. f. Päd. 4/1979, S. 505-528.

Schütz, Alfred, Thomas Luckmann: Strukturen der Lebenswelt, Neuwied und Darmstadt: Luchterhand 1975.

17. Hilfen zur Bestimmung von Unterrichtsthemen

Dieter Menne

17.1 Die Bedeutung des Verfahrens in den Richtlinien

Das Kapitel 3.1.4 der Richtlinien (RiLi S. 40f.) beschreibt eine für die Konzeption des Politikunterrichts zentrale Planungsaufgabe: die Gewinnung konkreter Unterrichtsaufgaben für Stunden und vor allem Unterrichtsreihen. Dabei wird die Unterscheidung zwischen ,,Unterrichtsthemen" und ,,Unterrichtsinhalten" eingeführt und gezeigt, wie der Lehrer die verschiedenen Instrumente der Richtlinien für die Unterrichtsplanung verwenden kann:

> ,,Die Unterrichtsthemen müssen von den Unterrichtsinhalten unterschieden werden. Inhalt ist der Sachgegenstand, während ein Thema die Unterrichtsaufgabe als Frage, als Impuls, als Zielrichtung usw. bereits enthält. Mit Hilfe von Situationsfeldern und Handlungstypen werden noch keine Unterrichtsthemen, sondern zunächst Inhalte ermittelt. Erst durch die Problematisierung der Inhalte mit Hilfe der Qualifikationen und durch den pädagogischen Bezug auf die jeweilige Altersstufe usw. werden Themen für die einzelnen Unterrichtsreihen gewonnen." (RiLi S. 40)

Der hier skizzierte Gedankengang verhindert vor allem, daß zufällig ins Blickfeld geratene Sachverhalte durchgehend die Unterrichtsplanung bestimmen können; er soll dafür sorgen, daß eine fachdidaktische Auseinandersetzung mit den Gegenständen und eine begründete Auswahl stattfinden: Am Anfang — auch des lernzielorientierten Unterrichts — steht ein Inhalt, also ein Sachgegenstand. Er wird in die Inhaltsmatrix, bestehend aus den Schnittpunkten von Situationsfeldern und Handlungstypen (RiLi S. 38ff.) eingeordnet und kann dadurch strukturiert und differenziert werden. Dann erst wird dieser Inhalt mit den Qualifikationen als obersten Lernzielen in Beziehung gesetzt. Dadurch erhält der Inhalt die von den Richtlinien her anzustrebende didaktische Perspektive und kann in ein Thema umformuliert werden. Die so gewonnenen Unterrichtsthemen müssen vor dem Hintergrund der Lernsituation einer Klasse geprüft werden. Der Lehrer wird mit Hilfe von fachdidaktischen Kriterien auswählen und gewinnt dadurch die speziell für eine Lerngruppe geeigneten Unterrichtsthemen.

Die Tatsache, daß die Richtlinien umfangreiche Themenkataloge für die Sekundarstufe I und II (berufliche Schulen; RiLi S. 43 - 58, 64 - 85) enthalten, entbindet den Lehrer nicht, dieses curriculare Planungsverfahren anzuwenden, denn dies sichert ihn vor einem verordneten Themenkanon und verschafft ihm die erforderliche Flexibilität. Er erhält dadurch einen hohen Grad von Mitbestimmung auf der Ebene der Festlegung dessen, was im Unterricht behandelt wird, und ist offen für die Mitbestimmung von Seiten der betroffenen Lehrer, Schüler und Eltern.

Dieser letztgenannte Gesichtspunkt gewinnt dadurch an Bedeutung, daß nach der 3. Auflage der Richtlinien die Fachkonferenzen einen erhöhten Einfluß auf die Jahresplanung des Unterrichts haben sollen. (RiLi S. 89) Die Kenntnis des Unterschiedes zwischen Inhalten und Themen und der Verwendung der in den Richtlinien vorgeschlagenen Verfahren ist die Voraussetzung für das Gelingen dieser Art von Mitbestimmung in den Schulen des Landes.

17.2 Die Unterscheidung zwischen Inhalten und Themen

Die Unterscheidung zwischen Inhalten und Themen und die Einsicht, daß Inhalte nicht ohne Ziele vermittelt bzw. Ziele nie isoliert von Inhalten gesehen werden dürfen, gehören heute zum Grundbestand der Fachdidaktik der politischen Bildung, wobei die Begrifflichkeit zwar nicht einheitlich ist, aber der Sachverhalt nicht mehr bestritten wird. (vgl. Rothe 1981, S. 32f., 85ff.) Die Auffassungen darüber, welche Themen die bedeutsamen Themen sind, wie sie begründet werden können, wie sie gewonnen werden, weichen in den verschiedenen fachdidaktischen Konzeptionen voneinander ab; sie führen zu unterschiedlichen Konsequenzen sowohl auf der theoretischen Ebene der Fachdidaktik wie auf der unterrichtspraktischen Ebene. So wird als Ausgangspunkt für den Unterricht der Konflikt (Giesecke), die problemhaltige Situation (Hilligen), die Entscheidungssituation im Leben eines Jugendlichen (Roloff), die politische Aufgabe (Sutor) oder ein Fall aus der gesellschaftlichen Wirklichkeit (Fischer) gewählt.

Der Lehrer „erhält mit diesen Beispielen eine Art Typologie, nach der er unterschiedliche Lerngegenstände auswählen kann:

— einmal einen aktuellen Konflikt, der zu einem Problem führt,
— ein anderes Mal ein Problem, das er in einen Fall transponiert,
— dann wieder eine Situation, die ebenfalls ein allgemeines Problem sichtbar machen kann". (Gagel, o.J., S. 56)

Dem planenden Lehrer werden „unterschiedliche Perspektiven des Betrachtens" (ebenda) geboten, aber Perspektiven, die einen Unterrichtsinhalt in didaktischer Absicht problematisieren.

Wie man vorgehen kann, um ein endgültiges Thema zu finden, zeigt ein Beispiel (Gagel 1986, S. 95):

„Ein Lehrer findet, daß das Thema ‚Frieden schaffen ohne Waffen' für den Unterricht wichtig sei und die Schüler sehr interessiere. Rückführung auf den *inhaltlichen*

Kern bedeutet hier: Sicherheitspolitik des Westens oder — enger und mit seinerzeitigem aktuellem Bezug — NATO-Doppelbeschluß. Daraus ergibt sich, daß durch das Thema eine Stellungnahme gegen die Nachrüstung zumindest nahegelegt wird. Innerhalb der *Sachanalyse* müssen, wenn sie wissenschaftlich adäquat, d.h. kontrovers angelegt wird, alternative Konzeptionen der Sicherheitspolitik zusammengestellt werden: Unilaterale Strategien der einseitigen Abrüstung, bilaterale Strategien der Rüstungskontrolle und Abrüstungsverhandlungen. Jetzt wird deutlicher: Das Thema fordert die einseitige völlige Abrüstung im Zusammenhang mit der Strategie der sozialen Verteidigung. Beabsichtigt der Lehrer jedoch, die Prüfung der anderen Strategien den Schülern offenzuhalten, dann wird er als *endgültiges Thema* die durch Fragezeichen problematisierte Form des ursprünglichen wählen: ,,Frieden schaffen ohne Waffen?" "

Der Prozeß der Themenfindung erfolgt hier in einer ,,schrittweisen Annäherung" (ebenda, S. 94): Erste Themenformulierung — Rückführung auf den inhaltlichen Kern (,,Inhalt") — Ermittlung anderer didaktischer Perspektiven durch die Sachanalyse — endgültige Entscheidung für ein Thema. Dabei entdeckt man, daß ein Inhalt unter mehreren didaktischen Perspektiven behandelt werden kann.

Diese Vorgehensweise läßt sich mit der Intention der Politikrichtlinien verbinden: Der Weg von den Inhalten zu den Themen führt vom Erstentwurf über eine sachliche Anreicherung und Differenzierung zu einer Mehrzahl von Perspektiven, unter denen mit Hilfe von Kriterien — hier kontroverses Denken (zu diesem Problembereich s. Kap. 4, oben S. 65ff.) — ausgewählt werden kann. Das Ergebnis dieses Vorgehens ist eine Themenformulierung, die die Einseitigkeit des als Thema verwendeten politischen Slogans aufhebt, um eine kontroverse Beurteilung zu ermöglichen.

Die Beziehungen zwischen Inhalten, Qualifikationen und Themen sind auch in den Themenkatalogen der Richtlinien dargelegt. Zum Beispiel (RiLi S. 85):

Situationsfelder/ Handlungstypen	Thema	Inhalte und Probleme	Qualifikationen
Staat, Staaten/ Mitbestimmung	,,Frieden schaffen ohne Waffen!?" Konventionelle und alternative Formen der Friedenssicherung	Verschiedene Ausprägungen des Friedensbegriffs: negativer und positiver Begriff des Friedens; direkte und indirekte Gewalt; Gefahren der Entstehung eines Machtvakuums; Konfliktformationen abnehmender Gewalt; Entspannung und Abrüstung, Gewaltfreiheit und soziale Verteidigung, Tradition des Pazifismus, Friedenserziehung...	4 10 11

Mit dieser Präsentation des Themas wird beabsichtigt, dem Leser die folgenden Informationen zu vermitteln:

,,Frieden schaffen ohne Waffen!?" (zit. RiLi S. 67; auf S. 85 sind die Zeichen nicht korrekt gesetzt) assoziiert als Reizthema bzw. Signalformulierung die kontroverse politische Situation im Herbst 1982 bzw. Frühjahr 1983 und stellt durch die Zeichensetzung die eindeutige Situation in Frage; der Untertitel ,,Konventionelle und alternative Formen der Friedenssicherung" markiert auf allgemeiner Ebene die sozialwissenschaftliche Einordnung des Themas in den Aufgabenbereich der Friedens- und Konfliktforschung und gibt dem Planenden die Möglichkeit, das Thema in fachliche Zusammenhänge des Halbjahres oder Jahresplanes einzuordnen; die detaillierte Auflistung der ,,Inhalte und Probleme" informiert den Planenden über die in einer solchen Unterrichtsreihe mutmaßlich zu verarbeitenden und zu erwerbenden Kenntnis- und Erkenntniszusammenhänge, hier begriffliche Schwerpunkte und Abgrenzungen sowie Gegenüberstellungen, die sicherstellen sollen, daß der Unterricht die Lernenden zur Teilnahme an der Diskussion über alternative Strategien der Friedenssicherung befähigt. Die angeführten Ziffern ,,4,10,11" verweisen darauf, daß das Thema mit den Qualifikationen 4, 10 und 11 der Richtlinien verbunden ist und über die Erarbeitung einer wichtigen Kontroverse hinaus auf den Beitrag dieses Themenbereichs für die Entwicklung von Verhaltensdispositionen zielt: alternatives Denken, Parteinahme auf der Basis eines begründeten Urteils, Toleranz gegenüber anderen Gesellschaften, Engagement für die Interessen benachteiligter Völker, die Übernahme von Verantwortung für die Sicherung der Lebensbedingungen in der Zukunft, demokratisches Verhalten. Es liegt auf der Hand, daß durch diese Verweise weitere Akzente im Bereich der Inhalte und Probleme gesetzt werden.

Die bei der Behandlung eines solchen Themas erworbenen Kenntnisse, Fähigkeiten, Einsichten und Verhaltensweisen müssen im Zusammenhang mit vielen anderen Teilzielen und Unterrichtsreihen gesehen werden, die die erste Begegnung, das Training und die immer wieder neu aufzunehmende Beschäftigung mit den in den Qualifikationen ausgedrückten Verhaltensdispositionen zum Ziel haben; die ,,didaktische Perspektive" ist daher nicht eine auf eine Unterrichtsreihe beschränkte Pointierung sachlicher Art, sondern verweist auf angemessenes Verhalten in unserer Gesellschaft, das am Beispiel einer konkreten Thematik trainiert werden soll.

Die Themen der Themenkataloge sind grundsätzlich wie dieses Beispiel aufgebaut: Auf eine als Signal für die didaktische Perspektive zu verstehende Formulierung, die nach Möglichkeit einen Konflikt, ein Problem, eine konkrete Situation ausdrücken soll, folgt ein sachlich einordnender Untertitel als Hinweis auf die Sachanalyse und den fachwissenschaftlichen Bereich, der in der Spalte ,,Inhalte und Probleme" durch Stichwörter ausdifferenziert und fachdidaktisch akzentuiert wird. Der Lehrer bzw. der Planende erhält durch diese Formulierungsregeln nicht nur Informationen über die Schwerpunkte, sondern in der Regel bereits eine Möglichkeit des Einstiegs in die Unterrichtsreihe: ,,Frieden schaffen ohne Waffen!?" verweist auf das dringliche und unabweisbare *Problem* der Abrüstung über die Rüstungskontrolle hinaus und die damit verbundenen alternativen Konzepte; der Slogan assoziiert den *,,Fall"* ,,Nachrüstung der NATO" und vergegenwärtigt die unterschiedlichen Formen des Protestes, die in vielen Konfrontations*situationen* verwendet wurden und die Rechts- und Verfassungsordnung der Bundesrepublik Deutschland vor zum Teil neue Fragen und Herausforderungen stellte.

Die Unterscheidung zwischen Inhalten und Themen in den Richtlinien ist damit die Konsequenz aus der Entwicklung der Fachdidaktik zu einer Disziplin, die aus der Fülle der Inhalte diejenigen herausheben kann, die mitteilungsnotwendig sind (vgl. Hilligen 1986, S. 14), und ihnen die Perspektiven aufprägt, die ihnen in einem Konzept politischer Bildung einen angemessenen Stellenwert gibt.

17.3 Instrumente der Richtlinien zur Gewinnung von Themen

Der Vorgang der „schrittweisen Annäherung" bei der Themengewinnung (s.o.S. 229) nach dem Konzept der Politikrichtlinien ist in der folgenden Grafik dargestellt. Sie ist in allen Planungsmaterialien für den politischen Unterricht bzw. Politikunterricht des Landes NW (s. Kap. 22, unten S. 275f.) enthalten; sie kann den Planungsprozeß nach den Richtlinien Politik veranschaulichen.

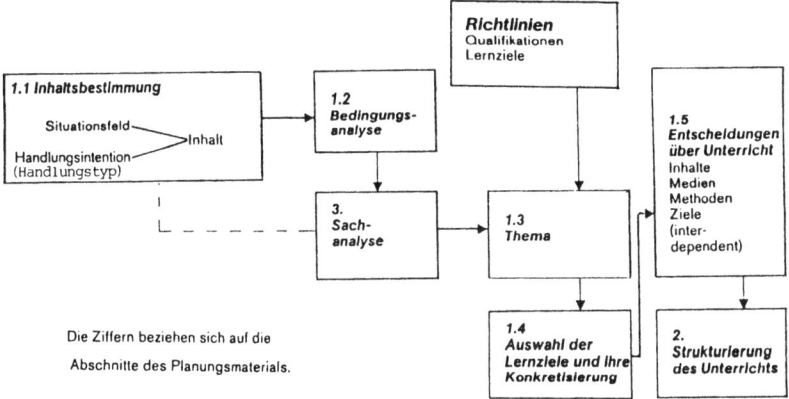

Die Unterrichtsplanung umfaßt ein mehrstufiges Verfahren; sie beginnt mit der „schrittweisen Annäherung" an das Thema (1.1 — 1.3; 3) und führt über zwei Entscheidungsstationen (1.4; 1.5) zur Strukturierung der Unterrichtsreihe (2). Das Zentrum bildet die Konstruktion des Themas (1.3), weil hier verschiedene Einflußgrößen gebündelt werden und die weiteren Schritte stark vorgeprägt werden.

Die Inhaltsbestimmung (1.1) dient unter ständiger Reflexion der Bedingungen der Lernsituation der Verarbeitung der Vorerfahrungen, Kenntnisse und Erlebnisse der Schüler u.a. Quellen sachlicher Zugriffe auf Unterrichtsinhalte zu einem sozialwissenschaftlich verorteten und fachdidaktisch ausdifferenzierten Unterrichtsinhalt, der einer Sachanalyse unterzogen werden muß. Das Instrument dieser Inhaltsbestimmung ist die in den Richtlinien vorgestellte und beschriebene „Matrix zur Auffindung von Unterrichtsinhalten" (RiLi S. 38ff.), die dem Lehrer die Möglichkeit gibt, Phänomene der gesellschaftlich-politischen Realität unter fachlichen und fachdidaktischen Gesichtspunkten zu ordnen, zu differenzieren und in einen inhaltlichen Zusammenhang zu bringen, der sie für den Politikunterricht fruchtbar macht. Die Dimensionen der Matrix sind in den Richtlinien ausführlich erläutert (RiLi S. 38f.), ebenso die Arbeitsweise (RiLi S. 90-94), so daß hier nur die Grundlinien hervorzuheben sind: Der aufzugreifende Inhalt (Vorerfahrung, Element der politischen Diskussion, Konfliktfall o.ä.) wird unter dem Gesichtspunkt seines Bezuges zum Individuum in einen Situationsbezug gestellt, auf Elemente sozialen Handelns hin untersucht und strukturiert sowie durch einen Blick auf die Lernsituation verfeinert oder modifiziert und durch eine Sachanalyse ausdifferenziert.

Bei der Themenkonstruktion (1.3) werden für eine Unterrichtsreihe die so ausdifferenzierten Unterrichtsinhalte mit Hilfe der Qualifikationen und gegebenenfalls auch mit Lernzielen auf Aspektuierungen hin überprüft, die den Inhalts- und Verhaltensaspekt der jeweiligen Qualifikationen besonders gut zum Ausdruck bringen; die Qualifikationen werden gleichsam als Frage an den Gegenstand verstanden und verwendet, um Problemkonstellationen zu finden, die für das Training der von den Qualifikationen angestrebten Verhaltensweisen geeignet sind.

Das Ergebnis dieses Arbeitsschrittes sind Themenvorschläge, u.U. eine Fülle an denkbaren alternativen didaktischen Perspektiven zur Bearbeitung eines einzigen Unterrichtsinhaltes.

17.4 Gesichtspunkte der Auswahl

Die Richtlinien machen darauf aufmerksam, daß nur in der konkreten Lernsituation entschieden werden kann, „ob ein Thema für eine bestimmte Lerngruppe in einer bestimmten Schule zu einem bestimmten Zeitpunkt geeignet ist" (RiLi S. 41) und schlagen als Auswahlkriterien die folgenden Gesichtspunkte vor: Lernerfahrungen der Schüler und Schülerinnen im Fach Politik, Interessenlage, Aktualität, Zukunftsbedeutsamkeit, Konflikthaltigkeit und Handlungsmöglichkeiten. Diese Regelung garantiert eigentlich erst den Charakter der Richtlinien als offenes Curriculum. Denn nur so kann sichergestellt werden, daß einerseits auf Landesebene für alle Schüler verbindliche einheitliche Ziele verfolgt werden, andererseits die Entscheidung über konkrete Problemorientierungen des Unterrichts vor Ort getroffen werden kann, wo die örtlichen Gegebenheiten und vor allem die für eine Lerngruppe spezifischen Gesichtspunkte berücksichtigt werden können. Eines zentralen verbindlichen Themenkatalogs bedarf es nicht mehr. Auch für die Fachkonferenzen bedeutet dies, daß sie im Rahmen ihrer Jahresplanungen Raum für die Themenplanung in der konkreten Lernsituation lassen müssen. Für den Lehrer und die Lerngruppe ergibt sich, daß die Entscheidung über Themenalternativen, wie sie im Planungsabschnitt 1.3 (s. Abb. S. 231) auftreten, in der konkreten Planungssituation oder in der Lernsituation selbst getroffen werden muß, und zwar nach den eingangs benannten Kriterien.

Das Kriterium „Lernerfahrungen im Fach Politik" macht darauf aufmerksam, daß die Spiralstruktur der Themenkataloge von den Situationsfeldern und den inhaltlichen Schwerpunkten her aufgebaut ist, so daß ungeachtet der Themenvielfalt im Laufe der Jahre und ungeachtet des im Fach Politik häufigen Lehrerwechsels auf der Ebene der Inhalte und Probleme ein bestimmter Kenntnisstand bzw. bestimmte Erkenntniszusammenhänge entstehen, auf die der Lehrer z.B. in der Klasse 10 aufbauen können soll; was die Schüler in diesem Inhaltsbereich bereits erlernt haben, muß durch die spezielle Bedingungsanalyse erhoben werden, wenn es nicht durch andere Informationsmittel festgestellt werden kann. Über die „inhaltlichen Orientierungen" hinaus sollen dabei auch die „sozialen Fähigkeiten" der Schüler (RiLi S. 41) berücksichtigt werden, was in der Praxis der Unterrichtsplanung für die Einbeziehung von Methoden der Einzel-, Partner- und Gruppenarbeit, die Materialbeschaffung, die Durchführung von Kontroversdiskussionen, Projekten, Produktionen und anderen Verfahrensweisen des Politikunterrichts Konsequenzen haben wird.

Das Kriterium der „Interessenlage" der Schüler ist wegen der mit ihm verbundenen Definitionsprobleme (vgl. dazu Gagel 1983, S. 74ff.) fachdidaktisch nicht unproblematisch, aber in der Praxis wegen des mit ihm verbundenen „Trainingscharakters" für die Vertretung subjektiver Bedürfnisse und Interessen an Problemlösungen von Bedeutung. (vgl. RiLi S. 14: Dimensionen des Politischen; vgl. Kap. 3, oben S. 53ff.)

Das Kriterium der „Aktualität" soll darauf hinweisen, daß ausdrücklich das klassische Feld der Politik — die „res gerendae" — die Themenauswahl leiten soll. Andererseits ist zu berücksichtigen, daß „aktuelle Stunden", Presseberichte oder die gerade im traditionellen Geschichtsunterricht beliebten „Schwänzchen", „Sehschlitze" und „Zahnradmethoden" (vgl. zu diesen den aktuellen Aufhänger, den aktuellen Ausblick und die Verschränkung von Gegenwartsorientierung und Geschichte bezeichnenden Begriffen Schörken 1978, S. 12) nicht Aktualität herstellen, sondern eher „Aktualitäten". Im Politikunterricht soll der Begriff des „Aktuellen" durchaus als strittig begriffen und diskutiert werden, um das zu finden, was in den laufenden Ereignissen von den Beobachtern als relevant angesehen wird.

Das Kriterium der „Zukunftsbedeutsamkeit" zielt auf die von Klafki formulierte Frage nach den im Unterricht zu verhandelnden Zukunftsvorstellungen der am Unterricht Beteiligten über vermutete und wünschbare gesellschaftliche Entwicklungen und ihre Relevanz für die Betroffenen. (vgl. Klafi 1980, S. 32ff.) Das Kriterium berührt sich stark mit dem Auswahlgesichtspunkt der „Bedeutsamkeit" (vgl. Gagel 1983, S. 89ff.), der darauf abhebt, Themen zu wählen, die über die subjektive Betroffenheit über ein Schicksal z.B. hinaus auf eine allgemeinere, die Gesellschaft oder gesellschaftliche Gruppen, Institutionen und Personengruppen betreffende dringliche und unabweisbare Problematik verweisen.

Der Gesichtspunkt der „Konflikthaltigkeit" eines Themas zielt auf die unter fachdidaktischen Gesichtspunkten motivierende Wirkung eines Konflikts und auf die Notwendigkeit der Begegnung mit dem, was die Dimension des Politischen entscheidend bestimmt: ,,der Prozeß oder die interessengeleitete und konflikthafte Auseinandersetzung um die Wahl und die Durchsetzung der ‚Inhalte', wobei Macht ausgeübt und Zustimmung angestrebt wird". (RiLi S. 14) Die Beschreibung der Qualifikation 6 (RiLi S. 24ff.) macht darüber hinaus deutlich, daß Konflikt und Konsens keinen Gegensatz bilden, sondern daß ,,der Grundkonsens unserer Gesellschaft... die Tatsache (umgreift), daß es Konflikte in unserer Gesellschaft gibt". (RiLi S. 25) Zusammen mit der Kategorie der ,,Bedeutsamkeit" müssen im Planungsprozeß die Konflikte identifiziert werden, deren Bearbeitung den Schülern Einblick in grundlegende Strukturen unserer Gesellschaft ermöglicht.

,,Handlungsmöglichkeiten" als Auswahlgesichtspunkt betont die Auswahl von Themen, die ein Handeln ermöglichen, aber nicht die gemeinsame politische Aktion, sondern eine Handlungsorientierung in einer ,,didaktisch begründeten Form" (RiLi S. 88) ist gemeint, die die Schulklasse als formelle Gruppe nicht überfordert. (vgl. zu dieser Grundsatzfrage RiLi S. 88f. und Kap. 5, oben S. 75ff.) Das ganze Spektrum handlungsorientierter Informationsbeschaffung, methodischer Verfahrensweisen (Rollenspiel, Tribunal, Planspiel usw.) und handlungsorientierter Ergebnisdarstellungen (Produktionen: Wandzeitungen, Dokumentationen, Filme usw.) kann hier in den Planungsprozeß eingebracht werden.

Die Erfahrungen bei der Auswahl von Themen aus alternativen, qualifikationsorientierten Problemorientierungen zeigen, daß diese Auswahlgesichtspunkte nicht in dem Sinne trennscharf wirken, daß eindeutig Themen entfallen, andere eine Priorität erhalten. Es wird eher ein Diskussionsprozeß angeregt, der mehrere Auswahlgesichtspunkte miteinander verknüpft und schließlich gleichwertige Themen herausstellt. Nicht zu vergessen sind die eher pragmatischen Auswahlgesichtspunkte, die in der Unterrichtspraxis häufig den Ausschlag geben: Materialbeschaffungsprobleme, Zugänglichkeit, Möglichkeiten des Medieneinsatzes, Fachkompetenz des Lehrers u.a.

17.5 Die Anwendung bei der Unterrichtsplanung

Die ,,Planungsansätze" der Richtlinien (RiLi S. 90ff.) stellen sechs planerische Ausgangspunkte für die Themengewinnung vor und zeigen an Beispielen die Verwendung der Instrumente der Richtlinien. Diese Darstellung soll hier ergänzt werden durch Empfehlungen für die Verwendung der Qualifikationen (vgl. dazu Abb. S. 231).

Inhaltsbestimmung
Der Themenkatalog für den Doppeljahrgang 7/8 schlägt u.a. die Behandlung des Inhaltsfeldes ,,Zukunftssicherung von Arbeitnehmern" unter dem Thema ,,Sicherheit für alle!" vor. (RiLi S. 51) Bei der Anpassung für die Bedingungen einer bestimmten Klasse 8 z.B. an einem mittelständischen Gymnasium in einer mittleren Großstadt des Ruhrreviers müssen die gegenwärtige ökonomische Situation, die hohe Unsicherheit wegen der Zukunft des Stein-

kohlenbergbaus und der Stahlindustrie und die hohen Belastungen der Gemeinden durch die wachsenden Sozialhilfeleistungen bei der Planung berücksichtigt werden und die Wahrscheinlichkeit, daß einzelne Mitglieder der Lerngruppe davon konkret betroffen sind. Nahezu alle werden mit dem sozialen Sicherungssystem durch Krankheitskosten oder die Existenz von rentenberechtigten Großeltern oder anderer Verwandter schon Kenntnisse und Erfahrungen in den Unterricht einbringen können.

Mit Hilfe einer Sachanalyse ermittelt der Lehrer das Volumen der direkten und indirekten Leistungen für Sozialleistungen im Jahre 1986 (ca. 605 Milliarden DM, davon ca. 178 Mrd. für die Rentenversicherungen, ca. 120 Mrd. für die Krankenversicherungen, ca. 41 Mrd. für die Arbeitslosenversicherung und Arbeitsförderung, ca. 26 Mrd. für die Sozialhilfe; alle Angaben nach Globus Nr. 6743, 1987) und ordnet den Bereich in die ,,Matrix zur Auffindung von Unterrichtsinhalten" (RiLi S. 40) ein: Das durch die Situationsfelder Familie, Arbeitswelt, Öffentlichkeit, Staat und den Handlungstyp ,,Vorsorge" gekennzeichnete Inhaltsfeld umgreift das gesamte System der sozialen Sicherheit und verdeutlicht, daß staatliche Leistungen, Versicherungsleistungen, betriebliche Leistungen, Aktivitäten der freien Wohlfahrtsverbände, der Kirchen und der Familien das System tragen; der Handlungstyp ,,Vorsorge" verweist auf die Sicherung des Existenzminimums für alle auch in extremen Lebenslagen, aber auch darauf, daß es sich auch um eine Vorsorge im Interesse der Stabilität von Staat und Gesellschaft handelt.

Themengewinnung (1.3)
Mit Hilfe der Qualifikation 2 z.B. wird der gesamte Sachbereich ,,Soziale Sicherung" nun auf die Aspektuierungen hin abgesucht, die sich aus der Frage nach den Chancen zur Einflußnahme auf Strukturen, Herrschaftsverhältnisse, Entscheidungsprozesse auf sozialstaatliche Maßnahmen ergeben: Versicherungsbeiträge zahlen, an Sozialwahlen teilnehmen, Anträge stellen, vorsprechen, ggf. Rechtsmittel und die lokale Presse. Es entsteht der Eindruck, daß hier ein gesellschaftlich bedeutsamer Bereich angesprochen wird: die Tatsache, daß es Ansprüche an den Sozialstaat gibt, daß es aber Situationen gibt, wo diese Ansprüche nur mit Schwierigkeiten durchzusetzen sind, daß eine sozialstaatliche Bürokratie durch Einzelfallprüfungen, gesetzliche Normen und in der aktuellen Bedürfnissituation auftretende Faktoren des Rollenhandelns schwer zu bewältigende Abhängigkeiten produziert (vgl. in 2.5 das Beispiel 2, oben S. 48f.). Der Problembereich erhält ,,Ansprüche an den Sozialstaat und die Mittel, sie durchzusetzen" als Untertitel. Eine Äußerung von Frau P. in dem eben zitierten Fallbeispiel kann als eine Situationskennzeichnung dienen und das Thema mit einem ,,Einstiegssignal" versehen (s.o., S. 230); damit ist mit Hilfe der Qualifikation 2 das Thema

,,Da habe ich also wieder kein Geld gekriegt..."
Über Ansprüche an den Sozialstaat und die Mittel, sie durchzusetzen

geworden, das den im Themenkatalog genannten Inhalten und Problemen einen zusätzlichen Akzent, eine neue Perspektive gibt.

Die folgende Übersicht demonstriert die Leistungsfähigkeit des gesamten Qualifikationsspektrums bei der Themenbildung zu diesem Unterrichtsinhalt, wobei der sachliche Kenntnisbereich einen gleichbleibenden Kernbestand an Grundwissen fordert, der je nach Perspektive erweitert werden muß.

Qual.	Themen aus dem Inhaltsfeld „Soziale Sicherheit"
1	Das „Soziale Netz" — eine soziale Hängematte? Anspruch und Wirklichkeit des Sozialleistungssystems in der Bundesrepublik
2	„Da habe ich also wieder kein Geld gekriegt..." — Über Ansprüche an den Sozialstaat und die Mittel, sie durchzusetzen
3	„Arbeitslosenhilfe... Sozialhilfe... Und schon bist du draußen!" Über die Teilnahme am gesellschaftlichen Leben als SH-Empfänger
4	Selbstbeteiligung an den Krankheitskosten? Möglichkeiten und Grenzen des Sozialstaats im Bereich des Gesundheitswesens
5	„Keine Erhöhung der Sozialhilfe... auf meine Kosten!" Die gesellschaftlichen Kosten sozialer Notsituationen
6	„Lohnfortzahlung... Arbeitslosenversicherung... Krankenversicherung!" Der Streit um die Bezahlbarkeit des Sozialen Netzes
7	„Ohne Bafög schaffe ich das nicht!" Möglichkeiten, Sinn und Grenzen staatlicher Ausbildungsförderung
8	„Opa muß ins Pflegeheim!" Leistungen des Sozialstaats und das Subsidiaritätsprinzip
9	„Als ich arbeitslos wurde, zogen sich alle zurück!" Die Einsamkeit der Armen und die Hilflosigkeit der Arbeitsplatzbesitzer
10	„Die wollen sich hier nur gesund stoßen!" Asylrecht und Sozialstaat — Vorurteile und Verpflichtungen
11	„600 Milliarden DM für das Soziale Netz! Das geht so nicht weiter!" Der Generationenvertrag und die Ansprüche an das Soziale Netz
12	„Lieber in Arbeit und Steuern zahlen als arbeitslos in Rente!" Die Bedeutung der Arbeit für den Menschen und die Gesellschaft

Bei der Suche nach einer didaktischen Perspektive mit Hilfe der Qualifikationen ist zu beobachten, daß immer nur ein bestimmter Teil des Inhalts- und Verhaltensaspekts der Qualifikation gebraucht wird, um die fachdidaktisch angestrebte Aspektuierung zu finden, die als Untertitel den Problembereich kennzeichnet; das vereinfacht die Arbeit mit den Qualifikationsformulierungen, die bei der Strukturierung der Unterrichtsreihe allerdings vollständig ins Spiel gebracht werden müssen. Die folgende Übersicht zeigt die für die Prüfung des Inhaltsfeldes wichtigen Elemente der Qualifikationen:

Qual.	Prüfungsgesichtspunkte
1	Interessen, Normen, Wertvorstellungen
2	Vorhandene und denkbare Partizipationschancen
3	Vorhandene und denkbare Kommunikationschancen
4	Denkbare Alternativen zu vorhandenen Regelungen
5	Rechte und Interessen von Beteiligten / Betroffenen
6	Konflikte und Austragungsmodalitäten
7	Glücksvorstellungen der Beteiligten / Betroffenen
8	Chancen für Eigeninitiative
9	Bedingungen für Zusammenarbeit in verschiedenen sozialen Gruppen
10	Spannungsursachen zwischen Mitgliedern verschiedener Gesellschaften
11	Gefahren für die Zukunft der Gesellschaft und Chancen ihrer Bekämpfung
12	Funktion und Bedeutung von Arbeit

Themenauswahl
Bei der Prüfung der gefundenen Themen mit Hilfe der Kriterien (RiLi S. 41) zeigt sich, daß die mit den Qualifikationen 3 und 8 gefundenen Perspektiven in einer 8. Klasse mutmaßlich die höchste Priorität erhalten werden, weil die meisten Kriterien bei ihnen Anhaltspunkte für eine erfolgreiche Bearbeitung signalisieren.

Literatur

Gagel, Walter: Einführung in die Didaktik des politischen Unterrichts. Studienbuch politische Didaktik I, Opladen: Leske und Budrich 1983.
Gagel, Walter: Unterrichtsplanung: Politik / Sozialkunde. Studienbuch politische Didaktik II, Opladen: Leske und Budrich 1986.
Gagel, Walter: Konkurrierende Ansätze gegenwärtiger Politikdidaktik. In Gerd Stein (Hrsg.): Politikdidaktik als praxisbezogene Theorie, Stuttgart: Burg Verl. o.J., S. 35-59.
Hilligen, Wolfgang: Politische Bildung — im cultural lag? In: Der Politikunterricht der achtziger Jahre — Kritik und Impulse. Festschrift für Walter Gagel zu seinem 60. Geburtstag, Politische Bildung 19 (1986), H. 3, S. 9ff.
Klafki, Wolfgang: Zur Unterrichtsplanung im Sinne kritisch-konstruktiver Didaktik. In Bijan Adl-Amini / Rudolf Künzli (Hrsg.): Didaktische Modelle und Unterrichtsplanung, München: Juventa 1980, S. 11ff.
Schörken, Rolf: Zur Einführung: Von der Notwendigkeit, erneut über die Zusammenarbeit von Geschichts- und Politikunterricht nachzudenken. In Rolf Schörken (Hrsg.): Zur Zusammenarbeit von Geschichts- und Politikunterricht, Stuttgart: Klett 1978, S. 9ff.

18. Die alltägliche Unterrichtsvorbereitung

Edwin Stiller

18.1 Bedingungen der Alltagsplanung

Seit einigen Jahren untersucht die Erziehungswissenschaft den Arbeitsalltag und das alltägliche Planungsverhalten von Lehrern. Einige der wesentlichen Ergebnisse möchte ich hier kurz skizzieren.

Eine zentrale Kategorie, die in allen Veröffentlichungen zu diesem Bereich auftaucht, ist der Begriff Routine.

Im negativen Sinne bezeichnet Routine ein gleichförmiges, sich ständig wiederholendes Verhalten, welches relativ unreflektiert abläuft und welches Unbehagen und Unzufriedenheit bereitet, da es doch Individualität und Kreativität unversöhnlich gegenüberzustehen scheint. Positiv gesehen ist Routine aber die Voraussetzung für Kreativität. Wenn jede Handlung neu durchdacht, jeder Schritt neu geplant werden müßte, bliebe keine Zeit für kreative Gestaltung. Es kommt also darauf an, die „richtige Einstellung zur richtigen Routine" (Cohen/Taylor 1977, S. 41) zu entwickeln. Unbewußtes Routinehandeln muß darauf überprüft werden, ob es den eigenen Maßstäben noch genügt. Überprüftes muß vermehrt in Alltagsroutine einfließen, um freier zu werden für die flexible Berücksichtigung von Schülerinteressen, aktuellen Ereignissen und arbeitsintensiven Projekten.

Die neue Auflage der Richtlinien bietet in diesem Sinne die Möglichkeiten zur „Reinvestition in die Routine" (ebd.).

Zunächst muß aber betont werden, daß der didaktischen Freiheit des Lehrers, Unterricht nach seinen pädagogischen Vorstellungen zu planen und durchzuführen, durch die Bedingungen der gesellschaftlichen Institution Schule und ihrem jeweils definierten Auftrag Grenzen gesetzt sind. Handlungsspielräume müssen ständig erarbeitet und gesichert werden. „Die Lehrer können deshalb niemals sicher sein, genug getan zu haben." (Hänsel/Wienskowski 1986, S. 129) Dies ist die erste Quelle des schlechten Lehrergewissens. Die zweite Quelle des schlechten Lehrergewissens resultiert aus der strukturellen Überforderung des Lehrer-Arbeitsplatzes. (vgl. Meyer 1980, S. 171) Er muß zu viele verschiedene, sich z.T. heftig widersprechende Aufgaben in zu knapper Zeit erfüllen, so daß auch hier ständig das Gefühl entsteht, zu wenig getan zu haben. Dies hat für das Lehrerhandeln folgende Konsequenzen:

- Das Problem der knappen Zeit wird gelöst durch Prioritätensetzung. Hier rangiert die Unterrichtsplanung an unterer Stelle, da sie von außen weniger kontrolliert werden kann und das Prestige des Lehrers weniger hebt als andere, äußerlich registrierbarere Aktivitäten (vgl. Meyer 1980, S. 174).
- Auch innerhalb der Unterrichtsplanung werden Prioritätensetzungen vorgenommen. Pragmatisch wird das vorbereitet, was aus fachlichen oder disziplinarischen Gründen unverzichtbar erscheint (vgl. Pilz 1985, S. 447). Die anderen Stunden werden nach dem Prinzip der „Schwellendidaktik" (Meyer) behandelt: beim Überschreiten der Türschwelle zum Klassenzimmer wird intuitiv das „Planungskonzept" entwickelt.
- Empirische Untersuchungen ergeben eine durchschnittliche Vorbereitungszeit von 9 bis 15 Minuten pro Stunde (vgl. Hage 1985, S. 453).
- Diese Zeit wird vorrangig genutzt für die Auswahl von Inhalten und der Bestimmung der Lernaktivität der Schüler. Ziele werden kaum reflektiert, abgeleitet oder legitimiert. (vgl. Peters 1986, S. 513)
- Didaktische Ansätze werden oft als „Feiertagsdidaktik" (Meyer) eingeschätzt und spielen im Planungsalltag oft nur noch unbewußt eine Rolle.
- Ebenso haben Richtlinien nur einen sehr begrenzten Einfluß auf die Unterrichtsplanung.
- Methodische Variationen haben einen sehr geringen Stellenwert, 80 % des Unterrichts ist Frontalunterricht (vgl. Hage 1985, S. 456).

Wie äußern sich nun diese allgemeinen Bedingungen der alltäglichen Unterrichtsvorbereitung im Politik-Unterricht in Nordrhein-Westfalen? Hier kann ich allerdings nur auf eigene Erfahrungen und Gespräche mit Kollegen zurückgreifen. Bezeichnenderweise gibt es zu einem so alltäglichen Problembereich keine konkrete, fachspezifische Untersuchung.

Politik-Unterricht in der Sekundarstufe I ist als nicht-schriftliches Fach der Fächergruppe II immer in der Gefahr, in den o.g. Prioritätenlisten an unterer Stelle zu rangieren. Die Nicht-Schriftlichkeit (abgesehen von Tests) wirkt sich im Zeitbudget des Lehrers sicherlich positiv aus, fraglich ist aber, ob diese gewonnene Zeit auch für den Politik-Unterricht investiert wird. Andererseits erweist sich der Anspruch, einen aktuellen, schülerorientierten und abwechslungsreichen Unterricht zu machen, als sehr arbeits- und zeitintensiv.

Die Richtlinien eröffnen mit ihrem offenen, lernzielorientierten Charakter große Handlungsspielräume. Die Planungselemente der Richtlinien sind allerdings sehr komplex, so daß nur der Lehrer sie für die alltägliche Planung nutzen kann, der mit ihrer Handhabung intensiv vertraut gemacht wurde. Die Richtlinien können in ihrer Offenheit also auch verunsichernd wirken. Dies gilt umso mehr für die vielen fachfremd unterrichtenden Kollegen, die sich oft, da sie mit den Planungselementen nicht vertraut genug sind, an die eingeführten Lehrbücher halten, deren Schulbuchkonzepte oft nicht den hohen Ansprüchen der Richtlinien gerecht werden. (vgl. Dorn/Knepper 1987, S. 153)

Der komplexe Charakter der Planungselemente kann auch den oben skizzierten Trend unterstützen, daß Lernziele bei der alltäglichen Unterrichtsplanung eine völlig untergeordnete Rolle spielen. Dies ist natürlich für ein Fach, dessen Richtlinien eine starke Lernzielorientierung und keinen verbindlichen Inhaltskatalog aufweisen, besonders problematisch.

Die verwirrende Vielfalt von fachdidaktischen Theorieansätzen und die im Vergleich dazu zurückgebliebene methodisch-handwerkliche Diskussion von Alltagsproblemen der politischen Bildung verstärken eher Planungsunsicherheiten. Zusammenfassend möchte ich feststellen: Das knappe Zeitbudget gilt auch für das Fach Politik. Die Komplexität der Planungsaufgaben erfordert gerade in unserem Fach in besonderem Maße die Routinebildung.

18.2 Die Richtlinien als Planungshilfe

Da vor allem in einigen vorhergehenden Kapiteln grundlegende Aspekte der Umsetzung der Richtlinien thematisiert werden, möchte ich mich auf die Aspekte beschränken, die für die Alltagspraxis von besonderer Bedeutung sind. Die Prinzipien der Problemorientierung und der Qualifikationsorientierung, die für die Richtlinien konstitutiv sind (RiLi S. 95), ermöglichen es, das oben beschriebene Defizit der Zielorientierung in der Alltagsplanung aufzuheben. Wenn man das Verfahren der Themengewinnung (Zusammenführung von Qualifikationen und Inhalten) und der Themenformulierung (konkrete Problemfrage, sachlicher Untertitel) (s. RiLi S. 40-42) oft genug erprobt hat, gewinnt man für sich und damit auch für die Schüler viel größere Klarheit darüber, was man in einer Reihe und in jeder Einzelstunde erreichen will. Ein Inhalt ist somit kein Selbstzweck oder nur Bestandteil abfragbaren Prüfungswissens, sondern dient der Bearbeitung eines Problems. Der Stellenwert einzelner Unterrichtsschritte bzw. einzelner Unterrichtsstunden wird für alle Beteiligten transparenter.

Das Prinzip der Situationsorientierung ermöglicht es, an den objektiven und subjektiven Interessen der Schüler anzuknüpfen und garantiert den offenen Charakter der Richtlinien. Der Lehrer kann als Ausgangspunkt seiner Planung also auch ein von den Schülern formuliertes Problem nehmen. Als weitere Ausgangspunkte der Planung werden genannt: aktuelle gesellschaftliche Probleme, Erklärungsmuster aus den Bezugswissenschaften, Optionen für bestimmte Qualifikationen und Lernziele, Materialien und der Themenkatalog der Richtlinien (RiLi S. 90ff.; Beispiel für die Benutzung dieser Planungsansätze: 7.3, oben S. 103ff.).

Als weiteres Hilfsmittel zur Inhaltsauswahl dient die Matrix zur Auffindung von Unterrichtsinhalten. (RiLi S. 40) Diese Matrix ist durchaus auch als Planungsinstrument im Unterricht denkbar. Dem Schüler liefert sie ein systematisches Bild, in welchen gesellschaftlichen Situationen er sich befindet und wie er sich in ihnen bewegt bzw. bewegen könnte. Besonders positiv hervorzuheben ist hier die Übersetzung der Handlungstypen in die Alltagssprache:

„Was ist zu bedenken, wenn man
— mit anderen zusammen etwas tun will? (Interaktion)
— sich mit anderen verständigen will? (Kommunikation)
— für sich und andere vorsorgen will? (Vorsorge)
— Güter in Anspruch nehmen will, um Bedürfnisse zu befriedigen? (Konsum)
— etwas herstellen und absetzen will? (Produktion)
— sich an Entscheidungen beteiligen will? (Mitbestimmung)
— etwas verbindlich regeln will? (Organisation)
— etwas durchsetzen will? (Herrschaft)".(RiLi S. 39)

Eine ähnliche Übersetzung der 12 Qualifikationen in die Umgangssprache wäre eine wichtige Hilfestellung, damit diese auch besser in den unteren Klassen in den Unterricht eingebracht werden könnten. In der Klasse 10 ist es durchaus möglich, die Qualifikationen selbst zum Gegenstand eines Unterrichts über Unterricht zu machen. (vgl. Stiller 1981, S. 385ff.)

Wichtig für die alltägliche Planung ist schließlich die Obligatorik der Richtlinien:

— alle 12 Qualifikationen sollen im Laufe der Sekundarstufe I angestrebt werden;
— jedes Lernfeld muß mit seinem inhaltlichen Schwerpunkt in einem Doppeljahrgang behandelt werden;
— die besonderen Grundsatzerlasse des Kultusministers müssen berücksichtigt werden.

Fachkonferenzen sollen schulinterne Lehrpläne aufstellen, die Kontinuität, Vergleichbarkeit und Absprache mit anderen Fächern sicherstellen. Diese Pläne dürfen aber den Planungsspielraum von Schülern und Lehrern nicht zu sehr einengen, also z.B. einzelne Themen oder Teilinhalte nicht bis ins einzelne festlegen. Die Richtlinien eröffnen also große Freiräume, die aber in der alltäglichen Unterrichtsvorbereitung konstruktiv genutzt werden müssen.

18.3 Ansatzpunkte für eine verbesserte Alltagsplanung

Diesem offenen Charakter der Richtlinien entspricht am ehesten eine offene Unterrichtsplanung, die die Schüler weitestgehend mit einbezieht. Eine offene Unterrichtsplanung ist dadurch gekennzeichnet, daß alle Entscheidungsvorgänge für die Schüler transparent gemacht werden, Alternativen zur Wahl stehen, die Entscheidungen — so weit es geht — kooperativ erarbeitet werden und die getroffenen Planungsentscheidungen — falls notwendig — änderbar sind. (vgl. Perterßen 1982, S. 144)

Auch der zeitliche Freiraum für eine offene Unterrichtsplanung ist gegeben. Da die Obligatorik der Richtlinien den Lehrplan nicht wie in anderen Fächern mit Inhalten überfrachtet, können Schüler und Lehrer sich Zeit nehmen für kooperative Planung und zeitintensive handlungsorientierte Projekte.

In der Literatur zur alltäglichen Unterrichtsvorbereitung wird der Schwerpunkt in der Regel auf die Vorbereitung einer Einzelstunde gelegt. Eine effektivere Verbesserung der alltäglichen Vorbereitung wird aber in erster Linie durch eine langfristige Planungsarbeit erreicht, die die unterschiedlichen Ebenen der Planung — Jahres-, Reihen- und Stundenplanung — berücksichtigt und vernetzt.

Die im folgenden vorgestellten Planungsraster für den Alltag sollen Anregung sein für die Konzeption eigener, auf die jeweilige konkrete Situation zugeschnittener Planungshilfen. Sie sind erwachsen aus den didaktischen Perspektiven für „Alltag und Prüfstand" (Gagel 1986, S. 19) und meiner 10jährigen Erfahrung in der alltäglichen Planung von Politikunterricht. Sie sind im oben beschriebenen Sinne Arbeitshilfen zur bewußten Routine. Auch wenn der Zeitaufwand für eine schriftliche Jahres-, Reihen- und Stundenplanung nicht zu unterschätzen ist, ist dieses Verfahren zeitökonomischer, da es durch Langfristigkeit, Zielorientierung und Strukturiertheit gekennzeichnet ist und so die Planung von Einzelstunden wesentlich erleichtert.

18.3.1 Zur Jahresplanung

Wenn der Politik-Lehrer am Schuljahresanfang eine Klasse neu übernimmt, sollte er der kooperativen Jahresplanung breiten Raum geben. Zunächst wäre es wichtig, im Sinne einer ersten Bedingungsanalyse zu erfahren, welches Verständnis von Politik (Wissen, Meinungen, Werthaltungen etc.) und welche Erwartungen bzw. Befürchtungen an den Politikunterricht die Schüler haben (s. auch Kap. 16, oben S. 215ff.). Eine erprobte Möglichkeit, mit Schülern darüber ins Gespräch zu kommen, stellt die von mir modifizierte Methode des „Schriftlichen-Bewertungs-Brainstorming" (vgl. Baer 1978, S. 5) dar (Anlage 1). Jeder Schüler schreibt zu den Impulsen „Politik ist...", „Politikunterricht soll..." die Ideen, die ihm spontan ohne Bewertung einfallen, auf die einzelnen Abschnitte des Arbeitsblattes. Diese werden dann auseinandergeschnitten. In Schülergruppen werden diese dann sortiert und auf eine Wandzeitung geklebt. Jeder Schüler kann nun, nachdem er sich alle Wandzeitungen angesehen hat, die Aspekte, die er für besonders wichtig hält, durch Klebepunkte kennzeichnen (pro Schüler 5 Klebepunkte). Schüler und Lehrer erhalten so ein strukturiertes und gewichtetes Bild der Ausgangssituation des Lernprozesses und haben einen ersten Schritt in Richtung handlungsorientierter und kooperativer Arbeit getan.

Für die didaktische und methodische Jahresplanung nach den neuen Richtlinien habe ich ein Raster entwickelt (Anlage 2), welches sich sowohl für die individuelle Vorbereitung des Lehrers als auch für die kooperative Planung mit den Schülern am Schuljahresanfang eignet. Hilfreich für die Planung mit den Klassen ist es, dieses Raster auf ein Überleg-Folien-Set zu übertragen (Folie 1: allgemeines Raster, Folie 2: inhaltliche Füllung der Lernbereiche, Folie 3: konkrete auf die Klasse bezogene Daten).

In die erste Spalte des Rasters werden die jahrgangsmäßig unterschiedlichen inhaltlichen Schwerpunkte der Lernbereiche (RiLi S. 82f.) eingetragen. Geeignete mögliche Themen kann man der Themenübersicht (vgl. ebd.) entnehmen bzw. nach eigener Erfahrung konzipieren, so daß reale Alternativen zur Wahl stehen. Hier ist es natürlich möglich, daß Fachkonferenzen sich auf thematische Schwerpunkte verbindlich einigen (z.B. Thema ,,Berufswahl — eine Wahl?" in der Klasse 10). Diese Liste möglicher Themen wird in die zweite Spalte eingetragen und kann durch Vorschläge der Schüler ergänzt werden. Verbindlich abgesprochene Themen werden dann gekennzeichnet.

Die dritte Spalte dient in erster Linie der Sicherung deutlich kontrastierender Lernzielschwerpunkte für die Planung des Lehrers, damit der zentrale Aspekt der Obligatorik der Richtlinien — des Anstrebens aller Qualifikationen — erreicht wird. Diese Spalte kann in den Jahrgangsstufen 9/10 aber durchaus in die gemeinsame Planung einbezogen werden.

Die Methodenplanung (Spalte 4) kann dagegen schon in der Stufe 6 mit Schülern erörtert werden, dies gilt auch für den Medieneinsatz (Spalte 5). Der Lehrer kann mit Hilfe dieser Übersicht erreichen, daß Methoden- und Medienvielfalt für ein Schuljahr erreicht wird und sich z.B. vornehmen, mindestens einmal im Schuljahr in jeder Klasse eine handlungsorientierte Methode einzusetzen und auch Medien wie Schulfunk oder Schulfernsehen einzuplanen. In dieser Übersicht kann er sich am Jahresanfang notieren, organisatorische Vorbereitungen (Aufzeichnung von Filmen, Bestellungen usw.) zu treffen. Es kann auch ein Ansporn sein, die eigene Methoden- und Medienkompetenz auszubauen. Für die Einbeziehung der Schüler ist es wichtig, sie zunächst einmal über die unterschiedlichen Methoden, Sozialformen und Medien zu informieren (s. Anlage 3).

In die Spalte 6 können konkrete Besonderheiten des Schuljahres eingetragen werden, die für die Planung der Gestaltung einzelner Lernfelder wichtig sind: z.B. Fachkonferenzbeschlüsse, aktuelle Ereignisse wie Wahlen, kommunale Aktivitäten wie ,,Woche des ausländischen Mitbürgers", Wettbewerb der Bundeszentrale für politische Bildung usw.

Über die bisher genannten Vorteile hinaus würde eine solche Jahresplanung helfen, getroffene Fachkonferenz-Absprachen einzuhalten und im günstigsten Fall, bei Archivierung und Austausch, die Lerngeschichte von Klassen innerhalb des Spiralcurriculums festzuhalten. Grundsätzlich würde dieses Raster größere Planungssicherheit für Reihen und Stunden und Zeitersparnis durch langfristig angelegte Methoden- und Medienplanung ermöglichen.

18.3.2 Zur Reihenplanung

Während bei der Jahresplanung eine Inhaltsauswahl und die Setzung von Qualifikationsschwerpunkten sowie die Planung eines vielseitigen Methoden-

und Medienangebots im Vordergrund stehen, geht es nun um die konkrete Umsetzung in Unterrichtseinheiten (s. Anlage 4). Zentraler Aspekt ist hier die klare Problemorientierung und Zielsetzung. Diese läßt sich gewinnen durch die Anlage der Qualifikationen an die Inhalte. So können zum Beispiel unterschiedliche Qualifikationsschwerpunkte beim Inhaltsfeld Berufswahl sehr unterschiedliche Problemorientierungen und adäquate Zielsetzungen bewirken (s. auch 17.4):

Schwerpunkt Qualifikation 2 ,,Berufswahl — heute noch eine Wahl? — Anspruch und Wirklichkeit einer Verfassungsnorm." Schwerpunkt Qualifikation 7: ,,Wie finde ich den richtigen Beruf? — Informationen, Einflüsse, Entscheidungsstrategien bei der Berufswahl." Schwerpunkt Qualifikation 12: ,,Geht der Arbeitsgesellschaft die Arbeit aus? — Berufswahl unter den Bedingungen der Massenarbeitslosigkeit." Diese Formulierungen der Problemzentrierungen (plakative Fragestellung, sachorientierter Untertitel) schaffen für Schüler und Lehrer die notwendige Klarheit, auf welche konkrete Problemfrage zum Schluß der Reihe eine Antwort gefunden werden soll.

Die Zielsetzung sollte sich auf der Ebene von Lernzielen 2. Ordnung befinden, also aus der Qualifikation und den Lernzielen 1. Ordnung entwickelt werden. Dieses Verfahren erfordert zwar eine gewisse Zeit, schafft dafür aber eine klare Zielorientierung des Lernprozesses. Dies wiederum ermöglicht eine größere Planungssicherheit und Transparenz des Lernprozesses.

Der Lehrer sollte Problemorientierung und Zielsetzung vorplanen und dann in der Einstiegsphase der Reihe mit den Schülern besprechen und ggf. modifizieren. Die Strukturierung des Rasters nach Phasen des Lernprozesses erfolgte in Anlehnung an Gagel (1967, S. 42ff.).

Die zweite Spalte soll einen Überblick über die geplante Gesamtstundenzahl und die Proportionen der Verteilung auf die einzelnen Phasen der Reihe ermöglichen.

Die weiteren Phasen entsprechen dem Raster der Jahresplanung, deshalb hier nur noch einige Anmerkungen über die Gestaltung von problemorientierten Reihen. In der Einstiegsphase sollte zunächst versucht werden, den Schülern einen individuellen Zugang zum gewählten Problem zu verschaffen. Bewährte methodische Möglichkeiten sind hier z.B. unterschiedliche Formen des Brainstormings, Collage, Ortsbesichtigung usw. Im zweiten Teil der Einstiegsphase sollte das Problem im Planungsgespräch definiert werden, Untersuchungsmethoden ausgewählt und ein Arbeitsplan erstellt werden. In der Erarbeitungsphase wird der gemeinsam aufgestellte Arbeitsplan dann mit handlungsorientierten Methoden der Erkundung (z.B. Beobachtung, Experiment, Medienanalyse, Interviews) und wissenschaftsorientierten Methoden der Analyse (Datenauswertung, Textanalyse) abgearbeitet. Die erzielten Ergebnisse werden in der Beurteilungsphase mit der anfangs aufgestellten Problemorientierung konfrontiert und diskutiert. In der Anwendungsphase kann bei gutem Verlauf aus den Untersuchungsergebnissen ein Produkt (Ausstellung, Film, öffentliche Veranstaltung) erstellt werden, welches der Schul- bzw. Ortsöffentlichkeit vorgestellt wird.

Neben einer Problem- und Zielorientierung soll dieses Raster vor allem eine Strukturierung von Reihen ermöglichen.

18.3.3 Zur Stundenplanung

Gagel nennt folgende vier Fragen, die der Lehrer in seiner alltäglichen Planung mindestens beantworten muß:

„1. Welche didaktische Perspektive wähle ich? (Thematisierung)
2. Wie kann/muß der Inhalt/das Thema gegliedert werden? (Strukturierung)
3. Wie eröffne ich einen Zugang zu Themen und Inhalt(en)? (Zugangsweisen)
4. Welchen Verlauf soll der Unterricht nehmen? (Arbeitsweisen als Handlungsfolge)." (Gagel 1986, S. 272)

Ob diese Fragen mündlich oder schriftlich beantwortet werden und welche Form diese alltägliche Stundenvorbereitung nimmt, dafür gibt es bis jetzt für den Politik-Unterricht wenig konkrete Konzepte. Die schriftliche Kurzplanung hat auch bei größerem Zeitaufwand mehrere Vorteile:

— sie bringt größere Planungssicherheit,
— sie kann archiviert werden und dient in diesem Sinne der bewußten Routinebildung,
— sie ermöglicht eine Evaluation der eigenen Planungskonzepte.

Um den Zeitaufwand so gering wie möglich zu halten, sollte sie auf wesentliche Kernpunkte reduziert werden. Diese sind, gerade wenn man die Defizite der Alltagsplanung vor Augen hat, die Problem- und Zielorientierung, die Strukturierung und die interdependenten Entscheidungen zu Inhalt, Methode, Sozialform und Medien. Andere Aspekte wie Zeiteinteilung, Tafelbild, Schlüsselfragen sind eher Gegenstände unbewußter Routine, die nicht zwangsläufig aufgenommen werden müssen.

Dementsprechend habe ich für meine Alltagsplanung folgendes Raster konzipiert und erprobt (s. Anlage 5). An zentraler Stelle die Problemorientierung der Stunde: Abgeleitet aus der Reihenplanung enthält sie die konkrete Frage, die in dieser Stunde beantwortet werden soll und damit auch implizit das Stundenziel. Der sachorientierte Untertitel enthält die zentralen Inhalte der Stunde. Die Zeilengliederung nötigt zur klaren Strukturierung der Stunde. Die interdependenten Entscheidungen zu Inhalten, Methoden usw. können im mittleren Feld stichpunktartig notiert werden. Hierbei ist zu beachten, daß auch die Stundenplanung offen erfolgt, also je nach Verlauf der Phasen unterschiedliche Varianten vorgesehen sind. Die unterste Zeile ist gedacht für offene Fragen, Erfahrungen mit Medien, Kennzeichnung von Schwachstellen und dient somit der eigenen Evaluation.

18.3.4 Die Möglichkeiten der Fachkonferenz

Bisher war die Rede von individuellen Möglichkeiten, die Alltagspraxis besser zu bewältigen. Wer jedoch bei Schülern eine Verbesserung kooperativen Arbeitens anstrebt, sollte auch Möglichkeiten kollegialer Kooperation nutzen.

Die Fachkonferenzen Politik müssen sich allein deshalb mit der neuen Auflage der Richtlinien aueinandersetzen, weil sie einen schulinternen Lehrplan konzipieren müssen. Bei dieser Gelegenheit sollte die bisherige Arbeit reflektiert werden, um bei den Rahmenentscheidungen gemachte Erfahrungen zu nutzen, z.b. welche Inhalte sich als besonders stufengemäß erwiesen haben, welche Qualifikationen sich in welcher Stufe mit welchem Inhalt besonders gut bzw. nicht so gut anstreben lassen. Schließlich muß auf der Basis dieser Erfahrungen entschieden werden, inwieweit in Stufen zu bestimmten Lernbereichen parallel gearbeitet werden soll.

Wenn sich Fachkonferenzen auf Raster zur Jahres- und Reihenplanung einigen können, wäre es möglich, diese zu archivieren, um Lerngeschichten einzelner Klassen innerhalb des Spiralcurriculums festzuhalten und eine Unterrichtsbank aufzubauen.

Fachkonferenzen können auch wesentlich mehr genutzt werden zur gegenseitigen Stärkung der Methoden- und Medienkompetenz. Schließlich können Fachkonferenzen die alltägliche Unterrichtsvorbereitung erleichtern durch eine gut ausgestattete Lehrerbücherei, Material- und Mediensammlungen.

Literatur

Baer, U.: Lernen in großen Gruppen, 4. Aufl., Akademie Remscheid: 1978.
Cohen, S., Taylor, L.: Ausbruchsversuche. Identität und Widerstand in der modernen Lebenswelt, Frankfurt/M.: Suhrkamp 1977.
Dorn, M., Knepper, H.: Wider das allmähliche Entgleiten der Schüler und der Wirklichkeit. In: Gegenwartskunde Jg. 36 (1987), H. 2, S. 149ff.
Gagel, W.: Gestalt und Funktion von Unterrichtsmodellen zur politischen Bildung. In: Politische Bildung Jg. 1 (1967), H. 4, S. 42ff.
Gagel, W.: Unterrichtsplanung: Politik/Sozialkunde, Opladen: Leske + Budrich 1986.
Hänsel, D., Wienskowski, P.: Möglichkeiten und Grenzen didaktischen Handelns in der Regelschule. In Dieter Langen (Hrsg.): Enzyklopädie Erziehungswissenschaft, Bd. 3, Stuttgart: Klett-Cotta 1986, S. 115ff.
Hage, K.: Unterrichtsplanung theoretisch — Unterrichtsplanung praktisch. In: Westermanns Pädagogische Beiträge 10/1985, S. 446ff.
Meyer, H.: Leitfaden zur Unterrichtsvorbereitung, Königstein/Ts.: Skriptor 1980.
Peters, J.: Lehrerhandeln. In Dieter Lenzen (Hrsg.): Enzyklopädie Erziehungswissenschaft Bd. 3, Stuttgart: Klett-Cotta 1986, S. 511ff.
Peterßen, W. H.: Handbuch Unterrichtsplanung, München: Ehrenwirth 1982.
Pilz, E.: Wie peinlich! Anmerkungen zur alltäglichen Unterrichtsvorbereitung. In: Westermanns Pädagogische Beiträge 10/1985, S. 446ff.
Stiller, E.: Politikunterricht in beiden deutschen Staaten — systemvergleichender Unterricht über Unterricht. In: Gegenwartskunde Jg. 30 (1981), H. 3, S. 385ff.

Anlage 1

Jahresplanung Politik-Unterricht

Schriftliches Bewertungs-Brainstorming

Politik ist ...	Politik ist ...	Politik ist ...
Politik ist ...	Politik ist ...	Politik ist ...
Politikunterricht soll ...	Politikunterricht soll ...	Politikunterricht soll ...

Anlage

Jahresplanung Politik-Unterricht

Klasse: Schuljahr:

Lernfeld und inhaltlicher Schwerpunkt	Mögliche thematische Schwerpunkte	Qual. Schwerp.	Methoden	Medien	Besonderes
1. Gesellschaft					
2. Wirtschaft					
3. Öffentlichkeit					
4. Nationale und internationale Beziehungen					

Jahresplanung Politik   Anlage 3

WIE wollen wir arbeiten? WOMIT wollen wir arbeiten?
_____

Medien des Unterrichts   Spielformen des Unterrichts

Schulbuch   Einzelarbeit
Broschüren   Partnerarbeit
Fotografien   Gruppenarbeit
Film   Lehrervortrag
Fernsehen   Schülerreferat
Hörfunk   Unterrichtsgespräch
Zeitung   ...
...   ...

Methoden des Unterrichts

Lehrgang (Wir erarbeiten systematisch einen Sach-
         verhalt. Z.B. "Welche Wahl hat der Wähler?"

Sozialstudie (Wir untersuchen ein soziales Problem
             in unserer Umgebung. Z.B. Arbeitslosigkeit
             in unserer Stadt)

Fallstudie (Wir analysieren einen einzelnen Fall.
           Z.B. Warum wurde Ernst B. kriminell?)

Produktion (Wir erstellen ein Produkt. Z.B. einen
           Videofilm)

Rollenspiel (Wir versuchen ein Problem zu verstehen,
            indem wir uns spielend in die Rollen der
            Handelnden hineinversetzen. Z.B. "Ich will
            alleine in Urlaub fahren!")

Planspiel (Wir vollziehen Diskussions- und Entscheidungs-
          abläufe spielerisch nach. Z.B. "Wir wollen
          ein neues Jugendzentrum!")

Expertenbefragung (Wir befragen einen Fachmann. Z.B.
                  einen Mitarbeiter des Jugendamtes)

Ortsbesichtigung (Wir schauen uns das Problem an
                 Ort und Stelle an. Z.B. Wohnen in alten
                 Arbeitersiedlungen.)

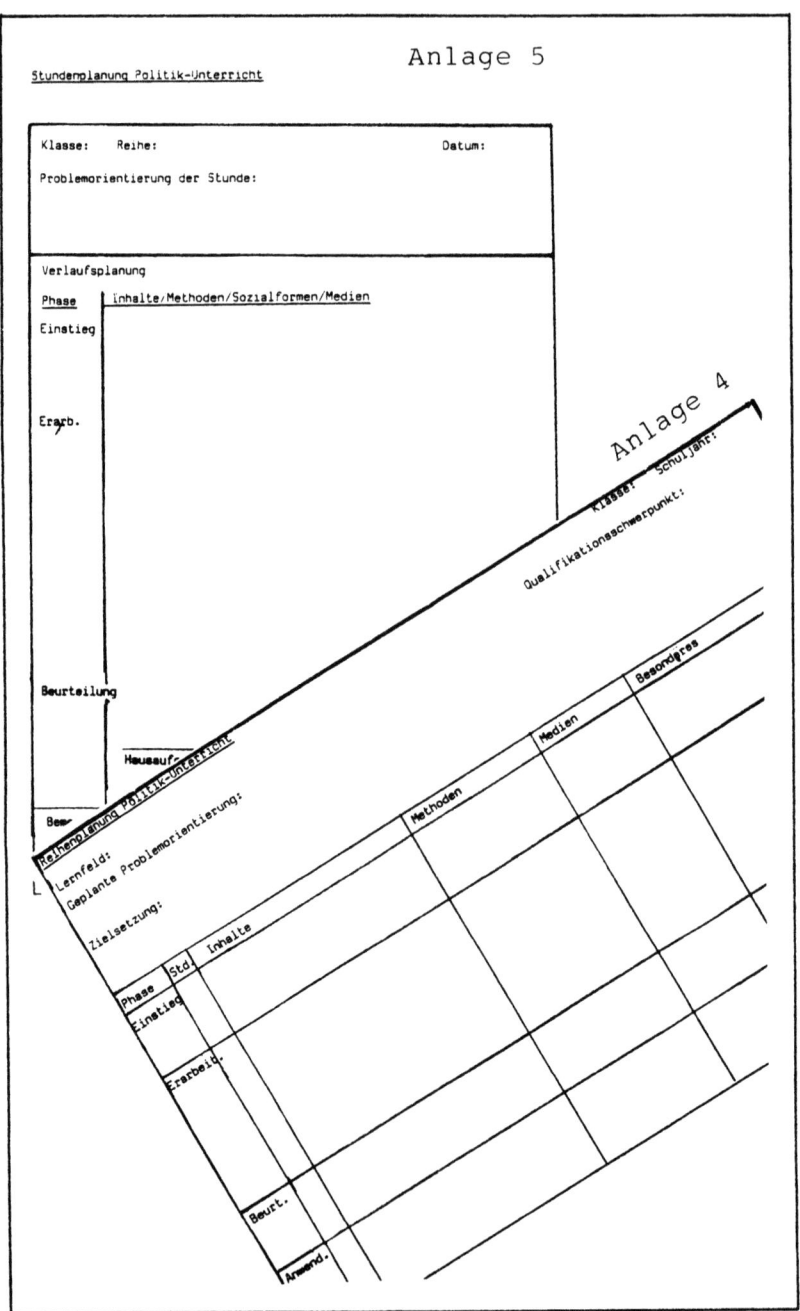

19. Probleme der Leistungsbeurteilung im Politikunterricht

Peter Ost

19.1 Die Geltung der Politik-Note

Im Zusammenhang der Beiträge dieses Buches, in dem vor allem davon die Rede ist, wie Politikunterricht zu begründen und zu planen sei, muß verständlicherweise die Perspektive der Didaktiker den Vorrang haben; die Sicht der Schüler z.B. kann etwas zurücktreten, zumal alle Mühe ihnen dient. Bei der Frage der Leistungsbeurteilung soll die Blickrichtung einmal wechseln.

Gemäß Stundentafel (NRW) mühen sich die Schüler in 6 bis 7 Jahreswochenstunden der Sekundarstufe I und in 4 bis 6 Jahreswochenstunden der Sekundarstufe II um den Erwerb der 12 Qualifikationen und eines ansehnlichen Paketes an ,,inhaltlichen Schwerpunkten". Der Lernerfolg wird ihnen differenziert nach 6 Noten bescheinigt. Sie dürfen sogar davon ausgehen, daß sie in Politik durchschnittlich bessere Noten davontragen als in anderen Fächern. Eine Stichprobe an drei Gymnasien zum Versetzungstermin 1987 ergibt folgendes Bild, das mit älteren, breit angelegten Untersuchungen durchaus korrespondiert (Hopp/Lienert 1972, S. 191ff.):

Jahrgangsstufe 8 (N 291)		Jahrgangsstufe 10 (N 366)	
Sport	2.60	Sport	2.44
Kunst	2.77	Religion	2.69
Erdkunde	2.81	Politik	3.12
Religion	2.85	Mathematik	3.17
Biologie	3.10	Geschichte	3.19
Politik	3.13	Physik	3.21
Physik	3.21	Chemie	3.31
Mathematik	3.22	Deutsch	3.32
2. Fremdsprache	3.32	2. Fremdsprache	3.37
Deutsch	3.40	Englisch	3.38
Englisch	3.50		

Die Schüler nehmen diesen Vorteil des Politikunterrichts selbstverständlich mit. Gegenüber den schriftlich geführten, stärker auslesewirksamen Fächern scheinen vergleichsweise günstige Noten in Politik angezeigt. Und in der

Folge wird dem Politiklehrer — ähnlich wie seinem Kollegen für Religion oder Erdkunde — von den Betroffenen nicht selten eine Entschädigungsleistung für ungünstige Noten in anderen Fächer abverlangt. Mißglückt dies, sind Enttäuschung und Ärger groß: ,,Kann er denn wirklich verantworten, daß ausgerechnet wegen Politik..." Der Verdruß wächst, wenn in Politik selbst eine nicht ausreichende Zensur auftritt und in Verbindung damit zugleich die Versetzung oder ein Abschluß verpaßt wird. Der Lehrer, der, wie es scheint, mit gewisser Leichtigkeit günstige Zensuren geben kann, ist nun verpflichtet, Rechenschaft zu legen. Können der Schüler und die Erziehungsberechtigten die erhoffte Antwort — am liebsten eine Aufbesserung der Note — nicht erhalten, sei sie nun unverständlich, nicht fundiert oder der bloßen Interessenlage zuwider, haben sie die Möglichkeit der Notenbeschwerde bzw. bei Nichtversetzung oder Versagen eines Abschlusses die Möglichkeit des förmlichen Widerspruchs gegen diese Verwaltungsakte. Es ist Schülern wie Erziehungsberechtigten nicht zu verdenken, wenn sie die gegebenen rechtlichen Möglichkeiten ausschöpfen.

19.2 Der Rechtsanspruch des Schülers

Ein markantes Unterkapitel der Richtlinien für den Politikunterricht ist seinem Verhältnis zu Verfassung und Recht gewidmet. Soll dieses Kapitel — welche Richtlinien enthalten derartige Ausführungen schon? — nicht nur Denkmal eines längst positiv entschiedenen und zu den Akten gelegten Streites um die Verfassungsgemäßheit des Politikunterrichts sein und sollen überhaupt die in den Richtlinien gesteckten Ziele und Normen gelten, dann können die Schüler verlangen, daß die tägliche Unterrichtspraxis das genannte Verhältnis in besonderer Weise im Blick behält und rechtsstaatlichen Grundsätzen genügt.

Manchen Schülern wird es schwer fallen, die Begriffe ‚Gerechtigkeit' und ‚Herrschaft des Rechts- und Verfassungsstaates' auseinanderzuhalten, aber auch sie möchten darauf vertrauen dürfen, daß das Recht in der Schule gilt und daß der Staat notfalls für die verläßliche Klärung eines Streites um Bestand oder Nichtbestand einer Zeugnisnote oder einer Qualifikationsversagung sorgt. Erlebte Rechtssicherheit in der Schule lädt zum Transfer auf andere Situationsfelder ein. In der Schule zerstörtes Vertrauen kann ‚Schule machen', — und da ist Politik vielleicht doch nicht ganz ein Fach wie jedes andere.

Auch wenn Lehrer dazu neigen, von der Richtigkeit ihrer eigenen Zensurengebung überzeugt zu sein (Ingenkamp 1982, S. 201), so ist ihnen wie Schülern und Erziehungsberechtigten mit unterschiedlichem Erfahrungs- und Wissenshorizont bewußt, daß die Zensurengebung mit Unsicherheiten verbunden und dadurch mit einer ungeheuren Verantwortung belastet ist. ,,Die Fragwürdigkeit der Zensurengebung" (Ingenkamp 1972) ist wissenschaftlich längst erwiesen.

19.3 Die Fragwürdigkeit der Zensurengebung

Zur Rekapitulation: Erwiesen ist, daß Zensuren kaum objektiv ermittelt werden können. ,,Derselbe Lernerfolg kann extrem unterschiedlich zensiert werden, ohne daß die Zensur darauf Hinweise gibt." (Ingenkamp 1982, S. 199) Selten wird man einem Lehrer vorwerfen, daß er bewußt willkürlich urteilt. Gleichwohl: Neigungen der Lehrer je nach Disposition zu Hochbeurteilung, Mittelwerten, Niedrigbeurteilung, Strenge, Milde, Erwartungsfehlern, falscher Analogiebildung (wer in Geschichte schlechte Leistungen erbringt, kann in Politik nicht gut sein), der ‚halo effect' (gute Leistungen in Deutsch lassen auch die Leistungen in Politik in einem rosigen Licht erscheinen), Verwechslung der Leistungsfähigkeit der Schüler mit ihrer vom Lehrer abgelehnten oder geteilten politischen Präferenz, die Bevorzugung fügsamer Schüler wegen des Bedürfnisses nach Ruhe und Harmonie und schließlich Gruppenzwang in der Zensurenkonferenz — schwer ist es, Schülern klar zu machen, daß es den Lehrern trotz allem gelingen soll, ihre Leistungen objektiv zu würdigen. (Becker 1986, S. 61ff.)

Des weiteren ist erwiesen, daß Leistungsbeurteilungen von Lehrern ziemlich unzuverlässig sind: Problem der Reliabilität. Die gleiche Leistung eines Schülers kann zu verschiedenen Zeitpunkten bei unveränderten Voraussetzungen unterschiedliche Bewertungen finden. ,,Besonders bei der Feststellung eines Lernzuwachses ist die Zuverlässigkeit der Messung wichtig, denn man wüßte sonst nicht, ob es sich um einen Zuwachs oder nur eine zufällige Meßschwankung handelt." (Ingenkamp 1982, S. 199) Wo der Lernzuwachs nur unzureichend festgestellt werden kann, wird jede weitere Unterrichtsplanung zu einem didaktischen Abenteuer.

Ein gültiges (valides) Lehrerurteil erscheint als ein glücklicher Zufall, wenn strenge Sachlichkeit und Zuverlässigkeit kaum gewährleistet sind. Daraus folgt, ,,daß die Zensur auch nur sehr unsichere Hinweise auf künftige Lernerfolge geben kann, daß also ihre prognostische Gültigkeit gering ist". (ebenda S. 200)[1] Zieht man in Betracht, daß die Kontinuität des Politikunterrichts zwischen den Jahrgangsstufen 6 und 8 sowie 8 und 10 durch die vorgegebene Stundentafel jeweils um ein volles Jahr unterbrochen wird — in den Fächern der Gesellschaftslehre nicht weniger folgenreich als in den Naturwissenschaften —, wird deutlich, welche Verantwortung die Mitglieder der Versetzungskonferenz beim Gebrauch ihres Ermessens tragen, nämlich indem sie erwägen, inwieweit über unzureichende Leistungen in einzelnen Fächern hinweggesehen werden kann. Die Lehrer müssen sich schließlich bewußt sein, daß die Zensuren in der Regel gruppenbezogen (Klasse) gebildet werden. Im Extremfall ist für eine Versetzungsentscheidung weniger der Leistungsstand als die Gruppenzugehörigkeit maßgeblich.

19.4 Die Vorgaben der Richtlinien

Wie können Lehrer bei der gegebenen Unsicherheit den Mut fassen, Schülerleistungen verbindlich zu beurteilen, fragen sich Schüler und Erziehungsberechtigte. Die Richtlinien für den Politikunterricht bieten hier wenig Hilfe. Sie verweisen lediglich darauf, daß durch Konkretisierung der Lernziele „die Leistungen der Schüler und Schülerinnen und die Wirksamkeit des Unterrichts im Bereich der Kenntnisse und Erkenntnisse, der Fertigkeiten und der meisten Fähigkeiten überprüfbar formuliert werden" (RiLi S. 17). Die Bedeutung dieses Satzes besteht freilich im wesentlichen darin, die folgenden zu begründen, die eine Antwort sind auf den im politischen Streit um die Richtlinien für den Politischen Unterricht 1973/74 erhobenen Vorwurf, die Lernerfolgskontrolle gelte der Überprüfung „richtiger Verhaltensdispositionen" (Willeke 1974, S. 56). Die Sätze lauten: „Wichtige Lernzielbereiche wie die Förderung von Handlungsbereitschaft oder die Fähigkeit zu verantwortlichem Handeln können nicht geprüft werden. Ihre Bewertung im Sinne sonstiger schulischer Leistungen würde die Ziele des Politikunterrichts ins Gegenteil verkehren... Gesinnungen dürfen nicht Gegenstand von Beurteilungen und Benotungen sein." (RiLi S. 17) Zweifellos ist dieser Hinweis, der mit wechselnden Formulierungen bereits in der 1. Auflage (RiLi 1973, S. 9) und der 2. Auflage der Richtlinien (RiLi 1974, S. 14) zu finden ist, unverzichtbar, da ein enges Verständnis des Qualifikationen- und Lernzielbegriffs zu schweren pädagogischen Mißgriffen führen könnte, nämlich zu Nötigung und Gesinnungsschnüffelei.

„Die im Unterricht erworbenen Kenntnisse, Erkenntnisse, Fertigkeiten und Fähigkeiten der Schüler und Schülerinnen", heißt es weiter in den Richtlinien, „werden mit den in der Schule auch in anderen Fächern üblichen Methoden und Kriterien beurteilt und benotet." (RiLi S. 17) Weitere Anregungen werden dem Rat suchenden Politiklehrer hier nicht gegeben. Er könnte sie aber mutatis mutandis kompakt erhalten in den Richtlinien des Faches Sozialwissenschaften für die gymnasiale Oberstufe (Kultusminister 1981, S. 119ff.), die — zwar überwiegend mit Abiturbezug — ein umfangreiches Kapitel den Lernerfolgsüberprüfungen widmen. Der Lehrer wird stets vor dem Dilemma stehen, staatsbürgerliche Haltung und Gesinnung aufbauen zu sollen und nicht beurteilen zu dürfen und zu können, aber dessenungeachtet Leistungsbeurteilungen abgeben zu müssen; und dies mit dem belastenden Wissen darum, daß valide Leistungsbeurteilungen im Bereich der politischen Bildung der Quadratur des Zirkels gleichen. (Rothe 1981, S. 173; Unger 1985, S. 323f.; Becker 1986, S. 69) Denn Ingenkamp (zuletzt 1982, S. 200f.) und Marz, Arnold und Reischmann (1978) konnten sich mit ihrer Forderung nach Testverfahren zur Validierung des Lehrerurteils im Politikunterricht nicht durchsetzen.

19.5 Die Beschwerde als neuer Anlaß der Besinnung

Wie schwierig nun auch immer die Leistungsbeurteilung sein mag, in dem besonderen Ernstfall der vorgebrachten Beschwerde gegen eine Leistungsbeurteilung (Fachaufsichtsbeschwerde) hat der Fachlehrer — und das gilt für jedes Fach — eine schriftliche Begründung seiner Noten-Entscheidung abzugeben, sofern er der Beschwerde nicht aus besserer Einsicht stattgibt. Eine solche schriftliche Begründung wird in der gebotenen Ausführlichkeit und Differenziertheit sonst bei keiner Gelegenheit, selbst nicht bei der Beurteilung einer Abiturklausur gefordert. Sie ist der Schulaufsicht vorzulegen, welche abschließend im Falle der Beschwerde entscheidet. Im Falle des Widerspruches gegen einen Verwaltungsakt, wie z.B. gegen eine Nichtversetzungsentscheidung, kann vom Widerspruchsführer in weiterer Instanz beim Verwaltungsgericht Klage erhoben werden.

Der Fall der Beschwerde bzw. des Widerspruchs ist insofern interessant, als hier systematisch aufgerollt werden muß, was normalerweise stillschweigend geordnet ablaufen soll.

Es müssen alle Unterlagen beigebracht werden, die geeignet sind, Einblick in die Entscheidungssituation und Entscheidungsfindung des Lehrers zu gewinnen. Hier ist zunächst der Schulleiter gefragt, der Auskunft zu geben hat über die äußeren Bedingungen des Unterrichts, welche er zu verantworten hat, z.B. Angaben über die Bildung der Lerngruppe, Lehrerwechsel, Unterrichtskürzungen. Vorzulegen ist ferner ein Überblick über den schulischen Werdegang des betreffenden Schülers einschließlich der Entwicklung des gesamten Leistungsbildes, das nicht selten überraschende Sprünge, insbesondere bei Lehrerwechsel, erkennen läßt. Damit eine begründete und für den Beschwerdeführer durchsichtige Entscheidung getroffen werden kann, ist vom Politiklehrer, dessen Fach ein sogenanntes mündliches Fach ist, eine Stellungnahme abzugeben, die folgende Elemente enthält:
1. Angaben zu den unterrichtlichen Voraussetzungen (behandelte Unterrichtsgegenstände; geübte Methoden; vorrangig praktizierte Unterrichtsverfahren).
2. Charakterisierung der Schülerleistungen:
a) Qualität der Unterrichtsbeiträge (konkrete auf die Unterrichtsbeiträge bezogene Angaben), z.B. Nachweis der Fähigkeit, erworbene Kenntnisse wiederzugeben (Richtigkeit, Reichhaltigkeit), Kenntnisse zutreffend anzuwenden, Problemstellungen zu erkennen und an Problemlösungen mitzuarbeiten, in bezug auf allgemeine Beteiligung am Unterricht und spezielle Leistungsnachweise;

b) Umfang der Schülerleistungen, z.B. regelmäßig oder gelegentlich, aus eigenem Antrieb oder nach Aufforderung durch den Fachlehrer erbrachte Beiträge.

Selbstverständlich hat der Fachlehrer auch zu weiteren Beschwerdepunkten Stellung zu nehmen, sollten sie durch den angeführten Katalog (Regierungspräsident 1985) nicht erfaßt sein; möglicherweise zu dem gelegentlich erhobenen Vorwurf, der Lehrer lasse sich von politischen Vorurteilen leiten. Wir haben es hier übrigens mit einer Dienstaufsichtsbeschwerde zu tun.

Um bei dem letztgenannten, schwerwiegenden Punkt zu beginnen: Der Schulleiter sollte den Beschwerdeführer wissen lassen, daß ein Vorwurf dieser Art konkret zu belegen ist. Hier ist zudem ein vom Schulleiter zu vermittelndes Gespräch angezeigt, welches die pädagogische Vertrauenskrise bereinigen hilft. Der ggf. zu Unrecht angegriffene Lehrer darf darauf vertrauen, daß haltlose Vorwürfe für ihn von der Schulaufsicht unmißverständlich zurückgewiesen werden. Verleumdungsklagen gegen Schüler bzw. deren Erziehungsberechtigte müssen zum pädagogischen Bankrott führen, gleichgültig wie sie ausgehen.

Wenn der Lehrer durch den Beschwerdefall gehalten ist, Angaben über die unterrichtlichen Voraussetzungen der Leistungsbeurteilung zu machen — eine bloße Zusammenstellung der Klassenbucheintragungen erweist sich meist als unzureichend —, so handelt es sich um einen Rechenschaftsbericht über den erteilten Unterricht, welcher sich an den *Vorgaben der Richtlinien* messen lassen muß. Mit anderen Worten: Ein nicht richtlinienkonformer Unterricht entzieht jeder Leistungsbeurteilung die rechtliche Grundlage; haben doch die Richtlinien den Charakter von gesetzlich fundierten *Rechtsverordnungen*, die den Unterricht unbeschadet der im übrigen gewährleisteten pädagogischen Freiheit des Lehrers überhaupt erst legitimieren. Abweichungen von den Richtlinien sind nur dann gerechtfertigt und sollten zudem über die pädagogische Verantwortung des einzelnen Lehrers hinaus in der Fachkonferenz Gegenstand der Erörterung und Absprache sein, wenn die Klasse für einen richtlinienkonformen Unterricht aus Gründen, die von ihr nicht zu vertreten sind, noch nicht über die erforderlichen Vorkenntnisse verfügt.

Wegen der relativen Wahlfreiheit der Themen (vgl. „Offenheit", 7.2, oben S. 101ff.) ist dies im Politikunterricht nicht immer unmittelbar evident. Bei genauerer Betrachtung der sorgfältigen Vernetzung der Themen zu „inhaltlichen Schwerpunkten" und „Lernfeldern" (RiLi S. 41f.) wird man sich der Erkenntnis nicht verschließen können, daß der Politikunterricht entgegen den landläufigen Meinungen nicht ein ewig voraussetzungsloser Unterricht mit beliebigen Themen ist. Prekär ist die Situation vor allem dann, wenn sich fachfremd erteilter Politikunterricht, mit dem noch immer ein großer Teil des Solls abgedeckt wird, zu fremdem Fachunterricht auswächst. Hierzu gehen Schüler nicht in die Schule.

Um für alle Seiten Klarheit zu schaffen, ist es deswegen von hohem pädagogischem Nutzen und zudem durch das Schulmitwirkungsgesetz (§ 11 (7)) auch geboten, daß der Fachlehrer die Klassenpflegschaft über das vorgesehene Jahrespensum informiert und konsultiert:

„Die Pflegschaft ist im Rahmen der Lehrplanrichtlinien bei der Auswahl der Unterrichtsinhalte zu beteiligen. Dazu sollen ihr zu Beginn des Schuljahres die nach den Lehrplanrichtlinien in Betracht kommenden Unterrichtsinhalte bekanntgegeben und begründet werden. Anregungen zur Auswahl der Unterrichtsinhalte werden in der Pflegschaft beraten. Hierbei sollen die gem. § 12 Abs. 4 von den Schülern gegebenen Anregungen mit in die Überlegungen einbezogen werden." (Kultusminister 1987, S. 107)

Ein Gespräch mit den Eltern über die Unterrichtsverfahren, die für die Schüler manchmal naturhaft auftreten, aber doch zielbewußt eingesetzt werden, dürfte sich außerdem lohnen (mit den Schülern: s. 18.3.1, oben S. 243f.).

Die im Beschwerde- oder Widerspruchsfalle geforderte Charakterisierung der Schülerleistungen muß den Fachlehrer, der den Unterricht nicht konsequent sorgfältig plant und nachbereitet, vor erhebliche Schwierigkeiten stellen, insbesondere wenn es nicht seine Gewohnheit ist, dies schriftlich zu tun (Hinweise dazu bei Fahn, 1982, S. 139f.). Mancher Politiklehrer wird bei ungünstiger Fächerkombination, z.B. Sozialwissenschaften/Religion, leicht 10 oder mehr Klassen zu unterrichten haben, also vielleicht sogar eine Anzahl von 270 und mehr Schülern, deren Namen sich zu merken schon eine nicht geringe Gedächtnisleistung bedeutet, ganz zu schweigen von der schieren Unmöglichkeit, die Leistungsentwicklung im Laufe eines Jahres ohne systematische Erstellung von Unterlagen im Blick zu behalten. Dem Zwang, ökonomisch zu arbeiten, kommt die postulierte Lernzielorientierung des Politikunterrichts sehr entgegen, umso mehr, wenn sie auch für die Schüler durchsichtig wird.

Denn viele Schüler leiden unter „Orientierungsangst, weil das Warum und Wozu des Lernens nicht begriffen werden kann" (Hilligen 1981, S. 48). Diese Angst ist unnötig, sie läßt sich durchaus zwanglos am Rande des Unterrichts in einem Gespräch über konkretisierte Lernziele ausräumen. Zumindest am Ende einer Unterrichtsreihe, wenn die Arbeitsergebnisse zum Zwecke der Beurteilung und Sicherung vorgestellt werden, sollte sich das Unterrichtsgespräch auch der Frage der Intentionen des Unterrichts und der Art und Weise ihrer Realisierung zuwenden. Ein solches Gespräch ist nicht nur wichtig für die Reflexion darüber, inwieweit es der Klasse insgesamt und den einzelnen Schülern gelungen ist — zu letzterem bietet sich noch die Vertiefung im Einzelgespräch an —, sich erfolgreich auf den verschiedenen Anforderungsebenen (Reproduktion; Transfer; Reorganisation; problemorientiertes Denken) zu bewegen, sondern auch für die fernere Planung (Aufgabenanalyse, s. Gagel 1986, S. 153f.). Überdies verbessert ein solches Gespräch die kommunikative Qualität des Unterrichts ganz allgemein; es ist eine Art „Metakommunikation" (s. 10.2, oben S. 144).

Die Allgemeine Schulordnung § 21 (5) bestimmt, daß der Schüler auf Wunsch jederzeit über seinen Leistungsstand zu unterrichten sei (Kultusminister 1987, S. 317). Sofern es Schülern gelingt, aus dieser bei Lehrern unbeliebten Vorschrift ein Gesellschaftsspiel zu machen, kann sich ihre Einhaltung für den Lehrer zu einem Alp auswachsen, insbesondere wenn er sich verleiten läßt zu ständigen Notenangaben, die schließlich noch zum Beleg im Beschwerdefall herangezogen werden können. Unterrichtung über den Leistungsstand heißt nicht in erster Linie Mitteilung von ganzen oder gebrochenen Noten, sondern Unterrichtung, besser noch Verständigung, über die Quantität und Qualität der Unterrichtsbeiträge der einzelnen Schüler und Verständigung darüber, was sie ggf. im einzelnen aufarbeiten müssen und wie es weitergehen soll. Die Schüler sollten angehalten werden, zumindest in der Mitte eines jeden Halbjahres ihren Lehrer einzeln oder in kleinen Gruppen zu konsultieren. ,,Die Leistungsbewertung dient der individuellen Förderung eines jeden Schülers. Sie muß in einer behutsamen, dem Schüler verständlichen und hilfreichen Form erfolgen, die neue Lernfreude weckt, Selbsteinschätzung ermöglicht und Lernerfolgszuversicht stärkt." (ebda. S. 378) An dieser Bestimmung zur Verordnung über den Bildungsgang in der Grundschule sollte bei der Leistungsbeurteilung in der Sekundarstufe mit guten Gründen festgehalten werden. Es handelt sich um mehr als wohltönende Worte. Des weiteren sollte der Politiklehrer prüfen, ob er nicht zur eigenen Verständigung wenigstens für Schüler, die in seinem Unterricht zu versagen drohen, unabhängig von den Zeugnisterminen in zweckmäßigen Abständen schriftlich eine knappe Beurteilung des Leistungsstandes festhält, durchaus im Sinne der Zeugnisse in den Klassen 1 und 2 der Grundschule. (ebda.)

Wenn also der Lehrer die Vergewisserung über den Leistungsstand seiner Schüler zum ständigen Bestandteil seiner Arbeit macht, und zwar in erster Linie zwecks Erfolgssteigerung des Unterrichts, wird für die förmliche Leistungsbeurteilung in Noten am Ende des Halbjahres hinreichend Material angefallen sein, das aus mehr besteht als aus drei oder vier Ziffern im roten Büchlein, möglicherweise sogar ohne Datumsangaben. Ein Ziffernvortrag aus diesem Büchlein hilft Schülern nicht, wiegt sie in falscher Sicherheit oder schreckt sie und ist nur geeignet, den ohnehin vorhandenen Zensurenfetischismus zu verstärken. Jener leider schon verstorbene Kollege, der seinen Schülern, wenn sie fehlten, im roten Büchlein hinter den Namen ein Kreuzchen setzte, den Zweck seiner Gewohnheit aber irgendwann vergaß und schließlich die Kreuzchen bei der Notenbildung anläßlich einer Zensurenkonferenz in Pluspunkte umdeutete und in eindrucksvolle Noten umsetzte, hat wirklich gelebt.

19.6 Untersuchung eines Falles

Im folgenden soll ein Fall der vielleicht verpaßten Gelegenheiten betrachtet werden.
Herr V. legt Widerspruch ein gegen die abermalige Nichtversetzung seines Sohnes S. Dieser Widerspruch schließt die Beschwerde gegen die Politikzensur ‚mangelhaft' ein. Herr V. verzichtet auf eine in Einzelheiten gehende Begründung des Widerspruchs. Das ist durchaus zulässig. In diesem Fall hilft der Politiklehrer, Herr L., der wie jeder andere Lehrer in seinem Fach die Notengebung allein verantwortet, nicht ab und begründet dies wie folgt:

Leistungsbeurteilung des Schülers S.
1. Unterrichtliche Voraussetzungen
S. ist Wiederholer der Klasse 10. Ich habe ihn im Fach Politik in beiden Durchgängen dieser Jahrgangsstufe unterrichtet. Da ich in beiden Jahren in Übereinstimmung mit den Richtlinien im wesentlichen die gleichen Themen behandelt habe, nämlich Unterrichtsreihen zu den Gegenständen Berufswahl, Terrorismus, Wirtschaftsordnungen der Bundesrepublik und der DDR, konnte S. gegenüber seinen Mitschülern sogar einen Vorsprung haben, zumal er im ersten Durchgang in Politik mit der Note ‚ausreichend' durchaus nicht ohne Erfolg abgeschlossen hatte. Somit sind gewisse Kenntnisse des Stoffes und der Methoden meines Unterrichts für den Beurteilungszeitraum des 2. Halbjahres vorauszusetzen. Bis zum Termin des Abgangszeugnisses (25. 6. 1987) sind im 2. Halbjahr folgende Inhalte behandelt worden: Das ‚Wirtschaftswunder'; Arbeitslosigkeit — Konjunkturpolitik; Unterbrechung der Reihe durch ein aktuelles Thema: Volkszählung 1987; Wirtschaftspolitik der DDR; Vergleich der Wirtschaftssysteme.
Die geübte Unterrichtsmethode in diesem Zeitraum bestand überwiegend aus Lehrervorträgen, Lektüre und Analyse von Lehrbuchtexten sowie mündlichen Thesen- und Problemdiskussionen, Vergleich und Beurteilung der Lehrstoffinhalte im Klassenforum. Zu Beginn einer jeden folgenden Unterrichtsstunde fanden Leistungskontrollen in Form von Lehrerfragen speziell an einzelne Schüler und allgemein an die Klasse statt zur Wiederholung und Vertiefung des Stoffes und Beurteilung der Schülerleistungen.
2. Charakterisierung der Schülerleistungen
a) Qualität der Unterrichtsbeiträge
S. zeigte leider von sich aus keinerlei Bemühen, für das Unterrichtsgeschehen auch nur geringes Interesse aufzubringen. Ich mußte seine Unterrichtsteilnahme immer wieder von ihm fordern, weil er ständig mit seinem Nachbarn, ebenfalls ein Klassenwiederholer und völlig passiver Schüler, unterrichtsabwesende und störende Gespräche führte. Da ich Herrn V. als sehr besorgten Vater kenne, brachte ich S. gegenüber öfter meinen besonderen, freundlichen Förderungswillen zum Ausdruck, und er versprach jedesmal sehr einsichtig und willig seine Besserung. Aber sein Verhalten änderte sich nicht. Es blieb wie beschrieben. Die Note ‚ausreichend' auf dem letzten Halbjahreszeugnis hatte eine starke Tendenz nach unten und entsprach mehr meiner pädagogischen Erwägung, S. nicht zu entmutigen, obwohl ich ihm öfter die Note ‚mangelhaft' als Folge seines passiven Verhaltens in Aussicht stellte. Doch gab es nach mei-

ner Feststellung für den Beurteilungszeitraum keinen einzigen freiwilligen Unterrichtsbeitrag und infolgedessen auch keine positive Beurteilung. Der Schüler hat überhaupt nicht seiner Bringschuld entsprochen. Deshalb mußte ich regelmäßig S. zu Stellungnahmen und Unterrichtsbeiträgen auffordern. Dabei vermochte er keine etwaig erworbenen Kenntnisse wiederzugeben oder anzuwenden, geschweige denn Problemstellungen zu erkennen oder Lösungen einzubringen, da er sich vom Unterrichtsgeschehen abschloß. Protokolle und Referate liegen für den Beurteilungszeitraum nicht vor, sie wurden nicht gefordert. Die mündlichen Leistungen bei Einzelüberprüfungen waren stets nur negativ (mangelhaft) zu bewerten.
b) S. hat weder regelmäßige noch gelegentliche, sondern nur nach Aufforderung durch den Fachlehrer Beiträge erbracht, die aber meist in dem ehrlichen Bekenntnis bestanden, von dem Unterrichtsgegenstand nichts zu wissen.

Hinsichtlich der äußeren Umstände darf angenommen werden, daß das Verhältnis von Lehrer und Schüler klimatisch günstig war. Ungünstig hingegen mußte sich auswirken, daß S. und sein ähnlich erfolgloser Nachbar Gelegenheit erhielten, sich gegenseitig abzulenken. Womöglich hätte ein Lehrerwechsel stattfinden sollen, um eine nicht ganz auszuschließende Befangenheit zu vermeiden, zumindest aber eine Verbesserung der Sitzordnung.

Die behandelten Unterrichtsgegenstände entsprechen den Richtlinien. Wie sie thematisch aufgeschlossen wurden, ist nicht zu erfahren. Von geübten Methoden ist nicht die Rede. Möglicherweise hat Herr L. fachspezifische Methoden und Arbeitsweisen einerseits und Unterrichtsverfahren andererseits (s. 11.3, oben S. 158) als ein und dasselbe angesehen. Sollte dies der Fall sein, ist zu befürchten, daß ein entscheidender überprüfbarer Bereich des Lernens, Beherrschung fachspezifischer Arbeitsmethoden, weitgehend ausgefallen ist und damit Möglichkeiten des Leistungsnachweises abgeschnitten wurden.

Bei der Charakterisierung der Schülerleistungen werden die Bringschuld des Schülers und indirekt die Holschuld des Lehrers angesprochen. Diese Begriffe sind im Zusammenhang der sog. Verrechtlichung des Schulwesens aus dem Zivilrecht in die Berufssprache der Lehrer eingedrungen und sind leider geeignet, den Prozeß schulischen Lernens entstellend zu spiegeln; denn sie deuten auf ein bereits von Fäulnis befallenes Verständnis dieses Prozesses. Diesen Begriffen, wollte man sie gelten lassen, wären pädagogisch hinzuzufügen die Holschuld und das Holrecht des Schülers und die Bringschuld des Lehrers; aber Schulrecht und Schuldrecht sollten besser nicht voneinander Anleihen nehmen.

Die Leistungsbeurteilung beruht auf Unterrichtsbeobachtungen und Einzelüberprüfungen. Ihr Ergebnis ist durchgehend negativ; aber an keiner Stelle begründet und belegt Herr L. seine Aussagen: Art und Umfang der Aufgabe, unterrichtliche Voraussetzungen, Ausweis der erbrachten Leistungen oder Defizite nach Anforderungsebenen, Datum. Hatte er hierzu außer der allgemeinen Erinnerung keine Unterlagen? Protokolle und Referate wurden nicht gefordert. Hausaufgaben (Kultusminister 1987, S. 344), Ergebnisse der Partner- oder Gruppenarbeit, Sonderaufträge und kurze schriftliche Übungen (ebenda S. 317) werden nicht erwähnt. Gab es auch das nicht? Der Fall scheint bodenlos! S. versagte bei der Einzelüberprüfung. Warum? Diese Art der Leistungsmessung ist nämlich ein heikles Instrument, besonders wenn der Schüler damit überfallen wird. Für ihn ist sie fast unberechenbar.

Heinrich v. Kleist hat sich dazu abschließend geäußert: Wie notwendig eine geeignete Einstimmung auf den Vortrag ist, „,...auch selbst nur, um Vorstellungen, die wir schon gehabt haben, wieder zu erzeugen, sieht man oft, wenn offene und unterrichtete Köpfe examiniert werden, und man ihnen ohne vorhergegangene Einleitung, Fragen vorlegt wie diese: was ist der Staat? oder: was ist das Eigentum? oder dergleichen. Wenn diese jungen Leute sich in einer Gesellschaft befunden hätten, wo man sich vom Staat, oder vom Eigentum, schon eine Zeitlang unterhalten hätte, so würden sie vielleicht mit Leichtigkeit, durch Vergleichung, Absonderung und Zusammenfassung der Begriffe die Definition gefunden haben. Hier aber, wo diese Vorbereitung des Gemüts gänzlich fehlt, sieht man sie stocken, und nur ein unverständiger Examinator wird daraus schließen, daß sie nicht wissen. Denn nicht wir wissen, es ist allererst ein gewisser Zustand unsrer, welcher weiß. Nur ganz gemeine Geister, Leute, die, was der Staat sei, gestern auswendig gelernt und morgen schon wieder vergessen haben, werden hier mit der Antwort bei der Hand sein. Vielleicht gibt es überhaupt keine schlechtere Gelegenheit, sich von einer vorteilhaften Seite zu zeigen, als grade ein öffentliches Examen." (v. Kleist 1952, S. 326)

Auch Referaten gegenüber ist Skepsis geboten. Zu groß sind für die Sekundarstufe I zumindest die Probleme der Einübung, der curricularen Einbindung, der thematischen Abgrenzung, der Vergleichbarkeit der Leistung, der Eigenständigkeit, der Darbietung, der Apperzeption, der Auswertung (Marz 1978, S. 49ff.). Herr L. war vermutlich gut beraten, als er S. und seine Mitschüler davor verschonte.

Dagegen hätte S. vielleicht gute Chancen gehabt, wenn der vorbereitete freie Vortrag zu klar umrissenen Aufgabenstellungen geübt worden wäre. Im Rollenspiel z.B. konnte er zwanglos eingefordert werden. Daß S. in Politik nicht lernen konnte, Protokolle zu verfassen, ist bedauerlich; denn hier hätte er wie bei der Pflege des freien Vortrages Fähigkeiten entwickeln können, die ihm über den Unterricht hinaus für die politische Arbeit in einem Verband, einer Partei oder einer Bürgerinitiative nützlich werden würden.

19.7 Der politische Aspekt

Die Leistungsbeurteilung im Politikunterricht darf den Schüler nicht zum Objekt werden lassen. Er soll mündig, d.h. erhobenen Hauptes, ins politische Leben gehen können (vgl. Hilligen 1981, S. 39). Jede Leistungsüberprüfung, die wesentlich der Ermittlung der Zeugnisnote dient, steht unter dem Verdacht des Selbstzweckes und sollte im Politikunterricht keinen Platz haben: Der Politikunterricht hat nicht die vorsorgliche Selektion unmündiger Bürger zum Ziel. Rothe (1981, S. 177) fordert deshalb sogar: „Aber es sollten keine negativen Noten vorkommen!" Diese Position ist mit den für das Land Nordrhein-Westfalen geltenden Regelungen allerdings nicht in Deckung zu bringen.

Es ist zu wünschen, daß entsprechend § 14 (2) der Verordnung über den Bildungsgang und die Abiturprüfung in der Oberstufe des Gymnasiums (Kultusminister 1987, S. 436) bereits die Schüler der Sekundarstufe I über die von ihnen im Laufe eines jeden Schulhalbjahres erwarteten Leistungsnachweise informiert werden. Eine solche Information könnte das fruchtbare Moment für eine Unterrichtsreihe zum Phänomen ‚Schulstreß' sein. In den Themenkatalog für die Klassen 9/10 könnte es sich z.b. statt des dort vorgeschlagenen Themas ‚Gibt es eine richtige Schulordnung?' (RiLi. S. 56) wie folgt einfügen:

Situationsfeld/	Schule
Handlungstypen	Produktion, Interaktion, Vorsorge, Mitbestimmung, Organisation, Herrschaft
Thema	„Ich halte den Streß nicht mehr aus!"
Inhalte und Probleme	Erwartungen der Gesellschaft, Lehrplanvorgaben und Leistungsanforderungen, Funktionen und Probleme der Leistungsbeurteilung, Leistungskonkurrenz und Kooperation, Rollenkonflikte, Interessenkonflikte, Möglichkeiten der Konfliktregelung
Qualifikationen	1, 5, 9

An der Schwelle zu einer neuen Phase des Bildungsganges kann ein so oder ähnlich angelegtes Thema dazu beitragen, daß Schüler Mythologisierungen des Beurteilungswesens hinter sich lassen und ein überlegtes Verhältnis zu ihrer Arbeit gewinnen.

Anmerkung:

1 Die Untersuchungsergebnisse von Sommer lassen zwar generell den Aussagewert des Lehrerurteils für den Schul-, Ausbildungs- und Berufserfolg in einem wesentlich günstigeren Licht erscheinen und bestätigen, „daß auf das Lehrerurteil, das — da prinzipiell immer verbesserungswürdig und -fähig — in der Lehreraus- und -fortbildung einer besonderen Schulung bedarf, auch in Zukunft nicht verzichtet werden kann" (Sommer 1983, S. 189), sind aber nicht geeignet, das Problem der Validität des Lehrerurteils mit Blick auf das einzelne Schülerschicksal zu relativieren.

Literatur:

Becker, Georg E.: Auswertung und Beurteilung von Unterricht, Weinheim und Basel: Beltz 1986.
Fahn, Hans Jürgen: Formen und Probleme der mündlichen Leistungsmessung im Geographieunterricht. In: Geographie im Unterricht, Jg. 7 (1982) Nr. 4.
Gagel, Walter: Unterrichtsplanung: Politik und Sozialkunde, Studienbuch politische Didaktik II, Opladen: Leske + Budrich 1986.
Hilligen, Wolfgang: Schulangst: Erscheinungsformen und Wege zur Therapie. In: Gegenwartskunde, Jg. 30 (1981), H. 1.
Hopp, Anna-Dorothea, Gustav A. Lienert: Eine Verteilungsanalyse von Gymnasialzensuren. In: Ingenkamp 1972.
Ingenkamp, Karlheinz (Hrsg.): Die Fragwürdigkeit der Zensurengebung, Weinheim: Beltz 1972.
Ingenkamp, Karlheinz: Zensuren auf dem Prüfstand. In: Westermanns Pädagogische Beiträge, Jg. 34 (1982), Heft 5.
Kleist, Heinrich von: Über die allmähliche Verfertigung der Gedanken beim Reden. In: Sämtliche Werke und Briefe, Bd. 2, München: Hanser 1952.
Der Kultusminister des Landes Nordrhein-Westfalen: Richtlinien für den Politischen Unterricht, Düsseldorf: Wilhelm Hagemann 1973.
ders.: Richtlinien für den Politik-Unterricht, 2. Aufl., Düsseldorf: Wilhelm Hagemann 1974.
ders.: Richtlinien für die gymnasiale Oberstufe in Nordrhein-Westfalen. Sozialwissenschaften, Köln: Greven 1981.
ders.: Bereinigte Amtliche Sammlung der Schulvorschriften des Landes Nordrhein-Westfalen. BASS ,87/88, 3. Ausgabe, Köln: Greven 1987.
Marz, Fritz, Rolf Arnold, Jost Reischmann: Lernkontrollen im politischen Unterricht. Anmerkungen und Argumente, Bd. 21, Stuttgart: Klett 1978.
Der Regierungspräsident Münster: Rundverfügung betr.: Verfahrensregelungen für die Bearbeitung von Widersprüchen und Beschwerden, Az. 43/48.1 7-0/1; 5-0/1 vom 11. 1. 1985.
Rothe, Klaus: Didaktik der Politischen Bildung, Hannover: Niedersächsische Landeszentrale für politische Bildung 1981.
Sommer, Winfried: Bewährung des Lehrerurteils, Bad Heilbrunn/Obb.: Julius Klinkhardt 1983.
Unger, Andreas: Schriftliche Arbeiten im Politikunterricht — Fragen aus der Schulpraxis. In: Gegenwartskunde, Jg. 34 (1985), Heft 3, S. 323 - 330.
Willeke, Clemens und Rudolf: Richtlinien für den Politischen Unterricht in NRW. Analyse, Kritik, Alternativen. In Wolfgang Brüggemann (Hrsg.): Bildung oder Indoktrination? Recklinghausen: Kommunal-Verlag 1974.

IV. Anhang

20. Chronik der Richtlinien für den Politikunterricht

Wiland Breuer

20.1 Die Entwicklung des Richtlinienkonzeptes 1970 - 1972

Politische Bildung war vor 1970 Stiefkind im Schulwesen Nordrhein-Westfalens. Ein eigenständiges Fach gab es im allgemeinbildenden Schulwesen überhaupt nicht. An der Hauptschule gab (und gibt) es das Fach „Geschichte/Politik", dessen Lehrpläne belegen, daß Politik als eine aktualisierende Ergänzung des Geschichtsunterrichts verstanden wird. Im Gymnasium wurde 1968 der in Klasse 10 mit zwei Wochenstunden vorgesehene Geschichtsunterricht um eine Stunde erweitert; das Fach hieß „Geschichte mit Sozialkunde" auch dies eine keineswegs befriedigende Lösung. Erst im Frühjahr 1970 ernannte Kultusminister Holthoff eine „Richtlinienkommission für politische Bildung" mit 10 Mitgliedern unter dem Vorsitz von Rolf Schörken. Ihr Auftrag lautete:

— Planung der Einführung politischen Unterrichts in NRW,
— Entwicklung von Richtlinien für den politischen Unterricht an Gymnasien,
— Ausarbeitung von Handreichungen für die Einführung dieses Faches.

Zur Unterstützung der Arbeit der Richtlinienkommission wurde eine „Handreichungskommission" mit 12 Mitgliedern unter Vorsitz von Walter Gagel berufen. Beide Kommissionen haben von Anbeginn gleichberechtigt gemeinsam gearbeitet. Die meisten Kommissionsmitglieder waren in der Unterrichtspraxis tätig (besonders in der Referendarausbildung); dies erwies sich bei der Umsetzung der Richtlinien in die Schulwirklichkeit als sehr günstig.

Von Anbeginn haben Vertreter der großen Lehrerverbände und der Landeselternschaft formell als „beratende Mitglieder", faktisch aber ohne Statusunterschied in der Kommission mitgearbeitet. Diese Vorinformation der wichtigen Verbände erleichterte später die Durchsetzung und die Akzeptanz der Richtlinien.

Bereits 1970 fielen in der Kommission wichtige Entscheidungen:

— für ein lernzielorientiertes Curriculum,
— für ein eigenständiges Fach Politik neben Geschichte und Erdkunde,
— für eine Anwendung der Curriculum-Strategie von Herwig Blankertz (wenn auch mit Abwandlungen),

— für die Planung begleitender Maßnahmen der Lehrerfortbildung und
— für die Offenlegung des Verfahrens in einem „Theorieband".

Im Jahr 1971 wurden die Qualifikationen und Lernziele formuliert. Im Herbst dieses Jahres fiel die Entscheidung, die geplanten Richtlinien nicht nur im Gymnasium, sondern nach dem neuen Konzept der Stufenschule in der ganzen Sekundarstufe I einzuführen. Dementsprechend wurde die Kommission um je 6 Vertreter der Hauptschule und der Realschule erweitert. Im April 1972 konnte die Kommission den Entwurf der Richtlinien dem Kultusminister vorlegen. Parallel zur Fertigstellung des Entwurfes begann die Arbeit an den ersten Handreichungen (später: Planungsmaterialien) und die Vorbereitung der Lehrerfortbildungsmaßnahmen.

20.2 Die Einführung des Faches Politik 1972 - 1973

Während der Richtlinienentwurf im Kultusministerium noch diskutiert wurde, begann im Schuljahr 1972/3 die Erprobungsphase. Im strengen Sinne erprobt wurden nur die Planungsmaterialien; dennoch war die Information der Lehrer der 80 an dem Versuch beteiligten Schulen über dieses völlig neuartige Curriculumkonzept auch ein Test für die Probleme, die die Einführung lernzielorientierter Richtlinien verbunden mit der Einführung eines neuen Faches mit sich bringen würde. Gleichzeitig begannen im Landesinstitut für schulpädagogische Bildung, Düsseldorf, umfangreiche Lehrerfortbildungsmaßnahmen, denn es gab für das neue Fach keine ausgebildeten Fachlehrer. Es wurden Zweijahreskurse angeboten, die unter erleichterten äußeren Bedingungen, aber unter Beibehaltung der üblichen Standards auf die Erweiterungsprüfung zum Staatsexamen im Fach Sozialwissenschaften vorbereiteten.

Mit der Erprobungsphase begann eine vorerst durchaus gemäßigte öffentliche Diskussion der Richtlinien. Sie beschränkte sich anfangs auf fachwissenschaftliche und fachdidaktische Probleme, bezog aber auch schon die Kontroverse um die Stundentafelanteile ein, denn die Einführung eines neuen Faches ließ befürchten, daß die Wochenstundenzahl anderer Fächer, insbesondere der Geschichte, gekürzt würde.

Auch im Landtag gab es im Plenum wie im Kulturausschuß die ersten Debatten, die zwar zahlreiche Einzelkritiken und Veränderungswünsche brachten, aber noch keine grundsätzliche Kontroverse erkennen ließen.

Die erste Kritikwelle veranlaßte Kultusminister Girgensohn, eine Überarbeitung des vorliegenden Enwurfes anzuordnen, in der vorgebrachte Kritikpunkte beachtet und vor allem der Entwurf sprachlich überarbeitet werden sollte. Diese überarbeitete Fassung wurde dann als erste Auflage der „Richtlinien für den politischen Unterricht" für das Schuljahr 1973/74 in Kraft gesetzt; das neue Fach Politik wurde in den Jahrgängen 9 und 10 der Realschule und des Gymnasiums mit in der Regel je zwei Wochenstunden eingeführt.

Nach dem Einführungserlaß gelten die Richtlinien seitdem auch an der Hauptschule; allerdings wurde der Lehrplan Geschichte/Politik nicht außer Kraft gesetzt, so daß zwei ganz unterschiedlich konzipierte Richtlinien gelten. In der Unterrichtswirklichkeit dominiert dort entsprechend dem Namen des Faches der Lehrplan Geschichte/Politik.

20.3 Die politische Auseinandersetzung um die Richtlinien und die zweite Auflage 1973 - 1974

Die Schärfe der Auseinandersetzungen, die mit der Einführung des Politikunterrichtes ausbrachen, ist weniger durch die Richtlinien selber als durch den politischen Zusammenhang zu erklären. Die langdauernde und heftige Kontroverse um den Extremistenbeschluß von 1972 hatte das Verhältnis von Beamten (besonders der Lehrer wegen ihres direkten Einflusses auf Schüler) und der Verfassung thematisiert (vgl. die Verfassungsdebatte im Deutschen Bundestag im Februar 1974). Ebenso hart und scharf verlief bundesweit die Diskussion über die hessischen Rahmenrichtlinien, besonders für Gesellschaftslehre. Die hessischen Rahmenrichtlinien für Gesellschaftslehre wurden auch für die Gesamtschulen in NRW übernommen, aber aus einer noch nicht entschärften Vorstufe, so daß die nordrhein-westfälische Fassung sogar als „verschlimmbessert" erscheinen konnte. Sie wurde zwar schnell wieder zurückgezogen, hat aber zu — nicht immer unbeabsichtigten — Verwechslungen mit den Richtlinien für den Politischen Unterricht geführt. Für den gesamtpolitischen Stellenwert dieser Diskussion spricht auch, daß nicht Vorfälle in Schulen, sondern Angriffe in der überregionalen Presse die polemischen Auseinandersetzungen einleiteten.

Im Kern dieser Diskussion standen

— die behauptete einseitige Abhängigkeit der Richtlinien von der als (neo-)- marxistisch bezeichneten „Frankfurter Schule",
— die Definition des Begriffs Emanzipation,
— das Verhältnis der Richtlinien zur Verfassungsordnung,
— der Stellenwert der sog. Konfliktdidaktik,
— die behauptete Beliebigkeit der Inhalte und
— einige wichtige Einzelpunkte (Funktion der Familie, Begriff „Glück").

Der Umfang der Diskussion spiegelte sich in zahllosen Veröffentlichungen in der Tagespresse, der Verbandspresse, in Fachzeitschriften und auf zahlreichen Tagungen, Kongressen und Informationsveranstaltungen wider. Es gab weitere Diskussionen im Kulturausschuß und im Plenum des Landtages und ein Hearing im Landtag (27. 6. 1974) mit schriftlichen und mündlichen Stellungnahmen zahlreicher Wissenschaftler.

Ergebnis der Diskussion war ein erneuter Überarbeitungsauftrag an die Kommission. Er stand unter erheblichem Zeitdruck, da Ministerpräsident Kühn um jeden Preis verhindern wollte, daß die Kontroverse um die Richtlinien Thema des Wahlkampfes für die Landtagswahl am 4. 5. 1975 wurde. Die Richtlinienkommission legte ihre Überarbeitung im September vor; diese Fassung wurde von den politischen Gremien sorgfältig durchgearbeitet und ergänzt und dann als 2. Auflage mit dem Titel ,,Richtlinien für den Politik-Unterricht" im November 1974 in Kraft gesetzt.

Die wichtigsten Veränderungen waren

— die Einführung eines Kapitels (1.4), in dem klar und unmißverständlich das Verhältnis der Richtlinien zur Verfassung formuliert wurde,
— eine erneute sprachliche Überarbeitung zur Beseitigung möglicher Mißverständnisse und
— die Ausdehnung des Themenkatalogs.

Mit der 2. Auflage wurde der politische Unterricht auf die Jahrgänge 5-8 ausgedehnt. Mit dem Themenkatalog für die Jahrgänge 11-13 wurde ein Einstieg in die gymnasiale Oberstufe versucht, der keinen Erfolg hatte, weil die Entwicklung der Oberstufenreform andere Prioritäten setzte. Ebenso scheiterte die Absicht von Kultusminister Girgensohn, die Richtlinien auch in der Gesamtschule einzuführen, weil dort am Integrationsfach Gesellschaftslehre festgehalten wurde.

20.4 Die Konsolidierung des Faches Politik und die Vorbereitung der dritten Auflage 1975 - 1983

Nach dem Erscheinen der 2. Auflage flaute die Kontroverse um die Richtlinien sehr schnell ab. Damit konnte die Kommission sich der Aufgabe zuwenden, in geduldiger Kleinarbeit durch genaue Beobachtung der Entwicklung in den Schulen, durch Weiterarbeit an den Planungsmaterialien und durch Anregungen für die Lehrerfortbildung zur Konsolidierung des Faches Politik im alltäglichen Unterricht beizutragen. Die Präzisierung der Stundentafel 1978, die heute noch gilt, war ein wichtiger Schritt. Ein dem Landtag 1979 vorgelegter Bericht des Kultusministeriums über die Einführung des neuen Faches mit in der Tendenz eher zu optimistischen Aussagen führte nicht mehr zu kontroversen Diskussionen.

Bereits im Mai 1977 erhielt die Kommission einen formellen Revisionsauftrag durch Minister Girgensohn, der die Aufforderung enthielt, die Richtlinien inhaltlich stärker zu strukturieren. Erst als wichtige Teile der Revisionsarbeit schon vorentschieden waren, wurden im Herbst 1980 sieben Mitglieder aus dem Bereich der Berufsschule in die Kommission berufen, um die künftige 3. Auflage auch in den Berufsschulen einführen zu können. Der Entwurf für die dritte Auflage wurde im Sommer 1983 dem Kultusministerium übergeben. Er enthielt folgende Weiterentwicklungen:

— zwei zusätzliche Qualifikationen, die den Bereich Umwelt und den Bereich Arbeitswelt thematisieren,
— die Festlegung verbindlicher ,,Inhaltlicher Schwerpunkte" (s. 7.2, oben S.101f.) und
— die Ausdehnung des Themenkatalogs auf die Jahrgänge 11 - 13 der Berufsschulen.

Zwischen 1983 und 1987 wurde der Entwurf im Kultusministerium geprüft; es ging dabei wohl weniger um das didaktische Konzept, sondern um die Frage der Einführung dieser Richtlinien in den Berufsschulen und die unvertretbare Parallellität unterschiedlicher Richtlinienansätze in den Hauptschulen. Inwieweit die lange Prüfung auch darauf zurückzuführen war, daß die Politiker keinen unmittelbaren ‚Entscheidungsbedarf" sahen oder ein erneutes Aufflammen der Kontroverse um das Fach befürchteten, muß offen bleiben.

Am 1. 8. 1987 ist die 3. Anlage der Richtlinien für den Politikunterricht in Kraft gesetzt worden.

21. Literatur zu den Richtlinien

Baumann, Reiner, Gertrud Stapel: Curriculum und Unterrichtsplanung. Eine Hilfe zur Analyse und Bewertung didaktischer Materialien, Münster: Deutsches Institut für wissenschaftliche Pädagogik 1975.

Brüggemann, Wolfgang (Hg.): Bildung oder Indoktrination? Richtlinien für den Politischen Unterricht in NW. Vollständiger Text und kritische Beiträge, Recklinghausen: Kommunal-Verlag 1974.

Bücken, Franz-Josef: Entwicklung und Erprobung neuer Richtlinien für den Politikunterricht, Frankfurt, Bern: Lang 1979.

Conrad, Marina: Politische Bildung in der Hauptschule. Zur Kritik der Richtlinien für den Politikunterricht des Landes Nordrhein-Westfalen, Bielefeld: ajz-Druck+Verlag 1977.

Gagel, Walter, Rolf Schörken (Hg.): Zwischen Wissenschaft und Politik. Politikunterricht in der öffentlichen Diskussion, Opladen: Leske + Budrich 1975.

Gemein, Gisbert, Hartmut Kienel (Hg.): Politik und Unterricht. Wer bestimmt, was Schüler lernen? Richtlinien für den Politik-Unterricht in der Diskussion, Essen: Neue Deutsche Schule 1975.

Gewerkschaft Erziehung und Wissenschaft, Landesverband NW (Hg.): Politische Bildung im Medium des Berufs. Zu den Richtlinien für den Politikunterricht in der beruflichen Bildung, Essen: Neue Deutsche Schule 1987.

Heitmeyer, Wilhelm: Curriculum ,,Politik" und Lehrerfortbildung im Innovationsprozeß. Untersuchungsansätze und Untersuchungsergebnisse zu Implementations- und Disseminationsproblemen für den Politik-Unterricht in Nordrhein-Westfalen, Diss. Münster 1976.

Klauser, Raimund (Hg.): Lehrerfortbildung zum Curriculum ,,Politik". Ergebnisse eines FEoLL-Projektes, Opladen: Leske + Budrich 1979.

Koschnitzke, Rudolf (Hg.): Politische Bildung als politischer Konflikt. Reformversuche in Hessen und Nordrhein-Westfalen. 10. Woche der Wissenschaft, Bochum: Berg-Verlag 1975.

Kultusminister Jürgen Girgensohn: Viel zu wissen ist zu wenig. Richtlinien für den Politischen Unterricht (Schriftenreihe Dokumente und Meinungen, hrsg. Presse- und Informationsamt der Landesregierung NW, Heft 9) Düsseldorf 1973.

Laufs, Joachim: Politische Bekenntnisse als ,,Wissenschaft". Eine Kritik der Begründung der nordrhein-westfälischen Richtlinien für den Politischen Unterricht, Frankfurt, Bern: Lang 1976.

Masami Matoba: Curriculumentwicklung und Unterrichtsplanung in der Bundesrepublik Deutschland, Tokyo: Verlag Keisoshobo 1987 (japanisch; mit bes. Berücksichtigung der Richtlinien für den Politikunterricht NRW).

Rath, Peter (Hg.): Bildungsreform im Fadenkreuz der Reaktion. Zur Auseinandersetzung um den politischen Unterricht und die Orientierungsstufe in NW, Wuppertal: Hammer 1975.

Sander, Wolfgang: Effizienz und Emanzipation. Prinzipien verantwortlichen Handelns. Eine Grundlegung zur Didaktik der politischen Bildung, Opladen: Leske + Budrich 1984.

Schaal, Monika: Kompetenz — ein Problem politischer Legitimation. Eine Erörterung der Frage, wer die Ziele schulischer politischer Bildung bestimmen soll, Frankfurt: Haag + Herchen 1981.

Schirp, Heinz: Curriculum ,,Politik" und Lehrerpartizipation. Eine Analyse des Curriculum-Systems, bezogen auf eine partizipative Implementation, Frankfurt: Lang 1980.

Schörken, Rolf (Hg.): Curriculum ,,Politik". Von der Curriculumtheorie zur Unterrichtspraxis, Opladen: Leske 1974.

Wilbert, Jürgen: Politikbegriffe und Erziehungsziele im Politischen Unterricht. Eine Analyse von Didaktikkonzeptionen und Curricula, Weinheim: Beltz 1978.

22. Verzeichnis der Planungsmaterialien für den Politikunterricht

Politik. Eine Reihe für den Politischen Unterricht, hrsg. vom Kultusminister des Landes NW. Zusammengestellt von der Richtlinienkommission für Politische Bildung. Verlegerische Betreuung: Lehrmittelverlag W. Hagemann, Düsseldorf, und Ernst Klett Verlag, Stuttgart. *Auslieferung:* Lehrmittelverlag W. Hagemann, 4000 Düsseldorf, Karlstr. 20.

Die Reihe enthält Arbeitsmaterial (AM) für Schüler zum Bezug in Klassensätzen und Planungsmaterial (PM) für Lehrer, jeweils mit eingelegtem Exemplar AM zum gleichen Thema. Die Titel können nicht als Prüfstück abgegeben werden.

I. Über meine Freizeit bestimme ich allein. Von den Möglichkeiten und Grenzen des Freizeitverhaltens (Kl. 7/8)	AM 014512 DM 0,90 PM 014522 DM 2,90
II. Nur ein Mädchen. Verhaltenserwartungen gegenüber der Frau in der heutigen Gesellschaft (Kl. 5/6)	AM 014511 DM 0,71 PM 014521 DM 3,11
III. Macht und Ohnmacht des Bürgers nach der Wahl. Über die Chancen der politischen Beteiligung (Kl. 9/10)	AM 014513 DM 0,80 PM 014523 DM 2,66
IV. Gibt es eine „richtige" Ordnung für die Schule? Konflikte im Schulleben (Kl.9/10)	AM 014514 DM 0,90 PM 014524 DM 3,21
V. Welche Wahl hat der Wähler? Politische Wahlen in der Bundesrepublik (Kl. 9/10)	AM 014515 DM 1,21 PM 014525 DM 3,92
VI. Information oder Manipulation? Aufgaben und Arbeitsweisen der Massenmedien (Kl. 9/10)	AM 014516 DM 1,21 PM 014526 DM 3,92
VII. Uli darf nicht mitspielen. Rollenverhalten in Spielgruppen (Kl. 5/6)	AM 014551 DM 0,80 PM 014561 DM 4,87
VIII. Das hat sogar in der Zeitung gestanden. Informationsgehalt und Meinungsbeeinflussung (Kl. 5/6)	AM 014518 DM 1,40 PM 014528 vergr.

IX. Berufswahl — eine Wahl? Die Berufswahl zwischen Zwängen und persönlichen Wünschen (Kl. 9/10)	AM 014519 vergr. PM 014529 vergr.
X. Kommt es nur auf den Kanzler an? Die Machtverteilung im parlamentarischen System (Kl. 7/8)	AM 014520 DM 1,51 PM 014530 DM 5,13
XI. Friede — notfalls mit Gewalt? Bundeswehr und Friedenssicherung (Sicherheitspolitik der Bundesrepublik im Rahmen des Ost-West-Konflikts) (ab Kl. 10)	AM 014552 DM 2,46 PM 014562 DM 7,23
XII. Neue Schule — neue Lehrer. Kommunikationsprobleme in der Institution Schule (Kl. 5/6)	AM 014553 DM 2,81 PM 014563 DM 7,94
XIII. Terrorismus — eine Gefahr (Kl. 9/10)	AM 014554 DM 2,31
XIV. Gewalt und legitime Herrschaft. Herausforderung von Staat und Gesellschaft (Jahrgangsstufen 12/13) Planungsmaterial für den Lehrer zu XIII u. XIV	AM 014555 DM 2,51 PM 014564 DM 8,74

23. Veröffentlichungen von Rolf Schörken

23.1 Zur politischen Bildung

1. Zur Förderung unterprivilegierter Kinder in den Schulen der USA. In: Gesellschaft — Staat — Erziehung 3/1966, S. 254 - 265.
2. Europäisierung und Enteuropäisierung der Erde am Beispiel Ghanas (Unterrichtsmodell). In: Schriftenreihe der Bundeszentrale für politische Bildung, Heft 74, 1966
3. Didaktische Analyse und Unterrichtsplanung als Problem der allgemeinen Didaktik. In: Tagungsbericht des Landesinstituts für schulpädagogische Bildung in Nordrhein-Westfalen, Heft 17, 1966
4. Zur Lage der politischen Bildung an den Gymnasien in Nordrhein-Westfalen. In: Geschichte in Wissenschaft und Unterricht 4/1968, S. 233 - 235
5. Wirksamkeit der politischen Bildung am Gymnasium? In: Gesellschaft — Staat — Erziehung 1/1969, S. 39 - 42
6. Nigeria — Zusammenbruch demokratischer Herrschaft in Afrika? (Unterrichtsmodell), sowie Gesellschaft und Politik in Nigeria (Materialien für den Unterricht). In: Politische Bildung Jg. 3, 1970, Heft 1, S. 56 - 92
7. Ein Curriculum für den politischen Unterricht. In: Prospect, Schriftenreihe des Kultusministers von Nordrhein-Westfalen, Düsseldorf 1972, S. 9 - 15
8. Zur Lehrplanangleichung für die Sekundarstufe I am Beispiel der politischen Bildung. In: Bildung und Politik 2/1972, S. 28 - 32
9. Ein Curriculum für den politischen Unterricht — Prämissen und Verfahren. In: Prospect, Schriftenreihe des Kultusministers von Nordrhein-Westfalen, Düsseldorf 1972, S. 28 - 33
10. Die Stellung des „Planungsmaterials" bei der Einführung des Politischen Unterrichts. In: Prospect, Schriftenreihe des Kultusministers von Nordrhein-Westfalen, Düsseldorf 1973, S. 8 - 10
11. Funktion und Bedeutung des Politik-Unterrichts in der Kollegschule. In: Materialien zur politischen Bildung 4/1973, S. 55 - 64
12. Pädagogische und politische Funktionen von Richtlinien. In: Neue Sammlung 2/1974, S. 111 - 120
13. Richtlinien für den politischen Unterricht in Nordrhein-Westfalen. In: Erziehung heute 12/1974, S. 29 - 31
14. a) Vorwort; b) Hemmende Faktoren im Bereich der Institution Schule; c) Zum theoretischen Verständnis des Strukturgitters; d) Zur Organisation von Curriculumarbeit. In: Rolf Schörken (Hrsg.), Curriculum „Politik", Opladen 1974, S. 5 - 7, S. 57 - 63, S. 135 - 148, S. 269 - 277

15. Die öffentliche Auseinandersetzung um neue Lehrpläne für politische Bildung und das Konsensusproblem. In: Kurt-Gerhard Fischer (Hrsg.), Zum aktuellen Stand der Theorie und Didaktik der politischen Bildung, Stuttgart 1975, S. 9 - 25
16. a) Zur Tauglichkeit von Identitätskonzepten für die politische Bildung; b) Curriculumlegitimation — ein ungelöstes Problem. In: Walter Gagel/Rolf Schörken (Hrsg.), Zwischen Politik und Wissenschaft, Opladen 1975, S. 25 - 40, S. 93 - 104
17. Curriculumforschung zur politischen Bildung. In: Rolf Koschnitzke (Hrsg.), Politische Bildung als politischer Konflikt, Bochum 1975, S. 89 - 131
18. Streitpunkte des Politik-Unterrichts. In: aus politik und zeitgeschichte, Beilage zur Wochenzeitung „Das Parlament" 8/1976, S. 3 - 24
19. Die staatliche Richtlinienkompetenz und der Politikunterricht. In: Deutsche Berufs- und Fachschule 3/1977, S. 181 - 193
20. Der Politik-Unterricht in Nordrhein-Westfalen — Ein Überblick. In: Wolfgang Northemann (Hrsg.), Politisch-gesellschaftlicher Unterricht in der Bundesrepublik, Opladen 1978, S. 197 - 212
21. Il dibattito publico sui nuovi programmi di educazione civica e il problema del consenso. In: Kurt-Gerhard Fischer (Hrsg.), Formazione Civica e Politica, Roma 1979, p. 30 - 49 (Übersetzung von Nr. 15)
22. Zum Politikunterricht an der Hauptschule aus der Sicht der Richtlinienkommission. In: Politische Bildung in der Schule, Leverkusen 1980, S. 44 - 46
23. Verständigungsprobleme in Politik-Lehrplänen. In: Kurt-Gerhard Fischer (Hrsg.), Zum aktuellen Stand der Theorie und Didaktik der Politischen Bildung, 4. erw. Auflage, Stuttgart 1980, S. 218 - 226
24. Bildung als Aufklärung und Indoktrination. In: Schriften der Landeszentrale für politische Bildung, Demokratie als Teilhabe, Köln 1981, S. 225 - 239
25. Was Richtlinienmacher machen können — das Beispiel Nordrhein-Westfalen. In: Briese/Heitmeyer/Klönne (Hrsg.), Entpolitisierung der Politikdidaktik?, Weinheim und Basel 1981, S. 84 - 93
26. Der Zustand des Lernbereichs Gesellschaftslehre an den Schulen Nordrhein-Westfalens. In: Heinz Wiemer (Hrsg.), Demokratie lernen — demokratisch handeln, Essen 1981, S. 133 - 145
27. Konsolidierung und Konsolidierungsprobleme des Faches Politik in Nordrhein-Westfalen (zusammen mit Sibylle Reinhardt). In: Kurt-Gerhard Fischer (Hrsg.), Zum aktuellen Stand der Theorie und Didaktik der Politischen Bildung, 5. erweiterte und aktualisierte Auflage, Stuttgart 1986, S. 203 - 212
28. Der Stand der Lehrplanentwicklung für das Fach Politik in Nordrhein-Westfalen. In: Hendriks/Keitel/Schuster (Hrsg.), Fachdidaktik und Lehrplanentwicklung, Berlin 1986, S. 109 - 115
29. Walter Gagel und die politische Bildung. In: Politische Bildung 3/1986, S. 3 - 8
30. Symbol und Ritual statt politischer Bildung? In: Gegenwartskunde 3/1987, S. 289 - 297

23.2 Zur Geschichtsdidaktik

1. Welches Bild haben Obertertianer vom Nationalsozialismus? In: Gesellschaft — Staat — Erziehung 5/1959, S. 199 - 207

2. Das Problem des Totalitarismus. In: Die Pädagogische Provinz 1/1961, S. 10 - 20
3. Grundzüge des Geschichtsunterrichts in den USA. In: Geschichte in Wissenschaft und Unterricht 12/1964, S. 743 - 761
4. Lerntheoretische Fragen an die Didaktik des Geschichtsunterrichts. In: Geschichte in Wissenschaft und Unterricht 7/1970, S. 406 - 420; auch abgedruckt in: Hans Süssmuth (Hrsg.), Geschichtsunterricht ohne Zukunft? Stuttgart 1972
5. Geschichtsdidaktik und Geschichtsbewußtsein. In: Geschichte in Wissenschaft und Unterricht 2/1972, S. 81 - 89; teilweise abgedruckt in: Eberhard Schwalm (Hrsg.), Texte zur Didaktik der Geschichte, Braunschweig 1979
6. Der Beitrag der Geschichte zur politischen Bildung (zusammen mit Dieter Menne). In: Geschichte in Wissenschaft und Unterricht 3/1973, S. 146 - 155
7. Kriterien für einen lernzielorientierten Geschichtsunterricht. In: Eberhard Jäckel und Ernst Weymar (Hrsg.), Die Funktion der Geschichte in unserer Zeit, Stuttgart 1975, S. 280 - 293; teilweise abgedruckt in: Eberhard Schwalm (Hrsg.) Texte zur Didaktik der Geschichte, Braunschweig 1979
8. Impulse für die Geschichtsdidaktik. Sammelrezension. In: Neue Politische Literatur 4/1976, S. 443 - 457
9. Der lange Weg zum Geschichtscurriculum (I). In: Geschichtsdidaktik 3/1977, S. 254 - 269
10. Der lange Weg zum Geschichtscurriculum (II). In: Geschichtsdidaktik 4/1977, S. 335 - 353
11. Von der Notwendigkeit, erneut über die Zusammenarbeit von Geschichts- und Politikunterricht nachzudenken. In: Rolf Schörken (Hrsg.), Zur Zusammenarbeit von Geschichts- und Politikunterricht, Stuttgart 1978, S. 9 - 14
12. Geschichte im Alltag. Über einige Funktionen des trivialen Geschichtsbewußtseins. In: Geschichte in Wissenschaft und Unterricht 2/1979, S. 73 - 88
13. Stichworte: Alltagsbewußtsein, Geschichte als Lebenswelt. In: Bergmann/Kuhn/Rüsen/Schneider (Hrsg.), Handbuch der Geschichtsdidaktik, Düsseldorf 1979, S. 36 - 39 und S. 728 - 731
14. Problem des faschistischen Regimes in Italien (Tagungsbericht). In: Geschichtsdidaktik 2/1979, S. 200 - 202
15. Geschichtsunterricht in einer kleiner werdenden Welt. In: Hans Süssmuth (Hrsg.), Geschichtsdidaktische Positionen, Paderborn 1980, S. 315 - 335
16. Geschichte in der Alltagswelt. Wie uns Geschichte begegnet und was wir aus ihr machen, Stuttgart: Klett-Cotta 1981
17. Gegenwartsbezüge in populärhistorischen Produktionen. In: Rolf Schörken (Hrsg.), Der Gegenwartsbezug der Geschichte, Stuttgart: Klett 1981, S. 110 - 122
18. „Verdrängungskonkurrenz" oder Zusammenarbeit? In: Geschichtsdidaktik 4/1982, S. 459 - 463
19. Jugendalltag im Dritten Reich. Die „Normalität der Diktatur" (Literaturbericht). In: Rolf Schörken/Klaus Bergmann (Hrsg.), Geschichte im Alltag — Alltag in der Geschichte, Düsseldorf 1982, S. 236 - 246
20. Politische Rituale und „Volksgemeinschaft". In: Rolf Schörken (Hrsg.): Unterrichtsmodelle zum Nationalsozialismus, Stuttgart 1982, S. 31 - 46
21. Die Entstehung des italienischen Faschismus (Unterrichtsmodell). In: ebd., S. 186 - 204
22. Neuanfang nach dem Krieg — eine Erinnerung zwischen Kritik und Dankbarkeit.

Gymnasium Wuppertal-Barmen, Siegesstraße, 1863 - 1983, S. 29 - 30
23. Ort und Funktion der Geschichte in der Alltagswelt. In: Erwachsenenbildung 1/1983, S. 4 - 6
24. „Blut und Ehre" — oder: „Die waren ja damals alle bescheuert" (Fernsehrezension). In: Geschichtsdidaktik 1 / 1983, S. 82 - 86
25. Luftwaffenhelfer und Drittes Reich. Die Entstehung eines politischen Bewußtseins, Stuttgart: Klett-Cotta 1984
26. Organisiertes und nichtorganisiertes Lernen von Geschichte. In: Geschichtsdidaktik 4 / 1984, S. 337 - 342
27. Zur Formenvielfalt der Legitimation durch Geschichte. In: Karl-Ernst Jeismann (Hrsg.): Geschichte als Legitimation, Braunschweig 1984, S. 25 - 27
28. Stichworte: Alltagsgeschichte / Geschichte im Alltag; Geschichtsbewußtsein / Geschichtsbild. In: Gerold Niemetz (Hrsg.), Lexikon für den Geschichtsunterricht, Freiburg und Würzburg 1984, S. 58 - 61
29. Momentaufnahme: Der 8. Mai als erlebte Geschichte. In: Schriften der Landeszentrale für politische Bildung: Als der Krieg zu Ende war, Düsseldorf 1985, S. 263 - 290
30. Stichworte: Geschichte als Lebenswelt; Alltagsbewußtsein; Geschichte im Sachbuch. In: Bergmann / Kuhn / Rüsen / Schneider (Hrsg.), Handbuch der Geschichtsdidaktik, 2. erw. Auflage, Düsseldorf 1985, S. 3 - 10, S. 36 - 39, S. 728 - 731
31. Geschichte in der Schule. In: Susanne Miller (Hrsg.), Geschichte in der demokratischen Gesellschaft, Düsseldorf 1985, S. 27 - 38
32. Historisches Lernen im biographischen Kontext (Tagungsbericht). In: Hans-Georg Kirchhoff (Hrsg.), Neue Beiträge zur Geschichtsdidaktik, Bochum 1986, S. 85 - 86
33. Verlust der Geschichte — einmal anders. In: Ursula Becher / Klaus Bergmann (Hrsg.), Geschichte — Nutzen oder Nachteil für das Leben, Düsseldorf 1986, S. 79 - 92
34. Wie braun waren die Lehrer im Dritten Reich wirklich? In: Hans-Georg Kirchhoff (Hrsg.), Der Lehrer in Bild und Zerrbild, Bochum 1986, S. 142 - 147
35. Jugendästhetik bei den Luftwaffenhelfern. In: Deutscher Werkbund e.V. und Württembergischer Kunstverein (Hrsg.), Schock und Schöpfung, Darmstadt und Neuwied 1986, S. 326 - 330

Autorenverzeichnis

Winand Breuer, Oberstudiendirektor, Leiter der Kaiserin-Theophanu-Schule in Köln-Kalk; Mitglied der Richtlinienkommission (RLK).

Michael Dorn, Studiendirektor, pädagogischer Mitarbeiter im Referat ,,Politische Bildung" des Kultusministeriums NRW.

Walter Fehling M.A., Ministerialrat, Referent für Publikationen in der Landeszentrale für politische Bildung, NRW, Mitglied der RLK.

Dr. Heinrich Fisch, Studiendirektor und Fachleiter a.D., Honorarprofessor am Seminar für Politische Wissenschaft der Universität Bonn, Mitglied der RLK.

Dr. Walter Gagel, Professor a.D. für Politische Bildung an der Technischen Universität Braunschweig, Mitglied der RLK.

Ingrid Glass, Studiendirektorin, Fachleiterin für Sozialwissenschaften am Studienseminar I in Köln.

Franz-Josef Kurtenbach, Studienrat am Adalbert-Stifter-Gymnasium Castrop-Rauxel.

Dr. Herbert Knepper, Ministerialrat, Referent für politische Bildung im Kultusministerium NRW, Bundesvorsitzender der Deutschen Vereinigung für Politische Bildung.

Dieter Menne, Studiendirektor, Fachleiter für Geschichte am Studienseminar II in Gelsenkirchen, Mitglied der RLK.

Hans-Joachim von Olberg, Wissenschaftlicher Angestellter in der Begleitung des Kollegschulversuchs NRW an der Universität Münster, Lehrbeauftragter am Institut für Erziehungswissenschaft, Mitglied der RLK.

Peter Ost, Leitender Regierungsschuldirektor beim Regierungspräsidenten Münster, Mitglied der RLK.

Dr. Sibylle Reinhardt, Dipl.-Soz., Studiendirektorin, Fachleiterin für Politik/Sozialwissenschaften am Studienseminar I in Wuppertal, Privatdozentin für Bildungssoziologie und Didaktik der Sozialwissenschaften an der Bergischen Universität/GSH Wuppertal, Mitglied der RLK.

Dr. Wolfgang Sander, Akad. Oberrat am Fachbereich Erziehungswissenschaften der Universität Münster, Mitglied der RLK.

Dr. Heinz Schirp, Leiter des Referates ,,Erziehung und Unterricht, Schul- und Unterrichtsforschung" im Landesinstitut für Schule und Weiterbildung, Soest, Mitglied der RLK.

Beate Maria Steger, Realschullehrerin, Fachleiterin für Sozialwissenschaften am Studienseminar SI Essen, Mitglied der RLK.

Edwin Stiller, Oberstudienrat am Heisenberg-Gymnasium Gladbeck.

Dr. Peter Weinbrenner, Professor für Wirtschaftswissenschaften sowie Didaktik der Wirtschafts- und Sozialwissenschaften an der Universität Bielefeld, Mitglied der RLK.

MIX
Papier aus verantwortungsvollen Quellen
Paper from responsible sources
FSC® C105338
www.fsc.org

If you have any concerns about our products,
you can contact us on
ProductSafety@springernature.com

In case Publisher is established outside the EU,
the EU authorized representative is:
**Springer Nature Customer Service Center GmbH
Europaplatz 3, 69115 Heidelberg, Germany**

Printed by Libri Plureos GmbH
in Hamburg, Germany